Erfolgreich Verhandeln
für Dummies

Michael C. Donaldson und
Mimi Donaldson

Erfolgreich Verhandeln
für Dummies

Überzeugen ohne Frust

Übersetzung aus dem
Amerikanischen von
Reinhard Christiansen

An International Thomson Publishing Company

Bonn • Albany • Belmont • Boston • Cincinnati • Detroit • Johannesburg • London
Madrid • Melbourne • Mexico City • New York • Paris • Singapore • Tokyo

Die Deutsche Bibliothek – CIP-Einheitsaufnahme:

Donaldson, Michael C:
Erfolgreich Verhandeln für Dummies / Michael C. Donaldson,
Mimi Donaldson. Übers. aus dem Amerikan. von
Reinhard Christiansen. - Bonn ; Albany :
Internat. Thomson Publ., 1998
    Einheitssacht.: Negotiating For Dummies <dt.>
    ISBN 3-8266-2792-X
NE: Mimi Donaldson

ISBN 3-8266-2792-X
1. Auflage 1998

Übersetzung der amerikanischen Originalausgabe:
Michael C. Donaldson, Mimi Donaldson: Negotiating For Dummies

Printed in Germany

Lektorat: Esther Kockel
Korrektorat: Karin Weiss
Druck: Media-Print, Paderborn
Umschlaggestaltung: Sylvia Eifinger, Bornheim
Satz und Layout: Lieselotte und Conrad Neumann, München

Inhaltsverzeichnis

Kapitel 3
Die erste Sitzung

Teil II
Grenzen und Ziele festlegen

Kapitel 4
Grenzen festlegen und Grenzen einhalten

Kapitel 5
Ziele bestimmen – der Griff nach den Sternen

Teil III
Emotionalen Abstand bewahren

Kapitel 6
Die magische Pause-Taste

Kapitel 9
Und der Gewinner ist ... der bessere Zuhörer

Kapitel 10
Ihre innere Stimme ist Ihr bester Freund

Kapitel 11
Beobachten Sie die Körpersprache

Teil V
Sagen Sie's, wie es ist!

Einführung

Willkommen bei *Erfolgreich Verhandeln für Dummies* – mit diesem Buch können Sie lernen, alles im Leben zu erreichen, was Sie nur wollen!

Sie verhandeln den ganzen Tag lang – nicht nur bei der Arbeit, sondern bei jeder sich bietenden Gelegenheit: mit Ihrem Chef oder Ihren Angestellten, mit Lieferanten und Kunden, mit Ihrem Ehepartner oder Ihren Kindern und sogar mit dem Kundendienst, der Sie besucht und den Kühlschrank dann doch nicht repariert. In all diesen Beziehungen sind laufend Verhandlungen erforderlich.

Unter *Verhandlung* versteht man jede Art von Kommunikation, bei der jemand versucht, einen anderen zu einer Zustimmung, Billigung oder Handlung zu bewegen. Die meisten Menschen denken, Verhandlungen würden nur in der Geschäftswelt oder im Zusammenhang mit größeren Anschaffungen wie beispielsweise einem Haus oder Auto geführt. Tatsache ist aber, daß Sie wahrscheinlich mehr Energien für so alltägliche Verhandlungen aufwenden, die auf die Frage »Papa, kann ich heute abend dein Auto haben?« oder »Liebling, schaltest Du bitte mal zur Tagesschau?« folgen. Die Lektionen dieses Buches gelten sowohl für das Millionen-Mark-Geschäft, das man nur einmal im Leben abschließt, als auch die alltäglichen Routine-verhandlungen.

Die Großen Sechs

Die Fähigkeiten, die Sie brauchen, um im Alltag als erfolgreicher Verhandlungsführer zu bestehen, sind dieselben, die Sie auch für wichtige internationale und geschäftliche Verhandlungen brauchen. Sicher, Sie können all diese Fertigkeiten mit zusätzlichen Techniken und Strategien verfeinern, einen eigenen Stil und damit Ihre gesamte Persönlichkeit entwickeln. Aber wirklich wichtig sind nur die folgenden sechs Grundbausteine:

✔ Gründliche Vorbereitung.

✔ Die Fähigkeit, Grenzen und Ziele zu bestimmen.

✔ Gefühlsmäßigen Abstand bewahren.

✔ Gut zuhören können.

✔ Klare und deutliche Kommunikation.

✔ Wissen, wie ein Geschäft abgeschlossen wird.

Diese sechs Fähigkeiten halten wir für so wichtig, daß jeder sie irgendwo in seiner Wohnung oder im Büro an der Wand hängen haben sollte – so wie das Periodensystem der Elemente in jedem Chemielabor an der Wand hängt. Wir haben sie deshalb noch einmal auf der Schummelseite zum Heraustrennen am Ende dieses Buches aufgelistet. Holen Sie sich am besten gleich Schere und Klebeband und hängen Sie sich die Schummelseite über Ihren Schreibtisch.

Jede dieser sechs Fähigkeiten wird in diesem Buch sehr ausführlich behandelt. Weil diese sechs Fähigkeiten in allen Bereichen des Lebens grundlegend sind, kann *Erfolgreich Verhandeln für Dummies* Ihnen helfen, Ihr gesamtes Leben glücklicher und erfolgreicher zu gestalten. Was halten Sie von folgenden Vorteilen?

✔ Mehr Respekt

✔ Mehr Geld

✔ Bessere Resultate von Angestellten, Kollegen oder Chefs

✔ Erfolgversprechende Vereinbarungen mit Freunden oder der Familie

✔ Bessere Verhandlungsführung

✔ Größere Zufriedenheit beider Parteien als Ergebnis Ihrer Verhandlungen

Wo wir herkommen

Auch wenn wir alle eine unterschiedliche Herkunft und Bildung haben, haben wir doch alle einen gemeinsamen Gedanken, wenn wir Verhandlungen beginnen. Wir wollen Langzeitbeziehungen aufbauen, die im Lauf der Jahre für beide Seiten immer befriedigender werden können. Im Lauf dieser Beziehungen sollen beide Parteien die wesentlichen Dinge für den Preis bekommen, den sie zu zahlen gewillt sind. Wenn eine Partei still vor sich hin leidet, wird die Beziehung nicht von langer Dauer sein – sie endet entweder langsam und unbemerkt oder plötzlich und mit einem lauten Knall.

Kern einer jeden Verhandlung ist Ihre persönliche Integrität. Sie sollten stets sorgfältig darauf achten, all Ihre Verhandlungspartner moralisch einwandfrei zu behandeln. Wir haben nach diesem Prinzip gearbeitet, bevor wir uns getroffen haben, und beachten es auch weiterhin bei jedem Geschäft, in das wir eintreten. Dieses Prinzip sollte im Mittelpunkt jeder von Ihnen durchgeführten geschäftlichen Transaktion stehen.

Als wir uns trafen, hatten unsere beruflichen Laufbahnen wenig miteinander gemein. Aber in dem Maß, in dem unser persönliches Leben zusammenwuchs, verbanden sich auch unsere beruflichen Werdegänge. Wir begannen, über unser gemeinsames Interesse zu schreiben und zu sprechen: Verhandeln.

Verhandeln – eine berufliche Karriere

Aus welchen Grundbausteinen setzt sich erfolgreiche Überzeugungsarbeit zusammen? Diese Frage hat mich schon immer brennend interessiert – lange bevor ich daran dachte, die Ergebnisse meiner Recherchen in einem Buch zu präsentieren. Im College habe ich mir die Reden aller Meinungsführer angehört, vom konservativen Reverend Billy Graham bis zu sozialistischen Rednern. Als Redakteur des Uni-Literaturmagazins hatte ich darüber hinaus Gelegenheit, all diese Menschen zu interviewen.

Gleich nach meinem College-Abschluß wurde ich Offizier beim U.S. Marine Corps und übernahm die Führung eines Aufklärungszuges. Ich begann, die Führungsfähigkeiten zu studieren, die ein erfolgreicher Truppenführer haben sollte, weil ich wußte, daß meine Führungskompetenz eines Tages über das Leben eines Menschen entscheiden könnte – vielleicht sogar über mein eigenes. Wahrscheinlich können Sie sich nicht vorstellen, was Verhandlungen mit Befehl und Gehorsam im Militär und insbesondere bei den Marines zu tun haben. Offiziere im Marine Corps müssen sich an viele vorgegebene Grenzen halten. Ich fand schnell heraus, daß die Truppe um so besser folgte, je besser die Vorbereitung (meistens eine gute Ausbildung) und je klarer die Befehle waren. Unser Zug wurde als erste Marine Corps-Einheit für den Bodeneinsatz in Vietnam ausgewählt. Wir arbeiteten bei unseren Einsätzen mit einer Gruppe von Navy Seals (Elitetruppe der U.S. Marine) zusammen. Sorgfältige Verhandlungen innerhalb unserer Einheit und mit den Seals führten zu einer Reihe erfolgreicher Missionen.

Nachdem ich eine erfolgreiche Anwaltskanzlei in Torrance (Stadtteil von Los Angeles) aufgebaut hatte, entschloß ich mich, das zu tun, was ich schon immer machen wollte: Ich spezialisierte mich auf ein Fach, das zu den faszinierendsten gehört – Medienrecht – in einer Umgebung, die wahrscheinlich zu den schwierigsten für einen Einsteiger gehört – Hollywood. Ich hatte zu Anfang nicht einen einzigen Mandanten aus dem Entertainment-Geschäft. Alles, was ich hatte, war mein Verhandlungsgeschick. Zu jener Zeit gab es nur sehr wenig Literatur zu diesem Thema. An keiner Universität, die ich je besucht hatte, wurden Kurse über Verhandlungsführung angeboten. Ich mußte meine Recherchen also auf eigene Faust fortsetzen. Meine Bemühungen zahlten sich aber bei meinem ersten und bis dahin einzigen Mandanten aus dem Showbusiness aus. Er empfahl mich danach weiter, und so so weiter, und so weiter ...

Seit jener Zeit habe ich einige schöne Erfolge errungen. Ich habe für und gegen einige der größten Namen in Hollywood und jedes einzelne Filmstudio in der Stadt verhandelt. Ich habe alle Produktionsverhandlungen für Michael Landon (Bonanza, Unsere kleine Farm) während seiner produktivsten Jahre geführt. Ich führe noch heute die Verhandlungen über die Rechte zur Namensverwendung für Hollywood-Größen wie Donna Reed und Elizabeth Montgomery. Und wie immer liegt die Macht bei den großen Studios.

Die Beispiele in diesem Buch stammen in erster Linie aus meinen Erfahrungen als Anwalt und Vollzeit-Verhandlungsführer in der Unterhaltungsindustrie, die ich bei den Verhandlungen für Schauspieler, Autoren, Regisseuren und unabhängigen Produzenten mit Studios und Finanziers und untereinander gemacht habe. Ich verwende aber auch Beispiele aus meinem eigenen Familienleben als Vater von drei Teenagern und Ehemann von Mimi – der zähesten Verhandlungspartnerin aller Zeiten.

Werkzeuge für ein besseres Leben

Ich arbeite als Unternehmensberaterin und halte Rhetorik-Kurse für Fortune 500-Unternehmen. Zu meinen bekanntesten Kursen gehören »Management und bessere Unternehmensergebnisse«, »Die vier Stufen zum erfolgreichen Management«, »Arbeiten im Team«, Stress-Management«, »Erfolgreiche Präsentationen«, »Zeit-Management«, »Kundendienst« und »Konfliktlösung«. Seit mehr als 20 Jahren halte ich diese Kurse im ganzen Land ab und habe dabei vielen Menschen beigebracht, wie sie ihre persönliche Effizienz in allen Bereichen des Lebens steigern können.

Zu einem guten Arbeitsverhältnis gehören ständige Verhandlungen mit Angestellten, Kunden und Lieferanten. Der richtige Umgang mit Menschen ist immer wieder eine neue Herausforderung und umfaßt auch die Delegation von Aufgaben – was nichts anderes bedeutet, als Leute in die Lage zu versetzen, Ergebnisse zu liefern, für die Sie letztendlich verantwortlich sind. Manager müssen täglich aufs neue derartige Verhandlungen führen. Wir alle müssen unser Leben auf die eine oder andere Art durch Verhandlungen gestalten.

Ein Spezialgebiet meiner Arbeit beschäftigt sich mit den Unterschieden zwischen den Geschlechtern. In Kursen wie beispielsweise »Männer und Frauen: Können wir überhaupt miteinander reden?« oder »Sex und Beruf: Sexuelle Belästigung am Arbeitsplatz« gebe ich Menschen Werkzeuge an die Hand, mit deren Hilfe sie im Beruf und zu Hause mit dem anderen Geschlecht besser kommunizieren und umgehen können. Neben meinen verschiedenen Kursen halte ich auf Konferenzen regelmäßig Vorträge über diese Techniken vor Tausenden von Menschen.

Als ich in den frühen 80er Jahren mit den Kursen »Die Kunst der Power-Sprache« und »Deutliche Kommunikation« begann, wollten auch Frauen die Sprache der Macht am Arbeitsplatz erlernen – eine Sprache, die bis dahin eine reine Männerdomäne gewesen war. Jetzt, da die Frauen Macht haben und einflußreiche Positionen bekleiden, ist die Power-Sprache nicht länger geschlechtsspezifisch. Vorbilder sind heute nicht nur männlich, sondern auch weiblich.

Ich habe Männern und Frauen immer beigebracht, fair und anständig miteinander zu verhandeln. Sie können alles bekommen, was Sie wollen und brauchen, und können dabei gleichzeitig eine Beziehung aufbauen. Sie müssen dabei allerdings auch riskieren, jemanden für einen Moment zu brüskieren. Sie müssen auch riskieren, vielleicht nicht von allen Menschen und zu jeder Zeit geliebt zu werden. Liebe und Anerkennung kommen später automatisch mit den Ergebnissen. Um Ihr Ziel zu erreichen, haben Sie die Wahl: Sicherheit und Ruhe oder unbequeme Entscheidungen. Das Fairness-Prinzip ist die Grundlage aller meiner Kurse über Verhandlungsführung.

Als ich Michael zum ersten Mal traf und ihn beim Feilschen in einem kleinen Laden beobachtete, merkte ich, daß hier ein Meister seines Faches am Werk war. Ich spürte seine Energie fast körperlich. Seine Augen blitzten – wie auch die Augen seines Verhandlungsgegners.

Michaels Erkenntnisse über erfolgreiche Verhandlungsführung haben auch meine eigene Arbeit verbessert. Mehr noch: Auch deren Umsetzung in meinem Privatleben hat positive Ergebnisse gebracht. Als jemand, der sehr spät geheiratet hat, kann ich bestätigen, daß diese Tips auch zu Hause gut funktionieren. Zusammen haben wir mit Hilfe unserer Verhandlungtechniken unsere Tochter Wendy von einem entschieden nicht-akademischen Typ in eine Einser-Studentin verwandelt. Wir haben immer mit denselben klaren Methoden gearbeitet – egal, ob es um Hausarbeit, den Gebrauch des Familienautos oder den abendlichen Ausgang der Kinder ging.

Wer sollte dieses Buch lesen?

Klare Antwort: alle!

Seien Sie sich darüber im klaren: Sie führen den ganzen Tag lang irgendwelche Verhandlungen, die Sie noch viel, viel besser führen könnten. Egal, wie hoch Sie Ihre Fähigkeiten heute einschätzen mögen – morgen können Sie noch stärker sein. Und mit diesem Buch können Sie Ihren Aufstieg beginnen.

Viele Menschen bilden sich ein, sie wüßten eine ganze Menge über Verhandlungsführung, weil sie schon so oft verhandelt haben. Die meisten davon haben aber noch nie einen Gedanken daran verschwendet, welche Grundlagen hinter einer erfolgreichen Verhandlungsführung stecken. Schlimmer noch, viele Menschen glauben, Anwälte müßten sich allein schon deshalb in Verhandlungsführung auskennen, weil sie Anwälte sind. Die traurige Wahrheit ist aber, daß die meisten, die ihren Lebensunterhalt mit Verhandlungen verdienen, an diese Aufgabe ohne jede Ausbildung herangehen.

Jeder, der mehr über den Mechanismus von Verhandlungen erfahren will, besucht entweder einen Kursus, kauft ein Buch oder liest einen Artikel zu diesem Thema. Allzu oft jedoch geht der Kursus, das Buch oder der Artikel davon aus, daß die Teilnehmer oder Leser mit den Grundlagen schon vertraut sind. Dieses Buch geht von keinerlei Vorkenntnissen aus. Wir zerpflücken jede Verhandlung in ihre Bestandteile und legen deren Grundstruktur offen. Wenn Sie eine Frage zum Thema »Verhandlungen« suchen, werden Sie die Antwort in diesem Buch finden.

Dieses Buches soll Ihnen helfen, aus einer Position der Stärke heraus zu verhandeln. Wenn Sie die Struktur der Verhandlung, mit der Sie beschäftigt sind, verstanden haben, werden Sie zu einem selbstbewußten und erfolgreichen Verhandlungsführer. Wenn Sie die sechs Grundbausteine der Verhandlungsführung einmal beherrschen und diese Position der Stärke erreicht haben, können Sie alle brenzligen Situationen, in die Sie möglicherweise einmal geraten, leichter analysieren und meistern.

Sie sollten diese Buch durcharbeiten, wenn Sie

✔ am Anfang einer Karriere stehen oder einfach nur Ihre Kenntnisse auffrischen wollen,

✔ ständig von allen unter den Tisch geredet werden, niemals Ihre Position durchsetzen können oder ein von allen bewunderter Meister der Verhandlungsführung sind, der aber noch besser werden will,

✔ arbeitslos sind und einen Job suchen oder einen Job haben, aber eine Gehaltserhöhung wollen,

✔ Lehrer sind, der seine Schüler dazu bewegen möchte, das zu tun, was sie tun sollen,

✔ Eltern sind, die noch überzeugender mit ihren Kindern reden möchten,

✔ ein spezielles Ziel haben oder ganz allgemein Ihr Verhandlungsgeschick verbessern wollen.

Teilnehmer unserer Seminare haben uns erzählt, daß sie mit Hilfe unseres Materials Gehaltserhöhungen oder Beförderungen durchgesetzt und zahlreiche Geschäfte erfolgreich abgeschlossen haben. Sie haben uns mitgeteilt, daß sie mit Hilfe der Kursmaterialien ihre Lebensqualität am Arbeitsplatz verbessern konnten, weil sie im Gespräch mit Kollegen unsere Verhandlungstechniken verwendet hatten. Ein Teilnehmer schrieb sogar: »Endlich erreiche ich mein Ziel auch ohne Brüllen.«

Wie Sie dieses Buch benutzen

In diesem Buch geht es nicht um Tricks oder darum, wie man jemand anders über den Tisch zieht. Dieses Buch zerlegt eine Verhandlung in ihre Grundelemente, beantwortet Ihre Fragen und gibt Ihnen Regeln an die Hand. Ob Sie diese Grundelemente Fertigkeiten, Schritte, Grundlagen oder sonstwie nennen, spielt keine Rolle – jedes einzelne von ihnen könnte Ihr persönliches Power-Werkzeug zur erfolgreichen Verhandlungsführung werden.

Wir gehen in diesem Buch wie der Trainer eines Leistungssportlers vor. Stellen Sie sich einmal den größten Tennisspieler vor, den Sie kennen. Die Schläge dieses Spielers sind nicht anders als die Schläge, die jeder Anfänger lernen muß. Der Unterschied zwischen Experten und Neulingen besteht nur darin, daß der Experte die Schläge schon Tausende von Malen – am Netz, im Feld und an der Grundlinie – mit einem Trainer oder Freund geübt hat, der ihm gezeigt hat, wie's geht.

Betrachten Sie dieses Buch als Freund oder Trainer, als jemanden, an den Sie sich wenden können, wenn Sie eine Frage zum Thema »Verhandeln« haben. Wie eine Tennislektion beschreibt dieses Buch alle Grundfertigkeiten und demonstriert dann deren Verwendung in allen möglichen Situationen. Wenn Sie diese Fertigkeiten lange genug trainieren, können Sie ein Verhandlungsführer von Weltklasseniveau werden und die Grundschläge der Verhandlungsführung in Power-Schläge verwandeln, mit denen die Punkte gemacht werden.

Dieses Buch unterteilt den Verhandlungsprozeß in sechs Grundelemente, die jeweils in einem eigenen Teil behandelt werden. Nachdem Sie das Buch einmal durchgeblättert haben, können Sie praktisch mit jedem beliebigen Teil beginnen. Höchstwahrscheinlich werden Sie nicht mit dem Abschnitt beginnen, der die Fertigkeiten behandelt, an denen Sie am meisten arbeiten müssen. Aber das ist okay. Jede einzelne Fertigkeit, die Sie verbessern, macht Sie zu einem besseren Verhandlungsführer.

Der Teil *Die Magische Zehn* gibt einen Gesamtüberblick über alle Verhandlungstechniken: Sie können in den ersten sechs Teilen an speziellen Verhandlungstechniken arbeiten oder in den *Magischen Zehn* an der Gesamttechnik feilen. Jede Seite enthält hilfreiche Informationen. Bestimmen Sie Ihr eigenes Tempo, aber gehen Sie auf jeden Fall stetig voran. Selbst fünf Minuten pro Tag können schon einen Unterschied machen. Die Verbesserung Ihres Verhandlungsgeschicks kann viel Spaß machen, und Sie werden schon nach kurzer Zeit merken, wieviel besser Sie geworden sind.

Auch für den Spaß zwischendurch haben wir gesorgt: Schauen Sie sich die im Buch erwähnten Filme an, und lesen Sie die Bücher. In den Wochenendseminaren, die wir gelegentlich an einem UCLA-Institut (UCLA = University of California in Los Angeles) abhalten, sorgen diese Materialien regelmäßig für eine Menge Spaß und tolle Lernerfolge. Beim praktischen Training Ihrer Verhandlungsfertigkeiten können Sie Ihre gesamte Familie einbeziehen.

So ist dieses Buch aufgebaut

In jedem Teil dieses Buches wird eine andere Verhandlungstechnik behandelt. Dort analysieren und bewerten wir jede einzelne Technik und zeigen deren unterschiedliche Anwendungsgebiete. Der letzte Teil enthält die Top-Ten-Listen, in denen Sie allgemeine Tips zur Verbesserung Ihres Verhandlungsgeschicks finden können.

Teil I: Wie bei den Pfadfindern: allzeit bereit

Lange bevor eine Verhandlung beginnt, stehen Sie vor einer der wichtigsten Fragen des Lebens: Warum bin ich hier? Will ich wirklich in diese Verhandlung eintreten? Welche Wahl habe ich? Viel zu viele Menschen lassen sich vom Leben herumschubsen. Nehmen Sie deshalb das Steuer in die Hand. Als erstes müssen Sie immer mit sich selbst verhandeln.

Erkennen Sie sich selbst, und erkennen Sie auch, warum Sie es mit dieser Verhandlung zu tun haben! Behalten Sie auf jedem Schritt des Weges immer das Gesamtbild im Auge! Bewerten Sie Ihre persönlichen Stärken und die Ihre Position. Tun Sie dies danach auch für Ihren Verhandlungsgegner.

In diesem Teil dreht sich alles um die optimale Vorbereitung auf eine Verhandlung – im allgemeinen und im besonderen – und darum, daß eine gute Vorbereitung der Schlüssel zu einer starken Verhandlungsposition ist. Kapitel 2 behandelt die häufigsten Fehler, die bei der Vorbereitung auf eine Verhandlung gemacht werden, und die Tricks, sie zu vermeiden.

Teil II: Grenzen und Ziele bestimmen

Kurz bevor die Verhandlung tatsächlich beginnt, müssen Sie Ihre Ziele setzen und Ihre Grenzen definieren. Nur wenn Sie Ihre Grenzen und Ziele klar bestimmt haben, können Sie ein Ausgangsangebot machen. Ihre Ziele und Grenzen tragen Sie geradewegs bis ans Ende der Verhandlung und machen überhaupt die Entscheidung erst möglich, entweder ein Geschäft abzuschließen oder die Verhandlungen einzustellen. Die wichtige Fähigkeit, Grenzen bestimmen zu können, ist wahrscheinlich am schwierigsten zu erlernen. Aber gerade mit Hilfe dieser Fähigkeit können Sie, wenn richtig angewendet, jeden Aspekt Ihres Lebens verändern. Schon der Prozeß der Bestimmung von Grenzen verschafft Ihnen eine starke Verhandlungsposition, da dieser Prozeß Sie dazu zwingt, sich auf Alternativen zu konzentrieren, falls eine Vereinbarung nicht erzielt werden kann.

Teil III: Die emotionale Distanz wahren

Ist Ihnen schon aufgefallen, wie ruhig und konzentriert Weltklasse-Unterhändler immer wirken? Dieser Teil zeigt Ihnen, wie Sie selbst in heißesten Verhandlungsgesprächen kühl und leidenschaftslos bleiben können. Hier erfahren Sie außerdem, wie Emotionen eine Verhandlung beeinflussen und stören können. Sie lernen weiterhin, Ihre Emotionen mit Hilfe Ihrer persönlichen Pause-Taste zu beherrschen. Wie bei der Pause-Taste Ihres Videorecorders können Sie mit dieser Fähigkeit die Verhandlung gewissermaßen einfrieren – eine großartige Methode, um die emotionale Distanz zu wahren.

Hier lernen Sie, die Pause-Taste an einem kritischen Punkt der Verhandlung zu drücken, um entweder einen Käufer nicht zu enttäuschen, emotionsbedingte Störungen zu vermeiden, Ihren Verhandlungsfortschritt zu analysieren oder zu entscheiden, ob Sie das Geschäft abschließen oder die Verhandlung abbrechen.

Teil IV: Hörst du, was ich höre?

Dieser Teil behandelt die wohl am meisten unterschätzte Fähigkeit – ein guter Zuhörer zu sein. Die meisten Anfänger überfliegen diesen Abschnitt gerne, weil sie diese Fähigkeit und deren Bedeutung erheblich unterschätzen. Aber damit werfen sie sich nur selbst Hindernisse in den Weg. Erfahrene Unterhändler steuern häufig ein Verhandlungsgespräch durch einfaches Zuhören. Tatsächlich haben Untersuchungen gezeigt, daß erfolgreiche Unterhändler mehr Zeit mit Zuhören als mit Reden zubringen. Falls ein Verhandlungspartner die gewünschten Informationen nicht von allein herausrückt, können erfahrene Unterhändler die Wahrheit mit wohlvorbereiteten Fragen herauskitzeln.

Teil V: Sag's, wie es ist

In diesem Teil betrachten wir die andere Seite der Kommunikation: das Sprechen. Da jeder Mensch ständig und an jedem Tag sehr viel redet, macht sich niemand große Gedanken über diese entscheidend wichtige Fähigkeit. Die Folge: Der richtige Umgang mit der Sprache gerät in Vergessenheit. Schlagen Sie diesen Teil auf, wenn Sie wissen wollen, wie Sie jedes Wort zu einem wichtigen Wort werden lassen und wie Sie sicherstellen können, daß Ihre Gesprächspartner Ihnen auch jedesmal zuhören, wenn Sie etwas zu sagen haben.

Teil VI: Geschäftsabschluß

Das ist der Moment des Triumphs, wenn alles sich zusammenfügt und die Verhandlungen zum Abschluß gebracht werden. In diesem Moment schließen Sie entweder das Geschäft ab oder stellen die Verhandlungen ein. Wie auch immer – eine Verhandlung muß immer zu irgendeinem Ergebnis kommen. Kurz bevor Sie eine Verhandlung beenden, müssen Sie noch einmal eine Pause einlegen und sorgfältig überprüfen, ob Sie in der Gewinnerposition sind. Auch die Beendigung einer Verhandlung ist eine wichtige Fähigkeit, die Sie erst entwickeln müssen, wenn Sie mit jeder begonnenen Verhandlung auch Erfolg haben wollen.

An dieser Stelle des Buches besprechen wir all die Fehler, die einen erfolgreichen Abschluß verhindern können. Dieser Teil behandelt die Situationen, in denen Sie denken, Sie hätten alles richtig gemacht, und trotzdem kommt das Geschäft nicht zum Abschluß. Zuerst müssen Sie den Fehler ermitteln, danach können Sie ihn beheben.

Wir betrachten hier außerdem die Leute, die den Abschluß einer Verhandlung verhindern können. Sie lauern überall und sorgen für eine Menge Frust. Finden Sie heraus, wie Sie diese Leute identifizieren und beherrschen können – ohne daß größere Narben zurückbleiben.

Teil VII: Die Magischen Zehn

Diese kurzen Kapitel behandeln den Verhandlungsprozeß als Ganzes, während sich die einzelnen Abschnitte bis zu diesen Magischen Zehn auf die individuellen Phasen einer Verhandlung konzentrieren. Die Kapitel dieses Teils behandeln die allgemeinen Möglichkeiten, mit denen Sie Ihr Verhandlungsgeschick insgesamt verbessern können. Auch wenn Sie sich gerade mit anderen Teilen intensiv beschäftigen, können Sie jederzeit hier herumstöbern.

Mit manchen dieser Listen wie etwa der Liste guter Filme, die Sie sich einmal ansehen sollten, können Sie Ihre ganze Familie auf unterhaltsame Art und Weise in Ihr Lernprogramm einbeziehen. Sie können zusammen mit Freunden und Ihrer Familie anfangen, die Welt mit den Augen eines professionellen Unterhändlers zu betrachten. Ihre Entwicklung zu einem Verhandlungskünstler kann zu einer Angelegenheit für die ganze Familie werden.

Die Symbole am Seitenrand

Wenn Sie das Buch schon einmal durchgeblättert haben, werden Sie eine Menge kleiner Bilder an den Seitenrändern bemerkt haben. Nett gemacht, oder? Diese Symbole weisen auf Informationen hin, die Sie an dieser Stelle wahrscheinlich brauchen können. Brauchen Sie Hilfe bei Verhandlungen mit einem Mitglied des anderen Geschlechts? Brauchen Sie eine Verhandlungstaktik für den Arbeitsplatz oder für zuhause? Suchen Sie einfach nach den entsprechenden Symbolen!

Dieses Symbol weist auf Aktivitäten hin, mit denen Sie und die ganze Familie Spaß haben können. Laden Sie Freunde ein, holen Sie Ihre Kinder, Ihre Eltern oder andere wichtige Menschen und verbessern Sie mit einem dieser Spiele, Filme oder Bücher Ihr Verhandlungsgeschick.

Die emotionalsten Verhandlungen und die größten Herausforderungen Ihres Lebens finden meistens zuhause statt. Immer wenn Sie dieses Symbol sehen, finden Sie hilfreiche Tips für effiziente Verhandlungen mit Eltern, Kindern oder dem Ehepartner.

Ob Sie als Ingenieur, Produktionsmanager oder am Empfang arbeiten – Verhandlungen sind Teil Ihres Jobs. Unter diesem Symbol finden Sie Insider-Tips über professionelles Verhandeln.

Dieses Symbol weist auf die schmutzigen Tricks hin, mit denen Verhandlungshaie Sie reinlegen wollen. Hüten Sie sich vor diesen Fallen – und verwenden Sie diese schmutzigen Tricks auch nicht selber.

Dieses Symbol weist auf eine Insider-Geschichte aus Hollywood oder auf eine eigene Erfahrung hin, mit der wir einen wichtigen Punkt illustrieren wollen. Sie werden es noch merken: Wir erzählen beide gerne eine gute Geschichte, um einen Punkt deutlich zu machen.

Zu Verhandlungen mit einem Gesprächspartner aus einem anderen Kulturkreis kann es überall und jederzeit kommen – auch in Ihrem eigenen Büro. Ob Sie Ihre Ferien an einem fernen Gestade planen oder sich einfach nur auf die Entwicklungen einer globalen Wirtschaft vorbereiten wollen – diese Symbole weisen auf die multikulturellen Informationen hin, die Sie dazu benötigen.

Ja, ganz richtig: Männer und Frauen sind verschieden. *Vive la différence!* Lassen Sie sich durch diese Unterschiede in Ihren Verhandlungen nicht aus der Ruhe bringen! Die zu diesen Symbolen gehörenden Informationen erklären, warum es in der Kommunikation zwischen Männern und Frauen zu Konflikten kommen kann.

Anekdoten, die Mimi erlebt hat.

 Dieses Symbol betont die Informationen, die Sie unbedingt und immer bedenken müssen, wenn Sie Ihre Verhandlungen zu einem erfolgreichen Ende bringen wollen.

 Dieses Symbol weist auf die ehrlichen Tricks dieses Geschäfts, die kurzen Wege und die Fallstricke hin. Wir haben im Laufe der Jahre eine Menge Tips kennengelernt, die wir Ihnen gerne weitergeben. Wenn Sie nach diesem Symbol suchen, können Sie bei Ihren nächsten Verhandlungen viel Zeit und Geld sparen und obendrein Ihr Gesicht wahren.

 Dieses Symbol weist auf bestimmte Punkte im Laufe eines Verhandlungsgesprächs hin, an denen Sie zu Papier und Bleistift greifen sollten, um wichtige Informationen zu notieren.

Wie es weitergeht

Blättern Sie einmal durch das Buch, und verschaffen Sie sich einen Überblick über die sechs wichtigsten Fähigkeiten, die Sie für jede Verhandlung benötigen. Dabei werden Sie feststellen, welches Kapitel Ihnen am besten gefällt. Und genau das ist auch der beste Ausgangspunkt für dieses Lernprogramm.

Die meisten von Ihnen werden nicht bei dem Gebiet beginnen, in dem Sie den größten Nachholbedarf haben, sondern suchen sich ihr Lieblingsthema aus – das Gebiet, in dem Sie sich am sichersten fühlen. Das ist auch ganz in Ordnung. Auch Ihre Stärken lassen sich noch verbessern. Wenn Sie sich danach mit den Gebieten beschäftigen, in denen Sie nicht so firm sind, werden Sie die größten Fortschritte machen.

Eines können wir Ihnen an dieser Stelle schon mit Sicherheit sagen: Sie befinden sich schon jetzt auf der Gewinnerstraße! Erfolgreich sind nur die Menschen, die sich weiterentwickeln wollen. Die Tatsache, daß Sie gerade jetzt dieses Buch in Händen halten, zeigt, daß Sie dazugehören. Merke: Es ist nicht so wichtig, wieviel Sie wissen. Wichtig ist allein, was Sie noch alles lernen wollen, nachdem Sie »schon alles wissen«.

Teil I

Wie bei den Pfadfindern: allzeit bereit

The 5th Wave   By Rich Tennant

»Tut mir leid, Leute. Aber als Ihr Steuerberater war ich auf diese Art von Verhandlung nicht vorbereitet.«

In diesem Teil...

Wenn Sie erfolgreich verhandeln wollen, müssen Sie gut vorbereitet sein. Dieser Teil erklärt Ihnen, daß es für eine Vorbereitung nicht reicht, alles über Ihren Gesprächspartner nachzulesen. Sie müssen die Person, mit der Sie verhandeln wollen, verstehen lernen und auch Ihre eigenen Stärken und Grenzen genau kennen. Das letzte Kapitel dieses Teils beschäftigt sich mit den Vorbereitungen für diese erste Verhandlungssitzung – Zeit, Ort, Sitzplan, eben alles, was so dazugehört, einschließlich Tips für die Verhandlungsführung bei Gesprächen mit Menschen aus anderen Kulturkreisen.

Lebenswichtige Verhandlungen

1

In diesem Kapitel

▶ Visionen entwickeln

▶ Eigene Werte festlegen

▶ Den Weg zum Ziel abstecken

▶ Einen Aktionsplan aufstellen

*V*erhandlungskunst ist keine Fertigkeit, die Sie ab und zu mal nebenbei aktivieren können, wenn Sie gerade ein Geschäft abschließen wollen. Mit Verhandlungen können Sie Ihr ganzes Leben optimal gestalten. Viele Menschen geben ihrem fehlenden Verhandlungsgeschick die Schuld, wenn sie nicht das bekommen, was sie wollen. Das ist aber nur ein Teil der Wahrheit. Um das vom Leben zu bekommen, was man will, muß man zunächst mal einige langfristige Überlegungen über das eigene Leben anstellen. Sehr oft sind die Leute unzufrieden mit den Ergebnissen bestimmter Verhandlungen. Das Problem ist in diesem Fall meist nicht die eigentliche Verhandlung sondern die Tatsache, daß diese Menschen die betreffenden Verhandlungen überhaupt nicht hätten führen dürfen.

Wenn Sie Ihre Verhandlungsfähigkeiten optimal einsetzen wollen, brauchen Sie einen Generalstabsplan, d.h. eine Strategie, mit der Sie Ihre Hoffnungen und Träume verwirklichen können. Jeder sollte solch einen Plan für sein Leben haben. Mit seiner Hilfe können Sie entscheiden, an welcher Stelle des Lebenszuges Sie sitzen wollen. Sie können entweder in der Lokomotive sitzen und den Zug fahren oder sich mehr schlecht als recht an das rote Rücklicht am letzten Waggon klammern.

Wir zeigen Ihnen hier eine Reihe von Schritten – manche groß, manche klein –, mit deren Hilfe Sie sämtliche Verhandlungen in Ihrem Leben bewältigen können. Vielleicht denken Sie zur Zeit noch, daß Sie gewisse Bereiche Ihres Lebens niemals selber steuern könnten. Wir fordern Sie aber hiermit auf, doch wenigstens einmal die Möglichkeit (und wenn sie noch so klein ist) in Betracht zu ziehen, daß es vielleicht doch möglich wäre. Denken Sie an all die Schauspieler, die sehr lange auf die richtige Rolle warten müssen. Denken Sie an all die kleinen Angestellten, die von ihrer reaktiven Rolle frustriert sind. Denken Sie an all die Arbeitnehmer, die auf die Wünsche anderer Mitarbeiter reagieren müssen. Die Tatsache, daß die Erfüllbarkeit Ihrer Träume allein in Ihrer Macht liegt, sollte Sie nicht daran hindern, einen Gesamtplan für Ihr Leben zu entwickeln.

Entwickeln Sie Ihre Vision

Die meisten Unternehmen haben eine Mission oder Vision oder anders ausgedrückt: ein Motto. Die Arbeitgeber verteilen dieses Firmenmotto an alle Angestellten auf allen Ebenen, schlagen es an prominenter Stelle im Betrieb an und drucken es in den Firmenpublikationen ab. Von jedem Mitarbeiter wird erwartet, das Firmenmotto zu kennen. Wenn Sie diese Angestellten aber fragen, ob sie auch für das eigene Leben eine Vision entwickelt haben, werden Sie normalerweise nur einen erstaunten Blick ernten.

 Wenn Sie Ihr Privatleben optimal und Ihre berufliche Karriere so erfolgreich wie möglich gestalten wollen, brauchen Sie einen Plan. Auch wenn Sie nur ein bißchen planen, ist das schon erheblich mehr, als die meisten Menschen machen. Selbst die bescheidensten Bemühungen heben Sie schon weit über die breite Masse hinaus.

Der erste Schritt zur Definiton Ihres persönlichen Lebensplans besteht darin, Ihre Vision zu entwickeln. Eine *Vision* ist das Bild von der Zukunft, so wie Sie sie sich wünschen. Das Wort Vision stammt vom dem lateinischen Verb *videre* und bedeutet nichts anderes als *sehen*. Sie könnten Ihre Vision formulieren, indem Sie ein Bild von der Zukunft, so wie Sie sie für sich selbst sehen, in der Gegenwartsform beschreiben. Ihre Vision sollte so viele Details und Einzelbilder enthalten wie nur möglich. Die Beschreibung muß klar und verständlich sein. Ganz besonders wichtig: Ihre Vision muß Sie motivieren können. Schließlich wollen Sie mit Hilfe der Vision Ihrem Leben Form und Richtung geben. Schauen Sie sich einmal die Visionen folgender Unternehmen an:

✔ **Nordstrom:** »Wir wollen Amerikas Kaufhaus der ersten Wahl sein. Alle Mitarbeiter verpflichten sich, unseren Kunden nur beste Qualität, große Auswahl, preiswerte Artikel und besten Kundendienst zu bieten.«

✔ **Microsoft:** »Eines Tages wird auf jedem Schreibtisch und in jedem Haushalt ein Computer stehen.«

✔ **Michaels Anwaltskanzlei:** »Hilf dem Mandanten, seine Träume zu verwirklichen.«

✔ **Mimis Motto:** »Ich will Menschen helfen, ihr Potential zu erkennen und richtig einzusetzen.«

✔ **Randy Riley:** »Ich will mich weiterentwickeln und anderen bei ihrer Entwicklung helfen.«

Wer ist Randy Riley, und warum erscheint Randys Vision in diesem Buch? Randy ist unser Schwager und der einzige uns bekannte Mensch, der (außer uns) immer im Januar seine persönliche Mission schriftlich fixiert. Vielleicht ist das ja der Grund dafür, daß Randy – er hat gerade die 40 überschritten – Chef von 25 Versicherungsvertretern ist, ein riesiges Haus in Boulder, Colorado und außerdem mehr Spielzeug als jeder andere erwachsene Mann dieser Erde besitzt.

 Auch wir analysieren und bewerten jedes Jahr sehr sorgfältig unsere Mission. Man kann sogar sagen, daß dieses Buch das direkte Resultat unserer jährlichen Untersuchung ist, wo wir gerade stehen und welches Ziel wir ansteuern. In der Vergangenheit haben wir unsere Mission nur mündlich formuliert – normalerweise draußen im Garten irgendwann nach dem Thanksgiving-Tag. In diesem Jahr haben wir den Tip von Randy befolgt und unsere Visionen niedergeschrieben. Alles, was man schwarz auf weiß hat, läßt sich einfach besser überprüfen.

Ihre Vision ist ein langfristiger, kontinuierlicher Prozeß mit einem offenen Ende. Lesen Sie die schriftliche Aufzeichnung Ihrer Visionen nach. Ihre Visionen können Sie sehr gut motivieren, Ihre Ziele weiter mit Nachdruck zu verfolgen.

Mit kleinen Schritten zur großen Vision

 Für die nächste Übung müssen Sie jetzt noch nicht *wissen*, wie Ihre Vision aussehen könnte.

Beantworten Sie schriftlich die folgenden Fragen, ohne viel darüber nachzudenken. Schreiben Sie einfach auf, was Ihnen gerade einfällt. Lassen Sie Ihre Gedanken einfach ein bißchen wandern.

Was wollen Sie werden, wenn Sie groß sind?

_____

_____

Was können Sie besonders gut?

_____

Welchen Beitrag leisten Sie für die Welt um sich herum? Welche positiven Dinge haben andere Menschen über Sie gesagt? Wofür haben sie sich bei Ihnen bedankt?

_____

_____

Wie lassen sich die Antworten auf die vorigen Fragen wirtschaftlich nutzen?

_____

_____

Wie würde Ihr idealer Tag aussehen, wenn Sie ihn selbst bestimmen könnten?

_____

_____

Wofür würden Sie sich engagieren?

_____

_____

Die vorige Frage führt Sie direkt zu Ihrer Vision. Es reicht nicht aus, daß Sie sich für Ihre Vision begeistern, sondern Sie müssen Ihr Ziel auch ernsthaft verfolgen.

Engagement gefragt!

Begeisterung allein genügt nicht. Sie sollten Ihre Vision ernster nehmen: als bindende Verpflichtung, Versprechen oder Zusage. Aber wissen Sie wirklich, was das bedeutet?

Nach unserer Erfahrung *wollen* die Menschen sich engagieren. Ihnen fehlt jedoch meistens die Kraft, auch das durchzuführen, was sie gerne wollen. Wenn Leute zum Beispiel sagen, daß sie gerne schlank wären, dann *wollen* sie wirklich schlank werden. Trotzdem treiben sie keine Gymnastik und essen weiterhin zuviel von den falschen Dingen. Tatsächlich ist ihr Wunsch, dünn zu werden, nicht groß genug, um sich auch zu den Schritten zu entschließen, mit deren Hilfe sie auch wirklich schlank werden können. Die Wahrheit ist: Sie wünschen sich nichts sehnlicher, als den starken Wunsch zu haben, sich auch dafür engagieren zu können. Der erste Schritt ist also das *Engagement*. Sie müssen so engagiert für Ihre Vision einstehen, daß Sie auch die harte Arbeit auf sich nehmen, die zum Erreichen Ihres Zieles nötig ist.

Der Einsatz muß stimmen

Hier meine Definition von Engagement:

Wenn Sie Ihr Ziel nicht erreichen, wird Ihnen der Zeigefinger der rechten Hand über dem zweiten Knöchel abgeschnitten.

Diese Definition, die zugegebenermaßen ein bißchen brutal ist, ergab sich aus einer Diskussion mit einer Teilnehmerin in einem Seminar über Teamarbeit. Sie bestand steif und fest darauf, bei ihrer Arbeit alles richtig gemacht zu haben. Schuld sei nur »dieser andere Typ«, der sich mit seinem Bericht verspätet hatte, der eigentlich am Donnerstag um 17 Uhr auf ihrem Schreibtisch hätte liegen sollen. Der »andere Typ« war in diesem Fall ein Kollege aus einer anderen Abteilung, auf dessen Informationen sie angewiesen war.

Ich fragte sie: »Was machen Sie am Donnerstagnachmittag um 17 Uhr, wenn Sie den Bericht nicht bekommen?« Sie sagte: »Na, dann werde ich ihn sofort am nächsten Morgen anrufen und ...«

Ich unterbrach sie: »Am Freitag? Warum nicht gleich am Donnerstag? Sie brauchten den Bericht doch am Donnerstag.« Wie ich schon vermutet hatte, hatte sie den Kollegen am Freitag angerufen und sich darüber beschwert, weil er den Bericht nicht schon am Donnerstag abgeliefert hatte. Sie gehörte zu dieser Sorte Menschen, die erst mal nach Gründen dafür suchen, warum eine Aufgabe nicht erledigt wurde, anstatt alles mögliche zu unternehmen, um sie zu erledigen.

Ich war so sauer über diese negative Haltung, daß ich sie sofort mit einer weiteren Frage bombardierte: »Was wäre, wenn man Ihnen am Donnerstag um 17:01 Uhr den rechten Zeigefinger abschneiden würde, wenn Sie bis dahin nicht den Bericht Ihres Kollegen erhalten hätten?« Sie lehnte sich zurück und überlegte einen Moment: »Wenn es so ernst wäre, dann hätte ich ihm wahrscheinlich Bescheid gegeben, daß der Bericht am Donnerstag fällig ist.«

Die Teilnehmer stimmten zu, und einige applaudierten sogar. Und dann legte sie richtig los: »Ich hätte ihm nicht nur deutlich gesagt, daß der Bericht am Donnerstag fällig wäre, sondern wäre wahrscheinlich auch sehr viel freundlicher mit ihm umgegangen.«

Wieder lautstarke Zustimmung von der Klasse. Ein Mann hob die Hand und sagte: »Ja, wahrscheinlich hätten Sie sogar wissen wollen, wer für das Material für den Bericht verantwortlich war, falls Ihr besagter Kollege vor Donnerstag 17 Uhr plötzlich sterben sollte.« Und ein anderer ging noch weiter: »Ich würde ihn in seinem Büro besuchen und mich freundlich nach dem Wohlergehen der Familie und den Kindern erkundigen – und dafür sorgen, daß er den Bericht in einem feuersicheren Safe einschließt.«

Die Klasse begann nach und nach, die Bedeutung des Wortes *Engagement* zu verstehen. Wenn der Preis hoch genug ist, ändert man sein Verhalten, auch wenn damit Anstrengungen verbunden sind – das ist Engagement. Aus den Rückmeldungen nach dem Seminar konnte ich entnehmen, daß man selbst von den unmöglichsten Leuten alles bekommen kann, wenn man nur engagiert genug seine Ziele verfolgt.

 Schauen Sie sich noch einmal an, was Sie in der vorigen Übung (im Abschnitt mit dem Titel »Mit kleinen Schritten zur großen Vision«) geschrieben haben. Schreiben Sie jetzt den Sinn auf, den Sie für Ihr Leben sehen. Dieses ist Ihre Visionsaussage. Fragen Sie sich dabei, ob diese Vision Sie auch wirklich inspirieren kann.

_____

_____

Analysieren Sie jetzt Ihre Vision.

Welche sind für Sie die Schlüsselwörter? _____

_____

Identifizieren Sie sich mit dieser Aussage, und können Sie dahinter stehen? Wenn nicht, ändern Sie sie. _____

_____

Was sagt Ihr Gefühl? Wenn die Aussage nicht hundertprozentig stimmt, ändern Sie sie. _____

_____

Feilen Sie so lange an Ihrer Aussage herum, bis Sie zufrieden sind. Schlagen Sie dieses Kapitel nach einem Jahr noch einmal auf. Hat sich Ihre Vision geändert?

Planen Sie Ihr Leben – zusammen mit dem Partner

 Erfolgreiche Verhandlungen im Privatleben folgen demselben Muster wie geschäftliche Verhandlungen. Allerdings ist das Aufschreiben von Visionen, Werten und Zielen im Familienkreis vielleicht nicht so selbstverständlich wie die Vorbereitung derselben Aussagen für eine geschäftliche Verhandlung. Aber wenn Sie diese Dinge nicht aufschreiben (oder die Aussagen zu allgemein formulieren), sind Frustrationen und Enttäuschungen für Sie und andere schon vorprogrammiert.

Gemeinsame Visionen mit Ehepartnern und anderen wichtigen Menschen

Eine Vision in einer romantischen Beziehung könnte folgendermaßen aussehen: Beide Partner sollen vollkommene Erfüllung finden, die Partnerschaft soll beide befriedigen, beide sollen das Gefühl haben, sich entwickeln und verändern zu können, und beide sollen sich selbst und den Partner bewundern und respektieren.

Zur Vision mit Ihrem Partner können auch Ziele für eine bessere Zukunft wie beispielsweise eine größere Wohnung oder mehr Geld gehören sowie der feste Entschluß, für diese Ziele hart zu arbeiten.

Visionen für Ihre Kinder

Zu den Visionen für Ihre Kinder sollten keine Vorstellungen über deren späteren Beruf gehören – den sollen sie sich später lieber selber aussuchen. Sie sollten aber wenigstens eine Art Basisvision für Ihre Kinder haben wie etwa, daß sie zu wertvollen Menschen heranwachsen, die glücklich sind und ihren Beitrag für andere leisten.

Ermitteln Sie Ihre eigenen Werte

Ihre *Werte* sind die Prinzipien und Standards, nach denen Sie leben. Sie definieren, wie Sie andere Menschen betrachten und wie Sie sich gegenüber den Menschen verhalten, mit denen

Sie zu tun haben. Man könnte das mit folgendem Bild ausdrücken: Werte definieren sowohl, wohin Sie gehen wollen, als auch, auf welche Art und Weise Sie diesen Weg zurücklegen wollen.

Werte definieren außerdem Ihre *Grenzen*: die Verhaltenslimits, über die Sie niemals hinausgehen würden. Je klarer Sie Ihre Werte definiert haben, desto besser werden Sie verstehen, was Sie wirklich wollen. Die Wahl zwischen verschiedenen Zielen wird deutlich einfacher. Wenn Sie ein Meister der Verhandlungskunst sein wollen, müssen Sie sich *jeden* Morgen in die Augen sehen können und sagen: »Ich weiß, daß ich meinen eigenen Anforderungen entsprechen werde«. Einzelheiten über die Beziehungen zwischen Werten, Zielen und Grenzen werden wir weiter hinten in Kapitel 5 besprechen.

Die Mission für die ganze Familie

Rufen Sie Ihre Familie zusammen, und schreiben Sie folgendes auf:

✔ Aktivitäten, die wir in nächster Zeit vorhaben

✔ Charakterzüge, die unsere Familie haben sollte

✔ So soll sich unsere Familie und am besten auch die ganze Welt verhalten

Schreiben Sie danach Ihr Ziel auf. Unseres würde etwa folgendermaßen aussehen:

»Wir wollen einander lieben, einander glauben und unser Leben mit Lesen, Sport, Familienversammlungen und anderen Aktivitäten verbringen. All diese Aktivitäten sollen zu unserem eigenen und dem Wohl der ganzen Welt beitragen.«

 Ihre Zukunft planen, noch bevor Sie in eine Streßsituation geraten, ist besonders wichtig, um in einer Verhandlung die Übersicht zu behalten (und die eigenen Werte nicht aufzugeben). Aus diesem Grund empfehlen wir Ihnen, Ihre Werte jetzt aufzuschreiben. Die Werte auf dieser Liste sind die Sterne, nach denen Sie Ihr Schiff steuern können. Sie sollten dabei die Werte in der Reihenfolge ihrer Bedeutung aufschreiben, weil Sie manchmal im Leben in Situationen geraten können, in denen Sie sich für den einen oder den anderen Wert entscheiden müssen.

Die folgende Liste soll Ihnen nur zeigen, wie man Werte aufzeichnen sollte. Damit ist nicht gesagt, daß sie etwa besser als die Werteliste anderer ist. Ihre eigenen Werte müssen Sie aus Ihrem innersten Ich hervorholen. Wahrscheinlich wird Ihre Liste auch ganz anders als unsere Liste aussehen. Wichtig ist dabei nur, Werte aufzuschreiben, die für Sie immer konstant bleiben, auch wenn die Visionen für Ihr Leben sich immer weiter entwickeln. Sehen Sie im folgenden unsere Werteliste mit einigen Kommentaren, die erklären sollen, was diese Werte für unser Leben bedeuten.

✔ **Liebe:** Wir engagieren uns für unsere Beziehung.

✔ **Vertrauen:** Wir würden einander nicht absichtlich verletzen.

✔ **Respekt:** Wir halten uns und jeden anderen Menschen für wertvoll. Es stört uns nicht, wenn andere Menschen andere Gedanken, Gefühle und Meinungen als wir selbst haben.

✔ **Wertschätzung:** Wir halten mit unserer Wertschätzung für andere nicht hinter dem Berg.

✔ **Zuneigung:** Wir umarmen und küssen uns wenigstens zweimal täglich.

✔ **Finanzielle Unabhängigkeit:** Je weiter wir uns dem Rentenalter nähern, desto lockerer gehen wir mit der Trennung unserer Einkünfte um. Trotzdem sind wir der Meinung, daß jeder finanziell unabhängig vom Partner und von anderen sein sollte.

✔ **Integrität:** Wir sind ehrlich im Umgang miteinander und mit anderen (d.h. wir lügen, betrügen und stehlen nicht).

✔ **Für andere da sein:** Wir führen ein nützliches Leben, das zum Wohl anderer beiträgt.

✔ **Verantwortung:** Wenn wir jemanden ohne Absicht verletzt haben, erkennen wir den Fehler, geben ihn zu und leisten Wiedergutmachung.

✔ **Persönliche Entwicklung:** Wir setzen uns für Selbstverwirklichung und Offenheit gegenüber neuen Ideen ein. Wir wissen, daß jeder mit seinen eigenen Werten in diese Beziehung gegangen ist. Wir sind nicht der Meinung, daß einer von uns ein fertiges, der andere aber nur ein unfertiges Produkt sei.

Interessanterweise müssen auch die Werte, die für Sie die größte Bedeutung haben, gepflegt werden. Denken Sie daran, daß es nicht ausreichend ist, Werte nur zu *haben*. Sie müssen schon etwas Energie aufbringen, um auch nach diesen Werten zu *handeln*.

Listen Sie die zehn Werte auf, nach denen Sie leben. Kümmern Sie sich jetzt noch nicht um die Reihenfolge. Schreiben Sie sie einfach so auf, wie sie Ihnen einfallen. Die Prioritäten können Sie später festlegen.

1. _____
2. _____
3. _____
4. _____
5. _____
6. _____
7. _____
8. _____
9. _____
10. _____

Was mir beim Reisen am meisten Spaß macht, ist zu beobachten, wie sich die Werte von Land zu Land ändern und welche Auswirkungen sie auf die Verhandlungen in den unterschiedlichen Ländern haben können. Wir fuhren einmal mit dem Zug von Mexico-City zu den Maya-Ruinen in der Nähe von Merida, als der Zug plötzlich für einen nicht-fahrplanmäßigen Stop anhielt. Nach einer halben Stunde erfuhren wir, daß der Lokomotivführer angehalten hatte, weil er eine dringende Familienangelegenheit erledigen mußte. Von unseren Mitfahrern hielt das niemand für außergewöhnlich, alle warteten diszipliniert und geduldig. Die Familie hat in Mexico höhere Priorität als fast alle anderen Werte. Wenn Sie diesen Wert bei Verhandlungen in Mexico in Ihre Überlegungen einbeziehen, sind Sie fein raus. Das Geschäft kann abgeschlossen werden – es müssen vielleicht nur die Kinder vorher irgendwo abgeholt werden.

Innerhalb ein und derselben Familie kann es unterschiedliche Werte geben – selbst wenn die Unterschiede nur darin liegen, daß sie anders definiert sind. Die Liste Ihres Kindes wird nicht genauso aussehen wie Ihre eigene. Bringen Sie Ihren Kindern bei, über welche Werte nicht verhandelt werden kann. Hier einige Beispiele für Werte, die vielleicht auch bei Ihnen für alle Zeiten feststehen.

✔ **Ausbildung:** Wenn von frühester Kindheit an erwartet wird, daß Ihr Kind später einmal die Universität besucht, ist die Wahrscheinlichkeit, daß dieses Kind einmal einen Universitätsabschluß macht, erheblich größer.

✔ **Gesundheit und Sicherheit:** Über das Anschnallen auf dem Kindersitz gibt es keine Diskussion.

✔ **Ehrlichkeit:** Unsere Mütter haben uns beide gelehrt, immer die Wahrheit zu sagen. Diese Lektion haben wir an unsere Kinder weitergegeben.

✔ **Verantwortung:** Das bedeutet, daß man für seine Fehler einsteht und sie bei Bedarf auch wiedergutmacht.

Der wichtigste Aspekt bei Verhandlungen mit Kindern ist die Führung, die Sie ihnen dabei geben. Vielen Kindern wird heutzutage zu viel Verantwortung für Verhandlungen gegeben, noch bevor sie überhaupt eines dieser beiden Worte aussprechen können.

Und wie komme ich jetzt an mein Ziel?

Okay, eine Vision zu haben und die eigenen Werte zu kennen ist eine großartige Sache. Jetzt müssen Sie allerdings auch noch wissen, wie Sie dahin gelangen, wohin Sie gerne möchten. Sie müssen einen Weg finden, der Sie zu der Vision führt, die Sie im Kopf haben.

Beachten Sie, daß auch im Geschäftsleben Werte eine wichtige Rolle spielen. Große und kleine Unternehmen müssen ihre Mission peinlich genau in die Wirklichkeit umsetzen. Stellen Sie sich die *Werte* (alles, was als wichtig und mit Respekt behandelt wird) vor, die von McDonald's vertreten werden. Die sauberen und hellen Restaurants haben dieser Kette den Erfolg gebracht. Oder nehmen Sie die Blockbuster Video-Läden als Beispiel. Anders als viele andere, wenn nicht sogar alle anderen Videoläden, haben Blockbuster-Läden keine Porno-Abteilung. Dieses Tatsache hat Blockbuster zu einem Unternehmen gemacht, zu dem man seine Kinder ohne schlechtes Gewissen schicken kann, um Videos auszuleihen. Zugegeben, Blockbuster ist nicht das einzige Unternehmen, das es ablehnt, derartige Filme in sein Sortiment aufzunehmen. Aber diese Firmenpolitik ist ein gutes Beispiel für das Zusammenspiel von Vision, Werten und Aktionsplan einer Firma.

In diesem Abschnitt sprechen wir über die Aufstellung eines Lebensplans. In Kapitel 5 werden wir in allen Einzelheiten besprechen, wie Ziele für eine bestimmte Verhandlung festgelegt werden.

Der Fünfjahresplan

Um effizient verhandeln zu können, müssen Sie sehr genau wissen, warum Sie diese Verhandlung überhaupt führen. Während der Zeit des kalten Krieges haben sich viele Amerikaner über die Sowjets und ihre Fünfjahrespläne lustig gemacht. In diesen Plänen wurden die Produktionszahlen für alle Unternehmen, alle Branchen und Wirtschaftsbereiche vorgegeben. Als ökonomisches Konzept ist der Fünfjahresplan zwar gescheitert, aber im Privatleben kann ein solcher Plan durchaus ein nützliches Werkzeug sein.

Vielleicht werden Sie in den kommenden fünf Jahren nicht alles erreichen, was Sie für sich geplant haben. Wenn Sie sich aber niemals Gedanken darüber machen, was Sie überhaupt in den nächsten fünf Jahren erreichen wollen, werden Sie mit Sicherheit noch nicht einmal einen Bruchteil davon erreichen. Die meisten Menschen, die mit ihrem Leben und mit dem, was sie in den letzten fünf oder zehn Jahren erreicht haben, nicht zufrieden sind, haben sich nie Gedanken um ihre Zukunft gemacht oder gar einen Plan für diesen Zeitraum entwickelt. Lassen Sie sich das eine Lehre sein! Stellen Sie einen Fünfjahresplan auf, und sorgen Sie dafür, daß all Ihre Verhandlungen zur Planerfüllung beitragen.

Schließen Sie die Augen, und stellen Sie sich vor, wie Ihr privates und berufliches Leben in den nächsten fünf Jahren aussehen könnte. Versuchen Sie, sich ein Bild auszumalen, das sowohl die privaten als auch die beruflichen Aspekte berücksichtigt. Denken Sie an die Möglichkeiten, wie Sie vielleicht anderen helfen können, oder daran, auf welche Weise Sie gerne Einfluß auf das Leben in Ihrer Gemeinde nehmen würden. Stellen Sie sich vor, was Sie und Ihre Familie unternehmen werden, welche beruflichen Chancen Sie wahrnehmen, wie erfolgreich Sie sein und wo Sie wohnen möchten, welches Auto Sie fahren und wieviel Sie im Jahr verdienen möchten. Malen Sie sich aus, wie Ihre Familie anderen helfen kann – anderen Familienmitgliedern oder anderen Menschen in der Gemeinde und der Gesellschaft überhaupt. Schreiben Sie diese Vision auf den nächsten Zeilen nieder.

_____

_____

_____

Der größere Zusammenhang bestimmt die Einzelheiten

Die folgende Erfahrung machten wir während eines Kursus über Verhandlungsführung in Palm Springs. Zu jener Zeit hatten wir gerade die Empfehlung, einen Fünfjahresplan aufzustellen, in den Kursus eingebaut. Als eine Hand nach oben schoß, erwarteten wir Kritik oder Ablehnung, weil die Teilnehmerin ziemlich verärgert aussah. »Ich bin eigentlich gekommen, um zu lernen, wie ich die Kaufverhandlung für mein neues Auto führen soll. Bei meinen letzten beiden Autos hat man mich übers Ohr gehauen. Werden wir hier auch über solche praktischen Dinge reden?«

»Das haben wir doch gerade«, war unsere unmittelbare Antwort. Die Teilnehmerin war perplex. »Entschuldigung, da habe ich wohl was verpaßt«, sagte sie. Wir ahnten, wo der Fehler lag, und fragten sie, an welche Art Auto sie denn gedacht hatte.

»Ich bin mir noch nicht sicher«, sagte sie – eine Antwort, die wir schon erwartet hatten. Wir stellten ihr eine Menge anderer Fragen über ihr Leben und in welche Richtung es ginge, wann sie in Rente gehen wolle, ob sie in ihrem gegenwärtigen Job bleiben wolle, wie lang ihr Weg zur Arbeit sei und mit welchen Aktivitäten sie sich für ihre Gemeinde engagiert.

Die Antworten ergaben, daß fünf oder sechs Modelle für sie in Frage kommen würden. Das Auto sollte zwei oder drei Jahre alt und dunkel lackiert sein. Sie wurde ganz aufgeregt, als sie merkte, daß sie sich schon durch diese wenigen Fragen wochenlanges Suchen und die Qual der Wahl erspart hatte. Wir hatten unsere Behauptung, daß man über das eigene Leben nachdenken sollte, bevor man in eine Verhandlung tritt, mit diesem Gespräch so gut illustriert, daß manche Teilnehmer glatt annahmen, wir hätten eine abgekartete Vorstellung gegeben und die Frau mit ihren Problemen absichtlich und vorbereitet in die Runde aufgenommen.

Randy Riley, unser guter Freund und Schwager, der seine Visionen jeden Januar neu definiert, entwickelt jedes Jahr auch einen neuen Aktionsplan. Dieser Mann widmet einen großen Teil seiner Zeit seiner Lebensplanung. Und seine Bemühungen zahlen sich aus. Wenn er auch nicht alle seine Ziele erreicht, hat er sich wenigstens welche gesetzt, die sich auch überprüfen lassen. Und er versucht es immer wieder. Dank seiner umfangreichen Planungen hat er seine finanziellen Ziele im Grunde genommen alle erreicht. Manchmal arbeitet er nur vier Tage in der Woche, was bedeutet, daß er seiner Frau und seinen Kindern mehr Zeit widmen kann als die meisten anderen Männer. Und er wird für seine hervorragenden Leistungen auf den Jahrestreffen seiner Firma regelmäßig ausgezeichnet.

Denken Sie in großen Dimensionen

Der erste Schritt auf dem Weg zu guten Ergebnissen besteht darin, in großen Dimensionen zu denken. Nehmen Sie sich immer viel vor – was die Aspekte einer bestimmten Verhandlung oder auch die allgemeine Lebensplanung angeht. Später können Sie Ihre Ansprüche immer noch zurückschrauben. Dies ist Ihr Leben. Im nächsten Jahr ist es vielleicht schon vorbei. Sie können es nicht noch einmal von vorne beginnen. Zerreißen Sie also die Fesseln, und lassen Sie sich Ihr Leben nicht durch kleinkarierte Gedanken einengen. Sie können vom Leben nur so viel bekommen, wie Sie von ihm erwarten.

Denken Sie mutig

Es reicht nicht aus, nur in großen Dimensionen zu denken. Sie müssen außerdem mutig denken. Wenn Ihre Visionen allzu weit von der Realität entfernt sind – wenn Sie also einen sehr steilen Weg nach oben vor sich haben – müssen Sie außerdem eine Menge Kreativität entwickeln. Versuchen Sie, Probleme auch auf eine andere als die offensichtliche Art zu lösen. Sie sollten das _Problem_, Wege zur Verwirklichung Ihrer Vision zu finden, als große _Chance_ betrachten.

 Viele Puzzles und Rätsel sind allein deshalb entwickelt worden, um eines zu demonstrieren: Um die schwierigsten Probleme des Lebens zu lösen, muß man nur ein bißchen über den Tellerrand hinausblicken. Eines unserer Lieblingsrätsel besteht darin, neun Punkte auf ein Blatt Papier zu zeichnen (drei Reihen zu je drei Punkten). Ohne den Stift abzusetzen, muß man dann vier gerade, miteinander verbundene Linien durch alle neun Punkte ziehen. Sie dürfen dabei jeden Punkt nur einmal berühren. Versuchen Sie es! Wenn Sie anfangen, sich zu ärgern, lehnen Sie sich zurück und lassen Sie Ihrer Vorstellungskraft freien Lauf. Blicken Sie über den Tellerrand (oder in diesem Fall über das Punktequadrat) hinaus. Spielen Sie ein bißchen herum. Die Lösung finden Sie auf der nächsten Seite.

Denken Sie in gesunden Happen

Wir haben unsere Kursteilnehmer immer davor gewarnt, für die Lebensplanung Schlagworte und Phrasen zu verwenden. Wir denken nämlich, daß ein Lebensplan etwas so besonderes und individuelles ist, daß er sich nicht in Schlagworten darstellen läßt. Im Laufe der Jahre haben wir aber erfahren, daß manche Phrasen unter Umständen gut als Wegweiser dienen können. Sie sind insbesondere dann sehr hilfreich, wenn man in Seminaren und Vorträgen anderen Menschen komplizierte Konzepte vermitteln will. Wir listen regelmäßig ein paar unserer Lieblingstips zur Lebensplanung auf. Diese Phrasen stellen wir immer dann zur Disposition, nachdem die Kursteilnehmer ihre Mission festgelegt haben und bevor die Aktionspläne entwickelt werden.

✔ **Die Tyrannei des »oder«:** Wenn Menschen sich mit ihrer Lebensplanung beschäftigen, fragen sie sich oft, ob sie nun eigentlich dieses oder jenes wollen. Versuchen Sie, in diesem Zusammenhang das Wort »und« zu verwenden. Das Wort »oder« beinhaltet immer eine Einschränkung. Das Wort »und« hingegen ist expansiv und schafft Raum. Die finanzielle Situation zwingt viele Menschen oft dazu, eine Auswahl der gewünschten Anschaffungen zu treffen. Wenn Sie aber einen Lebensplan entwickeln, sollten Sie alles, was Sie vom Leben wollen, auch in ihn aufnehmen. Sie haben nur ein Leben. Befreien Sie sich deshalb von der Tyrannei des Wortes »oder«.

✔ **Verbieten Sie das Wort »nur«:** Egal, was Sie im Leben unternehmen – machen Sie es gut und mit Stolz. Sagen Sie nie wieder: »Ich bin ja nur Hausfrau« oder »Ich bin ja nur Bäcker« oder ähnliches. Das Wort »nur« zur Beschreibung der Lebensleistung eines Menschen sollten Sie aus Ihrem Sprachschatz verbannen. Nachdem Sie Ihre Visionen entwickelt haben, verkleinern Sie sie nicht durch das Wörtchen »nur«.

✔ **Seien Sie geizig:** Ihnen steht für das Leben nur eine begrenzte Zeit zur Verfügung. Sie können nicht jedem helfen. Helfen Sie nur den Menschen, die Ihre Hilfe wirklich brauchen. Leute, die irgend etwas brauchen und nichts lieber tun, als Sie von Ihrem Lebensziel abzulenken, tauchen immer wieder auf. Ihr Job ist es, die Ziele im Auge zu behalten, die Sie für sich selbst und Ihre Familie erreichen wollen.

➤ *Prioritäten in einer Ehe*

Oberste Priorität hat für uns als Ehepaar die Zeit, die wir allein miteinander verbringen können, weil es so aussieht, als hätten wir nie genug davon. Was einem am meisten fehlt, wird am meisten herbeigesehnt. Auch wenn es darum geht, unsere Zeit mit anderen Menschen zu verbringen, haben wir unsere Prioritäten: liebe Freunde und Verwandte, Theater, Kino und so weiter.

Wenn die fragliche Aktivität nicht ausschließlich dem eigenen Vergnügen dient, entscheiden wir mit folgender Frage, ob wir gehen sollen oder nicht: »Ist es gut fürs Geschäft?«.

Unsere Visionen, Werte und vereinbarten Ziele helfen uns bei der Entscheidung. Da wir beide Freiberufler sind, investieren wir den Großteil unserer Zeit in den Ausbau und die Weiterentwicklung unseres jeweiligen Geschäfts. Manchmal lassen sich jedoch Freizeitvergnügen und berufliche Ziele unter einen Hut bringen. So gehen wir zum Beispiel gerne zu Premieren der wohl bekanntesten Theater von Los Angeles, dem *Mark Taper Forum* und dem *Ahmanson Theater*, weil wir erstens beide Theaterfans sind *und* weil beide Theater zu Michaels Clientel gehören.

Jetzt wird gehandelt

Nachdem Sie sich über Ihre Visionen und den Weg zu deren Verwirklichung klargeworden sind, besteht der nächste Schritt darin, einen Aktionsplan zu entwickeln. Ihr Aktionsplan muß die einzelnen Aufgaben enthalten, die erledigt werden müssen, die Menschen, die Sie dabei unterstützen sollen, und die Zeiten, zu denen Sie jeden einzelnen Schritt durchführen müssen. Mit einem Aktionsplan sind Sie leistungsfähiger und können erheblich mehr durchsetzen. Er versetzt Sie außerdem in die Lage, Bedürfnisse, potentielle Probleme und die für jeden Schritt erforderliche Zeit einzuschätzen. Im Verlauf der Entwicklung Ihres Lebensplans treten alle potentiellen Hindernisse zutage, auf die Sie bei der Durchführung der einzelnen Schritte stoßen könnten. Danach können Sie die Maßnahmen zur Überwindung dieser Hindernisse festlegen.

Wir empfehlen Ihnen, Ihren Aktionsplan nach folgendem Muster aufzustellen:

1. **Legen Sie für alle Ziele Prioritäten fest.**

2. **Legen Sie die Einzelschritte fest, die zur Verwirklichung jedes einzelnen Zieles erforderlich sind.**

3. **Bestimmen Sie die Menschen, die Sie bei den einzelnen Aktionsschritten unterstützen können.**

4. **Bestimmen Sie die möglichen Hindernisse, die vor jedem Aktionsschritt stehen könnten.**

5. **Geben Sie ein geschätztes Datum an, zu dem jeder Aktionsschritt durchgeführt sein muß.**

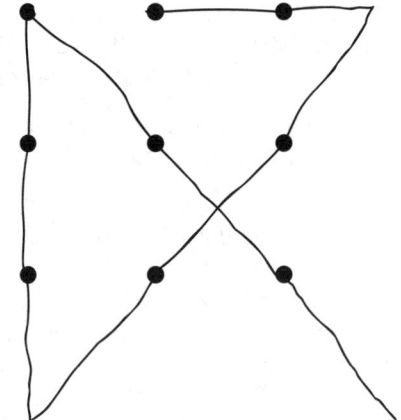

Abbildung 1.1: Die Lösung des Neun-Punkte-Rätsels.

Wenn Sie sich Abbildung 1.1 einmal anschauen, werden Sie erkennen, warum man zur Lösung dieses Rätsels über den Tellerrand blicken muß. Treiben wir das Rätsel noch einen Schritt weiter: Wie kann man alle neun Punkte mit einer einzigen gerade Linie verbinden? Antwort: Nehmen Sie einen dicken Pinsel!

Vorbereitungen für den Erfolg

In diesem Kapitel

▷ Eine Verhandlung vorbereiten

▷ Eine Checkliste für die Verhandlung entwickeln

▷ Vorbereitungen für eine Verhandlung in einem anderen Kulturkreis

Die richtige Vorbereitung ist wahrscheinlich der wichtigste der sechs Bausteine, aus denen eine Verhandlung besteht. Die bessere Überschrift für dieses Kapitel würde wahrscheinlich folgendermaßen lauten: »Vorbereitung – nichts ist wichtiger«.

Eine gute Vorbereitung bildet die solide Grundlage für eine Verhandlung und gibt Ihnen das Selbstvertrauen, das Sie für erfolgreiches Verhandeln brauchen. Mit einer gründlichen Vorbereitung können Sie aus einer Position der Stärke heraus verhandeln. Wenn Sie mit Fakten und Hintergrundinformationen gut vorbereitet in eine Verhandlung gehen, zeigen Sie dem Gegner, daß er Sie niemals unterschätzen sollte.

Die Informationsbeschaffung geht auch während einer Verhandlung weiter. Tatsächlich erstreckt sie sich sogar über das ganze Leben. Wenn Sie in einem Verhandlungsgespräch aufmerksam zuhören, werden Sie weitere Informationen bekommen, die Sie aus anderen Quellen nicht beschaffen konnten. Mehr noch: Wenn Sie in künftigen Geschäftsverhandlungen mit demselben Thema konfrontiert werden, können Sie weiter von der ersten gründlichen Vorbereitung zehren.

Die meisten Menschen gehen den Weg des geringsten Widerstandes. Vorbereitung ist die erste Station, die sehr beschäftigte Menschen gerne überspringen. Nehmen Sie sich die Zeit, und machen Sie sich die Mühe, sich gründlich auf eine Verhandlung vorzubereiten. Sie können sich dadurch enorme Vorteile verschaffen.

Wie gut ist Ihre Vorbereitung?

Mit Hilfe der folgenden Fragen können Sie herausfinden, wie gut Sie sich auf eine Verhandlung vorbereiten würden.

✔ Greifen Sie während der Vorbereitung einer Verhandlung häufig auf eine externe Informationsquelle zurück?

✔ Geben Sie fünf Informationsquellen (Bücher, Informanten, Zeitschriften; nicht eigene Kenntnisse oder Intuition) an, die Sie im letzten Jahr zur Vorbereitung auf Verhandlungen verwendet haben.

✔ Geben Sie die fünf wichtigsten Informationsquellen an, die in Ihrem Job verwendet werden.

✔ Wie viele dieser Ressourcen sind in Ihrer eigenen oder der Firmenbibliothek vorhanden?

Denken Sie noch einmal an Ihre letzte Verhandlung. Versuchen Sie sich an die fünf zusätzlichen Informationen zu erinnern, die Sie im Laufe der Diskussion erhalten haben. Hätten Sie sich diese Informationen auch schon vor der Verhandlung beschaffen können? Die Zeit, die Sie in die Informationsbeschaffung investieren, zahlt sich immer in einer saftigen Dividende aus.

Wissen ist Macht

Die meisten Menschen glauben, Macht resultiere aus Körpergröße, Einfluß oder grobem Auftreten. Aber die einfachste und effektivste Art, Ihre Macht zu vergrößern, liegt in einer guten Vorbereitung. Auch wenn Sie gegen den größten Unterhändler aller Zeiten antreten, dieser Mann aber im Gegensatz zu Ihnen nicht vorbereitet ist, ist eines sicher: Sie haben die besseren Karten.

Und trotzdem betrügen die meisten Menschen sich selbst, wenn es um die Vorbereitung geht. Selbst erfahrene Verhandlungsführer opfern häufig die Vorbereitung auf dem Altar übertriebenen Selbstbewußtseins und des übervollen Terminplans. Manche Verhandlungsführer schätzen den Wert der zusätzlich aufgewendeten Zeit und Mühe für eine gründliche Vorbereitung nicht hoch genug ein. Für andere wiederum ist Vorbereitung einfach nur mühselige Quälerei.

 Vorbereitung muß nicht unbedingt langweilig sein. Die Vorbereitung auf eine Verhandlung kann dieselbe knisternde Spannung und Erwartung auslösen, wie man sie von der Vorbereitung auf eine militärische Spähtruppoperation kennt. Wahrscheinlich werden Sie keine feuchten Hände haben, aber die Aufregung ist ähnlich groß. Sie stehen kurz vor einem Aufbruch ins Ungewisse. Das Ergebnis ist völlig unsicher. Die Datensammlung ist wie die letzte Überprüfung von Munition und Waffen, die innerliche Sammlung und Vorbereitung vor dem Kampf. Bereiten Sie sich so vor, als wollten Sie in eine Schlacht ziehen.

Spielen Sie mal ein bißchen Detektiv

Sie sollten alle Aspekte einer Verhandlung schon vor deren Beginn kennen. Bestimmen Sie die Elemente, die für Ihre nächste Verhandlung am wichtigsten sind. Diese Aufgabe läßt sich in zwei Hauptkategorien unterteilen:

✔ **Der Verhandlungsgegenstand:** Bevor Sie den eigentlichen Dialog beginnen, sorgen Sie dafür, daß Sie mehr über den Verhandlungsgegenstand wissen als Ihr Verhandlungsgegner.

✔ **Der Verhandlungsgegner:** Beschaffen Sie sich soviel Informationen wie möglich über Ihr Gegenüber und die Erwartungen, mit der dieser Mensch in die Verhandlung geht. Sie dürfen nicht eine einzige Frage über Ihren Gegner und den Mandanten Ihres Gegners unbeantwortet lassen.

Teil II dieses Buches erklärt, wie Sie entscheiden können, welches Ergebnis von einer Verhandlung zu erwarten ist, und wie Sie Ihre Hoffnungen und Träume im Hinblick auf alle zukünftigen Verhandlungen organisieren können. Bevor Sie sich aber mit diesem Schritt befassen, sammeln Sie die in den Kategorien weiter oben erwähnten Informationen. Denken Sie dran! Wer die meisten Informationen hat, gewinnt die Verhandlung.

Wissen aus erster Hand

Schon sehr früh in meiner Karriere als Unternehmensberaterin habe ich eines gelernt: Du kannst nur dann wissen, mit welchen Problemen manche Manager sich auseinandersetzen müssen, wenn Du deren Arbeitsplatz auch kennst. Ein Produktionsmanager brachte mir diese Lektion vor langer Zeit an einem Fließband bei. Ich sprach gerade sehr eloquent über die Managementtheorie, die davon ausgeht, daß man gute Arbeitsleistungen am besten durch entsprechende Würdigung der Mitarbeiter erreicht, als ich mit folgender Frage unterbrochen wurde: »Hey, haben Sie überhaupt schon mal einen Niethammer in der Hand gehabt?« »Nein, was ist das überhaupt?«, war meine Gegenfrage. Die sechs anderen männlichen Teilnehmer lachten, und ich merkte, worauf die Frage eigentlich abzielte: Wußte ich überhaupt, womit dieser Mann es in dieser besonderen Situation zu tun hatte?

Er erklärte mir, was ein Niethammer ist: Ein schweres hydraulisches Gerät, ähnlich wie ein elektrischer Schraubendreher, mit dem ein kleines schraubengroßes Stück Metall in den Rumpf eines Flugzeuges getrieben wird. Hunderte dieser Dinge werden dabei in ein einziges Stück Metall genietet. Niethämmer machen einen Höllenlärm (viele Arbeiter tragen deshalb einen Ohrenschutz) und sind extrem schwer. Ich sagte: »Ich habe zwar noch nie einen Niethammer in der Hand gehabt, aber ich sollte es wohl mal versuchen.« Alles amüsierte sich, und einer von den Teilnehmern sagte schließlich: »Kommen Sie morgen früh um sechs Uhr in mein Büro. Ziehen Sie sich eine Hose und Schuhe mit weichen Sohlen an. Helm und Sicherheitsbrille bekommen Sie von mir.«

Es war eine Herausforderung. Ich bin gerade mal 1,60 Meter groß und wiege nicht viel mehr als 100 Pfund. Bis dahin hatte noch kein Manager etwas Derartiges von mir verlangt. Noch am selben Nachmittag holte ich mir vom Chef der Personalabteilung die entsprechende Genehmigung. Am nächsten Morgen lernte ich eine Menge über die Leute, deren Vorgesetzter dieser Mann war. Ich hätte mir nicht im Traum vorgestellt, welche Kleinigkeiten sie bei ihrer Arbeit motivierten: eine kurze 15-Minuten-Pause, starker Kaffee und eine bestimmte, mit Marmelade gefüllte Pfannkuchensorte.

Seit dieser Zeit habe ich nie wieder versucht, über eine Umgebung, die ich nicht vorher selbst kennengelernt habe, und über Menschen, mit denen ich nicht selbst besprochen habe, zu reden. In meinem Geschäft nennt man dieses Prinzip »Augenscheinanalyse«.

Die wenigen Male, an denen ich versucht habe, Management-Kurse über eine unbekannte Umgebung durchzuführen, war ich definitiv im Nachteil.

Wertvoll oder wertlos?

Manche Menschen bereiten sich auf bestimmten Gebieten fast instinktiv vor. Jede Familie hat anscheinend einen bestimmten Informationsbeschaffer. In unserer Familie ist das Debbie aus Denver. Bevor wir in die Ferien starten, erfragt Debbie die Preise sämtlicher Hotels in der Gegend und beschafft alle verfügbaren Informationen über die Restaurants. Sie ist wirklich erstaunlich. Sie hat Spaß daran, alle diese Anrufe zu machen, und liebt es, als wandelndes Lexikon über die von uns besuchte Gegend zur Verfügung zu stehen. Sie weiß, welche Hotels freie Zimmer haben, was sie kosten usw.

 Andere wiederum gehen an diese Übung nicht so instinktiv heran. Sollten Vorbereitungen für Sie selbst nicht unbedingt die natürlichste Sache der Welt sein, versuchen Sie, ein Spiel daraus zu machen. Wenn Sie eine Verhandlung führen, um eine Sache zu kaufen oder zu verkaufen, tun Sie so, als wollten Sie ein Geheimnis ergründen – das Geheimnis des Wertes. Was ist das Produkt oder die Dienstleistung wert? Vergessen Sie den Ausgangspreis. Wichtig ist nur, was es wirklich wert ist.

Fangen Sie mit den folgenden wichtigen Fakten an:

✔ Der Wert entsteht immer im Auge des Betrachters. Wenn Sie Ihre Recherche beendet haben, können nur Sie selbst den tatsächlichen Wert bestimmen, den eine Dienstleistung oder ein Produkt für Sie hat. Sie sind derjenige, der das Geld bezahlt (oder empfängt). Sie allein können entscheiden.

✔ Ob Tiffany's oder Aldi – es gibt eine Menge Experten in diesem Land, die sich mit nichts anderem als Preisvergleichen beschäftigen und umfangreiche Berichte über den Wert bestimmter Produkte erstellen. In diesen Berichten finden Insider die Informationen, die sie für ihre Arbeit brauchen. Ob Sie ein Hotel kaufen wollen oder nur Ferien in diesem Hotel machen wollen – für beide Fälle finden Sie irgendwo Insiderinformationen über den Wert des Gegenstandes.

 Denken Sie daran, daß Werte sich im Laufe der Zeit verändern. Wenn Sie Käufer sind, ist es für Sie wichtig, wie lange Sie den Kaufgegenstand behalten wollen. Je länger Sie einen Gegenstand behalten wollen, desto länger muß er auch seinen Wert behalten. Informationen über den normalen Wertverlust stehen genauso zur Verfügung wie Informationen über den aktuellen Wert – oft sogar an derselben

Stelle. Informationen über den Wertverlust eines Gegenstandes sind genauso wichtig wie Informationen über dessen aktuellen Wert.

 Denken Sie daran, sich bei der Informationsbeschaffung Notizen zu machen. Sie können nicht erwarten, sämtliche gesammelten Fakten im Kopf zu behalten. Notizen bedeuten keinen großen Aufwand und können im Verlauf einer Verhandlung von unschätzbarem Wert sein. Normalerweise kommen in jeder Branche ein oder zwei Arten von Verhandlungen immer wieder vor. Für diese Verhandlungen sollten Sie sich ein eigenes Notizbuch zulegen, in das Sie alle Informationen zu diesem Gegenstand eintragen.

Wenn Sie zum Beispiel Dienstleister oder Unternehmensberater sind, ist Zeit Ihr Arbeitskapital. Wahrscheinlich berechnen Sie dann Ihr Honorar nach der Zeit, die Sie für einen Auftrag benötigen, und nach der Entfernung, die Sie von Ihrem Firmensitz zum Kunden zurücklegen müssen. (Denken Sie daran: Sie können normalerweise kein Honorar berechnen für die Zeit, die Sie für die Erholung vom Jet-Lag brauchen. Aber trotzdem müssen Sie auch diese Zeit berücksichtigen.) Sorgfältige Notizen können Ihnen dabei helfen, zu bestimmen, ob Ihr Honorar angemessen ist, oder Sie für künftige Verhandlungen mehr verlangen müssen.

Lesen Sie Verbraucherberichte

Verbraucherberichte sind eine verläßliche Informationsquelle. Diese Informationsquelle sollten Sie immer heranziehen, wenn Sie sich irgendeine Art von Konsumgut anschaffen. Mikrowellenherde oder Hypothekenzinsen – Verbraucherzeitschriften haben ein breites Spektrum von Produkten und Dienstleistungen getestet, begutachtet und bewertet. Warum sollten Sie also das Rad neu erfinden wollen?

Schauen Sie bei den Online-Diensten nach

Das Internet ist ein gigantisches Warenhaus mit Informationen zu jedem nur denkbaren Thema. Falls Sie über einen Zugang zum World Wide Web verfügen, empfehlen wir Ihnen, vor jeder wichtigen Verhandlung im Web nach Informationen zu suchen.

 Ein großer Teil aller im WWW verbreiteten Informationen ist nichts anderes als Werbung von Unternehmen, die Ihnen irgend etwas verkaufen wollen. Gehen Sie niemals davon aus, das gefundene Material sei objektiv. Schauen Sie sich die Seiten genau an. Nur so können Sie herausfinden, ob das Material von einem objektiven Seitendesigner oder von jemandem mit einem finanziellen Interesse zusammengestellt wurde.

Besuchen Sie Ihre Stadtbibliothek

Die öffentliche Bibliothek Ihrer Gemeinde oder Stadt ist wahrscheinlich die am wenigsten genutzte Informationsquelle, wenn es um die Vorbereitung einer Verhandlung geht. Schauen Sie da ruhig mal wieder rein! Sie werden sich wundern! In öffentlichen Bibliotheken finden Sie alle Arten von Informationsquellen, mit deren Hilfe Sie den Wert der unterschiedlichsten Güter und Dienstleistungen ermitteln können.

 Wenn Sie die Bibliothek besuchen, scheuen Sie sich nicht, um Hilfe zu bitten. In den meisten Stadtbibliotheken finden Sie ausgebildete Mitarbeiter, die Ihnen bei der Recherche helfen können. Unsere Erfahrung hat gezeigt, daß Bibliothekare zu den hilfreichsten Menschen dieser Welt gehören.

Schauen Sie sich Konkurrenzangebote an

Zögern Sie nicht, auch eigene Recherchen anzustellen. Anstatt den Wert eines Produkts irgendeiner Publikation zu entnehmen, können Sie ihn auch mit etwas Beinarbeit herausbekommen. Der eigene Augenschein ist oft mehr wert als alle Literatur. Angenommen, Sie interessieren sich für ein Mietshaus. In diesem Fall sollten Sie sich vielleicht zunächst als interessierter Mieter einer Wohnung ausgeben, bevor Sie sich als möglicher Käufer des gesamten Hauses offenbaren. Schauen Sie sich die Umgebung und andere Mietshäuser in der Nachbarschaft an. Innerhalb einer Stunde können Sie zu einem Experten werden, was den Wert und die Anzahl der vermieteten Wohnungen in diesem und den Häusern der Nachbarschaft betrifft. Unterhalten Sie sich mit den Mietern des Hauses, das Sie kaufen wollen. Auf diese Art und Weise bekommen Sie zuverlässigere Informationen als durch ein Gespräch mit dem Verkäufer oder dessen Vertreter.

Aber ob Sie nun kaufen oder verkaufen wollen – ein direkter Blick auf das Angebot ist immer der beste Weg, sich über Preise, Verfügbarkeit und Qualität zu informieren. Wir sprechen hier nicht über das Kaufen, sondern nur über die Informationsbeschaffung. Wenn ich ehrlich sein soll, ist dies die einzige Art von Shopping, die wir wirklich mögen. Je mehr wir wissen, desto besser fühlen wir uns.

 Vergessen Sie nicht, sich während Ihrer Shopping-Tour Notizen zu machen. Sie werden eine Menge neuer Informationen sammeln, von denen Sie sich vielleicht einige merken können. Aber ohne sorgfältige Notizen werden Sie wahrscheinlich nicht behalten, wo Sie die verschiedenen Informationen gesammelt haben.

Stellen Sie Fragen

Sie können Ihre Vorbereitung bis in die eigentliche Verhandlung hinein ausdehnen, indem Sie Ihrem Gegenüber Fragen stellen. Manche Menschen scheuen sich zu fragen, weil Sie Angst haben, dumm zu erscheinen. Das ist falscher Stolz, der obendrein auch noch teuer werden kann. Ohne genaueste Informationen befinden Sie sich sozusagen in einem Blindflug. Sie können Ihre Position nicht mehr schwächen, als wenn Sie Ihren Gegenspieler um Informationen bitten müssen. Ihre Aufgabe ist es, für einen guten Ausgang zu sorgen, und nicht, den Verkäufer zu beeindrucken. Wenn Sie etwas wissen wollen, fragen Sie einfach.

 Denken Sie immer daran, daß die Antworten, die Sie während einer Verhandlung bekommen, mehr oder weniger falsch sein können. Behandeln Sie sie immer mit Vorsicht, und überprüfen Sie sie später. Sie können sich niemals völlig sicher sein, daß alle Informationen, auf die Sie sich verlassen, auch wirklich zuverlässig sind.

Was machen Sie, wenn Sie sich auf fremdem Grund bewegen? Versuchen Sie nicht, Ihre fehlende Erfahrung zu verbergen. Wenn Sie es mit jemandem zu tun haben, der sein Gebiet wirklich beherrscht, Sie selbst aber weniger Erfahrung haben, ist Ehrlichkeit – wie immer – die beste Politik. Über kurz oder lang würde Ihre fehlende Erfahrung doch herauskommen. Es ist immer besser, seine Unerfahrenheit zuzugeben. Danach kann man alle notwendigen Fragen stellen oder um Zeit bitten, um sich in das Thema einzuarbeiten.

 Denken Sie daran, das Geschäft erst dann abzuschließen, wenn Sie wirklich bereit dazu sind. Ein Geschäftsabschluß ist eine freiwillige Angelegenheit. Beschaffen Sie sich Ihre Informationen, wo immer Sie können – auch beim Gegner. Je mehr Ihr Gegenspieler einen Abschluß wünscht, desto schneller werden Sie auch die Daten bekommen, die Sie für Ihre eigene Entscheidung benötigen.

Lesen Sie Insiderberichte

Nehmen Sie sich die Zeit und finden Sie heraus, was Brancheninsider für die Waren oder Dienstleistungen, die Sie kaufen oder verkaufen wollen, zahlen würden. Diese Strategie kann Ihnen im Lauf Ihres Geschäftslebens ein Vermögen ersparen. Verlassen Sie sich nicht darauf, was Freunde Ihnen erzählen, obwohl auch die manch guten Tip und Hinweis geben können. Besuchen Sie die Leute, die den Händlern sagen, was sie für ihre Waren verlangen sollen. Besuchen Sie die Quellen, die auch Insider aufsuchen.

Egal um welches Thema es geht, irgend jemand hat bestimmt schon eine Menge Arbeit darin investiert, es auszuwerten und zu kommentieren. Das ist einfach eine Tatsache des Lebens. Nichts ist so abwegig, als daß es nicht studiert, erforscht, analysiert, katalogisiert und publiziert werden würde. Welche Insiderberichte für Sie interessant sein können, erfahren Sie oft von genau denselben Leuten, die gerade versuchen, Sie von einem angeblich großartigen Geschäft zu überzeugen.

✔ Für Autohändler sind die Schwacke- und DAT-Liste und die diversen Automagazine die wichtigsten Informationsquellen.

✔ Die Preise für Gold und andere Edelmetalle finden Sie im Wirtschaftsteil vieler Tageszeitungen.

✔ Die Kosten für Kredite fast aller Arten (Hypotheken, Anschaffungsdarlehen, Autokredite) werden in vielen einschlägigen Spezialzeitschriften aufgelistet und sind auch bei den Verbraucherverbänden zu erfragen.

Ein bißchen Warten zahlt sich aus

Als ich mich seinerzeit nach einem Verlobungsring für Mimi umsah, zog ein aufgeregter Händler plötzlich ein Stück Papier aus der Schublade, wedelte mir damit vor der Nase herum und beklagte sich bitter: »Schauen Sie selbst. Dieser Ring ist ein Bombengeschäft für Sie. Und ein bißchen muß ich daran ja auch verdienen.«

Bingo! Plötzlich ging mir ein Licht auf. Das mußte die Information sein, nach der ich die ganze Zeit gesucht hatte – der Insiderbericht, nach dem sich die gesamte Juwelierbranche richtet. (Tatsächlich hatte ich schon vorher einen anderen Juwelier nach einem derartigen Bericht gefragt und dabei nur einen Blick geerntet, als hätte ich nicht alle Tassen im Schrank.) »Ach ja, da haben Sie wohl recht«, sagte ich und griff mir das Papier. »Zeigen Sie mir doch mal, wie das zu verstehen ist«, fragte ich ihn mit Unschuldsmiene.

Obwohl genau dieser Händler versucht hatte, mich übers Ohr zu hauen, habe ich ihm doch eine wertvolle Information zu verdanken. Auf dem Seitenkopf stand die wichtigste Information: *Rapaport Diamond Report* und eine Adresse in New York. In dem Bericht waren alle Diamanten nach Größe und Aussehen geordnet, und er war im übrigen schnell zu durchschauen.

Ich unterhielt mich noch eine weitere Stunde mit verschiedenen Juwelieren. Immer wenn ich unser Gespräch mit einigen Hintergrundinformationen begann (die ich aus dem Insiderbericht hatte) und mein Interesse an mehr Informationen zeigte, behandelten mich die Händler mit mehr Respekt und rückten mit weiteren Details über die betreffenden Steine heraus. Ich kaufte schließlich einen ungefaßten Stein und zahlte bar. Danach ließ ich den Stein von einem Händler in meiner Nachbarschaft fassen. Auf diese Art und Weise konnte ich Mimi mit meinem vorgegebenen Budget einen erheblich größeren Diamant von weitaus besserer Qualität kaufen, als wenn ich blindlings zum nächsten Schickimicki-Juwelier in Beverley Hills gelaufen wäre.

Bleiben Sie auf dem Laufenden

Versuchen Sie, sich für die immer wieder vorkommenden Geschäftsverhandlungen ständig auf dem Laufenden zu halten. Wenn Sie Ihren Lebensunterhalt damit verdienen, Boote zu verkaufen, sollten Sie mehr über Boote wissen als sonst jemand auf der Welt. Besuchen Sie öffentliche Bootsausstellungen und Seminare für professionelle Verkäufer. Besorgen Sie sich bei den Entwicklern und Herstellern der Boote detaillierte Informationen. Unterhalten Sie sich mit Kollegen in der Kaffeepause. Nutzen Sie die ganze Bandbreite der verfügbaren Informationsquellen.

Die Qualität der Ratschläge und Informationen, die Sie aus den verschiedenen Quellen bekommen, wird wahrscheinlich ziemlich breit gestreut sein. Entscheiden Sie selbst, welche Sie in Ihre Informations-Schatztruhe aufnehmen und welche Sie verwerfen. Seien Sie aber immer offen für alles, was Ihren Informationsvorrat weiter vergrößern könnte. Sie wissen nie, ob nicht vielleicht irgendeine Kleinigkeit einmal zu einer Geheimwaffe in einer Verhandlung werden kann.

Informieren Sie sich über Ihren Gegner

Auch die erfahrensten Verhandlungsführer, die sich zwar gründlichst auf die Verhandlungsvorbereitung konzentrieren, geben sich fast alle auf einem bestimmten Gebiet eine entscheidende Blöße: Sie vergessen, Informationen über die Person zu sammeln, mit der Sie die Verhandlungen führen sollen. Diese Person kann der Ehepartner, ein geschätzter Mitarbeiter oder ein Verkäufer sein. Wie man diesen Menschen nennt, ist von Fall zu Fall unterschiedlich: *Verhandlungspartner* ist vielleicht in manchen Situationen nicht so recht passend. *Verhandlungsgegner oder Gegenspieler* wäre in manchen Fällen möglicherweise zutreffender. Aber wie auch immer man diesen Menschen nennen will – und wir verwenden in diesem Buch mehrere Bezeichnungen –, finden Sie über ihn soviel wie möglich heraus.

 Einem Boxer oder Ringer würde es nicht im Traum einfallen, einen Kampf zu beginnen, ohne die Techniken, Stärken und Schwächen seines Gegners vorher studiert zu haben. Diese Athleten schauen sich alle Aufzeichnungen und Berichte über frühere Kämpfe ihrer Gegner gründlich an. Sie kämpfen mit Sparringspartnern, die den Stil ihrer Gegner imitieren. Tun Sie sich einen Gefallen, und machen Sie es genauso, wenn eine sehr wichtige Verhandlung ansteht. Studieren Sie Ihren Gegner!

Der am häufigsten vorkommende Fehler während der Vorbereitung auf eine Verhandlung besteht darin, zu vergessen, Informationen über den Verhandlungsgegner zu beschaffen. Jeden Tag machen im ganzen Land Tausende von Menschen diesen Fehler – und das bei einer Anschaffung, die zu den wichtigsten ihres Lebens gehört: beim Kauf des eigenen Hauses.

Kaufen Sie nie ein Haus von einem Fremden

Falls Sie vorhaben, ein Haus zu kaufen, haben Sie wahrscheinlich eine Checkliste erstellt: Höchstpreis, Raten für die Hypothek usw. Die meisten Makler stellen auch ein Exposé zur Verfügung, das alle gängigen Fragen beantwortet: Gesamtkosten, Anzahl der Zimmer, Wohnraumgröße, Grundstücksgröße, Heizungsart, Baujahr und vieles mehr.

Wenn Sie schließlich das Haus gefunden haben, das alle Ihre Voraussetzungen erfüllt, fragen Sie normalerweise nach den Preisvorstellungen des Verkäufers. Sie sollten auch nach den Preisen fragen, die andere Interessenten vor Ihnen angeboten haben, und herausfinden, wie flexibel der Verkäufer in seinen Vorstellungen ist. Ausgefuchste Käufer besorgen sich sämtliche Verkaufspreise, die in der Nachbarschaft in den letzten sechs oder zwölf Monaten erzielt wurden.

Wenn Sie all diese Informationen haben, sollten Sie eigentlich in der Lage sein, ein Angebot zu machen, nicht wahr? Falsch! Sie müssen jetzt außerdem auch noch etwas über den Verkäufer herausfinden. Der Verkäufer, oder besser gesagt die Situation des Verkäufers ist ein wichtiger Faktor zur korrekten Einschätzung des Kaufgegenstandes. Finden Sie heraus, warum der Verkäufer sein Haus verkaufen will.

Folgende Fragen sollten Sie danach beantworten können:

✔ Steht der Verkäufer unter finanziellem oder privatem Druck (Beispiel: Ehescheidung, Umzug in eine andere Stadt wegen Wechsel des Arbeitsplatzes, Arbeitslosigkeit? Wann muß der Verkäufer umziehen? Hat der Verkäufer schon ein anderes Haus gekauft?)

✔ Wie lange wird das Haus schon zum Verkauf angeboten? Vergleichen Sie das Ergebnis damit, wie lange vergleichbare Häuser in derselben Gegend durchschnittlich angeboten werden.

✔ Wann und für welchen Preis hat der Verkäufer das Haus ursprünglich erworben?

✔ Welche Änderungen hat der Verkäufer an dem Haus vorgenommen? Wurden die Änderungen von einem Fachmann vorgenommen, oder hat der Eigentümer sie selbst durchgeführt?

Die meisten Antworten werden Sie schon in einem zwanglosen Gespräch mit dem Verkäufer selbst, von dessen Makler oder aber über externe Quellen bekommen. Beginnen Sie Ihre Informationssammlung damit, erst einmal eine gemütliche Gesprächsatmosphäre zu schaffen. Fangen Sie um Himmelswillen nicht damit an, Ihren Gesprächspartner zu verhören wie ein Staatsanwalt. So werden Sie den Leuten nur unsympathisch. Lehnen Sie sich gegen den Gartenzaun, und beginnen Sie mit einem unverbindlichen und freundlichen Schwatz.

Wir verwenden das Hauskauf-Beispiel in unseren Verhandlungsseminaren aus zwei Gründen:

✔ Das eigene Haus ist für die meisten Menschen die wichtigste Anschaffung ihres Lebens.

✔ Makler fungieren oft als eine Art professioneller Türsteher – und das mit Hingabe. Die Beschaffung von Informationen über den Eigentümer kann deshalb sehr schwierig sein.

Sie können mit dem Verkäufer aber jederzeit auch in direkten Kontakt treten. Die Eigentumsverhältnisse an Grund und Boden sind öffentlich aufgezeichnet – im zuständigen Grundbuch. Wenn Sie ein berechtigtes Interesse nachweisen, können Sie sich jederzeit an das Grundbuchamt wenden, die Identität des Eigentümers ermitteln und ihn dann selber anrufen.

Informationen über die andere Partei sind immer wichtig, wenn es um Geschäfte geht, in denen Geld im Tausch gegen das Eigentum an einem körperlichen Gegenstand gegeben wird. Natürlich können Sie ein Haus (oder ein Auto, ein Gemälde, einen Rasenmäher etc.) auch von einem Experten begutachten und schätzen lassen. Auch auf diese Art und Weise bekommen Sie eine ziemliche genaue Vorstellung von dessen wirklichem Wert. Informationen über den Verkäufer sind wichtig, aber nicht von kaufentscheidender Bedeutung.

Informationen über den Verhandlungsgegner sind immer dann von entscheidender Bedeutung, wenn der Gegenstand, über den verhandelt wird, ein immaterielles Gut ist. Wenn es um Dienstleistungen oder immaterielle Werte wie beispielsweise ein Recht, etwas zu tun oder zu unterlassen geht (z.B. ein Wegerecht, das Recht zur Herausgabe eines Buches oder zum Verleih eines Films), müssen Sie sich immer vollständig über die Zuverlässigkeit, Ehrlichkeit und Kompetenz der anderen Partei informieren. Bei langfristigen Verträgen und immateriellen Gütern ist man immer in erheblichem Maß auf die andere Partei angewiesen. Sie müssen dann einfach so viele Informationen wie möglich über Ihren Gegenspieler zusammentragen.

✒ Es zahlt sich immer aus, den Verkäufer zu kennen

Der Vater meiner ersten Frau war Makler, und deshalb lud ich ihn ein, mit uns zusammen das Haus meiner Träume zu besichtigen. Ich hatte noch niemals vorher ein Haus gekauft und hoffte deshalb, er könnte mir genau sagen, was das Haus wert wäre.

Kurz nachdem mein Schwiegervater angekommen war, war er auch schon wieder verschwunden. Wir setzten unsere Besichtigung des kleinen Häuschens im frühen California-Stil fort. Die dicken Natursteinwände hielten das Innere schön kühl an diesem heißen Sommertag. Geschmackvolle Dekorationen sorgten für ein beruhigendes und friedliches Feeling. Aber wo um alles in der Welt steckte mein Schwiegervater? Wir beendeten die Besichtigung und gingen wieder hinaus in den Vorgarten. Immer noch kein Schwiegervater zu sehen. Meine Frau meinte, ich sollte mir bloß keine Sorgen machen, er wäre schon irgendwo in der Nachbarschaft. Schließlich tauchte er wieder auf – in der Tür des Nachbarhauses.

»Okay, Kinder, wir können gehen!« sagte er nur.

Ich war enttäuscht. Er hatte sich das Haus nicht einmal angesehen. Wir stürzten ins Auto und fuhren fort. Und dann brachte er mir bei, wie wertvoll Informationen über den Menschen, mit dem man verhandelt, sein können.

Er erzählte mir von seinem Schwatz mit den Nachbarsleuten. Er hatte erfahren, daß die Frau, die wir bei der Hausbesichtigung kennengelernt hatten, gar nicht verkaufen wollte. Ihr Mann war schon vor einem Jahr umgezogen, um auf Anraten seines Psychiaters einen neuen Job anzutreten, der besser für ihn geeignet wäre. Ihr Psychiater wiederum hatte ihr geraten, weiter im Haus wohnen zu bleiben. Sie war deshalb geblieben und hatte sich geschworen, das Haus nur dann zu verkaufen, wenn sie jemals auf das richtige Paar treffen würde – und das müßte schon ein Ehepaar sein, das ihr Haus wirklich lieben würde. Um Käufer abzuschrecken, hielt sie den Preis relativ hoch und machte es auch ansonsten sehr schwer, das Häuschen überhaupt zu besichtigen.

Da hatten wir's! Jetzt war klar, wie wir vorgehen würden. Ganz im Gegensatz zu dem Rat unserer Maklerin, die ständig ihre goldene Regel wiederholte: Laß den Käufer niemals merken, daß du sein Haus magst.

Meine damalige Frau und ich besuchten die alte Dame noch am selben Abend und gestanden ihr, daß wir uns in ihr Haus verliebt hätten. Wir würden es gerne kaufen, könnten uns den geforderten Preis aber beim besten Willen nicht leisten – was nicht gelogen war. Wir unterhielten uns noch bis spät in die Nacht über das gemütliche kleine Häuschen, das so liebevoll gepflegt war: der kleine Obstgarten, das Gästezimmer im hinteren Teil des Hauses. Wir redeten über unser erstes Kind, das in dem Haus geboren werden würde. Über den ursprünglichen Preis haben wir überhaupt nicht gesprochen.

Am nächsten Morgen rief uns die einigermaßen erstaunte Maklerin an und teilte uns mit, daß wir das Haus kaufen könnten. Ich protestierte und sagte ihr, daß wir überhaupt kein Angebot gemacht hätten. Wir hatten den Preis oder die Kaufbedingungen überhaupt nicht erwähnt, außer in dem kurzen Geständnis unserer finanziellen Grenzen.

»Keine Sorge,« sagte die Maklerin. »Das können wir alles heute besprechen. Sie möchte sich mit Ihnen über einen fairen Preis unterhalten und sehen, zu welchen Bedingungen Sie das Haus kaufen können. Sie würde Ihnen auch das Geld für den Kauf zu Konditionen leihen, die Ihnen entgegenkommen würden.«

Nachdem wir den Handel abgeschlossen hatten (zu unglaublich günstigen Konditionen), dankte uns die Eigentümerin dafür, daß wir wieder Frieden und Ruhe in ihr Leben gebracht hatten. Ihr Ehemann hatte schon fast die Geduld mit ihr verloren. Endlich würde sie niemand mehr mit Kaufangeboten belästigen. Wir erkannten, daß sie die ganze Zeit jemand gebraucht hatte, der ihr den Weg aus ihrem selbst herbeigeführten Dilemma zeigen würde. Wir gaben ihr die Lösung und machten sie wieder zu einem glücklichen Menschen.

Ich habe seitdem einige gute Geschäfte in der Immobilienbranche abgeschlossen. Ich nehme mir immer etwas Zeit, etwas über den jeweiligen Verkäufer zu erfahren. Ohne diese Vorbereitung käme ich gar nicht auf die Idee, ein Angebot abzugeben. Wenn es die Umstände verlangen, breche ich auch manchmal die Verhandlungen ab. Nachdem ich diese wertvolle Lektion gelernt hatte, habe ich niemals ein Haus oder Grundstück gekauft, ohne mich vorher gründlich über den Verkäufer zu informieren.

Unterschätzen Sie gute Informationen nicht

Ist die ganze Informationsbeschaffung wirklich nötig? Wenn Sie sich wirklich bemühen, so viele Informationen wie nur möglich zu sammeln, werden sicherlich auch einige nutzlose dabei sein.

Allerdings sind zu viele Informationen immer noch besser als zu wenig.

Was sollen Sie nun mit all diesen Angaben anfangen? Mit Hilfe der wichtigen Informationen können Sie nun ein Modell der bevorstehenden Verhandlung entwerfen. In unseren Seminaren zeichnen wir dazu immer eine Illustration, ähnlich wie die in Abbildung 2.1. Diese Grafik zeigt, warum Informationen wichtig sind und wie die ganze Verhandlung durch die Wahrnehmung Ihrer eigenen und der Position der anderen Partei geformt wird.

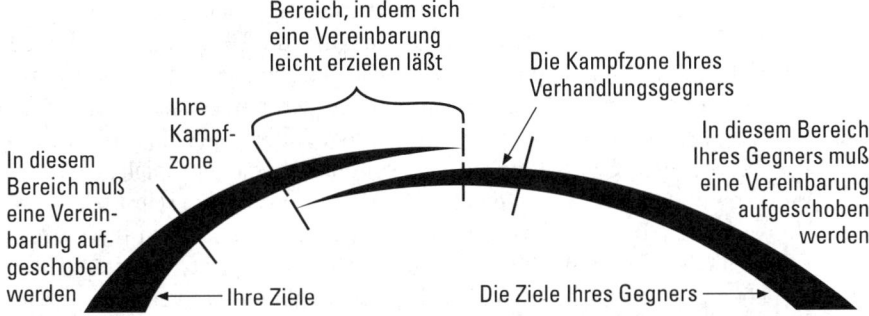

Abbildung 2.1: Wenn Sie Ihre Verhandlung grafisch darstellen, finden Sie die Gebiete, in denen sich schnell eine Vereinbarung erzielen läßt.

Beachten Sie den relativ großen Bereich in der Mitte von Abbildung 2.1, in dem eine Vereinbarung am wahrscheinlichsten ist. Dieser Bereich repräsentiert die Bedingungen mit dem größten Potential für eine Übereinkunft. Zu diesen Themen können beide Parteien mit großer Wahrscheinlichkeit leicht einen Kompromiß finden.

Die Bereiche im oberen linken und oberen rechten Teil der Grafik repräsentieren die Streitpunkte, die von Ihnen oder von Ihrem Gegenspieler mehr Kompromisse verlangen, als Sie oder Ihr Gegner für eine Vereinbarung zu machen bereit sind. Wir nennen diese Bereiche die *Kampfzonen*.

Der Bereich in der unteren linken Ecke repräsentiert die Maximalziele, die Sie in dieser Verhandlung möglicherweise nicht erreichen können. Der Bereich in der unteren rechten Ecke repräsentiert die Ziele, die Ihr Gegenspieler in der laufenden Verhandlung wahrscheinlich nicht erreichen kann. Diese Punkte müssen Sie und Ihr Gegenüber auf eine der nächsten Verhandlungsrunden verschieben.

Auch hier spielt das Geschlecht eine Rolle

Die meisten Geschäftsfrauen stecken eine Menge Zeit in die Vorbereitungen für ihre Verhandlungen. Diese Tatsache wird oft als typische Eigenschaft von weiblichen Managern betrachtet. Frauen müssen sich auf eine spezielle Art und Weise auf Verhandlungen mit Männern vorbereiten. Sie können mit Männern nicht genauso reden wie mit Geschlechtsgenossinnen. Frauen sollten zwei weitverbreitete Märchen schnellstens vergessen, wenn sie in Verhandlungen mit Männern gut sein wollen:

✔ **Märchen Nr. 1:** Männer respektieren Sie von vornherein. Falsche Annahme! Vielleicht respektieren Frauen Sie von dem Moment an, da Sie den Raum betreten. Vielleicht haben sie sogar schon Ihre schriftlichen Ausarbeitungen gelesen und bestimmte Fragen formuliert. Bei vielen Männern jedoch müssen Sie sich den Respekt erst am Verhandlungstisch verdienen. Gehen Sie niemals davon aus, daß Ihr guter Ruf Ihnen vorausgeeilt ist, und daß Ihr Werdegang, Ihre Bildung und Ihre brillanten Verhandlungsergebnisse Sie in der Branche schon etabliert hätten, noch bevor Sie durch die Tür getreten sind. Stellen Sie sich Ihren männlichen Verhandlungsgegner vor: Er sitzt hinter einem großen, aufgeräumten Schreibtisch, seine Augen blitzen, seine Arme sind lässig ausgestreckt, und er sagt:»So, und nun erzählen Sie mal, warum ausgerechnet Sie mein Geschäft bekommen sollten.« Er möchte spielen, und das Spiel beginnt. Mit jedem Satz, den Sie sagen, müssen Sie sich selbst oder Ihre Firma verkaufen, Ihre Glaubwürdigkeit aufbauen und den Respekt Ihres Gegenübers verdienen. Diese Werbung in eigener Sache mag unter Umständen ein bißchen in prahlerisches Eigenlob abrutschen. Aber selbst wenn das so sein sollte, ist es okay! Erfolgreiche Frauen ärgern sich schon lange nicht mehr über den Vorwurf, sie seien aggressiv oder aufdringlich.

✔ **Märchen Nr. 2:** Männer sind komplizierte Wesen. Stimmt nicht! Männer sind meistens sehr direkt. Sie meinen, was sie sagen; und sie sagen, was sie meinen. Gehen Sie bei Ihren Planungen für Verhandlungen mit Männern davon aus, daß diese kurz werden und direkt auf den Punkt kommen. Geben Sie ihnen Schlagworte und eine kurze Zusammenfassung Ihrer Schlußfolgerungen. Auch die meisten vielbeschäftigten weiblichen Verhandlungsgegner ziehen diesen präzisen und direkten Stil vor. Aber während Frauen sich zwischendurch mit einem anderen Thema beschäftigen und danach wieder problem- und übergangslos zum eigentlichen Geschäft zurückfinden können, können die meisten Männer nur über ein einziges Thema reden und nicht ständig hin- und herschalten.

Finden Sie heraus, wer Ihr Gegenspieler ist

Sie können nur dann vernünftige Recherchen über Ihren Verhandlungsgegner anstellen, wenn Sie wissen, um wen es sich dabei handelt. Herauszufinden, mit wem genau Sie verhandeln werden, gehört zu den wichtigsten Schritten einer gründlichen Vorbereitung. Manchmal können Sie sich den Menschen aussuchen, meistens jedoch leider nicht.

 Oft müssen Sie als Fremder erst einmal einen ersten Kontakt mit einer Organisation herstellen. Informieren Sie sich über das Unternehmen und stellen Sie nach Möglichkeit Ihren ersten Kontakt mit einem Mitarbeiter her, der so hoch in der Hierarchie steht wie irgend möglich. Es kann nie schaden, wenn der Chef irgendeines Chefs ein Memo nach unten schickt, in dem er jemanden aus dem Stab bittet,

Sie zu einem Gespräch zu empfangen. Der Mensch, mit dem Sie es dann zu tun bekommen, wird nicht wissen, daß das Memo nur auf Grund Ihres Anrufs ins Blaue hinein entstanden ist. Er wird Sie mit dem Respekt behandeln, der jemandem mit Beziehungen zum Chef zusteht. Lesen Sie unbedingt auch Kapitel 14. Dort finden Sie wertvolle Tips, wie Sie an den »Türstehern« vorbeikommen.

Arbeiten Sie mit dem vorhandenen Material

Meistens können Sie Ihren Wunschgegner nicht selber bestimmen. In den meisten Fällen müssen Sie mit dem Menschen verhandeln, der Ihnen vor die Nase gesetzt wird.

Manche Menschen versuchen, mit einem Menschen zu verhandeln, der in der Firmenhierarchie über dem ihnen zugewiesenen Verhandlungspartner steht. Diese Taktik funktioniert meistens nicht, weil sie nicht mit der Firmenstruktur übereinstimmt, innerhalb der das Geschäft abgeschlossen werden soll. Außerdem ist eine Verhandlung mit einer höheren Autorität manchmal schlichtweg unmöglich. Sie können schlecht sagen »Schicken Sie mir einen Verkaufsrepräsentanten, den ich kenne« oder »Besorgen Sie sich einen anderen Makler, wenn Sie mir das Haus verkaufen wollen«.

Vergewissern Sie sich, daß der zugewiesene Verhandlungspartner voll hinter dem angestrebten Abschluß steht und fest daran glaubt, daß das Geschäft gut für seine Firma beziehungsweise seinen Mandanten sein wird. Verlieren Sie niemals die Ruhe! Nachdem Sie eine Vereinbarung erzielt haben, muß Ihr Verhandlungspartner das Verhandlungsergebnis noch seiner Firma oder seinem Mandanten verkaufen. Der Verhandlungsgegner sollte bei dem Ergebnis also immer ein positives Gefühl haben.

Wenn Sie sich den Gegner aussuchen können

In manchen Situationen können Sie sich jedoch auch tatsächlich aussuchen, mit wem Sie verhandeln wollen. Wenn Sie zum Beispiel um einen bestimmten Gegenstand in einem kleinen Laden verhandeln wollen, sollten Sie mit dem Geschäftsinhaber und nicht mit der Aushilfe verhandeln. (Natürlich sollten Sie Ihren Wunsch vorsichtig formulieren, um die Aushilfe nicht zu verletzen.)

Falls Sie sich nicht sicher sind, ob Sie es mit der für die anstehende Verhandlung wirklich am besten geeigneten Person zu tun haben, beginnen Sie am besten mit einer unverbindlichen und freundlichen Unterhaltung. Dabei können Sie herausfinden, wie lange die betreffende Person schon ihren Job macht und welche Erfahrungen sie schon in diesem Geschäft hat. Mit diesen Informationen können Sie sehr gut abschätzen, wieviel Autorität – und Flexibilität – dieser Verhandlungsgegner besitzt. Leute, die neu bei einem Unternehmen sind, haben normalerweise weniger Autorität und neigen dazu, weniger flexibel zu sein. Wenn jemand wiederholt bei Beförderungen übergangen wurde, können Sie sich leicht ausrechnen,

daß dieser Mensch frustriert ist und seinem Unternehmen weniger loyal gegenübersteht.

Es ist kein Kunststück, ein offenes Ohr zu finden

Schauen Sie sich einmal folgenden Fall an, in dem David Copperfield die Hauptrolle spielt. Er stammt aus dem Jahr 1984. David befand sich in den Vorbereitungen für die größte Illusion in der Geschichte der Zauberei: Er wollte vor laufenden
Fernsehkameras die amerikanische Freiheitsstatue verschwinden lassen.

Die Bedeutung dieses Ereignisses für David und seine Karriere war nicht zu übersehen. Unglücklicherweise haßte der Direktor der Freiheitsstatue alles, was irgendwie nach kommerzieller Verwertung des Monuments roch. Er erklärte David klipp
und klar, daß er ihm für diese Illusionsnummer keine Genehmigung geben würde.

Nachdem David mich um Hilfe gebeten hatte, stellte ich einige Recherchen an
und fand heraus, daß die Ablehnung des Direktors ein Routineproblem bei diesem
nationalen Monument war. Ich wußte, daß es Richtlinien und eine Gebührenord-
nung für die Verwertung unserer nationalen Denkmäler in Film- und Fernseh-
projekten gab. Die Lösung war einfach: Wir mußten einen Vorgesetzten dieses
Direktors finden, der uns ein offenes Ohr schenken würde.

Glücklicherweise hielt der Innenminister David Copperfields Vorschlag für eine
glänzende Idee und genehmigte das Ereignis. Das Zauberkunststück wurde zu einer
der eindrucksvollsten Nummern in Copperfields Karriere.

Der Trick, mit Menschen in Kontakt zu treten, von denen Sie ganze Welten tren-
nen, (sozial, geografisch oder politisch gesehen) besteht darin, bei der Person zu
beginnen, mit der Sie verhandeln wollen, nicht bei Ihrem eigenen Freundeskreis.
Wenn Sie den Papst oder den Bundespräsidenten treffen wollen und bei Ihren
Freunden beginnen, ist das ein hoffnungsloses Unterfangen – es sei denn, einer
Ihrer Freunde kennt den Papst oder den Bundespräsidenten persönlich. Wenn Sie
jedoch nicht über solch glückliche Verbindungen verfügen, sollten Sie bei dem
Menschen beginnen, den Sie treffen wollen, und sich dann langsam zurück-
arbeiten.

Daß ich bis zum Innenmister durchdringen konnte, scheint wie einer der Tricks
aus David Copperfields Zauberkasten. Sehr schmeichelhaft für mich. Mein Ego
sagt mir, ich solle es ruhig bei diesem Eindruck lassen. Die Wahrheit ist jedoch,
daß es lediglich das Ergebnis einer Menge Routinearbeit war.

Ein Blick auf das Organisationsdiagramm des Innenministeriums erforderte nur
einen einzigen Anruf im Büro meines zuständigen Kongressabgeordneten. Dieses
Diagramm zeigt, wer wem gegenüber verantwortlich ist – bis hinauf zur Kabinetts-
ebene.

Nun mußte ich herausfinden, in welchem Maß der Entscheidungsträger geneigt sein würde, die Ablehnung des Direktors rückgängig zu machen. Ich brauchte also zunächst ein einleitendes vorsichtiges Gespräch, bevor ich überhaupt die Frage nach der Genehmigung für Davids Auftritt auf den Tisch legen konnte. Dazu war es nach meinem Gefühl erforderlich, persönlich aktiv zu werden, anstatt mich auf einen Vermittler zu stützen. Mit anderen Worten: Ich würde mich nicht auf die Intervention von politischen Freunden verlassen können, sondern mußte den Anruf selbst tätigen.

Ich mußte dazu eine Reihe mühseliger Telefongespräche führen. Ich begann immer damit, mich zunächst vorzustellen. Danach erklärte ich, wer David war, und was er überhaupt vorhatte. All diese Anrufe waren »kalte« Gespräche. Ich unterhielt mich mit jedem, der zufällig am Telefon war.

Ich entschloß mich, an der Spitze zu beginnen und mich anschließend nach unten durchzuarbeiten. Zuerst rief ich im Weißen Haus an, dann im Innenministerium und umgarnte zwei Wochen lang die Mitarbeiter des Stabes. Dabei lernte ich eine ganze Menge über die Fernsehgewohnheiten verschiedener Regierungsbeamter sowie des Präsidenten und seiner Frau.

Schließlich reagierte ein Beamter aus dem Stab des Innenministers so begeistert, daß ich endlich ein allgemeines Empfehlungsschreiben mit der Unterschrift des Innenministers bekam, ohne jemals selbst mit ihm gesprochen zu haben. Danach war es nur noch eine Frage der Zeit, bis alle notwendigen Papiere für die Genehmigung des Zauberspektakels ausgestellt waren.

 Wie kommt man an den obersten Boss? Schauen Sie sich einmal den wunderbaren Film *Six Degrees of Separation* mit Stockard Channing und Will Smith an. Wahrscheinlich bekommen Sie ihn nur in der Originalfassung, aber auch dann ist er sehenswert. Der Film basiert auf der wahren Geschichte eines kleines Gauners, der verschiedene Mitglieder der New Yorker Oberschicht erfolgreich davon überzeugt, sowohl ein Schulfreund eines ihrer Kinder als auch der Sohn von Sidney Poitier zu sein. Er bekommt Geld, man lädt ihn zum Essen ein und versorgt ihn mit Wohnung, Kleidung und genug Informationen, um den gleichen Betrug bei passender Gelegenheit noch einmal durchzuziehen. Den Opfern ist der Vorfall so peinlich, daß sie ihn nicht der Polizei melden – bis eines der Ehepaare eines Tages Sidney Poitier auf einem Flughafen begegnet, ihn anspricht und versichert, welch großes Vergnügen es für sie gewesen wäre, seinen Sohn bei sich zu Gast gehabt zu haben. Dabei erfahren sie dann, daß Sidney Poitier gar keinen Sohn hat.

Der Titel *Six Degrees of Separation* stammt von der Theorie, daß man von jedem beliebigen Menschen auf der Welt immer nur durch jeweils sechs Menschen entfernt ist. Ein großartiges Konzept, das zufälligerweise auch noch stimmt. Wir wollen Ihnen nicht vorschlagen, eine ähnliche Gaunerei wie im Film zu versuchen. Wir behaupten aber, daß die Theorie hinter diesem Film korrekt ist. Und wenn es ums Verhandeln geht, kann das Prinzip auch in Ihrem Fall funktionieren. Angenommen, Sie wollten mit dem Wirtschaftsminister sprechen. Das Sechs-Stufen-Prinzip behauptet, daß Sie jemanden kennen oder aber mit ihm in Kontakt treten können, der die erste Person in der Sechs-Personen-Kette bis hinauf zum Minister ist. Versuchen Sie's mal!

Vorbereitung auf einen bekannten Verhandlungsgegner

Wenn es darum geht, Informationen über die andere Partei zu sammeln, ist kein Tag wie der andere. Gehen Sie nie davon aus, daß Sie eine Verhandlung ohne spezielle Vorbereitung beginnen könnten – egal, wie gut Sie Ihr Gegenüber schon kennen. Jeder ausgebuffte Einkäufer wird ein Gespräch wahrscheinlich immer mit folgenden Worten beginnen: »Hallo, wie geht es Ihnen? Was machen die Geschäfte?«

Freundlichkeit oder Vorbereitung?

Ein Nachbar, der Sie bitten möchte, nicht immerzu seinen angestammten Parkplatz vor dem Haus zu besetzen, wird etwa so anfangen: »Hallo, wie geht's der Familie?«

Freundlichkeit oder Vorbereitung?

Nach dem Erdbeben in Los Angeles im Januar 1994 fragten auch die blutigsten Anfänger auf dem Gebiet der Verhandlungsführung immer zuerst danach, wie der Verhandlungsgegner das Beben erlebt hatte. Niemand drängte auf Abschlüsse, bis alle Häuser repariert waren und die Büros wieder halbwegs normal arbeiten konnten.

Auch wenn solche Fragen für Sie in der Vergangenheit reine Freundlichkeit waren, sollten Sie sie zu einem Teil Ihrer Vorbereitung machen und die Menschen entsprechend ihrer Antwort behandeln. Ich habe schon Verhandlungen verschoben, wenn mein Gegner aus irgendwelchen Gründen zu gestreßt war.

Auf der Suche nach versteckten Interessen

Wenn Sie sich auf eine Verhandlung vorbereiten, seien Sie sich der Tatsache bewußt, daß nicht alles so ist, wie es den Anschein hat. Vielleicht hat der Käufer neben der Absicht, das zu kaufen, was Sie ihm verkaufen wollen, auch die Absicht, eine engere Geschäftsbeziehung mit Ihrer Firma aufzubauen. Vielleicht will der Käufer auch erfahren, wie die Geschäfte gehen, um selber in diese Branche einzusteigen. Vielleicht will der Käufer auch nur einem anderen Lieferanten eine Lektion erteilen. In der Verhandlungswelt werden diese Hintergedanken und verborgenen Motive die »unsichtbaren Tagesordnungspunkte« genannt.

Unsichtbare Tagesordnungspunkte sind sehr schwer zu erkennen – warum würde man sie sonst wohl als »unsichtbar« bezeichnen. Wir wollen nicht zu übertriebener Vorsicht raten, aber denken Sie wenigstens an die Möglichkeit, daß Ihr Verhandlungsgegner nebenbei sein eigenes Süppchen kocht. Sie werden sie selten schon am Anfang einer Verhandlung entdecken –

und schon gar nicht mit einer direkten Frage herausbekommen. Sammeln Sie als Teil Ihrer Vorbereitung möglichst viele Informationen über die Motive des Verhandlungsgegners. Je besser Sie die Motive des anderen kennen, desto stärker wird Ihre eigene Verhandlungsposition. Unter Umständen ist es dann manchmal auch erforderlich, ein Geschäft einfach nicht abzuschließen.

Im beruflichen Bereich sind die unsichtbaren Tagesordnungspunkte manchmal schwer auszumachen. An der Oberfläche sieht alles so aus, als arbeite man auf ein gemeinsames Ziel zu. Die Ziele des Verhandlungsführers sind auch die Ziele der Firma: mehr Produktivität, höhere Verkaufszahlen oder mehr Umsatz. Aber alle Mitarbeiter eines Unternehmens verfolgen neben den offiziellen Unternehmenszielen auch eigene Ziele. Vielleicht wollen sie innerhalb der Firma vorwärtskommen. Vielleicht wollen sie die Anerkennung ihrer Kollegen. In dem meisten Fällen werden sie ihre privaten Motive und Hintergedanken nicht preisgeben. Wenn sie es dennoch tun, dann meistens eingebettet in allgemeine Aussagen über Firmenziele. Wenn jemand zum Beispiel im Unternehmen aufsteigen möchte, macht er wahrscheinlich freiwillig Überstunden, um ein wichtiges Projekt zu erledigen. Ein anderer will vielleicht nur geliebt werden und hilft deshalb einem Kollegen, dessen Ziele zu erreichen. Diese und andere Strategien sind weder gut noch schlecht – sie sind ganz einfach die Wirklichkeit. Der Trick besteht darin, diese unsichtbaren Tagesordnungspunkte so früh wie möglich zu erkennen, um sie in Ihre Strategie einzubeziehen.

In intakten Familien haben unsichtbare Tagesordnungspunkte nichts zu suchen. Manchmal aber versuchen Kinder, die gemeinsamen Familienziele durch *manipulatives Verhalten* (was nichts anderes bedeutet, als daß jemand da sein eigenes Süppchen kochen will), zu beeinflussen. Geschiedene Elternteile fördern oftmals dieses manipulative Verhalten auch noch unabsichtlich, weil sie mit dem eigenen Schmerz und der eigenen Enttäuschung beschäftigt sind. Kinder geschiedener Eltern erzählen zum Beispiel oft einem Elternteil, daß eine bestimmte Aktivität beim anderen Elternteil erlaubt ist, um auf diese Art eine spontane Erlaubnis zu bekommen. Das Kind kann damit rechnen, daß sein Trick wegen des schlechten Verhältnisses und der gestörten Kommunikation zwischen den Eltern nicht entdeckt wird. Die überall steigende Scheidungsrate wird wahrscheinlich eine Generation von Manipulatoren hervorbringen.

Wenn Sie merken, daß Ihr Kind Sie manipulieren will, sollten Sie dieses Verhalten gleich im Keim ersticken. Wenn es erst zur Gewohnheit geworden ist, wird das Kind wahrscheinlich ein Leben lang darunter leiden.

Nahe Verwandte des unsichtbaren Tagesordnungspunktes sind die *Sekundärmotive*. Selten hat jemand nur ein einziges Motiv für eine Verhandlung. Wenn Sie zum Beispiel Ihr Auto verkaufen, dann deshalb, weil Sie ein anderes (neues oder besseres) Auto fahren möchten. Gleichzeitig wollen Sie aber auch soviel Geld wie möglich für das alte Auto bekommen. Das ist Ihr Sekundärmotiv bei den Verkaufsverhandlungen.

Wenn Sie mit dem alten Auto ein gutes Geschäft machen, bekommen Sie das neue Auto möglicherweise zu den gewünschten Bedingungen. Das bekannteste Beispiel für diese Art von Drei-Wege-Geschäft ist die Inzahlungnahme des alten Autos beim Kauf eines Neuwagens. Dabei verkaufen Sie das alte Auto an den Händler. Durch einen günstigen Verkauf sind Sie in der Lage, den neuen Wagen zu annehmbaren Bedingungen zu kaufen. Der Händler verdient dabei an beiden Autos.

Je mehr Sie darüber wissen, welche Faktoren den Verhandlungsgegner zu dem Geschäft motivieren, desto größer ist die Wahrscheinlichkeit, daß Sie eine Lösung zu Ihren Gunsten finden.

Eine eiserne Regel, die sich auf alle Verhandlungen anwenden ließe, gibt es leider nicht, wohl aber folgendes Prinzip:

Strecken Sie Ihre Fühler nach allen nur denkbaren Informationen über die Menschen aus, mit denen Sie verhandeln wollen oder sollen: ihre Motive, ihre Hoffnungen und ihre Wünsche.

Worum geht es eigentlich?

Für alle Routineverhandlungen im Leben ist es von entscheidender Bedeutung, Informationen über Ihren Gegenpart zusammenzutragen. Um das zu bekommen, was Sie brauchen oder wollen, müssen Sie die sensiblen Punkte Ihres Gegners kennen. Sie müssen wissen, was den Verhandlungsgegner anzieht beziehungsweise abstößt. Die Leute haben kein Motiv, Ihnen das zu geben, was Sie wollen, wenn sie nicht auch davon profitieren können. Ein wichtiger Teil der Vorbereitung ist deshalb die Ermittlung, was für Ihren Gegenpart von Bedeutung ist und welche Vorteile er aus einer Verhandlung ziehen kann.

Hier eine kurze Geschichte. Ich erzähle sie regelmäßig in meinen Kursen, um zu erklären, wie man Menschen motiviert: Versetzen Sie sich in die Zeit zurück, als Sie in der Untersekunda waren, an Ihrem Pult saßen, dem eintönigen Sermon Ihres Lehrers zuhörten und vor Langeweile kurz vor dem Einschlafen waren, als plötzlich ein vorlauter Bengel aus der letzten Reihe fragte: »Ist das Stoff für die nächste Klassenarbeit?«

Sie waren peinlich davon berührt, daß jemand tatsächlich wagte, diese Frage zu stellen. Alle Schüler vermieden sorgfältig jeden Augenkontakt mit dem Lehrer und warteten auf die Antwort. Wenn die Antwort »Nein« lauten würde, würden Sie wahrscheinlich sofort weiter schlafen. Es kommt ja nicht in der Klassenarbeit vor! Wenn er aber sagen würde, »Ja, das wird ein wichtiger Teil in der nächsten Arbeit sein«, würden Sie sich aufrichten, zu Papier und Bleistift greifen und Notizen machen. Es sollte ja Stoff für die nächste Klassenarbeit sein.

Seit der frühesten Schulzeit machen die meisten Menschen nur das, von dem sie annehmen, es würde abgeprüft werden. Sie machen nur das, was ihren Interessen entspricht oder ihnen in irgendeiner Art entgegenkommt. In der Schule sind die

Zensuren das Motiv. Lehrer können ihre Schüler immer dadurch zum Zuhören bewegen, daß sie den Stoff als prüfungsrelevant erklären. Im Erwachsenenleben sind die Motive Geld, Glück oder ein konfliktfreies Leben.

Finden Sie heraus, was den Menschen motiviert, mit dem Sie verhandeln. Machen Sie der anderen Partei danach im Laufe der Verhandlung klar, daß Sie diese Wünsche befriedigen können.

Schreiben Sie alles auf

Stellen Sie sich eine gedankliche Checkliste zusammen, bevor Sie mit einer Verhandlung beginnen. Noch besser wäre es, sich diese Checkliste auch aufzuschreiben. Wie ausführlich und detailliert Ihre Checkliste ausfällt, ist immer von der Komplexität der anstehenden Verhandlung abhängig. Hauptsache ist, daß Sie überhaupt eine Liste haben. Selbst für eine einfache Verhandlung ist es hilfreich, sich die wichtigen Fakten zu notieren, bevor Sie mit der Verhandlung beginnen.

Wenn Sie zum Beispiel ein gebrauchtes Auto kaufen, notieren Sie sich den Wert des Wagens, den Sie am liebsten kaufen würden, und auch den Wert der Alternative. (Wo Sie diese Informationen finden, können Sie im Abschnitt *Wertvoll oder wertlos?* weiter vorne in diesem Kapitel nachlesen.) Schreiben Sie sich außerdem den geforderten Preis, Termine und ein paar Daten über die Situation des Verkäufers auf.

Wichtiger noch als sich Informationen über den Verhandlungsgegenstand aufzuschreiben, ist, sich alles zu notieren, was Sie an Neuigkeiten über Ihren Gegenspieler herausbekommen. Zu wenig Informationen über den Menschen zu sammeln, mit dem Sie verhandeln, ist der Fehler, der bei der Vorbereitung am häufigsten gemacht wird. Am besten vermeiden Sie diesen Fehler, indem Sie alles aufschreiben, was Sie über die andere Partei in Erfahrung bringen. Schreiben Sie alles auf, und bewahren Sie diese Notizen auch auf. Diese Informationen sind Gold wert.

Heutzutage können Sie dem Computer die Fleißarbeiten überlassen. Computer sind großartige Hilfen, wenn es um die Erinnerung an Geburtstage, die Namen von Ehepartnern und Kindern und andere Informationen über all die Menschen geht, die mit einer Verhandlung zu tun haben. Keine dieser Informationen ist ohne Bedeutung.

Warum sollen Sie sich die Mühe machen, und die gesammelten Informationen niederschreiben? Hier nur eine kleine Auswahl guter Gründe:

✔ Forschungen haben ergeben, daß allein der Vorgang des Niederschreibens die Chancen verbessert, daß Sie sich die Information merken, auch wenn Sie die Notiz sofort wegwerfen.

✔ Wenn Sie Informationen niederschreiben, richten Sie sich damit auch gleichzeitig ein einfaches System zum Abruf von Informationen ein. Wenn ein Verkäufer im Eifer des Gefechts die Fakten durcheinanderbringt, müssen Sie die Wahrheit nicht mühsam aus Ihrem

Gedächtnis hervorkramen. Sie können einfach sagen: »Okay, lassen Sie mich mal meine Notizen überprüfen.« Lesen Sie ihm seine vorherigen Aussagen vor. Diese Lösung ist weniger peinlich für den Gegenspieler, als wenn Sie sagen würden: »Aber das stimmt nicht, Sie haben gesagt, ...« Letzteres ist meistens Anlaß für einen Streit, den niemand gewinnen kann. Die erste Möglichkeit beendet meist eine Diskussion oder vermeidet sie von vornherein. Merken Sie sich diese Worte: »Nach meinen Aufzeichnungen zu urteilen, haben Sie ... gesagt.«

Denken Sie an Ihre nächste Geschäftsverhandlung. Schreiben Sie alles nieder, was Sie über den Menschen wissen, mit dem Sie die Verhandlungen führen werden. Die in diesem Kapitel enthaltene Informations-Checkliste zeigt, wie aufwendig die Vorbereitung auf den Gegenspieler in einer Verhandlung sein kann. Bedenken Sie, daß nicht alle diese Informationen notwendig oder überhaupt hilfreich sind. Sie müssen Ihre persönliche Checkliste an die eigenen Anforderungen anpassen.

Informations-Checkliste

Setzen Sie die folgenden Informationen über den Menschen ein, mit dem Sie die Verhandlung bestreiten sollen:

Name: _____

Firma: _____

In welcher Beziehung stehen Sie zu Ihrem Verhandlungsgegner? _____

Wie lange ist er bei der Firma beschäftigt? _____

Welche Pläne hat er zukünftig in dieser Firma? _____

Wenn er sie verlassen will, wann? ____ und aus welchen Gründen? _____

Wie qualifziert ist der Gegner für diese Verhandlung? _____

Welche Firmenrichtlinien existieren in bezug auf diese Art von Verhandlung? _____

Welche Vergütung bekommt der Verhandlungsführer? Bekommt er eine Prämie, falls durch diese Verhandlung Geld gespart wird? _____

Erhält er eine Prämie oder bezieht er ein normales Gehalt? _____

Gibt es Termine, die die andere Seite einhalten muß? _____

Welche anderen Zwänge gehen von der Firma des Gegenspielers aus? _____

Welche Personen muß der Gegenspieler konsultieren, bevor seine Entscheidung endgültig ist?

_____

Ist der Verhandlungsführer in seiner Entscheidungskompetenz beschränkt? Gibt es einen Punkt, bis zu dem er Abschlußkompetenz hat, nach dem aber eine höhere Autorität entscheiden muß? _____

Wo liegt dieser Punkt? _____

Wie wird der Verhandlungsführer von seinen Vorgesetzten eingeschätzt?

_____

Welche Haltung hat der Verhandlungsführer Ihnen gegenüber? _____

Gegenüber Ihrer Firma? _____

Gegenüber dem Verhandlungsgegenstand? _____

Wer hat mit diesem Verhandlungsführer ähnliche Geschäfte abgeschlossen? _____

_____

Wie können Sie diesen Menschen kontaktieren? _____

Wie schätzt diese Person den Verhandlungsführer ein? _____

Wie schätzen Sie selbst den Verhandlungsführer ein? _____

_____

Andere Länder, andere Sitten

Wenn Sie es mit internationalen Verhandlungen zu tun haben, müssen Sie sich auf eine Menge neuer Aspekte vorbereiten. Meistens bekommt man schon vorher irgendwie mit, wenn sich ein Geschäft in Richtung internationale Verhandlungen entwickelt. Wenn Sie auch nur die blasseste Vorahnung davon haben, daß internationale Verhandlungen in Zukunft auf Sie zukommen, fangen Sie frühzeitig an, Informationen über Kultur, Gesetze und Geschäftspraktiken des Landes zu sammeln, aus dem Ihr Gegenspieler kommt.

Am besten können die Menschen in einem fremden Kulturkreis verhandeln, die das Glück hatten, selbst einen Teil ihres Lebens in diesem Kulturkreis verbracht zu haben. Noch besser sind sie dran, wenn sie zu der Zeit jung genug waren, um die Kultur völlig vorurteilsfrei in sich aufzunehmen. Wenn Sie aber nicht das Glück haben, zufällig in demselben Kulturkreis gelebt zu haben, aus dem Ihr Verhandlungspartner stammt, müssen Sie eine Menge an Vorbereitungsarbeit leisten.

Es ist eine Sache, ein Informationspapier über eine fremde Kultur zu lesen, und eine völlig andere, diese Kultur so tief in sich aufzunehmen, daß Sie sich bequem darin treiben lassen und nach deren Regeln leben können. Noch länger dauert es, eine Kultur zu respektieren. Wenn Sie eine Kultur respektieren und verstehen, wo die Wurzeln der in ihr lebenden Menschen liegen, sind Sie auf dem besten Weg, mit diesen Menschen auch erfolgreich zu verhandeln.

Wie man wie ein Einheimischer spricht

Internationale Verhandlungen verlangen eine besondere Art von Vorbereitung. Die Mittel dafür sind aber überall zu bekommen. Lesen Sie Bücher über die Geschichte, Geografie, Sitten und Religion der Menschen, mit denen Sie verhandeln wollen. Mit einem derartigen Spezialwissen werden Ihre internationalen Verhandlungen weniger frustrierend und erheblich erfolgreicher. Findet Ihre Verhandlung auf dem Terrain Ihres Gegenspielers statt, haben Sie doppeltes Glück. Die Kenntnisse, die Sie sich während der Vorbereitung auf die Verhandlung angeeignet haben, können Sie auch während der (wahrscheinlich sehr knappen) Freizeit auf dieser Geschäftsreise nutzen.

 Für die Vorbereitung steht Ihnen ein breites Spektrum von Informationsquellen zur Verfügung. Hier eine kleine Auswahl:

✔ Reden Sie mit Freunden und Geschäftskollegen, die schon Erfahrungen mit dem betreffenden Kulturkreis gesammelt haben. Wir selber haben immer viel Spaß daran, anderen Menschen über unsere Reisen zu erzählen.

✔ Lesen Sie möglichst viele der zu dem Land erschienenen Bücher. Schauen Sie sich Reiseberichte und Spielfilme an, die in diesem Kulturkreis spielen.

✔ Auch über das Internet können Sie Kontakte zu anderen Kulturen knüpfen. Sie können mit Computerfreaks aus anderen Ländern chatten oder einfach nur Web-Seiten aus dem betreffenden Land besuchen.

✔ In vielen Großstädten gibt es außerdem Kulturzentren, in denen Sie viele Informationen finden können.

✔ Ethnische Restaurants bilden eine besonders angenehme Informationsquelle. Plaudern Sie mit den Eigentümern. Sie können eine Menge über das Land Ihres Gegenspielers erfahren und bekommen gleichzeitig Informationen aus erster Hand über die landestypische Küche.

Machen Sie sich insbesondere gründlich vertraut damit, inwieweit sich fremde Regierungen in Ihre Transaktionen einmischen. Westliche Manager beschweren sich häufig über die erhebliche Regulierung von geschäftlichen Transaktionen, die in manchen Ländern normal ist. Viele Amerikaner glauben, daß ihre eigene Bundesregierung, die Bundesstaats- und die lokalen Behörden geschäftlichen Transaktionen schon viel zu sehr überwachen. Umso unverständlicher ist für sie, daß manche fremden Regierungen sich in noch viel größerem Ausmaß in private Geschäfte einmischen. Das Erstaunen ist regelmäßig sehr groß, wenn ein Beamter – meistens ein hochrangiger Regierungsvertreter – bei vielen Verhandlungen, die in den Vereinigten Staaten als streng privat angesehen würden, wie selbstverständlich mit am Verhandlungstisch Platz nimmt.

Je mehr Sie über das Ausmaß der Einmischung fremder Regierungen wissen, desto weniger wird Sie diese Einmischung stören. Sie leisten Ihren Anliegen keinen guten Dienst, wenn Sie derlei Dinge mit Vorurteilen belasten. Jedes Land auf dieser Erde ist anders. Es gibt kein objektives Maß für Richtig oder Falsch, sondern nur unterschiedliche Arten, bestimmte Dinge zu erledigen. Informieren Sie sich vor Ihrer Abreise, und Sie werden mit den gewünschten Resultaten zurückkehren.

Alles Banane?

Als junger Bursche machte ich mich in den frühen 60er Jahren auf, die Welt zu entdecken. Ich war gerade per Anhalter von Saudi Arabien nach Tripoli in Libyen gekommen und ging in Sandalen, Shorts und T-Shirt auf den örtlichen Markt. Obwohl ich schon nahe am Verhungern war, beobachtete ich erst einige Zeit die Einheimischen bei ihren Geschäften, bevor ich dann selbst in den Ring stieg. An allen Marktständen wurde ein Mindestmaß an Verhandlung gefordert. Nachdem ich beobachtet hatte, wieviel Einheimische für ihre Bananen zahlen mußten, bot ich höflich denselben Preis an. Der Händler verlangte auf der Stelle den zehnfachen Preis. Als ich protestierte, fing der Händler an zu zetern. Ich verstand zwar kein einziges Wort, wohl aber die Bedeutung seines Gezeters. Hungrig und müde griff ich in die Tasche und bot dem Mann das Doppelte dessen, was er von seinen Landleuten bekommen hatte. Er reagierte einigermaßen abfällig. Inzwischen hatte sich eine größere Menge um den Stand versammelt. Feindseligkeit lag in der Luft. Ich zahlte schließlich den vollen geforderten Preis und zog mich zurück – bis zum Flughafen. Ich blieb keine weitere Stunde in dieser schönen, aber angsteinflößenden Stadt am Mittelmeer.

Als ich im Flughafen auf meinen Flug nach Delhi wartete, erfuhr ich, daß Anti-Amerikanismus in Tripoli ganz normal war. Das Land hatte gerade eine freie Wahl mit einem klaren Sieger hinter sich. Ein junger Heißsporn namens Muhammar Al-Gaddafi war mit überwältigender Mehrheit gewählt worden. Tripoli war alles andere als ein friedliches Plätzchen, das man zum Vergnügen besuchen konnte. So viel zu Zeitungen, die man im Urlaub nicht liest.

Was die Unterschiede betrifft, die in vielen Ländern der dritten Welt zwischen dem Preis für Einheimische und dem Preis für Fremde gemacht werden, habe ich heute andere Ansichten. Die meisten dieser Länder kennen keine Flughafensteuer. Es gibt keine Steuer auf die Vermietung von Hotelzimmern wie in vielen Städten in den Vereinigten Staaten. Der Besucher zahlt statt dessen bei jedem Kauf eine Art »Touristensteuer«. Trotzdem möchte ich aber weiterhin gerne wissen, was die Einheimischen zahlen müssen. Die Sammlung dieser Informationen ist ein Teil der Vorbereitung auf eine Verhandlung. Ich habe nie wieder darauf bestanden, denselben Preis wie die Einheimische zu bezahlen, sondern akzeptiere die Touristensteuer.

Der Ferne Osten – mehr als nur eine Kultur

Bevor Sie sich in Ihre Kulturrecherche vertiefen, müssen Sie zunächst genau bestimmen, mit welcher Kultur Sie es zu tun haben. Wir zucken regelmäßig zusammen, wenn wir gebeten werden, Verhandlungen in Asien zu führen, als wenn ganz Asien aus einer einzigen Kultur bestünde. Die Unterscheide zwischen China, Japan und Korea sind enorm. Sie können diese Kulturkreise nicht zusammen in einen Topf werfen, wenn Sie sich effektiv vorbereiten wollen. Moslems und Christen, die in Malaysia Seite an Seite zusammenleben, haben sehr unterschiedliche Werte, aber auch aufgrund der Tatsache, Malaysier zu sein, viele Gemeinsamkeiten.

Innerhalb der einzelnen Kulturen existieren wiederum verschiedene Subkulturen. Der Code von Taxifahrern scheint auf der ganzen Welt gleich zu sein. Rikscha-Fahrer im Orient, Jitney-Fahrer in Manila und Taxifahrer im allgemeinen haben die Neigung, Fremde immer auf der am wenigsten bekannten (und längsten Strecke) zu fahren und den Fahrpreis je nach Laune festzulegen. Wenn Ihnen dergleichen passiert, zahlen Sie damit nur den Preis für eine schlechte Vorbereitung.

Während Sie Informationen über die Kultur Ihres Verhandlungspartners sammeln, vergessen Sie nicht, auch Informationen über die Person zusammenzutragen, mit der Sie verhandeln werden. Ein Straßenhändler mag unter Umständen nur die eigenen Traditionen und den eigenen Kulturkreis kennen, wenn Sie aber mit einem international erfahrenen Gesprächspartner wie beispielsweise Scheich Zaki Yahmani, dem früheren Ölminister von Saudi Arabien, zusammentreffen, müssen Sie davon ausgehen, daß *der* Ihren Kulturkreis kennt und auch nach Ihren Regeln spielen wird.

Hilfe, ich bin noch nicht bereit!

Beginnen Sie Verhandlungen erst, wenn Sie wirklich bereit sind – d.h. nachdem Sie sich ausreichend vorbereitet haben. Das ist kein Gesetz, sondern die reine Lebenserfahrung. Keine Seite sollte eine Verhandlung verfrüht beginnen. Sie können dann nur mehr oder weniger gut improvisieren. Wirklich gut verhandeln aber können Sie nur nach einer guten Vorbereitung.

Falls Ihr Gegenspieler versucht, eine Verhandlung zu beginnen, obwohl Sie noch nicht bereit sind, sagen Sie einfach: »Ich bin noch nicht bereit, darüber zu reden.« Noch besser wäre allerdings, wenn Sie einfach nur zuhören würden. Genaues Zuhören, besonders zu Beginn einer Verhandlung, kann sehr oft eine Erweiterung der Vorbereitung sein.

Wenn Sie nur zuhören, während Ihr Gegenüber redet, können Sie gar nicht verlieren. Falls man Sie zu einer Antwort auffordert, können Sie zugeben, noch nicht fertig zu sein, und eine Zeit nennen, zu der Sie eine Antwort geben werden. Sie könnten Ihr Gegenüber auch auffordern, das Thema noch weiter zu vertiefen. Nutzen Sie jede Gelegenheit, Informationen zu sammeln!

Wenn jemand Sie bittet, mit der Verhandlung zu beginnen, bevor Sie Ihre Vorbereitung beendet haben, bitten Sie ihn um die genauen Informationen, die Ihnen noch fehlen. Eine gute Vorbereitung kann manchmal aus einfachem Zuhören bestehen. Beim Zuhören können Sie viele wichtige Informationen sammeln. Mit Zuhören können Sie manche Verhandlung, mit der man Sie gewissermaßen überfällt, in einen Erfolg für Sie verwandeln. (Teil IV behandelt die vielen Aspekte des Zuhörens bei einer Verhandlung.)

 Wenn Sie herausfinden wollen, ob Sie nach einer wichtigen Information gefragt haben, achten Sie auf die Intensität, mit der Ihr Gegenüber Ihr Ansinnen zurückweist. Wenn die Antwort auf Ihre Frage lautet: »Oh, das kann ich Ihnen nicht sagen«, wissen Sie, daß Sie nach einer entscheidenden Information gefragt haben. Bohren Sie weiter! Holen Sie sich die Antwort entweder von dieser Person oder von jemand anderem. Sie können aber auf jeden Fall sicher sein, daß die Antwort für Sie wichtig ist, weil die andere Seite sie Ihnen vorenthalten will.

Zugegeben: Die gerade beschriebene Technik eignet sich hervorragend zur Verzögerung einer Verhandlung, wenn Sie im Namen eines Mandanten oder einer Firma verhandeln. Die andere Partei weiß, daß Sie sich Anweisungen von Ihren Auftraggebern holen müssen, daß Sie Teil eines Teams sind und nicht einfach nach Gusto schalten und walten können.

Wenn Sie aber für sich selbst verhandeln, werden Sie sich mit dieser Technik nur eine gehörige Abfuhr einhandeln. »Was soll das heißen? Sie wissen nicht, was Sie bezahlen wollen?« oder »Wie lange soll denn das noch dauern?«, was soviel bedeuten soll, daß Sie die richtigen Informationen hätten, wenn Sie nur der richtige Verhandlungspartner wären. In einer solchen Situation hilft nur die Wahrheit. Holen Sie tief Luft, und sagen Sie einfach: »Ich könnte Ihnen jetzt zwar einen Preis anbieten, aber ich möchte sichergehen, daß ich mit dieser Zahl auch wirklich leben kann. Ich möchte das vorher mit meinem Partner besprechen.« Sagen Sie genau, was Sie noch abklären wollen und wie lange Sie dazu brauchen werden.

Ihre Offenheit zeigt der anderen Seite, daß Sie nicht nur irgendein dummes Verhandlungsspielchen spielen wollen. Denken Sie daran, Ihren Wunsch nach zusätzlicher Vorbereitungszeit sehr respektvoll vorzubringen, um die andere Seite zu zwingen, sich ebenso zu verhalten.

Hat die andere Seite verstanden und Ihrem Wunsch nach mehr Zeit zugestimmt, können Sie sie auffordern: »Wenn Sie allerdings schon bestimmte Preisvorstellungen haben, würde ich sie gerne hören.« Wenn Sie allerdings diese wichtige Frage zu früh stellen, wird Ihre mögliche Ablehnung dieses Angebots nur so aussehen, als zögerten Sie, ein eigenes Angebot auf den Tisch zu legen. Wenn die Gegenseite kein Angebot machen will, versuchen Sie, den Grund dafür herauszufinden. Diese Information könnte Ihnen wertvolle Einblicke in das Konzept der anderen Seite geben. Sie könnten dabei zum Beispiel erfahren, daß Firmenrichtlinien der anderen Seite ein Anfangsangebot verbieten oder die andere Seite vielleicht auch noch nicht für die Verhandlung bereit ist. Vielleicht erkennen Sie, daß die ganze Sache ein Bluff ist, daß die andere Seite das Geschäft in Wahrheit mit jemand anders abschließen will und deshalb nicht wagt, Ihnen ein verbindliches Angebot vorzulegen. Die Gründe für ihr Zögern können ebenso aufschlußreich sein wie die eigentliche Information.

Die erste Sitzung

In diesem Kapitel

▶ Vorbereitung für eine produktive Verhandlung

▶ Bestimmung der Teilnehmer

▶ Tagesordnungspunkte festlegen

▶ Psychische Einstimmung

▶ Einen guten ersten Eindruck machen

*Ü*ber welchen Gegenstand Sie auch immer verhandeln – vor jeder ersten Sitzung müssen Sie sich mit immer denselben Fragen beschäftigen. Auch wenn Sie auf die anstehenden Fragen vorbereitet sind, müssen Sie festlegen, wo und wann die Besprechung stattfinden soll, was Sie anziehen sollen und was Sie tun sollen, falls Ihre Haare nicht richtig sitzen wollen. Manchmal müssen Sie vorher auch noch Ihr Lampenfieber bekämpfen – egal, wie gut Sie vorbereitet sind. Dieses Kapitel soll Ihnen helfen, sich so auf die erste Besprechung vorzubereiten, daß Sie den Raum voller Selbstvertrauen und Zuversicht betreten können.

Einen Verhandlungsort vorbereiten

Meistens wird den Überlegungen zur richtigen Verhandlungsumgebung nur sehr wenig Zeit gewidmet. Man verläßt sich oft einfach auf Regeln und Gewohnheiten (»Das haben wir schon immer so gemacht.«), die die Auswahl eines Termins und eines Orts schwierig machen. Wenn beide Seiten zum Beispiel die eiserne Regel haben, nur im eigenen Büro zu verhandeln, wird man natürlich nie zu einem Geschäft kommen.

Falls Ihre Position in der Firma noch nicht so herausragend ist und Sie das Gefühl haben, daß die Entscheidung über die Verhandlungsumgebung ohnehin nicht in Ihrer Hand liegt, ist es um so wichtiger, sich mit diesen Fragen zu beschäftigen. Der Ort, an dem Sie über eine Gehaltserhöhung verhandeln, steht zum Beispiel immer schon vorher fest. Lesen Sie aber trotzdem weiter. Die in diesem Kapitel behandelten Fragen machen selbst das Büro Ihres Chefs zu einer angenehmen Verhandlungsumgebung.

Auf eigenem Terrain verhandeln

Ihr eigenes Büro bietet Ihnen enorme Vorteile, weil Sie sich dort auf eigenem Terrain befinden. Hier liegen alle Daten bereit. Kollegen können Sie unterstützen, falls Sie auf deren Erfahrung zurückgreifen müssen. Es ist Ihre gewohnte Operationsbasis. In dieser Umgebung werden Sie sich immer am wohlsten fühlen.

Das eigene Terrain ist der *Grundig Pump Company* im kalifornischen Fresno so wichtig, daß sie sogar eine Reihe von Gästewohnungen direkt neben ihrer Fabrik gebaut und zusätzliche Mitarbeiter eingestellt haben, die sich nur um die Gäste kümmern. Man kann die Fabrik sehen, über Geschäfte verhandeln und muß sich während des Aufenthalts nicht um Unterkunft und Verpflegung sorgen. Grundig hat hier eine ideale Verhandlungsumgebung geschaffen. Die Besucher müssen sich nicht um Reisearrangements kümmern und leiden nicht unter den Störungen, die im Heimatbüro immer dazwischenkommen. Diese Einrichtung ist die optimale Umsetzung der oft zitierten Regel: Immer auf eigenem Terrain verhandeln!

Seien Sie sich aber darüber im klaren, daß diese Regel nicht unumstößlich ist. Je länger Sie sich mit den anderen in diesem Buch behandelten Fertigkeiten beschäftigen, desto unwichtiger wird es für Sie werden, ob Sie in Ihrem eigenen oder in einem fremden Büro verhandeln. Manchmal ist eine Verhandlung in einem fremden Büro sogar besser für Sie. Wenn Sie es mit einem Verhandlungsgegner zu tun haben, der regelmäßig behauptet, er habe einige wichtige Unterlagen in seinem Büro liegengelassen, kann er diese Ausrede in seinem eigenen Büro zum Beispiel schon mal nicht mehr vorbringen. Manchmal sind auch umfangreiche und schwer zu transportierende Unterlagen wichtig für eine Verhandlung. In diesem Fall liegt der beste Verhandlungsort da, wo die Unterlagen gerade lagern.

Der wichtigste Gesichtspunkt ist jedoch, daß Sie sich an einem Ort befinden müssen, an dem Sie zuhören können. Lassen Sie in diesem Punkt nicht mit sich reden – zu Ihrem Besten und zum Besten Ihres Verhandlungsgegners. Wenn Sie sich nicht auf das konzentrieren können, was Ihr Gegenüber sagt, können Sie auch nicht verhandeln.

Die Wahl des richtigen Verhandlungsortes ist von entscheidender Bedeutung bei internationalen Verhandlungen, die unter den Augen der Öffentlichkeit stattfinden. In diesem Zusammenhang kann die richtige Wahl des Ortes auch erhebliche politische Auswirkungen auf die Wähler im Heimatland haben. Äußerlichkeiten gewinnen oft eine eigene politische Bedeutung, die mit der Verhandlungsumgebung eigentlich nichts zu tun hat. Da alle beteiligten Staatschefs ihrer Wählerschaft zu Hause ein Bild der Stärke vermitteln wollen, kann allein schon die Wahl des richtigen Verhandlungsortes unter Umständen zu endlosen Diskussionen führen.

Wer sitzt wo?

Sitzordnungen sind das Thema vieler Witze. Und manchmal wird die Bedeutung der richtigen Sitzordnung tatsächlich übertrieben. Worauf Sie aber immer achten müssen: Überlassen Sie die Sitzordnung niemals dem Zufall, auch wenn viele Menschen das gerne so hätten.

Hier einige Tips zur Sitzordnung:

✔ Plazieren Sie den Kollegen, mit dem Sie sich schnell und privat beraten wollen, neben sich.

✔ Plazieren Sie den Gegner, mit dem Sie den Konflikt austragen sollen, direkt gegenüber. Wenn Sie Verhandlungsführer eines Teams sind, setzen Sie sich dem Führer des anderen

Teams gegenüber. Um den Konfrontationseffekt etwas abzuschwächen, können Sie den Gegner auch um einen oder zwei Stühle versetzt gegenüber plazieren. Mitunter gibt Ihnen die Form des Tisches oder Raumes die Möglichkeit, Ihren Gegner schräg anstatt direkt gegenüber zu plazieren.

✔ Bestimmen Sie auch, wer nahe der Tür und neben dem Telefon sitzen soll. Wenn Sie damit rechnen, daß verschiedene Telefongespräche erforderlich werden oder daß sich Menschen draußen vor der Tür zum Verhandlungsraum drängeln werden, können beide Positionen zu einflußreichen Machtpositionen werden: Die Person neben dem Telefon kontrolliert meistens auch dessen Benutzung. Die Person nahe der Tür kontrolliert den Zugang zum Verhandlungsraum.

✔ Auch die Position der Fenster und der Einfall des Sonnenlichts müssen bedacht werden, weil die Sonne den Raum aufheizen oder die Teilnehmer unangenehm blenden könnte.

 Wenn Sie im Büro Ihres Chefs verhandeln, vermeiden Sie den Stuhl, auf dem Sie normalerweise sitzen, wenn Sie seine Anweisungen entgegennehmen. Wenn Ihr Chef einen Konferenzraum hat, versuchen Sie, die Diskussion über Ihre Gehaltserhöhung dort zu führen. Sofas sind großartige Gleichmacher. Verschanzt Ihr Chef sich jedoch weiter hinter seinem Schreibtisch, müssen Sie zweierlei tun:

✔ Bleiben Sie zu Beginn des Gesprächs stehen, damit Sie sich mit ihm auf gleicher Augenhöhe befinden.

✔ Wenn Sie sich setzen, schieben Sie den Stuhl an die Seite des Schreibtisches – oder wenigstens an eine andere als die übliche Position. Sie möchten damit andeuten, daß es sich um ein anderes als ein Routinegespräch handelt, bei dem der Vorgesetzte Ihnen seine Anweisungen gibt.

Schaffen Sie eine gemütliche Atmosphäre

Sorgen Sie bei der Entscheidung über den Verhandlungsort dafür, daß beide Seiten verstehen können, was gesagt wird. Wenn Sie in Ihrem Verhandlungsraum laufend gestört oder von Lärm belästigt werden, ist aufmerksames Zuhören nicht möglich – egal, wie sehr Sie es auch versuchen.

 Interessanterweise betonen alle Bücher, die sich mit der Verbesserung des Sexlebens befassen, gerade diesen Punkt. Wie schaffe ich eine verführerische Atmosphäre? Diese Frage wird in derartigen Ratgebern meistens in großer Ausführlichkeit besprochen. Die Autoren dieser Bücher empfehlen alle eine ruhige Atmosphäre ohne Ablenkungen oder Störungen. Siehe *Sex für Dummies* von Dr. Ruth Westheimer.

Verhandlungen auf dem Hühnerhof

Mein schlimmstes Erlebnis mit einem miserablen Verhandlungsort hatte ich während der Verkaufsverhandlungen der größten Hühnerfarm Kaliforniens. Mein Mandant, der potentielle Käufer, hatte mich gebeten, die abschließende Verhandlung auf der Hühnerfarm des Verkäufers zu führen. Seiner Wegbeschreibung konnte ich entnehmen, daß dieser Ort so ländlich und abgeschieden sein würde, wie es in Südkalifornien nur möglich ist. Die Farm war weit weg von Autobahnen, Eisenbahngleisen und jeder Art von funktionierender Industrie, damit nichts die optimale Produktion der Hühner stören konnte.

Der Ort übertraf alle meine Erwartungen an ländliche Einöde. Aber immerhin gab es ein nettes Büro, groß genug, um die ganze Gruppe aufzunehmen. Unser Gastgeber hielt allerdings einen ausgedehnten Spaziergang für die beste Lösung, um das Geschäft zum Abschluß zu bringen. Das Gegenteil trat ein: Die Gruppe war bald auseinandergerissen und stolperte in dichtem Staub über den ausgedehnten Besitz, Tausende von Hühnern beklagten lautstark ihr Schicksal in zu engen Behausungen. Alles, was der gute Mann mit seiner Taktik erreichte, war, aus einer aufnahmebereiten und zu allen Seiten offenen Verhandlungsdelegation einen Haufen konfuser und ausgelaugter Menschen zu machen.

Leider war die für den Geschäftsabschluß vorgesehene Zeit schon fast verstrichen. Ein weiterer Verhandlungstag wäre schwer zu organisieren gewesen. Ich versuchte, die Situation zu retten, und lud alle zum Abendessen ein. Ich fragte nach einem ruhigen Plätzchen und versicherte allen, daß sie sich um die Kosten nicht kümmern sollten. Sie sollten den Abend einfach genießen.

»Reservieren Sie uns einen Tisch, an dem wir reden können«, rief ich unserem Gastgeber noch hinterher, als er zum Telefon ging, um das seiner Meinung nach perfekte Restaurant anzurufen.

Und wir konnten reden, dafür hatte unser Gastgeber gesorgt – mit jedem in einem Umkreis von zehn Meilen. Das Restaurant war die Tränke für die gesamte Nachbarschaft. Wir waren keine Sekunde allein. Jeder kannte unseren Gastgeber. Eine einzige Katastrophe. Die Ranch haben wir nicht gekauft. Bis heute nicht. Und bis heute frage ich mich, ob der Eigentümer die Ranch überhaupt an meine Mandanten verkaufen wollte. Ich persönlich glaube, er wollte nicht – zu viele dunkle Zweireiher für seinen Geschmack.

Häufig diskutiert man wichtige Fragen auch bei einem Arbeitsessen. In unserem Kulturkreis gehört das Essen zu den sozialen Ereignissen. Ein Essen ist gut geeignet, um Beziehungen zu knüpfen, Leute zusammenzubringen und einander kennenzulernen. Allerdings ist ein Essen im allgemeinen keine gute Gelegenheit, etwas wirklich Wichtiges zu besprechen. Erstens bedeutet ein schickes Restaurant immer Lärm. Zweitens gibt es in einem Restaurant eine Menge unkontrollierbarer Störungen, wie lärmende Kinder und Rosenverkäufer.

Langfristige Planung der Verhandlungsumgebung

 Sollte Ihre Firma gerade ein neues Geschäftsgebäude bauen, mischen Sie sich in die Planungen für den Raum ein, in dem die meisten Verhandlungen stattfinden werden. Setzen Sie sich dafür ein, daß er die richtige Größe bekommt, nahe den Toiletten liegt und außerdem nicht zu weit von der Kantine oder ähnlichen Erholungsräumen liegt. In Zeiten wie heute, wo an allen Ecken gespart wird, besteht die Neigung, am Verhandlungsraum zu sparen, »weil er ja nicht so oft gebraucht wird«.

All das ist nicht zu bestreiten. Wenn man allerdings bedenkt, wie wichtig das Verkaufen für Ihr Unternehmen, das Verhandeln wichtiger Verträge für Ihre Anwaltsfirma oder der Abschluß einer Transaktion für Ihre Bank oder Maklerfirma ist, kann man den Wert dieses Raumes gar nicht hoch genug einschätzen. Dieser Ort ist das Herz Ihres Unternehmens. Vielleicht können die Mitarbeiter ja »auch mit weniger auskommen«. Hoppla! Diesen Vorschlag sollten Sie niemals äußern, es sei denn, Sie gehören zum Management. Mit einem guten Architekten könnte man den zusätzlichen Raum für das Verhandlungszimmer auch dadurch gewinnen, daß man einige Büros verkleinert, die nicht so oft gebraucht werden. Auch das wäre einen Vorschlag wert.

 Einen der am besten ausgestatteten Verhandlungsräume in Los Angeles hat die Anwaltsfirma Gipson, Hoffman und Pancione. Dieser Raum hat alles und liegt nur wenige Schritte von der Küche und den Toiletten entfernt. Abbildung 3.1 zeigt den Grundriß dieses Verhandlungsraumes.

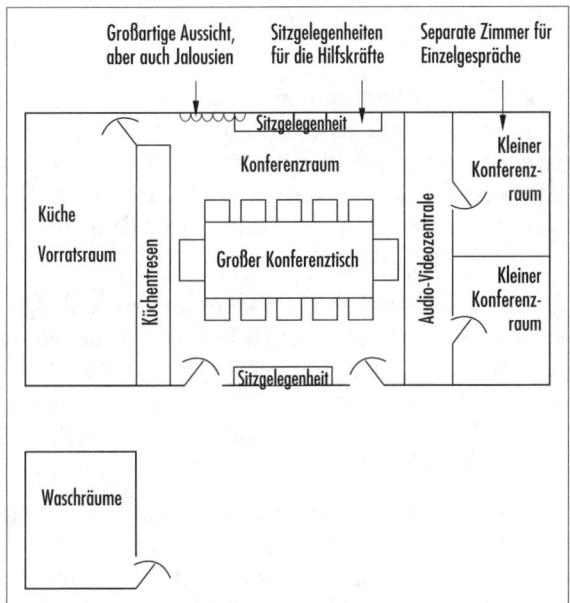

Abbildung 3.1: Verhandeln mit Komfort: Konferenzraum der Anwaltsfirma Gipson, Hoffman und Pancione.

Der absolute Clou dieses Konferenzzimmers sind die Sitzgelegenheiten an den beiden Längsseiten des Raumes. Sie sind tief und bequem und eigentlich als Sitzgelegenheit für die Hilfskräfte vorgesehen. Während langer Nachtsitzungen, in denen sie Dokumente vorbereiten und korrigieren, machen aber auch die Junior-Partner der Firma dort gerne ein kurzes Nickerchen, während die Verhandlung sich langsam einem Abschluß nähert. Obwohl man heutzutage immer mehr Wert auf Kommunikationsanlagen mit allen Raffinessen legt, sollte man doch nicht vergessen, daß der Mensch die wichtigste Ressource eines Unternehmens ist – mit all seinen Bedürfnissen wie Erleichterung, Nahrungsaufnahme und Erholung.

Aufstellen der Gästeliste

Wer an einer Sitzung teilnimmt beziehungsweise nicht teilnimmt, kann Gegenstand einer eigenen Verhandlung sein. Trotz aller Klagen über »noch eine Besprechung« reagieren viele Menschen mehr als verärgert, wenn sie nicht zu einer bestimmten Besprechung gebeten werden.

 Wenn Sie eine Verhandlungssitzung arrangieren, laden Sie nicht mehr Personen ein, als wirklich notwendig sind. (Im Zusammenhang mit einer Verhandlung bedeutet *notwendig*, daß diese Person auch etwas Wichtiges zur Diskussion beizutragen hat und von niemand anders ersetzt werden kann.) Wenn Sie jemanden nicht einladen können, schicken Sie ihm ein Memo mit einer Entschuldigung. Papier ist billig. Ein weiterer Teilnehmer einer Verhandlung aber kann teuer werden. Außerdem wird durch jeden zusätzlichen Teilnehmer die Gesprächssteuerung problematischer. Die Wahrscheinlichkeit, störende Bemerkungen zu hören, wenn eigentlich Stille angesagt wäre, steigt mit jedem weiteren Teilnehmer in exponentiellem Ausmaß.

Gelegentlich brauchen Sie in einer bestimmten Verhandlungssitzung jemanden mit speziellen Kenntnissen oder Erfahrungen wie beispielsweise einen Buchprüfer, der jedoch nicht an den anderen Sitzungen teilnimmt. Zögern Sie nicht, einen Experten hinzuzuziehen, um eine Präsentation vorzustellen oder Fragen zu beantworten. Denken Sie aber daran: Der Auftritt ist am wirkungsvollsten, wenn der Experte verschwindet, nachdem alle Informationen, die die Gegenseite hören soll, auf dem Tisch liegen.

 Untersuchungen haben ergeben, daß Frauen als Verhandlungsführer mehr Teilnehmer zur Verhandlung zulassen, eher zu Teamentscheidungen und Mitbestimmung im Management bereit sind als Männer – so ein bißchen nach dem Motto: je mehr desto besser. Natürlich: Niemand übergeht gerne einen Kollegen. Aber wenn es darum geht, einen Verhandlungsgegner davon zu überzeugen, etwas Bestimmtes zu tun, sollte man niemanden um sich haben, der zu diesem Ziel nichts beizutragen hat.

 Im Familienkreis lassen sich Entscheidungen gut in einer Familienversammlung treffen. Besonders, wenn man Kinder hat (die häufig manipulativ verhandeln), ist die Versammlung aller Familienmitglieder in einem Raum eine gute Idee. Diese Generalversammlung verhindert, daß Nachrichten verfälscht werden, wenn sie von der Mutter zum Vater und zurück getragen werden.

Falls die Eltern geschieden sind, ist es noch wichtiger, alle zusammen in einem Raum zu haben. Die Möglichkeiten, die Worte eines Elternteils zu verdrehen, sind für ein Kind größer, wenn die Eltern getrennt voneinander leben. Eltern und Kinder sollten zusammen einen professionellen Berater aufsuchen, um diese Fragen zu besprechen. Andernfalls verhindern ständige Auseinandersetzungen zwischen den Eltern eine wirksame Hilfe für die Kinder.

Eine Tagesordnung festlegen

Tagesordnungen sind wunderbare Steuerungsinstrumente. Eine Tagesordnung macht es der anderen Seite fast unmöglich, eine unbequeme Frage zu umgehen. Die Festlegung einer Tagesordnung ist ein Vorteil für Sie, auch wenn Sie die Besprechung nicht selbst leiten. Wenn Sie einen bestimmten Punkt nicht behandeln wollen oder noch nicht bereit sind, ihn zu verhandeln, nehmen Sie ihn einfach von der Tagesordnung.

»Wer schreibt, der bleibt« lautet ein gängiges Sprichwort. Eine vor allen Teilnehmern liegende schriftliche Tagesordnung hat eine ganz eigene Macht und Autorität. Außerdem macht ein schriftlicher Plan eine Diskussion übersichtlicher. Eine Tagesordnung liefert den Teilnehmern eine Gliederung der Besprechung und erleichtert ihnen die Anfertigung von Notizen über die besprochenen Punkte.

Die Festlegung einer schriftlichen Tagesordnung kann eine eigene Kunstform sein. Hier einige Richtlinien:

1. **Skizzieren Sie kurz alle Fragen, über die Sie reden wollen, und alle anderen Themen, die Sie noch nicht geklärt haben.**

2. **Markieren Sie die Themen, die Sie auf der schriftlichen Tagesordnung haben wollen.** Die Informationen, die Sie aus der anderen Seite herauslocken wollen, gehören in Ihre privaten Notizen, nicht auf die schriftliche Tagesordnung, die allen Teilnehmern am Tisch vorgelegt wird.

3. **Sobald Sie wissen, worüber Sie reden wollen, bestimmen Sie die Reihenfolge.** Am besten beginnen Sie die Sitzung mit Themen, die wenig Emotionen hervorrufen, und Fragen, zu denen sich schnell ein Konsens finden läßt.

4. **Fertigen Sie genug Kopien für alle Teilnehmer der Besprechung an.** Machen Sie noch ein paar zusätzliche Kopien für diejenigen, die gerne teilgenommen hätten, aber nicht konnten oder nicht eingeladen wurden.

Bei Familienversammlungen funktionieren Tagesordnungen auf dieselbe Weise, außer daß Sie alle Familienmitglieder an der Festlegung der Tagesordnung beteiligen müssen. Der erste Punkt bei einer Familienversammlung wäre beispielsweise die Frage an jedes einzelne Kind, worüber es gerne reden möchte. Sie können dann noch die eine oder andere Frage hinzufügen und danach fragen, in welcher Reihenfolge die Themen besprochen werden sollen. Dieses Verfahren kann sehr hilfreich sein, wenn es um emotionale Themen geht. Jedes Familienmitglied weiß dann von vornherein, daß alles, worüber man sprechen möchte, besprochen wird – der Reihe nach und mit dem gebührenden Respekt. Schließlich steht es ja auf der Tagesordnung.

Mit Büchern über die Psychologie der Besprechungsplanung lassen sich ganze Bibliotheken füllen. Am besten und einfachsten legen Sie Ihre Tagesordnung intuitiv fest. Danach schließen Sie die Augen. Stellen Sie sich den Verhandlungstisch und die einzelnen Gesichter vor. Lassen Sie in Gedanken die Sitzung beginnen. Spielen Sie sie im Kopf einmal durch. Versuchen Sie, der Sitzung einen angenehmen Rhythmus zu geben.

Denken Sie daran, daß eine Tagesordnung immer nur einen *Vorschlag* für die Reihenfolge darstellt, in der die einzelnen Themen besprochen werden, und nicht die Reihenfolge diktiert. Falls zu einem bestimmten Thema keine Einigung gefunden wird, können Sie zum nächsten Thema auf der Tagesordnung gehen und den kontroversen Punkt zur späteren Behandlung zurückstellen. Gleichzeitig verhindert eine Tagesordnung, daß kontroverse Punkte permanent übergangen werden. Stören Sie sich nicht daran, wenn jemand Ihre perfekte Tagesordnung umorganisiert – besonders dann nicht, wenn Sie die Sitzung gar nicht leiten.

Unterschätzen Sie den Wert einer Tagesordnung nicht! Sie ist ein wertvolles Kontrollinstrument und stellt sicher, daß alle wichtigen Themen behandelt werden.

Planen Sie genug Zeit ein

Wieviel Zeit für eine Verhandlungssitzung beziehungsweise die gesamte Verhandlung eingeplant werden muß, ist schwer zu bestimmen, da Sie ja keinen Einfluß auf die andere Seite haben. Wenn Sie die Verhandlung innerhalb einer bestimmten Zeit über die Bühne bringen möchten, sagen Sie das den Teilnehmern gleich zu Anfang. Wenn Sie obendrein einen guten Grund für Ihren Wunsch haben, sollten Sie auch den verraten. Mehr Zeit für eine Verhandlungssitzung als tatsächlich erforderlich ist besser, als zu wenig Zeit einzuplanen. Falls die Verhandlungssitzung kürzer als erwartet ist, können Sie die Zeit für etwas anders nutzen.

Im allgemeinen dauert der Abschluß eines internationalen Geschäfts länger als der Abschluß eines vergleichbaren Geschäfts im nationalen Rahmen. Richten Sie sich darauf ein, mehr als doppelt soviel Zeit einzuplanen, wenn ein derartiges Geschäft zur Verhandlung ansteht. Folgende Faktoren sind für die längere Dauer verantwortlich:

✔ Beide Seiten gehen vorsichtiger vor, da sie sich erst mit den kulturellen Unterschieden vertraut machen müssen.

✔ Sprachdifferenzen kosten Zeit – auch wenn beide Parteien dieselbe Sprache, aber einen anderen Akzent sprechen.

✔ Ermüdung der Teilnehmer, wenn der Gastgeber jeden Abend zu einer anderen Veranstaltung einlädt – was bei ausländischen Besuchern die Regel ist.

 Denken Sie auch daran, das unterschiedliche Verhältnis zur Zeit zu berücksichtigen. Engländer haben ein sehr formelles Verhältnis zur Zeit: Alles, von Theaterstücken bis hin zur U-Bahn, muß zur planmäßigen Zeit beginnen beziehungsweise abfahren. Mexikaner haben dagegen ein eher lockeres Verhältnis zur Zeit. Anfangszeiten stellen immer nur eine Annäherung dar.

Die eigene Vorbereitung

Sie selbst sind immer das wichtigste Element in dieser Verhandlung. Auch wenn Sie nur der Assistent des Assistenten sind, ist Ihre Leistung in der Verhandlung für Sie und Ihre Zukunft wichtiger als jede Raumplanung und jede Tages- oder Sitzordnung. Betrügen Sie sich dabei nicht selbst! Denken Sie bei der Überprüfung all Ihrer Arrangements auch daran, sich selbst zu überprüfen. Diese Selbstüberprüfung ist eine wertvolle Investition, die sich auszahlt.

W steht für Wachsamkeit

Um so gut wie möglich verhandeln zu können, müssen Sie gut ausgeruht und aufgeweckt in die Verhandlung gehen:

✔ Sie können dann Fragen oder Angriffe der Gegenseite schneller parieren.

✔ Ihre Konzentrationsfähigkeit und Bereitschaft zum Zuhören ist besser.

✔ Sie überstürzen nichts, um schnell nach Hause und ins Bett zu kommen.

 Wir haben bei uns zu Hause bei Themen wie etwa Geld oder die Disziplin der Kinder die Zehn-Uhr-Regel eingeführt. Diese Themen führen regelmäßig zu Diskussionen, die nicht so schnell beendet werden können. Wir haben uns geeinigt, keine Unterhaltung über ein Thema auf dieser Liste nach zehn Uhr abends zu beginnen. Wir haben festgestellt, daß sich diese Diskussionen besser auf den nächsten Tag verschieben lassen. Auf diese Art und Weise nutzen wir die zusammen verbrachte Zeit optimal und müssen nicht wertvollen Nachtschlaf opfern. Meistens haben die Themen bis zum nächsten Morgen außerdem an Brisanz verloren.

 Ausreichender Schlaf unterstützt Ihre Leistung bei einer Verhandlung. Guter Schlaf vor einer wichtigen Verhandlung – das ist meist leichter gesagt als getan. Wenn Sie über die anstehende Verhandlung nachdenken müssen und deshalb nicht schlafen können, versuchen Sie folgenden Trick: Nehmen Sie sich einen Notizblock, und schreiben Sie Ihre Gedanken auf. Schreiben Sie so lange alles auf, bis Ihr Kopf wieder klar ist. Versuchen Sie's! Vielleicht können Sie bei dieser Übung einschlafen.

Sparen Sie bei Geschäftsreisen nicht am falschen Ende

Als junger Mann nahm ich immer den ersten Zug nach New York und legte meinen ersten Termin auf 7:30 Uhr fest. Heute ziehe ich es vor, vor einer Sitzung genug Zeit zu haben, um erst ins Hotel zu gehen, zu duschen und mich frisch zu machen und meine Gedanken für ein Treffen um 9 Uhr zu ordnen. Ich führe die geänderte Vorgehensweise auf Erfahrung und nicht auf das Alter zurück. Wenn Sie im Flugzeug nicht genug Schlaf bekommen, um am nächsten Tag richtig funktionieren zu können, sollten Sie einen Tag früher abreisen. Sparen Sie nicht am falschen Ort, wenn es um Langstreckenreisen geht.

Wenn ich für eine Verhandlung nach Europa reisen muß, bestehe ich auf einem Tag, wenn es sich einrichten läßt, auch auf zwei Tagen, um den Jet-Lag zu überwinden. Aus irgendeinem Grund sind Reisen nach Asien für mich nicht so anstrengend, und ich kann meine Verhandlungen relativ bald nach meiner Ankunft beginnen. Wenn irgend möglich, nehme ich für alle Geschäftsreisen Direktflüge.

Kleider machen Leute

Wie kommt man zu Macht und Respekt? Zwei Bücher hatten erheblichen Einfluß darauf, wie man mit der richtigen Kleidung diese beiden Ziele erreichen kann. Beide Bücher richten sich in erster Linie an den Profi, sind aber auch für andere nützlich, wenn man zwischen den Zeilen lesen kann. Das erste Buch, *Dress For Success* von John T. Molloy richtete sich nur an Männer. Die Popularität des Buches führte schnell zu einem zweiten Band, *The Woman's Dress For Success Book*. Beide Bücher bieten aufstrebenden jungen Stars wertvolle Hilfestellung. Die beiden Büchern zugrundeliegende Philosophie läßt sich in einem Satz zusammenfassen: Schauen Sie sich den Chef an, um wie ein Chef auszusehen.

Die erschreckende Reaktion auf John T. Molloys Buch war, daß alle angehenden weiblichen Manager plötzlich in dunkelblauen Kostümen, weißen Seidenblusen und dunkelroten Schals herumliefen. Vielleicht hat das neue Outfit sie auf der Erfolgsleiter nach oben gebracht. Aber die (scheinbare) Notwendigkeit, daß ehrgeizige junge Frauen ihr Aussehen verändern müssen, um in eine reine Männerdomäne einzubrechen, hat uns traurig gemacht.

Unsere Empfehlung ist weniger restriktiv und weitaus einfacher: Ziehen Sie sich nicht so an, daß Ihr Gegenüber abgelenkt wird. Sie sind schließlich in einer Verhandlung. Sie wollen, daß man Ihnen zuhört. Und Sie wollen nicht nur, daß man Ihnen aufmerksam zuhört, sondern auch, daß man Ihnen dabei ins Gesicht schaut. Also, meine Damen, wenn Sie auffallende Ohrringe tragen oder ein tiefes Dekolleté zeigen, lenken Sie nur die Augen Ihrer Gegenspieler von Ihrem Gesicht ab. Meine Herren, Sie werden in einer Verhandlungsumgebung niemanden mit Goldkettchen oder einem offenen Sporthemd über der eindrucksvoll behaarten

Brust beeindrucken können. Obwohl Sie mit diesem Aufzug an anderem Ort sicherlich Aufmerksamkeit erregen können, werden Sie Ihre Verhandlungsposition damit nicht unbedingt stärken.

Wenn Sie für den Urlaub oder auf Parties eine bestimmte Art vom Kleidung bevorzugen, umso besser. Verwechseln Sie aber niemals derlei lockere Treffen (auf denen Sie im Laufe des Abends allerdings auch den einen oder anderen Verhandlungspunkt anschneiden dürfen) mit der Verhandlungsumgebung in der Geschäftswelt.

Zur Vorbereitung auf Ihre erste Verhandlungssitzung können wir Ihnen nur den allgemeinen Rat geben, Ihre Umgebung aufmerksam in sich aufzunehmen. Lassen Sie alles, was um Sie herum ist, auf sich einwirken. Werden Sie Teil dieser Umgebung. Manche erfahrene Verhandlungsführer passen sogar ihre Sprechgeschwindigkeit an die ihres Gegenübers an. In New York, wo man eher schnell spricht, beschleunigen gute Verhandlungsführer ihren Sprachfluß. Tief im Süden, wo die Menschen langsam sprechen, gehen gute Verhandlungsführer mit der Geschwindigkeit herunter. (Gehen Sie aber nicht so weit, auch den Akzent dieser Menschen nachzuahmen.) Seien Sie sich aber vor allem darüber im klaren, daß gute Manieren sich von Ort zu Ort unterscheiden. Wenn Sie in Rom sind, verhalten Sie sich wie ein Römer – aus Respekt gegenüber den Römern, nicht um zu zeigen, daß Sie es noch besser können.

Kleider schaffen Gemeinsamkeiten

In Geschäftsverhandlungen wollen Sie, daß die andere Seite Sie als jemanden betrachtet, zu dem man einen Zugang hat, als jemanden, der sie versteht – kurz: Sie wollen einen sympathischen Eindruck machen. Meistens erscheinen Sie dem Verhandlungspartner schon deshalb sympathisch, wenn Sie sich ähnlich kleiden wie er. Als ich Anfang der 80er Jahre in der Raumfahrtbranche arbeitete, trug ich wie alle anderen traditionelle dunkelblaue, graue und schwarze Kostüme. Noch heute bezeichne ich meine dunkelblauen Kostüme als mein »Bank-Kostüm« und mein rotes Kostüm mit den silbernen und goldenen Applikationen auf den Ärmeln als mein »Einzelhandels-Kostüm«. Zu meinem ersten Verhandlungstreffen mit Vertretern eines Architekturbüros in deren Büro am Strand in einer umgebauten Tankstelle trug ich einen Hosenanzug und etwas Modeschmuck. Natürlich trugen auch die weiblichen Eigentümer Hosen und Modeschmuck. Mit einem strengen Kostüm hätte ich mich in diesem Fall zu sehr von meinen Mandanten unterschieden und es mir unter Umständen mit ihnen verscherzt. Manchmal sind eben auch Jeans und Pullover der richtige Power-Suit – wenn das die Kleidung ist, die Ihr Mandant bevorzugt.

Der erste Eindruck

Egal, wie übermüdet, erschöpft oder kaputt Sie sind – betreten Sie den Verhandlungsraum immer frisch und selbstbewußt. Sie müssen vom ersten Augenblick an eine Atmosphäre von Vertrauen und Kontrolle schaffen. Dieser erste kurze Moment bestimmt die Atmosphäre der gesamten Besprechung. Das gilt auch dann, wenn Sie nicht der offizielle Verhandlungsführer sind. Wenn Sie diesen Rat befolgen, können Sie sich auch als kleiner Angestellter während einer Verhandlung schnell in die Positionen eines Vizepräsidenten katapultieren.

Vergessen Sie niemals die unverbindlichen Freundlichkeiten. Falls die letzte Verhandlungssitzung böse geendet hat, klären Sie zunächst einmal diesen Punkt. Anderenfalls riskieren Sie, daß Angelegenheiten, die eigentlich gar nicht zur Tagesordnung gehören, wieder hochkommen und erneut zu Kontroversen führen. Wenn Sie die Situation von vornherein klären, können Sie ohne den Klotz des immer noch schwelenden Streits mit Ihrer Verhandlung fortfahren. Wenn Sie die Situation jedoch einfach ignorieren, wird die schlechte Atmosphäre weiterhin über dem Verhandlungstisch schweben, und die miese Stimmung wird jede weitere Unterhaltung beeinflussen. Eine negative Haltung der Verhandlungsteilnehmer wird so lange alle Gespräche beeinträchtigen, bis der Streit endgültig beigelegt ist.

Wenn Ihre Hand auf der Türklinke liegt oder Sie die Telefonnummer Ihres Gegenspielers gewählt haben, verändern Sie Ihr Verhalten. Atmen Sie kurz durch, und legen Sie dann voll los. Großmutter hatte schon ganz recht: »Wenn Du was machst, dann mach' es ordentlich!« Richten Sie sich auf – und das ist wörtlich gemeint. Lächeln Sie – innerlich und äußerlich. Konzentrieren Sie sich auf die unmittelbar vor Ihnen liegenden Ziele. Lassen Sie Ihre rechte Hand frei, damit Sie allen Anwesenden die Hand geben können. Wenn es erforderlich sein sollte, eines dieser schrecklichen Namensschilder zu tragen, schreiben Sie Ihren Namen in gut lesbaren Großbuchstaben, und befestigen Sie das Schild für alle gut sichtbar an Ihrem Sakko oder Ihrer Kostümjacke.

Die Überprüfung Ihres Auftretens und Ihrer ganzen Erscheinung kurz vor einer Verhandlung kann einer der wichtigsten Momente der ganzen Verhandlung sein.

Hier einige Richtlinien zur Eröffnung einer Besprechung:

✔ Vergewissern Sie sich, daß alle Teilnehmer anwesend und bereit zum Zuhören sind.

✔ Geben Sie den Zweck der Besprechung bekannt.

✔ Stellen Sie kurz die Tagesordnungspunkte und die für jeden Punkt vorgesehene Zeit vor.

✔ Fragen Sie, ob alle Teilnehmer mit der Tagesordnung und der Vorgehensweise einverstanden sind.

✔ Bedanken Sie sich bei den Teilnehmern für ihr Erscheinen und die positive Einstellung gegenüber der anstehenden Verhandlung.

✔ Beschreiben Sie kurz, was Sie von der Besprechung erwarten, und beginnen Sie mit dem ersten Tagesordnungspunkt.

Vorbereitung auf eine Sitzung mit Menschen aus anderen Kulturen

Wenn Sie mit Menschen aus anderen Kulturkreisen verhandeln, müssen Sie neben den Standardvorbereitungen, die jeder Sitzung vorangehen sollten, noch verschiedene andere Vorbereitungen treffen. Halten Sie sich an die Tips in diesem Abschnitt. Lassen Sie aber nicht die anderen Vorbereitungsschritte zu kurz kommen, nur weil eine internationale Verhandlung bevorsteht. Die beste Regel für internationale Verhandlungen lautet: »Seien Sie im Zweifel immer so freundlich und rücksichtsvoll, wie es in Ihrer eigenen Kultur üblich ist.«

Wer wird eingeladen?

Die Auswahl der Teilnehmer kann eine sehr delikate Angelegenheit sein – am besten holen Sie sich Hilfe von einem Experten. Sie sollten außerdem Bücher über die betreffende Kultur lesen, da Geschäfts- und Verhandlungspraktiken auf der ganzen Welt unterschiedlich sind. In manchen Ländern beschränkt sich die Rolle von Frauen auf die bloße Teilnahme als Sekretärin, in anderen wiederum nehmen sie als vollberechtigte Mitglieder an den Verhandlungen teil. In manchen asiatischen Ländern nehmen Frauen zwar an den eigentlichen Verhandlungen vollberechtigt teil, nach der Sitzung aber gehen Männer und Frauen getrennte Wege. Wenn Sie nicht sicher sind, wenden Sie sich vertrauensvoll an den Verhandlungsführer der betreffenden Gruppe. Ganz nebenbei bauen Sie bei dieser Gelegenheit auch noch eine engere Beziehung zu dieser Person auf.

Den richtigen Dolmetscher engagieren

Wenn Sie und die andere Partei glauben, einen Dolmetscher zu brauchen, sagen Sie das schon vor Beginn der Verhandlung. Würden Sie einen Übersetzer erst im Laufe der Verhandlungen engagieren, könnte das als Unhöflichkeit aufgefaßt werden. Die andere Partei könnte sich tief verletzt fühlen. Sie könnte nämlich annehmen, Sie seien der Meinung, die Gegenseite könnte sich nicht klar ausdrücken. Falls Sie Zweifel haben, die andere Seite verstehen zu können (und Sie es sich erlauben können beziehungsweise die Größe des Geschäfts die Ausgabe rechtfertigt), engagieren Sie den Dolmetscher rechtzeitig. Die Gegenseite wird nicht beleidigt sein, wenn Sie später merken, daß Sie ihn gar nicht brauchen.

Dolmetscher arbeiten auf zwei Arten: simultan und sequentiell.

✔ **Simultanübersetzung:** Die Arbeit mit einem Simultandolmetscher ist zwar teuer, aber eine aufregende Erfahrung. Sie kommen sich vor, als seien Sie in den Vereinten Nationen. Wahrscheinlich fühlen Sie sich in einen schlecht synchronisierten Film versetzt. Während Sie die Körpersprache und den Gesichtsausdruck des Sprechers beobachten, müssen Sie auf die Worte des Dolmetschers achten, der immer ein paar Takte hinter dem Sprecher liegt. Aber so teuer und unpraktisch eine Simultanübersetzung auch sein mag – diese Maßnahme verleiht der Verhandlung immer eine gewisse Bedeutung.

✔ **Sequentielle Übersetzung:** Sehr viel öfter wird mit einer sequentiellen Übersetzung gearbeitet. Der Dolmetscher hört sich die Antwort Ihres Gegenspielers vollständig an und gibt Ihnen dann eine Zusammenfassung in Ihrer Sprache. Engagieren Sie einen derartigen Dolmetscher nur nach sorgfältiger Prüfung seiner Referenzen, die am besten von Ihnen gut bekannten Leuten stammen sollten. Sie brauchen für die Aufgabe einen Dolmetscher, der loyal und vertrauenswürdig ist, über technische Fähigkeiten verfügt und den nötigen Abstand zu den laufenden Vorgängen aufbringen kann.

 Wahrscheinlich ist es das Beste, in einen Simultandolmetscher zu investieren, wenn Sie schon einen Dolmetscher brauchen. Wenn Sie mit einem Simultandolmetscher zur Verhandlung antreten, wird die Gegenseite mit Sicherheit über alle Maßen beeindruckt sein.

Wenn Sie die folgenden Richtlinien beachten, sollte Ihre erste Zusammenarbeit mit einem Dolmetscher eigentlich zu einer positiven Erfahrung werden:

✔ Teilen Sie sich niemals mit der Gegenseite einen einzigen Dolmetscher.

✔ Nehmen Sie sich vor der Sitzung die Zeit, um den Dolmetscher über die Themen der Verhandlung zu informieren. Behandeln Sie den Dolmetscher wie einen Profi.

✔ Denken Sie daran, daß der Dolmetscher mehr Pausen braucht als Sie.

✔ Machen Sie keine Witze, die der Dolmetscher übersetzen muß.

✔ Verwenden Sie keinen Slang.

✔ Sprechen Sie in kurzen Sätzen, und verwenden Sie einfache Wörter.

✔ Werden Sie nicht laut.

 Denken Sie an die Möglichkeit, daß der Dolmetscher im Lauf der Verhandlung in eine zu bedeutende Rolle hineinwachsen könnte und möglicherweise nach und nach die Position eines Maklers oder Agenten einnimmt. Das sicherste Anzeichen dafür ist, wenn der Dolmetscher und die Gegenseite miteinander reden, ohne Sie einzubeziehen.

Normalerweise läßt sich diese Situation schnell korrigieren, indem Sie dem Dolmetscher einfach sagen, er solle Sie nicht überholen. Sie bezahlen den Dolmetscher. Ein kurzer Hinweis sollte da schon genügen.

So schnell geht's zur Sache

Seien Sie behutsam, wenn Sie in einer Verhandlung vom informellen Anfangsgeplauder zum harten Geschäft übergehen. Jede Kultur hat ihre Subkultur. Und innerhalb der verschiedenen Subkulturen unterscheiden sich die einzelnen Menschen. Lassen Sie sich von der Gegenseite leiten. Gehen Sie nicht nahtlos zum eigentlichen Geschäft über, wenn Sie nicht genau wissen, daß die Gegenseite genau das erwartet. Wenn Sie nicht sicher sind, warten Sie lieber noch ein bißchen länger.

In den Vereinigten Staaten neigen die Leute dazu, schnell zur Sache zu kommen, und sind scheinbar immer auf der Suche nach dem *Eingemachten*. In Japan wird diese einseitige Betrachtung einer Verhandlung als äußerst unhöflich empfunden. In den Vereinigten Staaten und den meisten westlichen Ländern denkt sich niemand etwas dabei, die Visitenkarte, die er gerade bekommen hat, ungelesen in die Tasche zu knüllen. In Japan wäre ein derartiges Verhalten eine böse Beleidigung. Wenn Ihnen in Japan jemand eine Visitenkarte überreicht, studieren Sie sie zunächst ausgiebig, und verwahren Sie sie dann respektvoll an einem sicheren Ort wie beispielsweise Ihrer Brieftasche – die allerdings nicht schon vollgestopft mit anderen (ungelesenen) Visitenkarten sein sollte. Und machen Sie niemals auf einer Visitenkarte, die Ihnen jemand in Japan überreicht, irgendwelche Notizen.

Erinnern Sie sich noch an die Filme aus dem Biologieunterricht über die Fortpflanzungsrituale bestimmter Tiere? Die langsamen Tänze, der Gesang bestimmter Vögel, das gegenseitige Beschnuppern und Untersuchen? Nach einem langen Vorspiel ist der eigentliche Akt meistens schnell erledigt. Dieses Bild sollten wir uns vor Augen halten, wenn wir Verhandlungen mit Menschen aus anderen Kulturen führen. Wenn Sie sicher sind, daß Sie über Geschäfte reden können, dann fangen Sie sofort an. Aber übereilen Sie auf gar keinen Fall das Werbungsritual. Dieses Ritual hat die wertvolle Funktion, Vertrauen und ein gutes Gefühl zu schaffen.

Essen und Trinken

Wir haben keinen Zweifel, lieber Leser, daß Sie Ihre guten Manieren beim Essen niemals vergessen. Wenn das Essen aber bei einem Gast aus einem anderen Kulturkreis stattfindet, müssen Sie unter Umständen Ihre Manieren etwas anpassen. Das gilt besonders, wenn das Essen auf fremdem Terrain stattfindet.

 In welchem Land ißt man zwar mit den Fingern, darf sie aber nicht ablecken? Wo ißt man mit der rechten, niemals mit der linken Hand? Wo beleidigen Sie den Koch oder die Köchin, wenn Sie die Suppe nicht laut schlürfen? In welchem Land lassen Sie einige Reiskörner auf Ihrem Teller liegen, um zu zeigen, daß Sie nichts mehr wollen? Äthiopien, Saudi Arabien, Japan und China sind die richtigen Antworten.

 In jedem Land herrschen andere Sitten und Gebräuche, wenn es ums Essen geht. Jeder Haushalt beginnt sein Essen anders – mit einem Gebet, mit einem Toast oder damit, daß alle ohne jedes Vorspiel kräftig zulangen. Angesichts dieser Unterschiede fahren Sie am besten, wenn Sie einen kleinen Moment warten und dem Gastgeber die Führung überlassen. Folgen Sie dem Vorbild des gut erzogenen Einheimischen.

Die Reise nach Indien

Vor einiger Zeit führte ich eine sehr schwierige Verhandlung mit einem indischen Produzenten. Mein Mandant hatte inzwischen die Geduld mit diesem Produzenten verloren und wütend darauf hingewiesen, daß dies sein letztes Angebot sein würde. Er wies mich an, keine Zeit mehr zu verschwenden. Ich konnte seinen Ärger verstehen. Nur widerwillig rief ich den Produzenten an, um einen Termin für die Verhandlung abzumachen. In diesem Gespräch mußte ich mir eine Menge Beschwerden darüber anhören, wie kurz angebunden mein Mandant mit ihm gewesen wäre, warum er ihm jetzt schon ein letztes Angebot mache etc. Nachdem wir endlich einen Termin vereinbart hatten, beklagte er sich dann auch noch über mich, weil ich nie seine Einladung zum Tee angenommen hätte.

Als ich den Hörer auflegte, verstand ich zum ersten Mal, was er meinte. Leider hat man derlei Inspirationen nur zu selten! In diesem Fall war es aber glücklicherweise nicht zu spät, einen schrecklichen Fehler wiedergutzumachen. Der Produzent war als junger Mann aus Indien eingewandert und lebte in einem Vorort von Pittsburgh. Er war immer noch stark in seiner Kultur verwurzelt. Glücklicherweise war ich schon einmal in Indien, unter anderem auch in seiner Heimatstadt. Als Amin mein Büro betrat, bat ich ihn zunächst auf mein gemütliches Ecksofa. Meine Assistentin brachte heißen Tee – frisch aufgebrüht, nicht aus dem Teebeutel! Wir redeten über Gott und die Welt, erwähnten aber den Film mit keinem Wort. Ich muß gestehen, daß ich nach ungefähr einer halben Stunde etwas unruhig wurde: Der Termin war fast um. Wir hatten uns zwar wunderbar über Indien unterhalten, hatten aber die Angelegenheit meines Mandanten in keiner Weise voran gebracht – so dachte ich wenigstens. Und als wenn er mich aus meinen unruhigen Gedanken reißen wollte, sagte Amin plötzlich: »Wissen Sie, Michael, ich mache das Geschäft – allerdings für ein Jahr, nicht für fünf Jahre.«

Ich war verblüfft, atmete tief durch, dankte ihm und erklärte, warum mein Mandant unbedingt eine Laufzeit von fünf Jahren brauchte. Es ging noch eine ganze Zeit lang hin und her. Schließlich aber hatte ich einen Vertrag über die Beteiligung meines Mandanten an den Bruttoeinnahmen in der Tasche, und alle waren glücklich.

Teil II

Grenzen und Ziele festlegen

»Ihre Zeit ist fast um! Wenn Sie unsere Bedingungen jetzt nicht akzeptieren,
geht's wieder zurück in den Stall.«

In diesem Teil...   Bevor Sie eine Verhandlung beginnen, sollten Sie zunächst mal ein bißchen in sich gehen. Jetzt müssen Sie nämlich Ihre Grenzen für die Verhandlung festlegen. Wenn Sie diese Fähigkeit beherrschen, haben Sie auch die Verhandlung im Griff. Nachdem Sie Ihre Grenzen festgelegt haben, können Sie Ihre Ziele bestimmen und ein Anfangsangebot machen. Wie Sie all diese schwierigen Entscheidungen treffen können, erfahren Sie in diesem Teil.

Grenzen festlegen und Grenzen einhalten

In diesem Kapitel

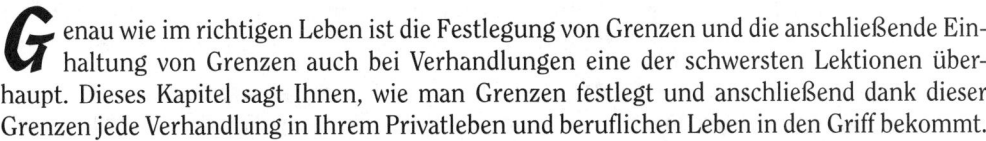

Genau wie im richtigen Leben ist die Festlegung von Grenzen und die anschließende Einhaltung von Grenzen auch bei Verhandlungen eine der schwersten Lektionen überhaupt. Dieses Kapitel sagt Ihnen, wie man Grenzen festlegt und anschließend dank dieser Grenzen jede Verhandlung in Ihrem Privatleben und beruflichen Leben in den Griff bekommt.

Vielleicht haben auch Sie, wie die meisten Menschen, irgendwann einmal eine Beziehung zu lange aufrecht erhalten, weil Sie keine Grenzen gesetzt haben. Sie haben Dinge getan, die Sie eigentlich nicht tun wollten, weil Sie nicht in der Lage waren, bei Ihren Grenzen zu bleiben. Oder Sie haben jemanden vor den Kopf gestoßen, weil dieser Jemand seine Grenzen nicht deutlich genug gemacht hat.

Legen Sie Ihre Grenzen fest, bevor Sie eine Verhandlung beginnen. Die frühzeitige Festlegung von Grenzen kann im Verlauf der eigentlichen Verhandlung eine Menge Zeit sparen, weil Sie dann Ihre Optionen schon kennen. Und weil Sie Ihre Optionen kennen, können Sie in der Verhandlung entschiedener auftreten. Die Fähigkeit, Entscheidungen schnell treffen zu können, hängt – mehr als vom Intellekt – davon ab, die Grenzen vom Anfang der Verhandlung an stets im Auge zu behalten.

Nachdem Sie sich Grenzen gesetzt haben, ist es viel einfacher, die Verhandlungsziele festzulegen (was im nächsten Kapitel behandelt wird). Grenzen und Ziele sind gleichermaßen wichtig. Wenn Sie Ihre Grenzen sorgfältig und realistisch festlegen, können sie als Ruder dienen, mit dem Sie die Verhandlung auch durch den wildesten Sturm steuern können.

Bis hierher und nicht weiter

Es ist nur natürlich, für die eigenen Kinder die gleichen Grenzen festzulegen, die Ihre Eltern schon für Sie festgelegt hatten – schließlich kennen Sie diese Grenzen am besten. Als ich Kind war, wurde der abendliche Ausgang sehr streng gehandhabt. Da war es für mich selbstverständlich, auch meinen Stiefkindern eine feste Zeit mitzugeben, zu der sie unbedingt zu Hause sein mußten.

Es geschah an einem Abend während des Schuljahres in der Woche, in der die Abschlußklausuren geschrieben werden sollten – eine wichtige Woche für meine Stieftochter Wendy. Das Ergebnis dieser Klausuren würde in die Zensuren eingehen, und sie brauchte unbedingt einige gute Zensuren, um einige schlechte Noten aus dem letzten Jahr auszugleichen. Wendy hatte eifrig gebüffelt und war bereit für die Französischklausur am folgenden Tag.

Es war ungefähr 23 Uhr, als sie plötzlich in unser Schlafzimmer stürzte: »Daddy, kann ich das Auto haben? Ich muß unbedingt Kathy abholen. Sie hat sich mit ihrer Mutter gestritten und ist von zu Hause abgehauen.«

Ich schüttelte instinktiv den Kopf. Meine Grenzen waren klar. »Es ist schon nach 23 Uhr. Also: kein Auto«, sagte Michael. »Du schreibst morgen eine wichtige Abschlußklausur«, sagte ich. Ihre Augen füllten sich mit Tränen, und ich hörte sie irgendwas von »herzlos« murmeln, als sie wütend unser Zimmer verließ.

Ich folgte ihr und versuchte zu erklären, daß ihre und unsere Grenzen respektiert werden müßten. Für sie sei es am wichtigsten, morgen früh wach und fit zu sein. Sie sagte, daß die Haltung egoistisch sei und Kathy schließlich nichts dafür könne, wenn ihre Mutter einen Streit mit ihr anfängt. Ich wußte, daß die beiden oft Streit miteinander hatten, aber es bestand keine Gefahr für Kathy. »Egoistisch ist höchstens Kathys Mutter«, sagte ich. »Ich würde in der Zeit der Abschlußklausuren niemals einen Streit mit dir angefangen. Ich will doch, daß du frisch und munter in die Prüfungen gehen kannst. Genau das willst du doch auch, oder? Kathy und ihre Mutter müssen das schon selbst mit sich ausmachen. Die beiden haben nicht dieselben Grenzen wie wir.« Ich gab ihr einen Gutenachtkuß.

Als ich Kind war, waren die Grenzen in unserer akademisch orientierten Familie klar: Ausgang am Abend basierte auf Prioritäten. Und Freunde hatten nicht die erste Priorität. Die war für die Schule reserviert. Meine Reaktion auf Wendys Wunsch kam automatisch, und war fest und klar. Ich denke noch oft an diesen Zwischenfall und wünsche mir, ich wäre bei anderen Grenzen ebenso klar und deutlich geblieben.

Die Bedeutung von Grenzen

Ihre Grenzen definieren, was Sie aufzugeben gewillt sind, um ein bestimmtes Ziel zu erreichen. Grenzen festlegen bedeutet, den Punkt zu bestimmen, an dem Sie eine Verhandlung abbrechen und eine andere Möglichkeit suchen.Ihre Grenze könnte zum Beispiel der Höchstpreis sein, den Sie für ein Auto zahlen würden, oder das Mindestgehalt, das Sie von einem möglichen Arbeitgeber akzeptieren würden, oder die längste Strecke, die Sie fahren würden, bevor Ihre Frau das Steuer übernimmt, oder der späteste Termin, zu dem Ihre Teenager-Tochter zu Hause sein muß. Wenn diese Grenzen überschritten werden: kein Auto, kein Job, keine Reise, keine Verabredung – unter keinen Umständen.

In Geschäftsverhandlungen scheint es nicht unbedingt erforderlich zu sein, Grenzen festzulegen, weil der Markt schon die Grenzen der Diskussion diktiert. Denkste! Die meisten Menschen haben überhaupt keine Ahnung vom Wert bestimmter Güter und Dienstleitungen. Sie wissen lediglich, wieviel andere für vergleichbare Häuser, Autos oder die Reinigung eines Anzugs bezahlen. Sie gehen davon aus, daß die Verhandlung schon nicht über einen annehmbaren Bereich – der Bereich, den Sie als fairen und vernünftigen Gegenwert für das Produkt oder die Dienstleistung ansehen – hinausgehen wird.

Verlassen Sie sich bloß nicht darauf! Jede geschäftliche Verhandlung kann aus dem Ruder laufen. Besonders in Zeiten schlechter Konjunktur werden Grenzen oft bis zum äußersten ausgereizt.

Denken Sie an die letzten drei Male in Ihrem Privatleben, bei denen Sie sich ordentlich geärgert haben. Höchstwahrscheinlich wurde mindestens eine dieser Situationen durch die Tatsache ausgelöst, daß jemand Ihre Grenzen überschritten hat. Wahrscheinlich haben Sie diese Grenzen vorher nicht deutlich genug aufgezeigt. Nehmen Sie folgendes Beispiel: Ihr Nachbar kommt zu einem kleinen Schwatz vorbei. Sie haben allerdings nur wenige Minuten Zeit, vergessen das aber gleich zu Anfang des Gesprächs zu erwähnen. Das Ergebnis: Ihr Blutdruck steigt in gefährliche Höhen, während Ihr Nachbar munter weiterplaudert.

 Leider fällt es den meisten Menschen schwer, Grenzen festzulegen. Es braucht allerdings etwas Übung, das ist wohl wahr. Fangen Sie klein an. Setzen Sie sich ein Limit von 60 Sekunden für den nächsten Anrufer, der am Telefon nur ein bißchen tratschen will. Das sollte eigentlich genug Zeit sein, um die notwendigen Freundlichkeiten auszutauschen, um die Freundschaft zu erhalten, und trotzdem das Gespräch schnell zu beenden.

Es lohnt sich, Grenzen zu setzen. Leute, die ständig schlechte Geschäfte machen, setzen vor Beginn der Verhandlung keine Grenzen. Sie wissen nicht, wann man eine Verhandlung abbrechen muß. Sie müssen Ihre Grenzen kennen und wissen, wie sie durchgesetzt werden. Allein schon das Bewußtsein, unter Umständen bereit zum Abbruch der Gespräche zu sein, gibt Ihnen die Stärke und das Vertrauen, um fest zu bleiben, auch wenn die andere Partei von diesen Grenzen und Ihrer Fähigkeit, sie auch durchzusetzen, gar nichts merkt.

Keine Grenzen – böse Konsequenzen

Ob Sie sich nun bewußt Grenzen gesetzt haben oder nicht – in jeder Verhandlung gibt es einen Punkt, über den Sie nicht hinausgehen. Und natürlich gibt es auch bei Ihrem Gegenspieler einen Punkt, über den er wiederum nicht hinausgeht. Wenn Sie die Grenzen nicht rechtzeitig und bewußt festlegen, erkennen Sie sie im Verlauf der Verhandlung – spätestens dann, wenn nämlich Ihr Geduldsfaden kurz vor dem Zerreißen ist. Manche Menschen explodieren oder fühlen sich angegriffen, wenn diese Linie einmal überschritten ist. Die Hauptsache bei der Festlegung von Grenzen ist, erst einmal herauszufinden, wo diese Grenzen liegen – bevor die Grenzen sich Ihnen dadurch aufdrängen, daß jemand sie überschreitet.

Im Privatleben entdecken Sie gewöhnlich dann Ihre Grenzen, wenn Ärger oder Schmerz signalisieren, daß etwas überschritten wurde. Wenn Sie diese Grenzen rechtzeitig identifiziert hätten, hätten Sie Ärger und Schmerz vermeiden können. Sie hätten dann Ihre Grenzen deutlich kundgetan und sie auch durchgesetzt.

In den meisten Verhandlungen werden Ihre Grenzen nicht bis zum Äußersten getestet. Aber trotzdem bestimmen Ihre Grenzen und die Grenzen Ihres Gegenspielers die gesamte Verhandlung und warten nur darauf, Ihnen ins Gesicht zu springen. Dieser Tatsache sollten Sie sich bewußt sein, bevor Sie die Verhandlung beginnen.

Falls eine Verhandlung abgebrochen wird, weil bestimmte Forderungen die Grenzen der einen oder anderen Partei überschritten haben, kommt dieses Ende meist schnell, ruhig und unerwartet. Der Überraschungsfaktor ist erstaunlich. Normalerweise fühlt sich dann eine Partei um den Erfolg betrogen. Glauben Sie mir: Diese Situation läßt sich vermeiden, wenn man seine Grenzen vor der Verhandlung festlegt. Jede Partei ist sich dann der Grenzen bewußt, über die eine Verhandlung nicht hinausgehen darf.

Bis hierhin und nicht weiter

Wenn jemand verstand, Grenzen zu setzen und durchzusetzen, dann war es Michael Landon. Eine von Michaels Grenzen bestand darin, niemals mit jemandem zu verhandeln, der nur aus Gier und Geiz handelte. Alle Forderungen erheblich außerhalb des Normalen und Sätze wie »Aber das können Sie sich doch erlauben« bedeuteten das Ende einer jeden Verhandlung.

Ich bin stolz darauf, Michael während seines letzten Lebensjahrzehnts in all seinen Produktionen vertreten zu haben – auch bei seinem letzten Film *Der letzte Flug der Taube*.

Der Location Manager hatte ein großes Bauernhaus für den Film gefunden und mit dem Eigentümer einen der üblichen Standardverträge abgeschlossen. Für einen Festpreis sollte die Firma Landon Productions das Haupthaus eine Woche lang vor dem Dreh nutzen können, um einen Dachboden aufzusetzen, das Haus altern zu lassen (d.h. die Zeichen von Wind und Wetter aufzumalen) und andere geringfügige Änderungen vorzunehmen. Sie würde den Mieter, der in einem kleinen Haus auf dem Gelände wohnte, nicht stören und für einen ungestörten Zugang zu dessen Haus sorgen. Danach sollte das Haus in den ursprünglichen Zustand zurückversetzt werden. Den Dachboden wollte der Eigentümer allerdings gerne behalten. Insgesamt gesehen, war es eine Standardvereinbarung für den Fall, wenn eine Filmcrew längere Zeit an einem bestimmten Ort bleibt.

Nach kurzer Zeit, in der er beobachtet hatte, wie hier eine Menge Geld ausgegeben wurde, beschloß der Mieter, sich auch ein Stückchen von dem Kuchen zu holen. Da Dreharbeiten immer ein gewisses Maß an Unruhe mit sich bringen, erklärte

Michael sich bereit, ihm einen angemessenen Betrag als »Schadensersatz« zu geben. Als der Location Manager dem Mieter das Angebot überbrachte, vergaß er zu erklären, warum dieser Betrag mehr als fair war und daß man bei Michael besser nicht die Grenzen überschreiten sollte. Leider macht er auch nicht deutlich, mit welchen Konsequenzen der Mieter rechnen müßte, falls er Michaels Angebot ablehnen sollte.

Der Mieter war mit dem angebotenen Betrag nicht zufrieden und suchte einen Rechtsanwalt auf, um an »sein Geld« zu kommen. Ich machte dem Anwalt klar, wie Michael seine Geschäfte handhabt. Michael warnte regelmäßig seinen Gegenspieler, bevor er eine Verhandlung beendete, um seinem Gegner Gelegenheit zu geben, seine Position noch einmal zu überdenken. Meine persönliche Meinung war allerdings in diesem Fall, daß wir dem Mieter schon zuviel angeboten hatten, als daß wir die Sache einfach auf sich hätten beruhen lassen können. Der Anwalt des Mieters machte weiter Druck, betonte, welch erheblichen Störungen sein Mandant ausgesetzt wäre, und sagte, daß er sich selbst am Set davon überzeugt hätte, »wieviel Geld dort verpulvert« würde. Ich warnte ihn freundlich vor den unangenehmen Konsequenzen, die eine derartige Haltung haben würde. Aber der Anwalt bestand auf seiner Forderung.

Michael wies mich an, das Angebot noch ein einziges Mal zu wiederholen, unsere Position zu erklären, und danach mit dem Angebot immer weiter herunterzugehen, falls die Gegenseite es nicht annehmen sollte. Wir verstärkten die Sicherheitsmaßnahmen am Set und setzten Michaels Anweisungen in die Tat um.

Die Angelegenheit wurde sehr schnell beigelegt, obwohl es Michael nicht weiter gestört hätte, dem Mieter nicht einen einzigen Pfennig zu zahlen, und dessen Zorn – in welcher Erscheinungsform auch immer – gut hätte ertragen können. Er hatte seine Grenzen, und er wußte sie durchzusetzen.

Michael war einer der großzügigsten Menschen, die ich kenne, ließ sich aber nicht gerne ausnehmen. Er wußte, wie man Grenzen setzt.

Die Festlegung von Grenzen ist auch einer der Eckpfeiler für ein gutes Eltern-Kind-Verhältnis. Es wird Sie deshalb auch nicht überraschen, daß Michael, der mein absolut bester Mandant war, was die Festlegung von Grenzen angeht, auch derjenige mit den meisten Kindern war.

Grenzen ziehen – vier einfache Schritte

Wenn Sie wissen, wie man Grenzen festlegt, und genug Selbstvertrauen in diese Fähigkeit haben, wird die gesamte Verhandlung anders ablaufen. Sie können hart verhandeln oder die Verhandlung abbrechen – ganz nach Bedarf.

Kenny Rogers hat das vielleicht am besten in seinem Song _The Gambler_ ausgedrückt. In diesem Song geht es um Karten, viel Geld und Verhandlungen rund um ein Pokerspiel. Hier sein Text:

> _You gotta know when to hold 'em,_
> _know when to fold 'em,_
> _know when to walk away,_
> _know when to run._

> (Du mußt wissen, wann du deine Karten halten mußt,
> mußt wissen, wann du passen mußt,
> mußt wissen, wann du am besten mit dem Spiel aufhörst,
> und wissen, wann du ganz schnell abhauen solltest.)

Beachten Sie, daß das Wort _know_ (wissen) in jeder Zeile des Refrains vorkommt. Die Fähigkeit, Grenzen zu setzen, hängt direkt mit Wissen zusammen, und Wissen ist das Ergebnis einer gründlichen Vorbereitung. (Kapitel 2 bespricht alle Aspekte der wichtigen Kunst der Vorbereitung.)

In diesem Abschnitt zeigen wir Ihnen die vier Schritte, mit denen Verhandlungskünstler auf der ganzen Welt ihre Grenzen festlegen. Wie in Kenny Rogers' Song enthält jeder Schritt das Wort »Wissen«.

Sie müssen wissen, daß Sie andere Möglichkeiten haben

Der texanische Milliardär Nelson Bunker Hunt wird oft mit diesen Worten zitiert: »Was soll's, an der nächsten Ecke wartet schon ein neues Geschäft.«

Ein Grund dafür, daß Bunker im Laufe seines Lebens so viele gute Geschäfte gemacht hat, liegt darin, daß er immer bereit war, ein Geschäft fallenzulassen, wenn es nichts taugte. Er war gut im Festlegen und Durchsetzen seiner Grenzen. Bunkers Zitat sollte Teil Ihres Glaubensbekenntnisses werden. Wiederholen Sie diesen Satz so oft, bis Sie ihn auswendig können:

»Was soll's, an der nächsten Ecke wartet schon ein neues Geschäft.«

 Schlechte Verhandlungsführer hängen meist zu fest an der Vorstellung, daß sie jede Verhandlung mit einem Kauf oder Verkauf abschließen müßten. Gute Verhandlungsführer zeichnen sich dadurch aus, daß sie manche Verhandlung einfach abbrechen, wenn es nicht anders geht. Ein schlechtes Geschäft fallenzulassen, ist ebenso wichtig – vielleicht sogar wichtiger – als ein gutes Geschäft zum Abschluß zu bringen.

Ob das Objekt Ihrer Zuneigung nun eine Aktie, ein Stück Grund und Boden oder ein Mensch ist – in jedem Fall müssen Sie daran denken, daß es für Sie immer auch einen anderen Weg gibt. Das größte Gefängnis sind die Mauern, in die Sie Ihren eigenen Geist sperren, indem Sie Ihre Möglichkeiten einschränken.

 »Was soll's, an der nächsten Ecke wartet ein neues Geschäft.« Dieser Satz muß Ihr Mantra werden. Wiederholen Sie ihn, bis er Teil Ihres Glaubenssystems geworden ist. Bekennen Sie sich zu ihm. Diese einfache Wahrheit kann Ihr ganzes Leben beeinflussen und in Ihren künftigen Verhandlungen viele gute Ergebnisse bringen.

Lernen Sie dieses Mantra noch heute. Warten Sie nicht, bis Sie mitten in einer emotional aufgeheizten Situation stecken, um sich zu überzeugen, daß Sie noch andere Möglichkeiten haben. Diese Strategie würde mit Sicherheit zu Problemen führen. Die Wahrheit in diesem Mantra kann nur an einem klaren und sorgenfreien Tag, niemals jedoch mitten in einem schwierigen Problem voll erfaßt werden.

Sie müssen wissen, welche anderen Möglichkeiten Sie haben

Vor einigen Jahren entwickelte das Harvard Negotiating Institute ein Programm mit dem Namen BATNA – *Best Argument to a Negotiated Agreement*. BATNA ist ein Kernelement der Kurse dieses Instituts. Dieses Programm definiert Ihre Alternativen, wenn Sie ein Geschäft aus irgendeinem Grund nicht abschließen können.

 Ich rate Ihnen dringend, nicht nur eine beste, sondern auch eine zweitbeste und drittbeste Alternative zu entwickeln. Listen Sie alle Alternativen auf, die Ihnen zur Verfügung stehen, falls sich das Geschäft nicht zu Ihren Bedingungen abschließen läßt. Lassen Sie die Liste so, wie sie ist. Bearbeiten Sie sie nicht! Machen Sie sie so lang wie möglich. Im ganzen Leben dreht sich alles um die Ausübung von Optionen. Welche Optionen haben Sie, wenn Sie das Geschäft nicht abschließen? Sie haben nichts zu verlieren und alles zu gewinnen, wenn Sie Ihre anderen Möglichkeiten einmal auflisten. Haben Sie keine Hemmungen! Listen Sie einfach alle Optionen auf, auch wenn Sie sie nicht für besonders wertvoll oder praktisch halten. Sie haben genug Zeit, die Liste später zu bearbeiten.

Bevor Sie in die Verhandlung gehen, sollten Sie auch versuchen, für die andere Partei eine ähnliche Liste zu erstellen. Je mehr Sie über die Alternativen der anderen Seite wissen, desto stärker können Sie in der Verhandlung auftreten. Betrachten Sie diese Übung als Teil Ihrer Verhandlungsvorbereitung (die in Kapitel 1 dieses Buches besprochen wird).

Wenn Sie ein neues Auto wollen, haben Sie folgende Alternativen: Sie gehen entweder zu einem anderen Händler, suchen nach einem anderen Modell, suchen eine andere Automarke, oder Sie schieben den Kauf auf. In einem Bewerbungsgespräch können Sie sich möglicherweise folgende Alternativen offenhalten: Sie können ein niedrigeres Gehalt akzeptieren, einen anderen Job annehmen, Ihre Suche fortsetzen, in einer anderen Stadt nach einem Job suchen, den Beruf wechseln oder sich selbständig machen.

 Welche Alternativen Sie in einer bestimmten Situation auch immer haben, listen Sie sie deutlich und vollständig auf. Wenn Ihnen keine Alternativen einfallen, ist das ein sicheres Zeichen für Sie, sich noch gründlicher vorzubereiten. Eines der Ergebnisse einer sorgfältigen Vorbereitung ist die Fähigkeit, die Alternativenliste vor der Verhandlung zu erstellen.

Sie müssen wissen, was »sonst noch« möglich ist

Sobald Sie die Liste mit Ihren Alternativen fertig haben, müssen Sie entscheiden, mit welcher Alternative Sie am besten leben können. Entscheiden Sie, was Sie tun wollen, wenn das Geschäft nicht zum Abschluß kommt. Überlegen Sie, wie Sie vorgehen werden. Spielen Sie das Szenario im Geist einmal durch.

Wissen, was Sie statt dessen tun können – d.h. wissen, welches Ihre bevorzugte Option ist, falls Sie das Geschäft platzen lassen – , definiert Ihre Grenzen für eine Verhandlung. Stellen Sie sich folgende Situation vor: Sie sind bereit, 300.000 Mark für ein neues Haus zu zahlen, bevor Sie Ihre Alternative bestimmt haben. Plötzlich fällt Ihnen ein, daß Sie auch noch andere Möglichkeiten haben und listen sie alle auf. Nachdem Sie die Liste komplett haben, entscheiden Sie sich möglicherweise dafür, daß Sie auch ein anderes, billigeres Haus nehmen könnten. Da Sie diese Alternativen erkannt haben, können Sie fest und bestimmt verhandeln und sogar noch mit Ihrem Angebotspreis von 300.000 Mark heruntergehen. Wenn Sie aber andererseits beschlossen haben, daß ein anderes Haus für Sie unter keinen Umständen in Frage kommt, könnten Sie mit dem Preis natürlich auch heraufgehen.

Sie müssen wissen, wie Grenzen durchgesetzt werden

Grenzen sind keine große Hilfe, wenn Sie jedesmal klein beigeben. Zu häufiges Nachgeben kann sogar zu ernsthaften Störungen einer Beziehung führen. Eltern, die laufend irgendwelche Regeln aufstellen und sie wenig später wieder umstoßen, müssen sich nicht wundern, wenn ihre Kinder zu verwöhnten Gören heranwachsen – die obendrein verwirrt und unglücklich sind. Noch ein Grund mehr, das Durchsetzen Ihrer Grenzen zu üben!

Im Kasten mit der Überschrift »Feilschen um jeden Preis« finden Sie eine unterhaltsame Methode, wie Sie das Festlegen und Durchsetzen von Grenzen in einer Verhandlung üben können.

Legen Sie Ihre Widerstandslinie fest

Ein Grund für die Festlegung von Grenzen ist, daß Ihre Grenzen gleichzeitig automatisch Ihre Widerstandslinie definieren. Ihre Widerstandslinie liegt kurz vor der Grenze, läßt aber genug Raum, das Geschäft auch ohne Überschreiten der Grenzen abzuschließen. An der Widerstandslinie machen Sie der anderen Partei klar, daß sie Ihrer Grenze schon sehr nahegekommen ist – daß Sie die Verhandlung bald abbrechen werden.

 Bleiben Sie nicht so lange still, bis die andere Partei Ihre Grenzen überschritten hat und das Geschäft damit platzen läßt. Sie müssen schon vor diesem kritischen Punkt darauf aufmerksam machen. Nehmen Sie keine Vorschläge an, die zu nahe an der von Ihnen festgelegten Grenze liegen.

Wie weit vor der Grenze Sie Ihre Widerstandslinie plazieren, ist eine Sache des persönlichen Geschmacks und der Überlegung, wieviel Spielraum Sie haben wollen. Wenn Sie allerdings keine Grenzen festgelegt haben, können Sie auch nicht wissen, wann Sie zum Widerstand übergehen müssen. Sie können darauf wetten, daß die andere Seite beleidigt und verärgert reagieren wird, wenn Sie die Verhandlung abbrechen, ohne sie vorher deutlich gewarnt zu haben. Ihr Gegenspieler muß erkennen können, daß die Verhandlung sich Ihrer Widerstandslinie nähert, bevor die Diskussion beendet wird.

Feilschen um jeden Preis

 Die vier Schritte zur Festlegung von Grenzen sind einfach, brauchen aber viel Zeit und Übung, wenn man sie perfekt beherrschen will. Am Anfang üben Sie am besten außerhalb Ihrer privaten und beruflichen Umgebung. Besonders unterhaltsam und viel einfacher ist es, psychologisch gesehen, ein Geschäft platzen zu lassen, wenn man im Urlaub ist. Wenn Sie gemütlich herumstöbern und etwas gefunden haben, was Sie gerne kaufen möchten, können Sie unbeschwert ans Werk gehen. Sie müssen sich dabei aber sicher sein, diesen Gegenstand auch wirklich kaufen zu wollen, weil alles auch darauf hinauslaufen könnte, daß Sie das Geschäft abschließen. Ebenso sicher müssen Sie sich aber auch sein, daß Sie den Laden verlassen würden, weil das in diesem Spiel die Hauptsache ist.

Schauen Sie sich den Preis an, und bestimmen Sie, was Sie bereit sind, für den Gegenstand zu zahlen. Dieser Preis sollte erheblich unter dem geforderten Preis liegen. Denken Sie sich aber nicht willkürlich irgendeinen Preis aus, nur weil Sie mit dem Ladeninhaber ein Spielchen spielen wollen. Überlegen Sie ernsthaft, was der Gegenstand wert sein könnte. Falls der Gegenstand schon ein Sonderangebot ist, sollten Sie vielleicht besser einen anderen Laden für diese Übung suchen. Wenn Sie Ihren Preis festgelegt haben, unterhalten Sie sich mit dem Ladeninhaber – nicht mit der Urlaubsvertretung, die ohnehin nicht verhandeln darf. Rücken Sie nicht gleich mit dem Preis raus, den Sie im Höchstfall zahlen würden. Bieten Sie erheblich weniger, als Sie wirklich zu zahlen bereit wären, aber mehr als den Preis, den der Ladeninhaber Ihrer Ansicht nach für den Gegenstand bezahlt hat.

Falls der Eigentümer Ihnen sagt, daß Feilschen gegen die Geschäftspolitik seines Unternehmens verstößt, erklären Sie ihm ruhig und bestimmt, daß Ihnen der Gegenstand gefällt, Sie ihn aber für überteuert halten. Erklären Sie ihm, daß Sie nicht aus den Stadt sind, und ebenso gut warten könnten, bis Sie wieder zu Hause sind. Aber Sie würden den Gegenstand gerne jetzt und hier erwerben, wenn nur der Preis stimmen würde. An dieser Stelle wird der Ladeninhaber meistens zu

Konzessionen bereit sein. Wenn nicht, fragen Sie nach jemandem, mit dem Sie die Angelegenheit diskutieren können – möglicherweise haben Sie gar nicht den Eigentümer vor sich. (Bei Ihren ersten Versuchen sollten Sie dieses Verfahren besser in einem Laden wie beispielsweise einem Antiquitätengeschäft üben, in dem Feilschen selbstverständlich ist.)

Wenn die Verhandlung damit zu Ende ist, bedanken Sie sich freundlich und gehen wieder. Wichtig ist, auch eine solche Nicht-Verhandlung mit Stil zu beenden. Schleichen Sie sich nicht fort wie ein getretener Hund. Immerhin haben Sie dem Ladeninhaber Gelegenheit geboten, ein Geschäft zu machen. Machen Sie ihm ruhig klar, daß er eine gute Gelegenheit verpaßt hat. Entschuldigen Sie sich nicht dafür, keine überteuerte Ware gekauft zu haben.

Manchmal reagiert ein Ladeninhaber aber auch mit einem niedrigeren als dem ausgezeichneten Preis. Akzeptieren Sie ihn bloß nicht gleich automatisch! Denken Sie daran: Sie wollen hart feilschen, möglicherweise das Geschäft auch platzen lassen, obwohl Sie den Gegenstand schon gerne kaufen würden. Jetzt können Sie Ihr Angebot leicht erhöhen, sollten sich aber nicht zu schnell Ihrem Höchstpreis nähern. Schließlich wollen Sie ja üben.

Auch wenn der Verkäufer, ohne es zu wissen, Ihren Höchstpreis anbietet, fahren Sie mit der Verhandlung fort. Korrigieren Sie Ihren Höchstpreis nach unten in Richtung Ihres letzten Angebots. Wenn ein Käufer mit Bargeld auf einen willigen Verkäufer trifft, kann man die größten Überraschungen erleben – auch in Geschäften, von denen Sie bisher immer glaubten, Feilschen sei verpönt.

Feilschen Sie noch ein bißchen weiter. Sie werden überrascht sein, wie schwer es ist, eine Verhandlung zu beenden, wenn Sie tatsächlich bereit sind, das Geschäft unter Umständen platzen zu lassen. Oft fördert Ihre Hand auf der Türklinke schließlich doch noch das niedrigstmögliche Angebot des Verkäufers zutage. Aber abgesehen von dieser Übung: Ob und wann Sie nachgeben, ist einzig Ihre Entscheidung. Für diese Übung sollten Sie aber nicht einen Pfennig mehr als den von Ihnen festgelegten Preis zahlen. Bedenken Sie, daß Sie hier üben wollen, Grenzen festzulegen und sie auch durchzusetzen.

Lassen Sie sich nie in eine Ecke drängen

Wenn Sie Ihre Grenzen gleich zu Beginn einer Verhandlung bekanntgeben, verstoßen Sie gegen einen der Grundsätze solider Verhandlungsführung. Diese Regel haben Sie wahrscheinlich schon gelernt, als Sie Ihre erste Wohnung renovierten: Lackieren Sie das Parkett nicht so, daß Sie nachher nicht mehr aus der Ecke herauskommen, ohne über den frischen Lack zu gehen. Bei Verhandlungen werden Sie dann in eine Ecke gedrängt, wenn Sie eine feste Position einnehmen und sich keine Alternativen offenlassen.

Mit anderen Worten: Beginnen Sie eine Verhandlung nicht mit der Feststellung, daß Sie nicht bereit sind, mehr als eine bestimmte Summe für einen bestimmten Gegenstand zu zahlen – es sei denn, sie wissen genau, daß andere Geschäfte dasselbe Produkt innerhalb Ihrer Preisvorstellung anbieten. Mit einer derartigen Ankündigung stellen Sie sich in eine Ecke – es sei denn, Sie hätte noch eine Alternative.

Dieses Kapitel soll Ihnen helfen, Grenzen festzulegen, und nicht Grenzen bekanntzugeben. Die letzten Anweisungen, die ein Richter den Geschworenen in amerikanischen Gerichtsverfahren mit auf den Weg gibt, bevor sie sich zu ihren Beratungen zurückziehen, lautet, ihre Position nicht vorschnell bekanntzugeben. In Kalifornien lauten diese letzten Worte folgendermaßen:

»Einstellung und Haltung von Geschworenen zu Beginn ihrer Beratungen sind von größter Bedeutung. Ein Geschworener, der schon bei Eintritt in das Geschworenenzimmer mit Nachdruck seine Meinung verkündet oder seine feste Überzeugung bekundet, für ein bestimmtes Urteil einzutreten, schadet sich selber. Gibt er seine Meinung schon zu Beginn kund, wird ihn sein Stolz möglicherweise später daran hindern, seine Position zu ändern, auch wenn er einsieht, daß sie falsch war ...«

Zu schade, daß uns niemand diese Worte vor unseren täglichen Geschäften vorliest!

Überprüfen Sie Ihre Grenzen

Legen Sie vor Beginn einer Verhandlung einen Punkt fest, über den Sie nicht hinausgehen werden. Legen Sie diesen Punkt fest, sobald Sie die dafür erforderlichen Daten haben. Scheuen Sie aber nicht, die festgelegten Grenzen noch einmal kritisch zu überprüfen.

 Wenn Sie Ihre Grenzen formuliert haben, schreiben Sie sie nieder. Nur weil Sie sie aufschreiben, bedeutet das ja nicht, daß Sie sie später nicht mehr ändern könnten. Wenn Sie die Grenzen aber schwarz auf weiß vor sich haben, können Sie später nicht schummeln und so tun, als würden Sie die Grenzen nicht anpassen.

Grenzen während einer Verhandlung langsam zu verschieben ist ein oft gemachter Fehler. Wenn Sie allerdings genau wissen, was Sie tun, und sich über die Gründe dafür klar sind, kann die Änderung von Grenzen durchaus eine vernünftige und positive Maßnahme sein. Wenn Sie allerdings die Grenzen nicht vorher aufgeschrieben haben, riskieren Sie damit, die Grenzen nur um Pfennige zu verschieben, obwohl tatsächlich eine Mark erforderlich wäre. Ein Zickzack-Kurs verursacht bei Ihnen und Ihren Gegenspielern unnötiges Durcheinander.

Wenn gar kein Geschäft das bessere Geschäft ist

Die Festlegung von Grenzen ist nicht ganz einfach. Ein Geschäft platzen zu lassen, kann allerdings noch viel schwieriger sein. Möglicherweise fürchten Sie sogar, es könnte etwas Schlimmes passieren, wenn Sie eine Verhandlung abbrechen. Machen Sie sich bloß keine Sorgen – es wird nichts Schreckliches passieren, wenn Sie ein Geschäft platzen lassen.

Sie können viel über die Kunst des Verhandelns lernen, wenn Sie der reinen Übung halber ein oder zwei Verhandlungen abbrechen und das Geschäft platzen lassen. Versuchen Sie's! Es ist ganz in Ordnung und kann obendrein sehr viel Vergnügen bereiten.

 Zu wissen, wann Sie ein Gespräch abbrechen müssen, ist besonders für Ihre Verhandlungen im Familienkreis wichtig. Wie viele Menschen kennen Sie, die unglücklich sind, weil sie nicht die Kraft oder Erfahrung haben, Ehepartnern, Kindern oder Eltern ihre Grenzen aufzuzeigen. Viele Menschen halten eine unglückliche Beziehung länger aufrecht, als gesund für sie wäre, weil sie keine Grenzen festlegen und diese Grenzen auch nicht durchsetzen können.

Eine Lektion auf hoher See

Während der Grundausbildung bei den Marines in Quantico trat ich dem Segelteam des Marine Corps bei. Diese kleine Mannschaft nahm mit einem kleinen Segelboot regelmäßig an verschiedenen Wochenendregatten an der ganzen amerikanischen Ostküste teil. Ich war schon seit Jahren begeisterter Segler und dachte, eine günstigere Gelegenheit, um interessante Leute zu treffen und an verschiedenen Veranstaltungen teilzunehmen, könnte es gar nicht geben. Außerdem würden die Segeltörns an den Wochenenden eine schöne Abwechslung vom täglichen Drill in der Offiziersschule sein.

Bei der ersten Gelegenheit ging ich hinunter zum Hafen, um mich einzuschreiben. Der Skipper war durch und durch Soldat – er nahm niemanden auf, der nicht vorher seinen Spezialtest bestanden hatte. Seine Anweisungen waren sehr einfach: »Fahr' mit einem Segellehrer raus und schmeiß' das Boot um, so schnell es geht!«

Man kann eine ganze Menge über das Segeln lernen, wenn man versucht, ein Boot zum Kentern zu bringen. Die Aufgabe ist gar nicht so einfach, wie Sie vielleicht glauben. Ohne einen guten, kräftigen Wind kann die Aufgabe sogar ziemlich schwierig sein. Ein kleines Boot nach einer Kenterung wieder aufzurichten, ist wiederum ziemlich einfach, wenn man ein wenig Übung hat.

Ich halte nichts davon, beim Segeln oder Verhandeln mit dem Feuer zu spielen. Ich habe seit diesem Nachmittag in Quantico niemals ein Boot absichtlich (und selten unabsichtlich) kentern lassen. Aber durch diese Erfahrung habe ich eine Lektion gelernt, die man auch in die Welt der Verhandlung übertragen kann: Es ist nicht so einfach, ein Boot kentern zu lassen (ein Geschäft platzen zu lassen), und es ist nicht so schwer, das Boot wieder aufzurichten (ein anderes Geschäft zu finden).

Durch diese wertvolle Erfahrung habe ich beim Segeln alle Angst vor dem Kentern verloren. Haben Sie keine Angst, das Boot mal umzuwerfen! Und haben Sie auch keine Angst, ein Geschäft mal platzen zu lassen!

Ziele bestimmen – der Griff nach den Sternen

5

In diesem Kapitel

▶ Gute Ziele festlegen

▶ Bewertung der Ziele

▶ Ein Anfangsangebot machen

▶ Ziele während einer Verhandlung ändern

Du muß Träume haben.
Denn wenn Du keine Träume hast,
wie kannst Du sie dann wahr werden lassen?

Diese Zeilen stammen aus dem Song »Happy Talk« des Musicals South Pacific von Rodgers und Hammerstein. Bloody Mary singt sie Liat und dem Leutnant vor, nachdem sie ihr gestanden haben, daß sie sich lieben.

Rodgers und Hammerstein haben uns einiges über das Festlegen von Zielen beigebracht. Das gesamte Musical dreht sich um die Verwirklichung von Träumen und all den wundervollen Dingen, die man dabei erleben kann. Die Moral aus diesem großartigen Musical: Wenn Sie nicht für Ihre Träume arbeiten, werden Sie es für den Rest Ihres Lebens bereuen. Manchmal erscheinen die Träume – auf Verhandlungen übertragen: die Ziele – intuitiv und ohne Nachdenken. Manchmal aber müssen Sie sie auch in einem trockenen und rationalen Prozeß mühsam herausfummeln.

Fühlen Sie sich ausgefüllt? Erreichen Sie, was Sie sich für Ihr Leben vorgenommen haben? Wenn nicht, kann Ihr Problem darin liegen, daß Sie sich keine Ziele gesetzt haben. Vielleicht sind Ihre Ziele auch zu allgemein gehalten? Die Festlegung von Zielen – im Leben wie für die nächste Verhandlung – erfordert einige Zeit. Zielsetzung ist die natürliche Fortsetzung einer guten Vorbereitung (siehe Kapitel 1). Ziele sind die andere Seite der Grenzen, die wir im vorigen Kapitel besprochen haben.

Vielleicht haben Sie zunächst Angst, sich Ziele zu setzen (und vielleicht noch mehr Angst, sie auch niederzuschreiben), weil Sie fürchten, sie nicht zu erreichen. Aber jeder Sportler kann Ihnen sagen, daß Mißerfolge und Fehlschläge zum Gewinnen gehören. Im Fußball ist ein einziger Treffer bei 20 Schüssen aufs Tor schon ein sehr gutes Verhältnis.

 Sie müssen nicht unbedingt jedes Ziel erreichen, das Sie sich setzen. Wenn Sie sich aber entwickeln wollen, müssen Sie für sich selbst und für die nächste Verhandlung Ziele festlegen. Die Festlegung von greifbaren Zielen gehört dazu, wenn Sie

Erfolg haben wollen. Für bestimmte Verhandlungen sind gute Ziele sogar von ausschlaggebender Bedeutung.

Gute Ziele festlegen

Die Festlegung von Zielen für sich selbst, für andere und für Ihr Unternehmen ist eine Aktivität, die Sorgfalt, Disziplin und Konzentration erfordert. Beim Festlegen von Zielen handelt es sich nicht um Wunschdenken, Phantasterei oder Tagträumerei. Ein *Ziel* ist jedes Objekt oder Ergebnis, das Sie mit aller Kraft bekommen oder erreichen wollen. Reich und berühmt zu werden, wäre zum Beispiel das Resultat bestimmter Ziele, aber Ruhm und Reichtum sind nicht die eigentlichen Ziele. Die Entscheidung, einen Bestseller zu schreiben, ist keine Zielsetzung – das ist pure Tagträumerei. Die Entscheidung, ein gutes Buch zu schreiben, ist ein Ziel (ein ehrgeiziges zwar, aber immerhin ein Ziel). Untersuchungen haben ergeben, daß Menschen, die sich ehrgeizige Ziele setzen, mehr leisten als andere.

Unterscheiden Sie aber zwischen Ziel und Zweck. Wenn Ihr Lebenszweck darin besteht, Olympiasieger zu werden, haben Sie bei allen Zielen, die Sie für sich bestimmen, diesen Zweck im Hinterkopf. Der Weg zum Olympiasieg besteht aus vielen Schritten. Denken Sie über den Zweck nach, den Ihr Leben haben soll. Ihre Verhandlungsziele sollten Geschäft für Geschäft zu diesem Lebenszweck beitragen.

Verwechseln Sie die Festlegung von Zielen nicht mit der Entscheidung, was Sie als Anfangsangebot auf den Tisch legen wollen. (Anfangsangebote werden wir am Ende dieses Kapitels besprechen.) Ihre persönlichen Ziele müssen Sie vor Beginn der Verhandlung selbst setzen. Sammeln Sie so viele Informationen wie nötig, aber vergessen Sie dabei nie, Ihre persönlichen Ziele festzulegen. Behalten Sie Ihre Ziele während der Verhandlung immer im (kritischen) Auge. Seien Sie auch bereit, die Ziele zu ändern oder anzupassen, wenn Sie während der Diskussion neue Informationen bekommen.

 Die Entscheidung, ob ein Ziel richtig oder falsch ist, müssen Sie treffen, wenn Sie das betreffende Ziel festlegen und nicht erst viel später. Oft hört man Verhandlungsteilnehmer klagen: »Mist, wir hätten unsere Ziele höher ansetzen sollen.« Wenn Sie selbst so etwas schon einmal sagen mußten, haben Sie bei der Festlegung Ihrer Ziele eines der in den folgenden Abschnitten behandelten Elemente vergessen. Jedes einzelne dieser Elemente ist wichtig. Sie müssen nicht bis nach der Verhandlung warten, um herauszufinden, ob Ihre Ziele richtig waren. Schon in dem Moment, in dem Sie Ihre Ziele festlegen, können Sie sie beurteilen. Sie müssen nur folgende Elemente enthalten.

Aktive Teilnahme aller Team-Mitglieder

Wenn Sie in fremdem Namen verhandeln oder Mitglied des Verhandlungsteams Ihrer Firma sind, ist die Bestimmung von Zielen eine Gemeinschaftsaufgabe. Die erste Verhandlung findet dabei zwischen den Teammitgliedern statt und soll sicherstellen, daß die Ziele realistisch sind und von allen Mitgliedern verstanden werden.

Sie müssen damit rechnen, immer jemanden im Team zu haben, den Sie bei der Planungssitzung eigentlich lieber nicht dabei hätten. Vielleicht arbeitet diese Person langsamer, und Sie haben Angst, dieser Mensch würde das Arbeitstempo des ganzen Teams negativ beeinflussen. Möglicherweise ist diese Person aber auch ein Querulant und nörgelt an jeder Gruppenentscheidung herum. Geben Sie aber der Versuchung nicht nach, diesen Menschen auszuschließen. Sorgen Sie lieber nach Kräften dafür, daß alle Mitglieder des Verhandlungsteams soviel wie möglich zur Festlegung der Ziele beitragen. Manche Menschen können sich vielleicht nicht so gut ausdrücken, aber Sie können dafür sorgen, daß diese Leute auf ihre passive Art und Weise ihren Teil dazu beitragen. Alle Teammitglieder müssen mit den Zielen einverstanden sein. Nur dann können es auch *ihre* Ziele sein – und später auch *ihr* Verhandlungsergebnis.

Auch wenn es um persönliche Ziele geht, die eigentlich ausschließlich Ihre eigene Angelegenheit sind, können Sie von einer Besprechung mit der Familie oder Freunden profitieren. Schließlich sind dies die Menschen, die von der Entscheidung betroffen sind. Wenn Sie Ihre Familie und Freunde zu einem Teil des Zielsetzungsprozesses machen, können sie Ihnen später dabei helfen, Ihre Vorhaben auch zu erreichen. Wenn Sie zum Beispiel ein Buch schreiben wollen, sollten Sie Ihre Familie einbeziehen. Vielleicht kann sie nicht viel zum Inhalt des Buches beitragen – sie kann Sie aber ermutigen und unwichtige Dinge von Ihnen fernhalten, die Sie sonst nur ablenken würden. Außerdem: Durch die Diskussion mit anderen werden Ihre Ziele erst real.

Da wir gerade von Zielen sprechen ...

Auch wenn Sie sich ein persönliches Ziel setzen, das Ihrer Meinung niemanden etwas angeht, können Sie von einer Besprechung mit denen profitieren, die von dieser Entscheidung in irgendeiner Weise betroffen sind. Ich erinnere mich noch an den Tag, als ich von einem Vortrag in Toronto mit meinen ersten beiden *Dummies*-Büchern unter dem Arm nach Haus kam. Ich drückte sie Mimi in die Hand und sagte: »Das sind die Leute, die mein Buch verlegen sollen.«

Nachdem Mimi die Bücher überflogen hatte, stimmte sie zu, daß meine leicht nachzuvollziehende Sechs-Schritt-Lösung sich für das *Dummies*-Format gut eignen würde. Sie ermunterte mich sogar, so schnell wie möglich mit diesen Leuten in Kontakt zu treten. Sie feuerte mich weiter an und unterstützte mich nach besten Kräften. Sie hielt alle anderen Dinge von mir fern, während ich mich mit diesem Buch beschäftigte. Die Tatsache, daß ein anderer Mensch mein Ziel unterstützte, half mir dabei, es zu erreichen.

Ich merkte bald, daß in vielen meiner Geschichten »meine Frau Mimi« vorkam. Die *Dummies*-Lektoren kamen deshalb auf die Idee, Mimi als Mitarbeiterin auf dem Buchumschlag zu erwähnen.

Bei der gemeinsamen Arbeit am Manuskript wurden wir ein Autorenteam. Wir hatten schon zusammen Kurse über Verhandlungsführung abgehalten. Es war also nur natürlich, daß das Buch, das Sie gerade in Händen halten, zwei Autoren bekam.

Mimis unerschütterliche Unterstützung meiner Philosophie der Verhandlungskunst half mir, dieses Buch zu veröffentlichen. Lange bevor ich überhaupt einen Vertrag für das Buch hatte, stellte Mimi mich schon als Autor eines bald erscheinenden Buches über Verhandlungsführung vor. Weil sie fest an dieses Ziel glaubte, glaubte auch ich bald fest daran. Die Festlegung eines Ziels ist der erste Schritt. Wenn Sie dieses Ziel mit jemandem teilen können, können Sie es noch leichter Wirklichkeit werden lassen.

Frust hat hier nichts zu suchen

 Viele Menschen um uns herum sind leider völlig frustriert, weil niemand auf sie hört. Wenn man diese Leute bittet, an der Festlegung eines Ziels mitzuarbeiten, drehen sie durch. Zu Anfang enthält deren Liste mit Zielen Forderungen, die jenseits aller Vorstellung liegen. Dieses Phänomen ist häufig bei Besprechungen am Arbeitsplatz zu beobachten. Wenn Sie frustrierte Mitarbeiter um ihre Mitarbeit bitten, glauben diese Menschen oft, dies wäre die beste Gelegenheit, mal ordentlich Dampf abzulassen. Wenn Sie aber zulassen, daß Menschen, die ihr eigenes Süppchen kochen, Ihre Ziele negativ beeinflussen, werden Sie nie zu dem erwünschten Verhandlungsergebnis kommen.

Dieser Rat steht nicht im Widerspruch zu einem meiner Lieblings-Mantras: »Fragen kostet nichts!« Auch wenn Ihre Ziele mit einer ganz bestimmten Verhandlung zu tun haben, können Sie auch ein anderes Thema, das damit nichts zu tun hat, in die Diskussion aufnehmen. Sie können einen kurzen Exkurs zu einem anderen Thema zwar zulassen, sollten es aber schnell fallenlassen, wenn die Reaktionen darauf zu kontrovers sind. Obwohl ein kurzes Abschweifen nicht weh tut, sollten Sie sich immer darüber klar sein, daß Sie das nur zulassen, um die Primärziele nicht zu gefährden, die Sie für die Verhandlung festlegen wollen.

Weniger ist manchmal mehr

Die Verhandlung selbst diktiert die Anzahl der Ziele. Es ist ganz erstaunlich, wie viele Ziele manche Menschen selbst in die einfachste Verhandlung hineinquetschen können. Seien Sie sich darüber im klaren, daß Sie in einer einzigen Verhandlung nicht alles erledigen können. Wenn eine Gehaltserhöhung bei einem Gespräch mit Ihrem Chef die erste Priorität hat, fordern Sie bloß nicht auch noch flexiblere Arbeitszeiten und eine neue Sekretärin. Wenn Sie zuviel auf den Tisch legen, verwirren Sie die Gegenseite nur. Ihr Chef wird abschalten, und Sie bekommen am Ende gar nichts.

Legen Sie Zahlen auf den Tisch

Ihre Ziele sollten niemals so abstrakt sein, daß niemand – nicht einmal Sie selber – am Schluß sagen kann, ob sie denn überhaupt erreicht wurden. Um Zweideutigkeiten zu vermeiden, sollten Sie Ihre Ziele soweit wie möglich quantifizieren.

Wenn Sie zum Beispiel Ihr Haus verkaufen wollen und sagen: »Ich will dafür soviel wie möglich«, ist das kein besonders klares Ziel. Die Aussage ist wahrscheinlich wahr, hilft Ihnen aber überhaupt nicht weiter. Ein gut formuliertes Ziel für den finanziellen Teil dieser Verhandlung muß sich in einem exakten Betrag wie beispielsweise 500 000 Mark ausdrücken lassen. Wenn Sie den Betrag nicht quantifizieren können, ist das ein sicheres Zeichen dafür, daß Sie noch weitere Vorbereitungsarbeit leisten müssen. Schlagen Sie Kapitel 2 auf, und lesen Sie noch ein bißchen über die Vorbereitung auf eine Verhandlung.

Herausforderungen, die auch erreichbar sind

Gehen Sie immer davon aus, daß Sie niemals mehr erreichen werden als Ihre Ziele. Diese Hypothese ist oft überprüft worden und hat sich immer als richtig herausgestellt. Welch eine Überraschung! Gleichzeitig müssen Sie bei Ihren Zielen realistisch sein. Alles andere wäre pure Tagträumerei.

Wenn Sie 500 000 Mark für Ihr Haus verlangen, in Ihrer Nachbarschaft aber noch kein Haus für diesen Preis verkauft wurde, sollten Sie einige sehr gute Gründe dafür nachweisen können, den Preis so hoch anzusetzen. Vielleicht sind die Preise in der Gegend allgemein im Steigen begriffen, vielleicht ist Ihr Haus größer oder auffallend hübscher oder besser ausgestattet als die Häuser in der Nachbarschaft. Vielleicht wird in der Nähe gerade ein großer Bürokomplex errichtet, wodurch der Standort Ihres Hauses attraktiver wird. Alle diese Faktoren können dazu beitragen, einen Rekordpreis für Ihr Haus zu erzielen. Ohne diese besonderen Faktoren aber verschwenden Sie mit einer derartig hohen Preisforderung nur Ihre Zeit.

Andererseits wollen Sie aber sichergehen, daß Ihre Preisforderung eine Herausforderung ist. Wenn alle Häuser in Ihrer Nachbarschaft sich für 500 000 Mark verkaufen lassen, wäre dieser Preis kein wirkliches Ziel – es sei denn, Ihr Haus ist auffallend kleiner oder in weitaus schlechterem Zustand. (Dann sollten Sie jedoch besser vorher den Garten herrichten und das Haus neu streichen.) Um die vergleichsweise hohe Preisforderung zu rechtfertigen, müssen Sie sich etwas einfallen lassen. Stellen Sie einige Recherchen an. Vielleicht erfahren Sie, daß sich eine prominente Persönlichkeit ebenfalls in der Gegend niederlassen will. In diesem Fall würden vielleicht andere Promis folgen, und die Preise würden steigen.

 Zu viele Leute setzen ihre Ziele zu ihrem eigenen Nachteil zu niedrig an. Gehen Sie gleich hoch ran, oder lassen Sie es ganz bleiben – Sie können sicher sein, daß die andere Seite Sie nicht bitten wird, Ihr Ziel höher anzusetzen. Bedenken Sie aber auch, daß Sie nicht unbedingt an einem einzigen Tag reich und berühmt werden müssen. Zu hoch angesetzte Ziele führen zu Frustrationen und gescheiterten Verhandlungen. Ausschlaggebend für jede einzelne Verhandlung ist allein,

was der Markt hergeben kann, wie hoch der tatsächliche Wert eines Objekts ist, und welche Optionen Ihnen zur Verfügung stehen.

Sie werden schnell sehen, daß die Festlegung eines Ziels, das sowohl eine Herausforderung darstellt als auch erreichbar ist, eine Menge Informationen erfordert. Diese Informationen brauchen Sie schon vor der eigentlichen Verhandlung. Die Festlegung von Zielen ist deshalb eine gute Methode zur Überprüfung, ob Sie sich für eine bestimmte Verhandlung optimal vorbereitet haben.

... bis daß der Tod Euch scheidet

Michael und ich haben uns erst vor wenigen Jahren kennengelernt und bald darauf geheiratet. Ich war Anfang 40, Michael war Anfang 50, und es war meine erste Heirat. Wir besprachen unsere mittel- und langfristigen Ziele sehr ausführlich. An unserem ersten Abend erzählte er mir, daß er zwei Töchter im Teenager-Alter habe. Ich sagte ihm, daß ich keine eigenen Kinder haben wollte. In diesem Gespräch stellten wir übereinstimmend fest, daß zu unseren kurzfristigen Zielen nicht die Erziehung kleiner Kinder gehören würde, wir uns aber beide dafür einsetzen wollten, Michaels Töchter zu glücklichen Menschen zu erziehen.

Ich bin erstaunt, wie viele Paare erwarten, daß die Kinderfrage sich irgendwie von allein lösen würde. Die meisten Leute gehen offenbar davon aus, daß der Partner ihre Denkweise irgendwann von ganz allein übernehmen wird.

Meine Schwester machte es genau umgekehrt. Sie und ihr Ehemann, die beide unterschiedlichen Konfessionen angehören, haben zehn Jahre lang verhandelt, bevor sie schließlich heirateten. Die Verhandlungen drehten sich immer um das eine Thema: Wollen wir Kinder, und nach welcher Religion sollen wir sie erziehen? Beide haben ihre Ziele besprochen und sind zu einem Ergebnis gekommen. Die Kinder sind glückliche und unkomplizierte Menschen. Meine Schwester und mein Schwager haben mittlerweile viele Ehepaare mit Partnern aus unterschiedlichen Religionen bei der Festlegung dieser Ziele beraten.

Auch unsere eigenen langfristigen Ziele in puncto Ruhestand waren für die Entscheidung zum Zusammenleben wichtig. In einem wichtigen Punkt konnten wir uns schnell einigen: Wir wollten ein Jahr lang reisen und uns dann irgendwo außerhalb der Vereinigten Staaten in einem weniger entwickelten Land mit tropischem Klima in der Nähe von Wasser und Bergen niederlassen. Über die Details, was wir in dieser idealen Umgebung anfangen würden, mußten wir allerdings verhandeln. Michael wollte eine Pension kaufen und betreiben. Aber nach den vielen Jahren, die ich mit dem Training von Managern zugebracht hatte, wollte ich mich nicht unbedingt weiter um fremde Menschen kümmern müssen. Ich wollte lieber am Strand liegen, nachdenken und vielleicht ein paar Bücher schreiben. Im Laufe der Jahre sind wir zu einem Kompromiß gekommen. Zuerst einmal werden wir ein Haus in der Fremde kaufen, es später zu einer Pension ausbauen und dann mal sehen, wie das läuft. Mit diesem Ziel können wir beide gut leben. Mal sehen, was daraus wird.

Keine Ziele ohne Prioritäten

Denken Sie daran, Ihre Ziele entsprechend ihrer Bedeutung anzuordnen. Idealerweise sollten Sie hundertprozentige Übereinstimmung über die offizielle Rangordnung Ihrer Ziele erzielen. Wenn man es mit mehreren Menschen zu tun hat, hat jeder seine eigenen privaten Motive. Lassen Sie in solchen Fällen die Mehrheit entscheiden, und notieren Sie sich die Ansicht der Minderheit. Danach können Sie weiter diskutieren lassen. Erinnern Sie die Vertreter der Minderheitsmeinung daran, daß sie überstimmt worden sind.

Nur in den wenigsten Verhandlungen werden Sie alle Ziele erreichen können. Sie sollten deshalb wissen, welche Ziele für Sie die wichtigsten sind. Diese Entscheidung über die Wichtigkeit von Zielen kann zu sehr kontroversen Diskussionen führen. Manche Verhandlungsteams überspringen den Schritt, Prioritäten festzulegen, häufig um des lieben Friedens willen. Leider ist ihnen damit nicht geholfen. Sie verschieben die Diskussion dadurch lediglich auf einen späteren Zeitpunkt – der wahrscheinlich unpassender ist, weil das Team gerade dann vielleicht zusammenhalten muß, weil vielleicht genau dann keine Zeit ist, sich mit anderen Dingen zu beschäftigen, weil das Geschäft kurz vor dem Abschluß steht und jede Störung der Verhandlung schädlich für das Ergebnis wäre. Welch eine Katastrophe! Nicht auszudenken. Beißen Sie also lieber in den sauren Apfel, und besprechen Sie die wichtige Prioritätenfrage bei der Festlegung Ihrer gemeinsamen Ziele.

Langfristige und kurzfristige Ziele

Legen Sie Ihre Ziele für eine bestimmte Verhandlung immer auch im Hinblick auf Ihre langfristige Lebensplanung fest. Bleiben Sie dabei aber mit beiden Füßen fest auf der Erde. Sie wollen das Ziel der laufenden Verhandlung erreichen. Sie wollen aber auch, daß jede Verhandlung Sie ein Stückchen in Richtung Ihres Lebensziels vorwärtsbringt. Jedes Ziel einer Verhandlung sollte Ihnen helfen, den Lebenszweck zu verfolgen, den Sie für sich gewählt haben.

Wir hatten zum Beispiel das langfristige Ziel, ein verständliches Buch über die Kunst der Verhandlungsführung zu schreiben. Als wir unsere Besprechungen mit den *Dummies*-Lektoren begannen, waren noch eine Reihe anderer Vorschläge auf dem Tisch. Die Verhandlungen wurden deshalb sehr schnell sehr viel spezifischer und hatten ein genau bestimmbares kurzfristiges Ziel: Nehmen Sie uns! Sie taten es. Unser langfristiges Ziel stand weiterhin offen. Der erfolgreiche Abschluß der kurzfristigen Verhandlung brachte uns diesem Ziel einen Schritt näher.

Sobald diese Verhandlung abgeschlossen war, ging es in einer weiteren Verhandlung um den Vertrag. Dafür engagierten wir einen erfahrenen New Yorker Anwalt, der seine Arbeit schnell und effektiv erledigte. Abgesehen von einigen Klarstellungen wurde der Vertrag im wesentlichen so angenommen, wie wir ihn formuliert hatten. Wenn das Manuskript erst fertig ist, kommen verschiedene andere Verhandlungen auf uns zu – mit Buchläden, Zeitschriften und Talkshows, in denen wir Promotion für unser Buch machen wollen.

Das Eröffnungsangebot

Das Eröffnungsangebot ist nicht mehr und nicht weniger als die erste eindeutige Aussage darüber, was Sie mit einer bestimmten Verhandlung erreichen wollen. Nachdem Sie die Ziele für die Verhandlung festgelegt haben, können Sie sich Gedanken über das Eröffnungsangebot machen. Erwarten Sie von mir zu diesem Punkt keine eisernen Regeln oder todsicheren Rezepte. Zur Bestimmung des Eröffnungsangebotes müssen Sie auf die festgelegten Ziele und Grenzen und auf die Informationen, die Sie während Ihrer Vorbereitung gesammelt haben, zurückgreifen. Es ist wohl klar, daß Ihr Eröffnungsangebot höher sein muß als die Ziele, die Sie sich gesetzt haben. Gleichzeitig darf es aber auch nicht so hoch liegen, daß Sie damit die andere Seite abschrecken oder sich selbst als unerfahrenen Esel hinstellen. In Abbildung 5.1 finden Sie eine grafische Darstellung dieser Beziehung.

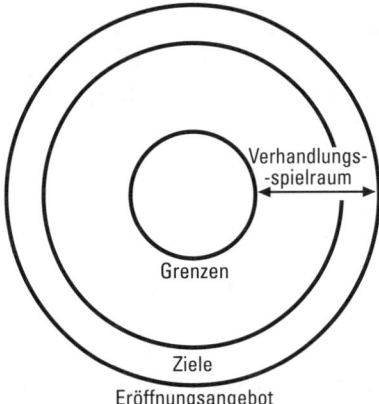

Abbildung 5.1: Die Beziehung zwischen Zielen, Grenzen und dem Eröffnungsangebot

Ob der in Ihrem Eröffnungsangebot angegebene Betrag über oder unter Ihren Zielen liegt, hängt davon ab, ob Sie als Käufer oder als Verkäufer auftreten (um wieviel höher oder tiefer er liegen muß, läßt sich durch gute Vorbereitung bestimmen):

✔ Wenn Sie der Verkäufer sind, darf Ihr Eröffnungsangebot niemals unter Ihrem Zielbetrag liegen.

✔ Wenn Sie der Käufer sind, darf Ihr Eröffnungsangebot niemals über dem Zielbetrag liegen.

Im Laufe der Jahre haben wir festgestellt, daß die meisten Menschen Angst haben, ein Eröffnungsangebot zu machen. Sie fürchten, die ganze vorhergehende Verhandlung zu verderben, falls Sie eine zu hohe, beziehungsweise zu bescheidene Forderung auf den Tisch legen. Angst ist in diesem Fall ein guter Maßstab. An der Höhe Ihres Angstpegels können Sie ablesen, wie gut oder schlecht vorbereitet Sie sind. Teil einer guten Vorbereitung ist die Kenntnis von Wertrelationen. Wenn Sie den Wert dessen kennen, was Sie anbieten, läßt sich das Eröffnungsangebot leicht bestimmen. Sie entscheiden dann nur noch, wieviel Verhandlungsspielraum Sie sich selbst lassen wollen.

 Auch wenn Sie überhaupt nicht vorhaben, ein Eröffnungsangebot auf den Tisch zu legen, sollten Sie es trotzdem ständig vor Augen haben. Dadurch können Sie viel schneller auf jedes beliebige Angebot der anderen Seite reagieren.

Eröffnungsangebote und die Art und Weise, sie in der Verhandlung vorzulegen, sind auf der ganzen Welt unterschiedlich. Zwei Beispiele für grundsätzlich andere Methoden sind Japan und der Mittlere Osten. Aber auch hier gilt wie für alles in diesem Buch: Lesen Sie sich die Ratschläge durch, und verhalten Sie sich dann so, wie es für Sie am natürlichsten ist und Ihrem Stil am besten entspricht.

Bescheidenheit ist keine Zier . . .

Ein Agent, mit dem ich häufig zu tun habe, beginnt eine Verhandlung immer mit Zahlen, die erheblich über der Zahl liegen, die er erreichen möchte. Ich komme ihm immer gerne entgegen und biete übertrieben geringe Beträge, weil ich weiß, daß er dieses Spielchen liebt.

Auf der anderen Seite konnte ich mein Haus in Beverley Hills verkaufen, als der Immobilienmarkt völlig am Boden lag, obwohl mein geforderter Preis mit 5000 Dollar über dem Preis lag, den ich selbst für den höchstmöglichen hielt. Ich bin für meine Bewertung von einem Preis ausgegangen, der zwei Monate vorher für ein Haus in der Nachbarschaft erzielt wurde. Das Haus war etwa gleich groß wie mein Haus, hatte jedoch keinen Pool. Ich schlug also einen geringen Betrag für den Pool auf, und pflanzte eine Menge hübscher Blumen an die Auffahrt. Kaufinteressenten rannten mir daraufhin die Tür ein! Das Haus ging zu dem Preis weg, den ich gefordert hatte. Ich machte dieses Geschäft in einer Zeit, als der Immobilienmarkt in Südkalifornien sich in einer beispiellosen Rezession befand.

Japan

 Bei Verhandlungen in Japan setzt sich niemand hin und kommt sofort zur Sache. Meistens vertieft man sich zu Anfang in eine allgemeine Unterhaltung. Häufig gehören zu einer längeren Verhandlung auch ein oder mehrere Essen. Zu schnell zu den Details der Verhandlung zu kommen ist meistens ein grober Fehler. Japaner

wissen, daß Dinge sich ändern. Wer kann schon in die Zukunft blicken? Sie lassen alle schriftlichen Verträge für Änderungen offen. Sie versuchen nicht, jeden rechtlichen Aspekt bei der Vorbereitung eines Vertrages zu berücksichtigen. Das mit dieser vertraglichen Flexibilität verbundene Risiko halten sie dadurch niedrig, daß sie Geschäfte nur mit Menschen machen, denen sie vertrauen.

Wenn Sie mit jemandem aus Japan verhandeln wollen, müssen Sie zunächst einmal Vertrauen schaffen. Dafür brauchen Sie Zeit – Zeit zum Essen, Zeit zum Trinken. Aber die Zeit ist nicht vergeudet, auch wenn es aus westlicher Sicht so aussieht. Wenn Sie diese Zeit nicht investieren wollen, werden Sie in Japan mit Geschäften keinen Erfolg haben.

Der Mittlere Osten

Verhandlungspartner aus dem Mittleren Osten kommen hingegen sehr schnell zur Sache und machen ein Verkaufsangebot, das (jedenfalls nach westlichen Maßstäben) weit überzogen ist. Dieser Weg ist das Markenzeichen für Verhandlungen im Mittleren Osten. Die Tradition verlangt, daß man Zahlen nennt, die weit über dem Betrag liegen, den der Gegenspieler zu erreichen glaubt. Dabei erwartet man von Ihnen als westlichem Gegenspieler, daß Sie sehr erregt reagieren. Das ist in Ordnung. Zeigen Sie aber keinen Ärger und hüten Sie sich vor persönlichen Angriffen. Solche Ausbrüche würden die Verhandlung umgehend beenden.

Was folgt, ist ein zeremonielles Hin und Her und Jonglieren mit Beträgen, die sehr weit auseinander liegen. Beide Parteien bewegen sich um den angestrebten Preis herum. Sie tänzeln und täuschen, und es scheint, als wollten sie testen, ob es sicher ist, Geschäfte mit dem Gegenspieler zu machen. Wenn Sie den Test bestehen, wird Ihr Gegenspieler den wirklichen Preis nennen. Bestehen Sie jedoch den Test nicht, werden Sie den wahren Preis nie erfahren – Sie müssen dann entweder auf die exorbitante Forderung eingehen oder Ihr Glück woanders versuchen.

Leider kennen viele Westler diesen Unterschied zwischen Anfangsritual und tatsächlichem Angebot nicht. Wenn Sie im Mittleren Osten verhandeln, beteiligen Sie sich mit Nachdruck und Begeisterung an diesem Ritual. Ihre Teilnahme ist Voraussetzung für eine funktionierende Beziehung. Das Ritual unterscheidet sich von Land zu Land in Nuancen. Charakteristisch und überall gleich ist bei allen Verhandlungen im Mittleren Osten jedoch die große Spanne zwischen dem zu Beginn der Verhandlung genannten Preis und dem tatsächlich geforderten Preis.

Halten Sie den Radiergummi bereit

Schreiben Sie Ihre Ziele auf, aber schreiben Sie mit Bleistift. Ziele können sich sowohl während einer Verhandlung als auch im Lauf Ihres Lebens ändern.

Während einer Verhandlung müssen Sie Ihre Ziele als solche behandeln. Wenn Sie die Ziele nur als Empfehlung betrachten, lösen Sie damit eine fürchterliche Dynamik aus. Ziele sind

Ziele. Grenzen behandeln wir in Kapitel 4. Eröffnungsangebote wurden im vorigen Abschnitt besprochen. Wenn Sie diese drei unterschiedlichen Konzepte sorgfältig voneinander trennen, können Sie sehr viel gelassener in eine Verhandlung gehen – und wahrscheinlich auch sehr viel glücklicher über das Ergebnis sein.

 Auch wenn Sie Ihre Ziele während der Verhandlung nicht geändert haben, sollten Sie sie vor dem endgültigen Abschluß des Geschäfts noch einmal überprüfen. Falls sie zu hoch oder zu niedrig waren, überlegen Sie, welche Informationen Ihnen bei der Festlegung der Ziele gefehlt haben. Ärgern Sie sich nicht, wenn Sie zu dem Entschluß kommen, daß Sie Ihre Ziele hätten höher ansetzen sollen. Lernen Sie aus Ihren Fehlern!

Teil III

Emotionalen Abstand bewahren

The 5th Wave — By Rich Tennant
ⒸRICHTENNANT

»War das nötig? Wir hatten den Vertrag für »Godzilla – Die Serie« schon fast in der Tasche.
Und dann kommst du und drehst durch, bloß weil dir der Sendetermin nicht paßt.«

In diesem Teil...

Wahrscheinlich sind Sie jetzt ganz scharf auf Ihre erste Verhandlungssitzung, und dann kommen wir mit dem Rat, sich erst einmal zu beruhigen. Tatsache ist aber: Durch ein bißchen Distanz zur Verhandlung bringen Sie sich in eine viel bessere Position. In diesem Teil erfahren Sie, wie Gefühle sowohl für als auch gegen Sie arbeiten können und wie Sie mit Ihrer persönlichen Pause-Taste diese Emotionen beherrschen können

Die magische Pause-Taste

In diesem Kapitel

▶ Entdecken Sie Ihre Pause-Taste

▶ Pausen einlegen – wie und wann?

▶ Pausen in emotional geführten Diskussionen

Alle wahren Meister der Verhandlungskunst verfügen über eine besondere Fähigkeit, die andere erschreckt, verschüchtert oder einfach umwirft. Diese Fähigkeit ist nur schwer zu erkennen, wenn Sie mit einem Meister verhandeln. Im Laufe der Jahre aber haben wir entdeckt, daß die Fähigkeit, gefühlsmäßigen Abstand zu allen nur denkbaren Diskussionspunkten zu wahren, den Unterschied zwischen einem echten Verhandlungskünstler, einem guten Verhandlungspartner oder einem, der einfach nur Glück hat, ausmacht.

Die beste Methode, die wir kennen, um in einer Verhandlung diese emotionale Distanz zu wahren, ist eine Technik, die wir hier als den »Druck auf die Pause-Taste« bezeichnen wollen. Wenn Sie wissen, wann und wie Sie die Pause-Taste drücken müssen, können Sie Ihren Gegenspieler nicht nur mit Ausgeglichenheit und Selbstbewußtsein beeindrucken, sondern haben alle kritischen Punkte einer Verhandlung voll im Griff.

Und wo liegt sie denn nun, die Pause-Taste?

Der Druck auf Ihre Pause-Taste ist eine Methode, emotionale Distanz während extrem streßbelasteter Situationen zu wahren – zu Hause, am Arbeitsplatz und überall da, wo Sie sonst eine kleine Atempause brauchen. Wir lehren diese Methode in unseren Kursen über Verhandlungsführung, um das Konzept zu erklären, warum Warten gut sein kann – daß nichts zu tun, manchmal das Beste sein kann. Unsere Empfehlung: »Wenn der Streß zu groß wird, tun Sie am besten gar nichts. Lehnen Sie sich einfach zurück!«

»Die Pause-Taste drücken« bedeutet, daß die Verhandlungen für einen Moment, eine Stunde oder einen Abend unterbrochen werden, so daß Sie Zeit haben, Ihre Angelegenheiten zu ordnen. Jeder hat seine eigene spezielle Pause-Taste, und jeder drückt sie auf andere Art und Weise.

Mit einem Druck auf die Pause-Taste können Sie eine Verhandlung gewissermaßen zu einem Standbild einfrieren – so ähnlich, wie Sie ein Video auf dem Fernsehschirm mit einem Druck auf die Standbild-Taste anhalten können. Sie verabschieden sich von der Verhandlung – wörtlich oder im übertragenen Sinn – und überprüfen die bisher geleistete Arbeit und Ihre Pläne für den Rest der Verhandlung. Machen Sie eine Pause. Die Auszeit kann rein mental sein, so daß die andere Seite sie gar nicht bemerkt. Aber diese Pause gibt Ihnen die Zeit, um alle Fragen noch einmal Revue passieren zu lassen.

Eine konzentrierte Pause ist eine Aktivität, die sich von allen anderen Grundelementen einer Verhandlung unterscheidet. Sie gibt Ihnen Gelegenheit, sich zu fassen und Atem zu holen, wobei Sie gleichzeitig sicher sein können, nichts zu verpassen. Der Druck auf die Pause-Taste schafft die nötige emotionale Distanz, ohne die Sie keine Entscheidungen treffen können – sowohl im Privatleben als auch im Beruf.

Ein Druck auf die Pause-Taste gibt Ihnen Gelegenheit, den ganzen Verhandlungsprozeß noch einmal vor sich ablaufen zu lassen und sicherzustellen, daß Sie kein Detail übersehen haben. Eine kurze Pause vermeidet, daß Sie in die Ecke getrieben werden. Durch einen Druck auf die Pause-Taste vermeiden Sie, daß Ihre Emotionen die Verhandlung übernehmen (und unter Umständen auch zum Scheitern bringen).

 Ihre Kenntnis vom Umgang mit der Pause-Taste ist so wichtig, daß wir eine Pause-Taste in die Schummelseite am Ende dieses Buches gesetzt haben. Schneiden Sie die Taste aus, und tragen Sie sie so lange bei sich, bis Sie eine eigene entwickelt haben. Wann immer eine Verhandlung in eine heiße Phase gerät, lassen Sie sich durch diese Karte an Ihre innere Pause-Taste erinnern. (Auf der Rückseite der Karte finden Sie die sechs Grundbausteine einer Verhandlung. Nachdem Sie die Pause-Taste gedrückt haben, haben Sie Zeit, die sechs Elemente im Hinblick auf die laufende Verhandlung zu überprüfen.)

Sagen Sie Bescheid, wenn Sie eine Pause brauchen

Jeder drückt seine persönliche Pause-Taste auf andere Art und Weise. Auf welche Art Sie Ihre Pause-Taste drücken, hängt von der jeweiligen Situation ab:

✔ Bitten Sie, noch eine Nacht über die Verhandlung nachdenken zu dürfen. Die meisten Menschen haben Verständnis dafür, eine Entscheidung noch eine Nacht zu überschlafen.

✔ Entschuldigen Sie sich für einen Gang zur Toilette. Wer könnte diese Bitte ablehnen?

✔ Wenn Sie nur eine kurze Pause brauchen, lehnen Sie sich zurück, und sagen sie: »Warten Sie mal einen Moment. Darüber muß ich kurz nachdenken.« Zur Steigerung des dramatischen Effekts können Sie die Augen schließen und sich gedankenvoll das Kinn reiben.

✔ Im geschäftlichen Bereich bietet jemand, mit dem man sich vor einer Entscheidung erst beraten muß, immer eine bequeme Entschuldigung für eine kurze Pause. Sagen Sie einfach: »Entschuldigung, ich muß das erst mit meinem Partner (meiner Familie, meinen Beratern oder mit wem auch immer) beraten. Sie bekommen meine Antwort morgen früh um 9 Uhr.«

 Wenn Sie frühzeitig in einer Verhandlung zugeben, nicht zu endgültigen Entscheidungen befugt zu sein, können Sie auch daraus Ihre Vorteile ziehen. Machen Sie der Gegenseite deutlich, daß Sie sich alle Entscheidungen erst von einem Vorgesetzten genehmigen lassen müssen. Die andere Partei wird Ihnen deshalb nicht böse sein. Wenn Sie diese Ankündigung gleich in der Anfangsphase in die Ver-

handlung einbringen, haben Sie damit erstens Ihre Pause-Taste institutionalisiert und zweitens den Boden für eine umsichtig und mit Bedacht geführte Verhandlung bereitet.

Notizen sind in jeder Phase einer Verhandlung hilfreich. Eine der besten Gelegenheiten, Ihren Füller herauszuholen, ist immer dann, wenn Sie eine Pause machen wollen. Bestimmte Aussagen niederzuschreiben, die verwirrend oder störend sind, ist eine ausgezeichnete Gelegenheit, die Pause-Taste zu drücken. Anstatt schnell eine verärgerte und vielleicht unpassende Antwort zu geben, bitten Sie den Sprecher um einen Moment Geduld, während Sie die betreffenden Aussagen aufschreiben. Wenn Sie dann noch die andere Seite bitten, die von Ihnen niedergeschriebenen Aussagen zu bestätigen, kann das den Effekt noch verstärken – besonders wenn die Worte der Gegenseite auf ein Vorurteil gegenüber Ihrer Firma schließen lassen. Die Niederschrift von Notizen veranlaßt die Gegenseite fast immer, das Gesagte noch einmal zu überprüfen, zu verbessern oder am besten gleich ganz zu löschen. Die meisten Leute haben es halt nicht so gern, wenn Ihre Vorurteile zu Papier gebracht werden, wo sie dann jeder nachlesen könnte.

Virtuoses Tastenspiel

Meine Mutter schickte mich vor einer Ewigkeit einmal in den Sommerferien zu meinem Onkel in Georgia. Ich bekam schnell mit, wie vorsichtig er auf Fragen antwortete, auf die meine Mutter mit einem schnellen Ja oder Nein reagiert hätte. Wenn ich etwas wissen wollte, antwortete er mir oft mit ein paar Gegenfragen. (Heute weiß ich, daß er sich nur vorbereiten mußte, weil ich immer noch neu war für ihn.) Wenn er danach immer noch keine Antwort parat hatte, pflegte er sich ein Pfeifchen anzuzünden.

Umständlich stopfte er seine Pfeife, zündete sie dann mit einem langen Streichholz an, paffte ein paarmal vor sich hin, inhalierte tief und hielt dann den Atem für eine Ewigkeit an, bevor er den Rauch in einer dünnen blauen Wolke langsam in den vor Spannung knisternden Raum entließ. Manchmal wiederholte er dieses Ritual ein paarmal, obwohl ich mir sicher bin, daß seine Pfeife schon beim erstenmal den perfekten Zug hatte.

Was danach folgte, stellte für mich den Inbegriff von Weisheit dar. Verdammt schlauer Bursche, der alte Mann! Die Weisheit lag aber nicht so sehr in seiner Antwort, sondern daran, wie virtuos und unmerkbar mein Onkel mit der Pause-Taste spielen konnte.

Ein wenig Zeit gewinnen, um den bisherigen Verlauf einer Verhandlung zu analysieren und Abstand zur Verhandlung zu gewinnen – diese Fähigkeit unterscheidet den wahren Meister der Verhandlungskunst vom einfachen Experten oder Könner.

Der richtige Zeitpunkt für eine Pause

Die erste Gelegenheit für den Druck auf die Pause-Taste haben Sie schon, bevor Sie die Verhandlung überhaupt begonnen haben. Fragen Sie sich kritisch, ob Sie so gründlich vorbereitet sind, wie Sie sein sollten. Wenn der erste Satz der Verhandlung fällt, sind Sie wach, aufmerksam und bereit zum Zuhören, weil Sie vorher Ihre Pause-Taste gedrückt haben. Und wenn Sie selbst mit Ihrem ersten Verhandlungsbeitrag an der Reihe sind, werden Sie sich deutlicher ausdrücken können, weil Sie diese Pause eingelegt haben.

 Drücken Sie die Pause-Taste in allen kritischen Situationen, um die Verhandlung noch einmal zurückzuverfolgen oder um zu entscheiden, wann die Verhandlung reif für einen Abschluß ist. Verwenden Sie die Taste immer dann, wenn Sie sich unter Druck gesetzt oder im Streß fühlen.

Natürlich ist die Pause immer nur so wertvoll wie das, was Sie mit ihr anfangen. Stellen Sie sich in diesen kurzen Atempausen genaue Fragen zur laufenden Verhandlung. In jeder Verhandlung sind die Umstände anders. Sie sollten die Pause auch dazu verwenden, sich noch einmal an die anderen fünf Grundelemente einer Verhandlung zu erinnern:

✔ **Vorbereitung:** Brauchen Sie noch weitere Informationen?

✔ **Grenzen festlegen:** Sind die anfangs gesetzten Grenzen angesichts der neuen Informationen, die Sie im Laufe der Verhandlung sammeln konnten, immer noch durchzuhalten?

✔ **Zuhören:** Haben Sie alles mitbekommen, was die Gegenseite gesagt hat? Stimmten deren Worte mit der Körpersprache und allen anderen Ereignissen in der Verhandlung überein?

✔ **Drücken Sie sich deutlich aus:** Gibt es irgend etwas, das Sie in der Verhandlung lieber deutlicher und direkter ausgedrückt hätten?

✔ **Der richtige Zeitpunkt zum Abschluß:** Haben Sie genug Zeit gehabt, um das endgültige Angebot gründlich zu überprüfen?

Wenn Sie sich sicher sind, die Pause-Taste zu drücken, und wissen, was Sie während der Pause machen werden, ist eine solche kurze Überprüfung fast automatisch. Drücken Sie die Pause-Taste, um Ihrem Geist eine kurze Atempause zu gönnen. Drücken Sie auf die Pause-Taste, wenn Sie merken, daß alle in der Runde eine Verschnaufpause nötig haben – besonders dann, wenn die Diskussion hitzig wird.

 Es ist immer möglich, daß beide Parteien sich von den Emotionen in einer Verhandlung gefangennehmen lassen. Möglicherweise haben sie Angst vor einem Gesichtsverlust. Möglicherweise ärgern sie sich über die andere Seite oder mißtrauen ihr. Vielleicht haben sie sich in das Geschäft verliebt und ignorieren wichtige Tatsachen, die für eine Entscheidung ausschlaggebend sind – insbesondere wenn die Entscheidung daraus bestehen sollte, die Verhandlung abzubrechen. Sie lassen zu, daß ihre eigenen Launen oder die Launen der anderen Seite die Verhandlung diktieren und sie dadurch von der gewünschten Richtung abbringen. All diese Probleme treten bei einem rechtzeitigen Druck auf die Pause-Taste nicht auf.

Wenn Sie sehen wollen, wie ein guter Verhandlungsführer mit der Pause-Taste arbeitet, fragen Sie mal in Ihrer Videothek nach dem Film *Der Konzern*. James Garner spielt in diesem Film die Hauptrolle – den mächtigen Präsidenten des amerikanischen Nahrungsmittel-Multis Nabisco, der versucht die Firma zu kaufen. Leider gibt es noch einen anderen Käufer – Jonathan Pryce – der besser vorbereitet ist und meisterhaft mit der Pause-Taste zu spielen versteht. Er schafft es, Millionen von Dollars zu verdienen, indem er die Verhandlung einfach für eine Stunde unterbricht. Der Film ist eine unterhaltsame Lektion in Sachen »Verhandeln um Millionenbeträge«. Was Gewinner und Verlierer hier unterscheidet, sind die bessere Vorbereitung und der effektive Einsatz der Pause-Taste.

Mensch bleiben – mit der Pause-Taste

Unsere Pause-Taste unterscheidet uns von den Tieren. Mein Kater *Linguini* hat eine solche Taste leider nicht. Wann immer er den elektrischen Dosenöffner hört, spielt er verrückt. Er schreit, springt hin und her und krallt sich in meine Beine. Er ist einfach nicht in der Lage, seine Pause-Taste zu drücken und sich zu sagen: »Bevor ich jetzt meine Energien verschwende – ist das jetzt mein Thunfisch oder deiner?« (Im Gegensatz zu ihm kenne ich den Unterschied genau: ungefähr 1,20 Mark.)

Natürlich vergessen auch wir Menschen manchmal, daß wir eine Pause-Taste haben – besonders dann, wenn jemand anders auf die Taste drückt. Stellen Sie sich folgende Situation vor: Sie bitten einen Kollegen um einen Gefallen, und er antwortet: »Das ist nicht mein Job.« Sie fühlen, wie Ihr Blutdruck steigt, und würden ihm am liebsten antworten: »Meiner auch nicht, Sie Armleuchter!«

Diese Antwort kommt Ihnen vielleicht in den Sinn, nicht aber über die Lippen – weil Sie eine Pause-Taste haben. Sie erkennen, daß mit dieser Reaktion die Arbeit auch nicht erledigt wird, Sie außerdem den Kollegen verärgern würden, und drücken lieber die Pause-Taste. (Denken Sie daran: Freunde kommen und gehen; Feinde kleben Ihnen immer an der Hacke.) Sie antworten also sehr beherrscht: »Aha, verstehe!«

Was Sie ja auch tatsächlich tun. Der Kollege denkt wahrscheinlich, er arbeite zuviel für zuwenig Gehalt. Tun wir doch alle, oder? Danach könnten Sie noch hinzufügen: »Ich weiß ja, daß Sie viel zu tun haben. Aber diese Angelegenheit ist eine Terminsache und muß schnell erledigt werden. Könnten Sie das vielleicht nicht doch irgendwie erledigen?« Und dann beginnt wahrscheinlich eine Verhandlung. Aber jetzt haben Sie die Chance, das zu erreichen, was Sie wollten. Ich würde viel dafür geben, wenn das mein Kater könnte!

Die Pause vor einem Zugeständnis

Jede Bitte um ein Entgegenkommen, die jemand an Sie richtet, verlangt nach einem Druck auf Ihre Pause-Taste. Sie überlegen einen Moment und geben dadurch Ihrem Entgegenkommen besondere Bedeutung. Sie müssen ein Entgegenkommen immer als bedeutend behandeln, weil sonst unter Umständen die andere Seite gar nicht merkt, daß Sie ein Zugeständnis gemacht haben. Es gibt einfach keine unbedeutenden Zugeständnisse.

Der gedankenvolle Moment vor einem Entgegenkommen ist aber nicht nur eine Pose. Eine Pause, egal wie kurz, verleiht dem Entgegenkommen eine gewisse Bedeutung. Natürlich müssen Sie auch immer etwas haben, was Sie aufgeben könnten, um dabei zu bleiben, was für Sie wichtig ist.

Das naheliegende und einfachste Beispiel wäre ein zu schnelles Zugeständnis zu einem bestimmten Preis. Sehr oft bringt ein schnelles Entgegenkommen die andere Partei um das gute Gefühl, das ihr nach Abschluß eines guten Geschäfts eigentlich auch zusteht. Die andere Partei wird denken, sie hätte den Preis zu niedrig angesetzt und möglicherweise mehr bekommen können, wenn sie nur klüger verhandelt hätte. Das mag zwar unter Umständen stimmen, aber was gewinnen Sie schon, wenn Ihre Gegenspieler sich schlecht fühlen? Nichts. Schlimmer noch: Jetzt werden Ihre Gegner bei der nächsten Verhandlung versuchen, den Fehler zu vermeiden und möglicherweise dadurch kompensieren, daß sie zu einem anderen Bestandteil des Vertrages härter verhandeln.

Legen Sie eine Pause ein, wenn Sie unter Druck geraten

 Manchmal übt ein Gegenspieler Druck auf Sie aus, um sein gewünschtes Ergebnis aus Ihnen herauszupressen. Geben Sie diesem Druck niemals nach! Sagen Sie jedem, der Sie zu einer bestimmten Entscheidung zwingen will, daß Sie nicht weiterverhandeln werden, wenn Sie nicht vorher eine Pause einlegen können. Manchmal ist die Pause-Taste eben die einzige Verteidigungswaffe gegen den Druck auf eine bestimmte Entscheidung, die vom Terminplan der anderen Seite bestimmt ist.

Alle unter künstlichem Druck – besonders dem von der Gegenseite auferlegten Zeitdruck – getroffenen Entscheidungen taugen meistens nichts, weil der Entscheidungsträger nicht genug Zeit hatte, auf seinen besten Ratgeber zu hören – seine innere Stimme. (In Kapitel 10 erfahren Sie, wie Sie am besten auf Ihre innere Stimme hören können.)

 Leider lassen sich Frauen unter Druck immer noch zu Entscheidungen drängen, zu denen Sie eigentlich noch nicht bereit wären. Die meisten Mädchen werden dahingehend erzogen, Fragen immer sofort zu beantworten. Dabei vergessen sie später als Frau manchmal völlig, daß auch sie das Recht haben, sich die erforderliche Zeit zur Antwort zu nehmen.

Jeder, der Sie daran hindert, Ihre Pause-Taste zu drücken, mischt sich in Ihren Entscheidungsfindungsprozeß. Falls Sie sich einmal in einer solchen Situation befinden, erlauben Sie sich einfach eine Pause. Sagen Sie nicht, daß Sie sich noch nicht entscheiden können, sondern erklären Sie, daß Sie alle Argumente der Gegenseite prüfen würden und am nächsten Tag zur gewohnten Stunde eine Antwort geben.

Wenn Sie merken, daß Sie zu einer sofortigen Entscheidung gedrängt werden sollen, können Sie die Pause-Taste auch zunächst einmal drücken, um zu prüfen, ob Sie eine Pause einlegen sollten oder nicht. Überlegen Sie in dieser kurzen Pause, ob das Drängen auf eine schnelle Antwort möglicherweise gerechtfertigt ist. Es kann durchaus sein, daß externe Umstände tatsächlich eine schnelle Entscheidung erfordern. Diese Gelegenheiten sind zwar selten, aber sie kommen vor.

Wenn alle Teilnehmer eine Pause brauchen

Ihr Wissen, daß Sie eine Pause-Taste haben, unterscheidet Sie von vielen anderen Verhandlungsteilnehmern. Machen Sie sich aber keine Sorgen, wenn Sie erkennen, daß auch die andere Seite die Technik beherrscht. Halten Sie die Pause-Taste nicht für eine Geheimwaffe. Bedenken Sie lieber die Vorteile: Jede einzelne Verhandlung wird reibungsloser ablaufen und zu besseren Resultaten führen, wenn auch Ihr Gegenspieler seine Pause-Taste benutzt.

Manchmal werden Sie in einer Verhandlung das Gefühl haben, daß Ihr Gegenspieler dringend eine Pause braucht. Sagen Sie ihm das aber bloß nicht direkt ins Gesicht! Sagen Sie lieber sehr deutlich, daß Sie selber gut eine Pause gebrauchen könnten. Verplappern Sie sich aber dabei nicht! Sagen Sie: »Ich brauche eine Pause« oder »Ich glaube, wir sind alle etwas erregt. Ich brauche eine Auszeit« oder »Lassen wir's gut sein für heute. Wir können mit dem Thema ja morgen weitermachen.«

Wenn jemand Sie um eine Pause bittet, lehnen Sie sie nicht leichtfertig ab. Wenn dieser Mensch Bedenkzeit oder einen Moment braucht, um seine Gedanken zu sammeln, geben Sie sie ihm. Seien Sie aber immer auf der Hut. Wenn nach zwei oder drei Pausen alles darauf hindeutet, daß die andere Seite nur unkonzentriert oder unaufmerksam ist, sollten Sie versuchen, mit der Verhandlung fortzufahren. Sie müssen unterscheiden können, ob die Gegenseite tatsächlich eine Pause braucht oder nur unkonzentriert und müde ist.

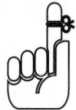 Wenn Sie der Gegenseite und sich selbst einige Pausen erlauben, können beide Seiten konzentrierter, effektiver und in einer für alle angenehmeren Atmosphäre verhandeln.

Eine Pause als Lebensretter

Ein dramatisches Beispiel für den richtigen Einsatz der Pause-Taste können Sie bei jeder Geiselnahme im Fernsehen sehen. Geiselnahmen ergeben sich meist daraus, daß bei einem Bankraub irgend etwas schiefgelaufen ist. Dank der schnellen Alarmsysteme erscheint die Polizei oft genau zu dem Zeitpunkt am Tatort, wenn der Gangster gerade die Bank verlassen will.

Er flüchtet dann zurück in die Bank und sitzt in der Falle. Und dort hat er ein weiteres Problem: Er muß Besucher und Angestellte in Schach halten, ohne sich darauf vorbereiten zu können.

Die Polizei muß jetzt mit dem Gangster um die Freilassung der Geiseln verhandeln. Die Mission der Polizei ist dabei sehr einfach: Nichts tun, was das Leben der Geiseln gefährden könnte.

Die Objektive aller TV-Kameras richten sich in solchen Situationen auf einen speziell für solche Aufgaben ausgebildeten Polizisten, der ruhig und beherrscht zur Verhandlung mit dem Geiselgangster aufbricht. Aber wo nimmt dieser Polizist seine Ruhe her? Tatsache ist, daß niemand dauernd ruhig und beherrscht sein kann.

Aus diesem Grund bedient ein Mitglied des Befreiungsteams die Pause-Taste. Die Hauptaufgabe dieses Polizisten besteht darin, die gesamte Situation zu beobachten und dafür zu sorgen, daß alle Mitglieder des Teams die Ruhe bewahren. Helden sind in solchen Situationen nicht gefragt. Der Vermittler nimmt sich ausreichend Zeit, um die Forderungen in allen Details aufzunehmen. Wenn die Forderungen deutlich und ohne Emotionen auf den Tisch gebracht worden sind, wird die Verhandlung in den meisten Fällen ohne Gefährdung der Geiseln beendet. Meistens verläßt der Geiselnehmer die Bank kurze Zeit später mit erhobenen Händen.

 Wenn Sie das nächste Mal eine solche Situation im Fernsehen verfolgen, schauen Sie sich die Person neben dem Verhandlungsführer einmal genauer an. Das ist wahrscheinlich der Mann mit dem Finger über der Pause-Taste. Wäre es nicht toll, wenn Sie selber auch einen Menschen hätten, der dafür sorgt, daß Sie nie die Ruhe verlieren? Aber leider sind wir alle auf uns selbst gestellt. Jeder hat seine eigene Pause-Taste. Gehen Sie nie ohne sie aus dem Haus!

Brisante Themen

Wenn Sie über einen Gegenstand verhandeln, mit dem Sie auf irgendeine Art gefühlsmäßig verbunden sind, sorgen Sie dafür, daß Ihre Pause-Taste in unmittelbarer Reichweite ist. Verwenden Sie sie ausgiebig, um zu vermeiden, daß Ihre Gefühle zu einer nicht ausreichend durchdachten Entscheidung führen. Überprüfen Sie außerdem die Grenzen, die Sie vor der Verhandlung festgelegt haben, damit Sie in einer emotionalen Streßsituation keine schlechten Geschäfte abschließen.

Kein anderes Instrument kann in Situationen, in denen die Emotionen hochgehen, so nützlich sein wie die Pause-Taste. Naturgemäß können Sie sich auf solche Situationen nicht von vornherein ausreichend vorbereiten. Diese fehlende Vorbereitung läßt sich aber durch sinnvollen Einsatz der Pause-Taste kompensieren. Ein Druck auf die Pause-Taste führt immer zu besseren Resultaten – oder wenigstens zu Resultaten, mit denen Sie leben können.

Scheidung

Da richtig gesetzte Pausen bei allen Verhandlungen über emotionsgeladene Themen so wichtig sind, wird auch bei Scheidungen normalerweise eine neutrale dritte Partei hinzugezogen – meistens ein Anwalt, manchmal ein Familienberater. Das Ehepaar bestimmt eine Person zur Überwachung der Situation, zur Kontrolle und Gegenkontrolle, zur Sicherstellung, daß die Entscheidungen nicht durch Emotionen beeinflußt werden, und zum Druck auf die Pause-Taste.

Ein Mann, der seinem Anwalt sagt, daß seine Frau um des lieben Friedens willen alles bekommen soll, wird den Tag bereuen, an dem er diese Worte gesagt hat. Eine Frau, die unter Seufzern zustimmt »Okay, der Kinder wegen!«, wird diese Entscheidung irgendwann einmal verfluchen – und manchmal auch die Kinder, die sie ausgelöst haben.

Ein schlauer Scheidungsanwalt wird niemals einen Vertrag abschließen, bevor er ihn nicht im hellen Licht eines frischen Morgens noch einmal überprüft hat. Sollten Sie sich einmal in einer derartigen Situation befinden, erinnern Sie sich an die Pause-Taste. Vergewissern Sie sich außerdem, daß Ihr Anwalt seine Taste immer griffbereit hat. Ein Scheidungsverfahren ist nicht die richtige Gelegenheit für falsch verstandene Großzügigkeit.

Krankheit

Wenn ein Elternteil im Sterben liegt, sind die Kinder meistens nicht einer Meinung darüber, was der Kranke in einer solchen Situation gewollt hätte. Jedes Kind hat eine andere Vorstellung davon, was Mutter oder Vater gewollt hat (was zum größten Teil davon abhängig ist, was das Kind selbst will). Zeit ist in diesem Stadium kostbar. Und eine Unmenge an Entscheidungen muß getroffen werden.

 In einer solchen Situation können Gebet oder Meditation als Pause-Taste dienen – auch für nicht-religiöse Menschen. Antworten lassen sich nur in Ruhe finden und nicht in eiligen Gesprächen mit Ärzten, obwohl auch diese Gespräche zur Vorbereitung derartiger Entscheidungen gehören.

Eine Pause zur Schadensbegutachtung

Auch wenn Sie gerade Opfer eines Diebstahls geworden sind, greifen Sie nicht sofort zum Telefon. Selbst wenn Sie den Preis des gestohlenen Gegenstandes kennen, sollten Sie zunächst eine Pause einlegen. Als man mir vor einiger Zeit meinen Computer aus dem Büro gestohlen hatte, konnte ich der Versicherung sofort den Kaufpreis für das Gerät geben. Der Schadenssachbearbeiter bot mir zur Regulierung des Schadens sofort den Anschaffungspreis mit einem geringen Abschlag an und kalkulierte anschließend sogar noch die gestohlene Software mit ein. Ich bedankte mich und sagte: »Okay, schicken Sie mir die Papiere rüber.« Als ich das Büro verließ, explodierte meine Sekretärin: »Schicken die auch jemanden rüber, der die ganzen Daten wieder neu eingibt?« Wir hatten zwar einige, aber längst nicht alle Daten auf Band gesichert.

Ich ging wieder zurück ins Büro, rief den Sachbearbeiter noch einmal an und sagte ihm, daß es wohl ein bis zwei Tage dauern würde, bis ich ihm einen endgültigen Betrag nennen könnte. Er erhob sofort Einspruch:»Ich dachte, das hätten wir gerade geklärt?« Ich antwortete, daß ich den endgültigen Schaden jetzt noch nicht abschätzen könnte und mich in einigen Tagen noch einmal melden würde. Wenn es um den Druck auf die Pause-Taste geht – besser spät als niemals.

Feuer, Erdbeben und andere Katastrophen

Auseinandersetzungen mit Versicherungen – entweder wegen Feuer, Unfall, Erdbeben oder Krankheit – finden immer in Streßsituationen statt. Ein Schadensregulierer, der unmittelbar nach einer Tragödie bei Ihnen erscheint, sorgt nicht nur für guten Kundendienst, sondern nutzt auch diese traurige Gelegenheit, um Ihre Ansprüche zu den für die Versicherung günstigsten Bedingungen zu regeln. Durch sein Erscheinen unmittelbar nach der tragischen Katastrophe kann er damit rechnen, daß Sie Ihre Pause-Taste wahrscheinlich gerade nicht zur Hand haben. Die Chancen stehen gut für ihn. Sie werden wahrscheinlich einer Schadenssumme zustimmen, die viele Dinge nicht einschließt, die Sie aber sehr wohl berücksichtigt hätten, wenn Sie mehr Zeit gehabt hätten. Merke: Die Zeit ist Ihr Freund. Nutzen Sie sie also auch!

 Wenn Sie jemals in eine derartig unglückliche Lage kommen, hören Sie sich alles an, was der Versicherungsvertreter Ihnen erzählt. Versuchen Sie, eine Vorauszahlung auf den Schadensausgleich zu bekommen, ohne gleichzeitig auf weitere Ansprüche zu verzichten. Manchmal entdeckt man noch Monate nach Schadenseintritt weitere Schäden.

Wenn Sie Ihr liebstes Stück verkaufen müssen

Auch beim Verkauf eines Gegenstandes muß man unter Umständen seine emotionale Distanz wahren. Wenn Sie etwas verkaufen wollen, an dem Ihr Herz hängt, drücken Sie die Pause-Taste. Machen Sie sich die Gründe klar, warum Sie diesen Gegenstand verkaufen wollen.

Manchmal scheint es leichter zu sein, über den Verkauf lieber nicht nachzudenken. Wenn man Sie auffordert, sich über die Gründe klar zu werden, aus denen Sie einen geliebten Gegenstand verkaufen wollen, wird Ihre erste Reaktion vielleicht folgendermaßen aussehen: »Darüber möchte ich lieber nicht nachdenken.« Das ist aber genau der Grund, warum Sie darüber nachdenken sollten. Wenn Sie lange genug nachdenken, finden Sie vielleicht ein für Sie günstiges Arrangement. Vielleicht finden Sie einen freundlichen Käufer, der gewissermaßen als Pfandleiher fungiert und Ihr Boot, Pferd oder Gemälde kauft und Ihnen die Option gibt, es wieder zurückzukaufen, wenn Ihre finanzielle Situation sich gebessert hat. Vielleicht findet sich auch ein Mitglied der Familie, der Ihnen den Gegenstand gerne abkaufen würde. In diesem Fall könnten Sie ihn wenigstens gelegentlich besuchen.

Wenn man sich von geliebten persönlichen Gegenständen trennen muß, wird man das Gefühl eines Verlustes wahrscheinlich nie ganz los. Wenn Sie sich aber die Zeit nehmen und genau überlegen, warum und wem Sie etwas verkaufen werden, können Sie den Schlag wenigstens etwas abschwächen.

Es ist doch nur Fernsehen

Glücklicherweise habe ich in meinem Arbeitsalltag nicht mit Situationen zu tun, bei denen es um Leben oder Tod geht. Als ich mit Michael Landon zusammenarbeitete, zog er mich immer auf, wenn ich mich zu sehr in eine Sache vertieft hatte.

»Es ist doch nur Fernsehen«, sagte er dann und blinzelte mich an. Das war seine Art, mir zu sagen, ich sollte besser eine Pause einlegen, etwas emotionale Distanz gewinnen und die Angelegenheit nicht zu ernst nehmen.

Als ich einmal konterte und sagte, daß die Verhandlung seiner Verträge ähnlich wie Gehirnchirurgie sei, lachte er nur und antwortete: »Nein, für Sie sind das Stunden, die Sie mir in Rechnung stellen. Für mich aber ist das alles nur Fernsehen.«

Der richtige Umgang mit dem wunden Punkt

7

In diesem Kapitel

▶ Der Umgang mit wunden Punkten

▶ Cool bleiben auch bei schwierigen Gegnern

▶ Die Vorteile langfristiger Beziehungen

Jeder Mensch erlebt Gefühle und reagiert auf diese Gefühle. Nur weil Sie sich in einer Verhandlung voll konzentrieren, heißt das nicht, daß Sie während der ganzen Zeit kühl, ruhig und gesammelt bleiben müssen. Tatsache ist: Je wichtiger die Verhandlung für Sie auf persönlicher Ebene ist, desto wahrscheinlicher werden gefühlsbestimmte Reaktionen hervorgerufen.

Emotionale Reaktionen gehören zu jedem gesunden Menschen. Wenn Sie merken, daß Emotionen in Ihnen aufsteigen, kontrollieren Sie diese Emotionen, und nutzen Sie sie zu Ihrem Vorteil. Dieses Kapitel behandelt die Emotionen, die häufig in Verhandlungen hochkommen – zu Hause und im Berufsleben – und empfiehlt Methoden, wie Sie die Emotionen bei sich selbst und bei anderen in den Griff bekommen.

Die eigenen wunden Punkte erkennen

Um meisterhaft verhandeln zu können, müssen Sie Ihre Emotionen stets unter Kontrolle haben. Das bedeutet erstens, das Selbstvertrauen in die eigene Fähigkeit zu haben, die Gefühle in den Griff zu bekommen, und zweitens, die Fähigkeit zu besitzen, die Emotionen im Verlauf der Verhandlung in die richtigen Kanäle leiten zu können. Die Emotionen schlagen meist dann hoch (mit einer einzigen Ausnahme), wenn der Gegenspieler oder auch eine Situation einen wunden Punkt bei Ihnen berührt. Wunde Punkte lösen Widerstandsreaktionen aus und führen dazu, daß Sie die Kontrolle über sich verlieren.

Jeder Verhandlungsführer (überhaupt jeder Mensch) muß sich ständig mit den unterschiedlichsten Emotionen auseinandersetzen. In diesem Kapitel beschäftigen wir uns mit den wunden Punkten, die erfahrungsgemäß am häufigsten während einer Verhandlung offengelegt werden und manchmal eine Verhandlung auch erheblich stören können.

Droht Ärger? Pause einlegen!

Mit jeder Verhandlung gehen Sie das Risiko ein, sich über irgendeinen Punkt zu ärgern. Wenn Menschen nicht das bekommen, was Sie wollen, ist Ärger eine der natürlichsten Reaktionen.

Jeder kennt die Gefühle: Der Druck steigt langsam. Sie fühlen, daß Sie gleich explodieren werden – und manchmal explodieren Sie auch. Sie haben jedoch die Fähigkeit, Ihren Ärger auch ruhig und bestimmt auszudrücken. Ärger ist manchmal eine große Hilfe, wenn es darum geht, Grenzen festzulegen. (Wenn Sie ehrlich sind, müssen Sie zugeben, daß Sie sich nur deshalb ärgern, weil Sie jemandem erlaubt haben, Ihre Grenzen zu überschreiten.)

Wenn Sie ehrlich wütend über etwas sind, das während einer Verhandlung geschehen ist, lassen Sie es am besten die andere Seite wissen. Das soll nicht heißen, daß Sie unkontrolliert explodieren sollen. Wenn Sie Ihren Ärger nicht bewußt und ruhig ausdrücken, wird er irgendwann doch hochkochen – und kann dann viel zerstören. Am besten gehen Sie folgendermaßen vor: Beginnen Sie jeden Ihrer Sätze mit »Ich«. Beispiel: »Ich bin wirklich verärgert, weil ...«. Sagen Sie niemals: »Sie haben unrecht, weil ...« Derartige Beschwerden lassen das emotionale Potential der Situation nur noch weiter ansteigen.

Der Teufel steckt im Detail

Vor nicht allzu langer Zeit verhandelte ich über die Einzelheiten einer Bühnenshow, die in einem der großen Theater von Los Angeles aufgeführt werden sollte. Der Produzent und ich hatten eine Zwei-Seiten-Vereinbarung über wesentliche Punkte wie beispielsweise Daten, Tickets, Preise und so weiter erzielt. Mit den Einzelheiten aber kamen wir einfach nicht voran.

Plötzlich knallte es: Mein Mandant besprach mit dem Produzenten einige technische Fragen. Die Fetzen flogen. Mit erhobener Stimme und dem Das-werden-Sie-noch-bereuen-Ton drohte die Gegenseite meinem Mandanten, die Show an Los Angeles einfach vorbeifahren zu lassen. Solch eine Neuplanung wäre tatsächlich bequemer für die andere Seite gewesen, als bei der Zusage zu bleiben, zu den festgelegten Terminen nach Los Angeles zu kommen.

Nach ein paar Wochen hatten die Dinge sich beruhigt. Mein Mandant wollte kein großes Aufhebens um den Vorfall machen. Ich konnte ihn überzeugen, daß ein konstruktiver Kommentar von seiner Seite die beste Lösung wäre. Als ich die Anwältin der Gegenseite traf, sagte ich ihr, wie falsch meiner Ansicht nach die Drohung ihres Mandanten gewesen wäre. Ich erklärte ihr ruhig, daß die Drohungen, unsere schriftliche Vereinbarung zu brechen, mich selbst und meinen Mandanten verärgert hätten und daß Drohungen im allgemeinen keinen Platz in unserer Beziehung hätten.

Sie reagierte ebenso wie mein Mandant. »Oh, das ist wohl außer Kontrolle geraten. Wir hatten das ja gar nicht so gemeint.« Ich machte ihr noch einmal meine Position deutlich. Als sie versuchte, die Sache zu beschönigen, entgegnete ich, daß ich nicht auf eine Entschuldigung aus sei. Ich hatte nur das Gefühl, daß ich bei diesem Thema bleiben mußte, bis ich sicher sein konnte, daß sie mich verstanden hatte. Da sie die Situation zu beschönigen versuchte, dachte ich, sie hätte nicht verstanden, daß all unsere künftigen Diskussionen nur unter der Bedingung stattfinden könnten, daß beide Seiten zu den Verflichtungen in dem schriftlichen (und unterschriebenen) Vertrag stehen würden. Sie überlegt kurz und sagt dann: »Ich verstehe.«

Wir haben nie wieder eine derartige Drohung gehört. Wir haben noch einige andere Shows mit diesem Unternehmen verhandelt und erwarten auch für die Zukunft noch viele gemeinsame Projekte.

Beachten Sie, daß der erste Ausbruch (in dem die andere Seite drohte, Los Angeles auszulassen) die gesamte Verhandlung fast zum Platzen gebracht und das Verhältnis erheblich gestört hatte. Meine Feststellung (daß sowohl ich selbst als auch mein Mandant verärgert über die Art und Weise war, wie man uns behandelt hatte) hat die Atmosphäre weitestgehend bereinigt. Obwohl sich niemand entschuldigen mußte, haben wir ein Übereinkommen erzielt, und bis heute haben wir nie wieder eine Drohung gehört.

 Bedenken Sie: Ein ehrlicher Umgang der Parteien miteinander ist einer der Schlüsselfaktoren für eine effiziente Verhandlung. Wenn Sie über einen bestimmten Vorfall wirklich verärgert sind, müssen Sie das der anderen Seite auch mitteilen. Ihr Gegenspieler ist kein Gedankenleser. Er kann nicht ahnen, wann er eine bestimmte Grenze überschreitet, wenn Sie es ihm nicht sagen. Warten Sie einige Zeit, aber vergessen Sie den Vorfall nicht – besonders dann nicht, wenn Ihnen etwas an einem guten Verhältnis zur Gegenseite liegt.

Etwas Begeisterung kann nicht schaden

Wir glauben, daß Geheimnisse und Tricks in einer Verhandlung nichts zu suchen haben. Eine der Thesen dieses Buches lautet, daß Ihr Gegenspieler ebenso gut vorbereitet sein sollte wie Sie – die Verhandlung macht dann einfach mehr Spaß. Hier einige Richtlinien zum Thema »Begeisterung während einer Verhandlung«:

✔ Scheuen Sie sich nicht, zu zeigen, daß Sie etwas wollen ... daß Sie etwas gern haben ... daß Sie etwas für umwerfend halten ... daß Sie viel dafür geben würden, einen bestimmten Gegenstand zu bekommen ... und so weiter.

✔ Hüten Sie sich davor, schadenfroh zu grinsen oder laut zu jubilieren, wenn Sie gerade einen Punkt gemacht haben. Schadenfreude ist der Ausdruck einer übertriebenen Genugtuung und macht dem Gegenspieler schmerzhaft bewußt, daß er geschlagen wurde. Schadenfreude stößt die andere Seite auf die Tatsache, daß sie das Geschäft besser nicht hätte abschließen sollen. Es ist immer besser, bescheiden zu bleiben, selbst wenn Sie sämtliche Punkte gemacht haben. Sie wollen schließlich nicht, daß Ihr Gegenspieler sich über den Tisch gezogen fühlt. Danken Sie ihm einfach nur für die erfreuliche Zusammenarbeit.

Geduld zahlt sich aus

Die Fähigkeit, grenzenlose Begeisterung zu zeigen, kann unter Umständen ausschlaggebend für eine Vertragsverhandlung sein. Ein gutes Beispiel dafür ist Harvey Weinstein, der zusammen mit seinem Bruder Bob die Verleihfirma *Miramax Films* leitet – eine Firma, die sich auf den Verleih von unabhängig produzierten Filmen spezialisiert hat. Dieser Mann beherrscht diese Technik meisterhaft. Nachdem er sich einen Film angeschaut hat, überzeugt er den Filmemacher als erstes davon, wie sehr er diesen Film liebt, daß er das Konzept versteht, daß er weiß, wie man den Film am besten verleihen muß, und daß er niemals, NIEMALS, daran denken würde, auch nur ein einziges Bild herauszuschneiden.

Das funktioniert immer.

Harveys Talent, die Verleihrechte für die besten Filme der unabhängigen Filmszene zu bekommen, ist unübertroffen. Die von ihm verliehenen Filme –*Das Piano, Sex, Lügen und Video* und viele andere – sind Klassiker der unabhängigen Filmszene. Niemand, aber auch wirklich niemand ist besser in der Kunst, unabhängige Filmemacher davon zu überzeugen, daß ihre Babies in seinen starken, aber zarten und liebevollen Händen am besten aufgehoben sind. Er ist einfach unwiderstehlich.

Fast alle Makler, mit denen wir jemals zusammengearbeitet haben, sagten, daß man den Verkäufer niemals wissen lassen darf, daß man sein Haus gerne kaufen würde. Trotzdem haben wir nie ein Haus gekauft oder verkauft, ohne unsere Begeisterung darüber auszudrücken, wie wunderschön wir das Haus finden. (Lesen Sie den Kasten »Es zahlt sich immer aus, den Verkäufer zu kennen« weiter vorne, und Sie werden sehen, wie hilfreich es sein kann, wenn man dem Verkäufer eines Hauses seine Begeisterung zeigt.)

Viele Verhandlungsführer fürchten sich davor, zu zeigen, wieviel ihnen an einem für sie positiven Ausgang der Verhandlung gelegen ist. Sie denken, diese Offenbarung könnte vom Gegner zu ihrem Nachteil ausgenutzt werden. Aber so lange Sie sich gründlich vorbereiten (Kapitel 2) und Ihre Grenzen richtig festlegen (Kapitel 4), können Sie gar nicht und von niemandem ausgenutzt werden. Wenn Sie der Gegenseite sagen, wie sehr Sie das von ihr angebotene Objekt mögen, kann das sogar von Vorteil sein. Sie können den Verkäufer möglicherweise für Ihre Position gewinnen, wenn Sie offenbaren, wie sehr Sie das fragliche Objekt wollen.

Zeigen, wie sehr Sie etwas wollen, ist besonders wichtig bei einem Objekt wie beispielsweise einem Haus. Die meisten Hausverkäufer haben im Lauf der Jahre eine bestimmte Bindung an Ihr Haus entwickelt. Sie empfinden so etwas wie Reue, daß sie ihr Haus verkaufen müssen. Man verkauft ein Haus ja nicht einfach, nur weil die Aschenbecher gerade voll sind. Sehr oft müssen Menschen ihr Haus wegen einer persönlichen Katastrophe wie beispielsweise einer Scheidung, dem Verlust des Arbeitsplatzes, wegen eines Todesfalls oder dem Auszug der Kinder verkaufen. In all diesen Fällen fahren Sie gut damit, den Verkäufer wissen zu lassen, daß Sie das Haus wirklich gerne kaufen wollen, daß sie es lieben und nicht die geringste Kleinigkeit daran verändern werden – daß es einfach ideal ist. Selbst wenn der Verkäufer für seinen Umzug einen erfreulichen Grund hat, würde er abfällige Bemerkungen über sein altes Heim bestimmt nicht besonders gern hören.

Wir wollen damit nicht sagen, daß Sie in Begeisterungsstürme ausbrechen sollen, wenn Sie nicht begeistert sind. Ihre Gefühle sollten immer ehrlich sein. Wir wollen Ihnen nur die Angst nehmen, die Sie möglicherweise davor haben, Ihre Wünsche während einer Verhandlung auszudrücken. Wenn Sie sich obendrein gut vorbereitet und Ihre Grenzen festgelegt haben, gehen Sie praktisch kein Risiko ein, wenn Sie das verhandelte Objekt ehrlich und offen würdigen.

Treten Sie sicher auf

Haben Sie Schwierigkeiten damit, Ihrem Chef offen zu sagen, was Sie wollen und brauchen? Können Sie bei manchen Gelegenheiten nicht reagieren, obwohl Sie denken, Sie müßten es gerade dann. Empfinden Sie in manchen Routineverhandlungen manchmal ein Gefühl der Machtlosigkeit? Sie müssen Ihren Kommunikationsstil nicht grundlegend ändern, um Ihre Wünsche offen auszudrücken. Wünsche lassen sich auch auf sanfte Weise direkt und offen ausdrücken.

Die Kunst des bestimmten Auftretens ist äußerst wichtig und erfordet auch die Fähigkeit, Wünsche und Bedürfnisse selbstbewußt und sicher vorzubringen, ohne jemanden zu verletzen oder selbst verletzt zu sein. Die meisten Menschen haben diese Kunst vielleicht als Kind nicht gelernt. Wahrscheinlicher aber ist, daß diese Menschen im Lauf der Jahre auf *Unbestimmtheit* umprogrammiert worden sind. Das Ergebnis: Sie sind schlecht für die Herausforderungen an einem Arbeitsplatz gerüstet, wo sie Resultate nur mit Hilfe anderer Menschen erzielen können.

Das ganze Leben besteht daraus, Herausforderungen zu begegnen und sich zu behaupten. Das wichtigste im Leben aber ist der Mut, klar und deutlich zu sagen, was man will und braucht.

Sie werden im Leben immer denselben Alternativen begegnen – Sie müssen sich entscheiden, jemandem entweder die Wahrheit zu sagen oder mit der Wahrheit hinter dem Berg zu halten. Sie müssen wählen, ob Sie lieber auf der sicheren Seite stehen wollen oder Unbequemlichkeiten und vielleicht sogar den teilweisen Verlust Ihrer Popularität riskieren wollen, um Grenzen zu setzen und das zu bekommen, was Sie wollen. Der Lohn für das Risiko sind bessere und auf Vertrauen und Ehrlichkeit basierende Beziehungen.

Lassen Sie sich nicht entmutigen

Viele professionelle Unterhändler sind im Verkauf tätig. Zum Verkaufen gehören – auch bei Weltklasseverkäufern – Ablehnungen und Fehlschläge, was bei vielen Verkäufern zu Enttäuschung und Entmutigung führt.

Unser Schwiegersohn beginnt gerade eine Karriere als Verkäufer. Wir sind sehr dankbar, daß seine Firma ihn auch auf die Momente vorbereitet, in denen er das Gefühl haben wird, daß er nichts mehr verkaufen wird, daß er seine Familie nicht ernähren kann, daß er ein Versager ist. Verkaufen ist ein hartes Geschäft.

 Gerade bei sehr langen Verhandlungen müssen Sie auf viele Enttäuschungen vorbereitet sein. Alles, was sich zu tun lohnt, trägt auch immer das Potential in sich, eine ganze Menge an Frustrationen auszulösen. Wirklich Wertvolles wird Ihnen niemals auf einem Silbertablett serviert. Herausforderungen suchen ist Teil der menschlichen Natur.

Fehlschläge – die Schritte zum Erfolg

Mein Großvater war ein Freund des alten Thomas Edison. Nach zwei Büchern über die Geschichte der Elektrizität und deren Verbreitung schrieb er im Jahr 1929 eine Biographie über Thomas Edison. In diesem Buch erzählt er die Geschichte, wie Edison die Glühbirne erfand. Edison unternahm genau 2386 Versuche, Licht mit Hilfe von Elektrizität zu erzeugen, bevor er schließlich Erfolg hatte. »War das nicht entmutigend?« wurde er oft gefragt. »Nein!« war seine Standardantwort. »Immer, wenn etwas nicht funktionierte, wußte ich, daß ich der Lösung wieder ein Stück näher war.«

Edison mußte erst noch ein Verteilungssystem und verschiedene Geräte erfinden, mit denen der Stromverbrauch gemessen und sämtliche Kunden Strom in der gleichen Stärke bekommen konnten – unabhängig davon, wie weit von der Quelle entfernt sie wohnten –, bevor die Allgemeinheit mit seiner Glühbirne überhaupt etwas anfangen konnte. Er erlebte mehr Fehlschläge als Erfolge – es sei denn, man betrachtet jeden sogenannten Fehlschlag als Schritt auf dem Weg zum Erfolg.

Edison konnte all das erreichen, weil er stets sein Endziel im Auge hatte. Bei der Glühbirne bestand es darin, die spezielle Kombination von Glühfaden und Behälter zu finden, mit der sich Licht erzeugen lassen konnte. Ihm war es vollkommen egal, wie diese Kombination aussehen sollte. Er machte unbeirrt weiter, wenn eine bestimmte Kombination nicht funktionierte. Er wußte, daß er eines Tages die richtige Lösung finden würde. Auch Sie können Rückschläge besser einstecken, wenn Sie sich nur fest genug auf Ihr Endziel konzentrieren.

Wenn der Gegenspieler schwierig ist

Oft genug ist der Grund für Frustrationen und Ärger in einer Verhandlung nicht so sehr ein bestimmtes Ereignis sondern eine bestimmter Typ Mensch. Sie kennen diese Typen – Menschen, die Sie auf die Palme und eine Besprechung aus dem Kurs bringen können.

So gehen Sie mit dem Büroekel um

Manchen Menschen ist es offenbar völlig egal, ob sie jemand anders verletzen oder ob ihre Witze immer auf Kosten eines anderen Menschen gehen. Wenn Sie das Opfer eines solchen Ekels sind, bedenken Sie, daß dieser Mensch fast immer aus Unsicherheit handelt – was zugegebenermaßen nicht immer ganz einfach ist. Am liebsten würden Sie die Situation ignorieren, was Ihnen vielleicht auch mitunter gelingt. Gleichzeitig aber brauchen Sie die Hilfe und Mitarbeit dieser Person für Ihren Job. Fast immer werden Sie deshalb auf eine solche Situation mit Frustration und Ärger reagieren.

Manchmal fällt Ihnen erst nach dem Angriff oder der Beleidigung – wenn es schon viel zu spät ist – eine perfekte Antwort ein. In der folgenden Aufstellung finden Sie einige Tips, wie Sie auf einen Angriff sofort angemessen reagieren und damit weiterhin die Kontrolle behalten können:

✔ **Wehren Sie sich nicht gegen die Bemerkung:** Bewerten Sie sie lieber. Wenn jemand beispielsweise sagt: »Können Sie sich den Preis nicht endlich mal merken? Haben Sie was am Kopf?«, antworten Sie: »Sieht so aus, oder?« Wenn Sie nicht zurückschlagen, verliert Ihr Angreifer meistens schnell die Lust. Wenn das Feuer kein Holz bekommt, gibt es bald kein Feuer mehr.

✔ **Erkennen Sie das Körnchen Wahrheit in der Bemerkung:** Am meisten verletzen die Bemerkungen, in denen ein Körnchen Wahrheit enthalten ist. Wenn Sie zum Beispiel selbst am besten wissen, daß Sie es mit dem Zurückrufen von Gesprächspartnern nicht so eilig haben, werden Sie sehr empfindlich darauf reagieren, wenn jemand Sie gerade wegen dieses Fehlers angreift. Je besser Sie sich selbst und Ihre Fehler kennen, desto besser sind Sie darauf vorbereitet, wenn man sie Ihnen vorhält. Dann ist es für Sie sehr einfach, die Wahrheit anzuerkennen, ohne mit der Art und Weise einverstanden zu sein, in der sie gesagt wurde. Sagen Sie einfach: »Ja, da haben Sie recht. Manchmal rufe ich nicht so schnell zurück, wie ich es eigentlich sollte.« Danach müssen Sie selbst entscheiden, ob ein bestimmter Angriff eine Entschuldigung oder Erklärung verlangt.

✔ **Stellen Sie den Angreifer bloß:** Wenn jemand vor anderen eine abfällige Bemerkung über Sie macht, richten Sie die Aufmerksamkeit der Gruppe auf diese Person. Wenden Sie sich an die Gruppe, zeigen Sie auf den Menschen, der Sie gerade beleidigt hat, und sagen Sie: »Nun, diese Bemerkung fanden wir wohl alle nicht so ganz passend, oder?« oder »Mit dieser Bemerkung werden Sie sich hier wohl keine Freunde machen.« Machen Sie danach eine kurze Pause, und lassen Sie den Gruppendruck wirken. Irgend jemand aus der Gruppe wird bestimmt sagen: »Er hat recht. Hör auf mit dem Gemecker.«

Mit diesen Antworttechniken können Sie zeigen, daß Sie kein gutes Opfer sind. Das Büroekel wird sich mit Sicherheit schnell jemand anders suchen, an dem es herumnörgeln kann.

Konfrontationen mit passiv-aggressiven Kollegen

An dieser Stelle möchte ich Ihnen kurz den passiv-aggressiven Charakter vorstellen – *passiv* deshalb, weil diese Menschen Sie nicht direkt und offen angreifen, und *aggressiv* deshalb, weil sie ausschließlich ihren eigenen Vorteil auch auf Kosten anderer suchen. Sie können äußerst feindselig vorgehen, und die Probleme mit ihnen treten meist an unerwarteter Stelle zu Tage. Passiv-aggressive Menschen revanchieren sich auf eine so versteckte und indirekte Art und Weise, daß es in der Regel schwierig ist, sie direkt darauf anzusprechen. Sie lassen beispielsweise ihre Arbeit unfertig liegen, erledigen sie zu spät oder ungenau. Ihre übliche Entschuldigung: »Habe ich vergessen.« oder »Ich wußte nicht, daß das fällig war.« oder »Ich wußte doch nicht, daß ich das _auch noch_ machen sollte.«

Der passiv-aggressive Charakter scheint meist kooperativ, ist ruhig, scheinbar hilfsbereit und beschwert sich nie. Aber aus irgendwelchen Gründen wird die Arbeit, auf die Sie warten, oder die Aufgabe, die diese Person versprochen hatte zu erledigen, niemals fertig. Ihre Aggressivität zeigen diese Menschen auf viele Arten: Hinter Ihrem Rücken über Sie reden ist nur eine Form, ihren Widerstand gegen Sie auszudrücken.

Auf welche Art und Weise können Sie diesen Menschen am besten begegnen? Befolgen Sie im Umgang mit passiv-aggressiven Leuten diese beiden allgemeinen Regeln:

✔ Geben Sie diesen Leuten keine Arbeiten, von denen viel für Sie abhängt. Hüten Sie sich, einen Menschen dieses Schlages in Ihrem Betrieb einzustellen, zu heiraten oder mit Ihren Versicherungsangelegenheiten zu betrauen. Sie können sich nie darauf verlassen, wie dieser Menschentyp seine Aggressionen gegen Sie auslebt – wenn Sie überhaupt mitbekommen, daß er Aggressionen gegen Sie hat. Diese Menschen sind nicht ehrlich mit Ihnen. Und sie können es schaffen, daß Sie am Ende ebenso aggressiv sind wie sie.

✔ Lassen Sie sich nicht von Ihren eigenen Gefühlen beeinflussen. Reagieren Sie nicht zu heftig auf die Taktiken dieser Menschen – sagen Sie sich einfach, daß diese Leute wohl nicht anders können.

Wenn Sie es vermeiden können, sollten Sie sich von passiv-aggressiven Menschen so weit wie möglich fernhalten. Wenn Sie aber mit einem passiv-aggressiven Menschen unbedingt zusammenarbeiten müssen, sollten Sie stets ruhig und objektiv bleiben. Befolgen Sie dazu diese Regeln:

1. **Halten Sie alles schriftlich fest.**

   Lassen Sie den betreffenden Kollegen alles aufschreiben, was Sie von ihm erwarten – besser noch: Schreiben Sie alles selber auf, und behalten Sie eine Kopie. Geben Sie sehr genaue Anweisungen, damit er später nicht sagen kann: »Aber das stand doch nicht auf dem Zettel.«

2. **Machen Sie ihm die Konsequenzen deutlich, wenn er bestimmte Aufgaben nicht erledigt. Lassen Sie ihn diese Konsequenzen aufschreiben.**

   Auch wenn Sie nicht der Chef dieses Kollegen sind, können Sie ihn auf Konsequenzen hinweisen. Sie könnten zum Beispiel sagen: »Wenn Sie mir diese oder jene Zahlen nicht bis zu einem bestimmten Termin liefern, können Sie in Zukunft nicht mehr mit meiner Hilfe rechnen.«

3. Kontrollieren Sie den Arbeitsfortschritt.

Warten Sie nicht zu lange damit, seinen Arbeitsfortschritt zu kontrollieren. Dokumentieren Sie alle Gespräche.

4. Im Zweifel für den Angeklagten.

Denken Sie positiv. Hüten Sie sich vor der Versuchung, mit gleicher Waffe zurückzuschlagen. Bleiben Sie ruhig!

Vielleicht sind Sie selber auch manchmal passiv-aggressiv? Wie erkennen Sie, daß Sie sich so verhalten? Beantworten Sie die folgenden Fragen mit Ja oder Nein:

✔ Sagen Sie manchmal verhalten »Oh, Gott!« und seufzen dann so laut, daß jeder es hören kann?

✔ Murmeln Sie manchmal leise vor sich hin? Vielleicht gerade so laut, daß man Sie fragt: »Was sagten Sie gerade?«. Und antworten Sie dann mit einem »Oooch, gar nichts«?

✔ Haben Sie schon festgestellt, daß Sie gerne bestimmte Aufgaben vergessen, obwohl der Grund dafür eigentlich nicht das Vergessen ist, sondern das *Nicht-Wollen*.

✔ Können Sie mindestens drei Dinge nennen, die Sie in letzter Zeit freiwillig gemacht haben, für die Ihnen aber niemand gedankt hat?

✔ Halten Sie Leute für blöd, weil sie nicht Ihre Gedanken lesen können?

Wenn Sie mindestens drei dieser fünf Fragen mit Ja beantwortet haben, haben Sie passiv-aggressive Tendenzen. Weg damit! Beginnen Sie Ihre Sätze mit »Ich«. Beispiel: »Ich will ...« oder »Ich brauche ...« Warum? Die meisten Menschen ignorieren indirekte Signale – sie reagieren nur auf direkte Ansprache. Seien Sie also gewarnt: Je mehr Ihre Signale ignoriert werden, desto frustrierter und unglücklicher werden Sie.

Lassen Sie sich das Steuer nicht aus der Hand nehmen

In intensiven Besprechungen neigen alle Beteiligten nach einer bestimmten Zeit zu Gefühlsausbrüchen. Wenn Sie aber Ihre eigenen und die Gefühle der übrigen Teilnehmer nicht unter Kontrolle behalten und aufgeregte Ausbrüche unterbinden, werden Sie nie zu einem Ergebnis kommen. Die folgenden vier Charaktertypen können eine Besprechung aus dem Kurs bringen, wenn Sie sie nicht in den Griff bekommen:

Der Dominator

Dominante Menschen stören Ihre Besprechung, weil sie jede Unterhaltung beherrschen wollen. Im Umgang mit diesen Menschen müssen Sie eine starke und feste Hand haben. Hier einige Vorschläge:

✔ Danken Sie diesem Teilnehmer für seinen konstruktiven Beitrag und loben Sie seine profunde Kenntnis.

✔ Machen Sie deutlich, daß Sie auch die Meinungen der anderen Teilnehmer hören wollen.

✔ Bitten Sie die Gruppe oder einen anderen Teilnehmer um Ansichten und Reaktionen.

✔ Intervenieren Sie bei persönlichen Attacken, indem Sie sie in objektive Informationen umwandeln.

✔ Warten Sie auf eine natürliche Unterbrechung oder Pause, und schreiten Sie dann ein.

Die Schwätzer

Schwätzer sind Leute, die bei ihren Redebeiträgen vom Hundertsten ins Tausendste kommen und die anderen Teilnehmer damit langweilen. Normalerweise brauchen diese Menschen nur etwas Aufmerksamkeit. Sie selber aber sollen die Diskussion steuern und können nicht die Aufmerksamkeit der anderen Teilnehmer opfern, um die Bedürfnisse eines einzelnen zu befriedigen.

✔ Sagen Sie ihm, daß Sie das Wesentliche seiner Geschichte verstanden haben.

✔ Machen Sie noch einmal die Dringlichkeit der Ziele und die zeitlichen Vorgaben deutlich.

✔ Stellen Sie einem anderen Teilnehmer oder der gesamten Gruppe eine Frage, und richten Sie das Augenmerk aller Beteiligten wieder auf Ihre Ziele.

Der Störenfried

Es passiert immer wieder, daß einzelne Teilnehmer sich in Einzelgespräche vertiefen, während Sie und die übrigen Beteiligten am Gesamtziel arbeiten. Dadurch entstehen verschiedene Probleme. Erstens verlieren Sie die Aufmerksamkeit der Menschen, die gerade in ihre private Unterhaltung vertieft sind, und zweitens verlieren Sie wahrscheinlich auch die Kontrolle über die Besprechung. Eine Unterhaltung zieht nämlich meistens andere Unterhaltungen nach sich. Derartige Ablenkungen müssen Sie sofort unterbinden, wenn Ihnen die Besprechung nicht aus dem Ruder laufen soll.

✔ Pausieren Sie kurz, und schauen Sie die Störenfriede direkt an.

✔ Bitten Sie die Störenfriede, ihre Gedanken der ganzen Gruppe mitzuteilen.

✔ Betonen Sie noch einmal die Wichtigkeit Ihrer Ziele, und machen Sie deutlich, daß alle Beteiligten mehr erreichen würden, wenn nicht alle gleichzeitig reden.

Der Bedenkenträger

Manche Menschen haben das Bedürfnis, alle nur denkbaren Punkte in Frage zu stellen. Egal, welches Thema gerade diskutiert wird – Sie können damit rechnen, daß diese Menschen sich zu Wort melden und ihre etwas andere Sicht der Dinge vortragen. Vorsicht vor solchen Leuten! Befolgen Sie diese Regeln:

✔ Wenden Sie sich an die Person, die die Gegenmeinung geäußert hat. Umschreiben Sie mit Ihren eigenen Worten diese Meinung, um dem Teilnehmer zu zeigen, daß Sie ihn verstanden haben. Wenn Sie es gleich mit mehreren Personen zu tun haben, sprechen Sie jede einzelne an.

✔ Machen Sie aber deutlich, daß Sie nach einer von allen Teilnehmern abgesegneten Tagesordnung vorgehen, um die Diskussion wieder auf den Weg zu dem gewünschten Ziel zu bringen. Fassen Sie die Punkte zusammen, über die Sie schon eine Übereinstimmung erzielt haben, um wieder eine positive Atmosphäre herzustellen.

Tips zur Bewältigung von Streßsituationen

Stellen Sie sich folgende Situation vor: In einer Verhandlung wiederholen ein paar Leute stur dieselben Argumente, die sie schon in der letzten Sitzung vorgebracht haben. Wenn das so weitergeht, ist an Fortschritt nicht zu denken. »Was soll ich hier eigentlich?«, fragen Sie sich. Sie haben langsam Angst, zu Ihrem nächsten Termin zu spät zu kommen. Ihr Gesicht wird heiß und heißer, die Adern auf Ihrer Stirn werden langsam sichtbar. Genau in diesem Augenblick bringt jemand die Neuigkeit, daß die Computeranlage ausgefallen ist und die neuen Zahlen deshalb nicht zur Verfügung stehen. Um das Maß voll zu machen, ist es stickig warm im Zimmer. Und Sie wollen sich mit einem Schweißausbruch keine Blöße geben. »Die Armleuchter haben noch nicht mal eine vernünftige Klimaanlage«, denken Sie und werfen den fremden Menschen um Sie herum böse Blicke zu. Der Druck im Kopf wird größer, und dann verspannt sich auch noch Ihr Nacken. »Diesen Tag kannst Du vergessen«, sagt Ihre innere Stimme. Und sie könnte damit sogar recht behalten.

Streß ist eine innere Reaktion auf ein äußeres Ereignis. Alle Beteiligten und Situationen zusammen bilden das *äußere* Ereignis, und all Ihre psychischen und physischen Reaktionen (einschließlich Streß) sind *innere* Reaktionen. Da wir nur selten alle äußeren Ereignisse unter Kontrolle haben können, wäre es dann nicht gut, wenn wir unsere inneren Reaktionen beeinflussen könnten? So tun, als wäre man froh, wenn man sich doch in Wirklichkeit elend fühlt. So tun, als würde man die Leute mögen, die man in Wirklichkeit nicht leiden kann? Das wäre wohl keine Lösung!

Drei wichtige Gefühle

Streß wird durch den Widerstand gegen äußere Ereignisse ausgelöst. Wenn Sie sich gegen eine Verhandlungsverzögerung, einen unhöflichen Menschen oder eine unbequeme Situation wehren, reagieren Sie mit drei Gefühlen: Angst, Ärger und Ablehnung.

Wenn Sie sich eine Streßsituation einmal genau anschauen, werden Sie feststellen, daß Angst, Ärger und Ablehnung nicht Teil des Ereignisses sind. Das Ereignis ist lediglich der Auslöser, der diese drei Gefühlen in Ihnen veranlaßt. Lesen Sie noch einmal das Beispiel am Anfang dieses Kapitels über Verhandlungsstreß, und versuchen Sie zu bestimmen, welches die Gefühle und welches die Auslöser sind:

✔ **Angst:** Sie haben Angst, zu spät zu kommen. Haben Sie ein privates Treffen, ein Rendez-vous vielleicht, oder müssen Sie zu einem anstrengenden Termin, bei dem Sie fürchten, möglicherweise zu versagen? Wovor haben Sie wirklich Angst? Haben Sie Angst vor Strafe? Bilden Sie sich vielleicht auch nur ein, keine Wahl zu haben?

✔ **Ärger:** Sie ärgern sich über Leute, von denen Sie glauben, sie würden Ihnen nicht zuhören. Sind Sie häufig mißtrauisch – anderen und auch sich selbst gegenüber? Oder rührt Ihr Ärger aus der Vorstellung, daß Sie mehr leisten als andere, daß Ihre Anstrengungen aber nicht honoriert werden? Glauben Sie, daß die Aufgaben in Ihrem Leben fair verteilt sind, oder glauben Sie, daß Sie mehr als nötig tun? Externe Ereignisse können diese Art von Ärger an die Oberfläche bringen.

✔ **Ablehnung:** Sie lehnen die Leute ab, die noch nicht einmal wissen, wie man die eigene Klimaanlage vernünftig bedient. Sind Sie oft ungeduldig mit Leuten, die ihre Angelegenheiten nicht so erledigen, wie Sie es selbst tun würden?

All diese Gefühle sind normal und menschlich. Sobald Sie sich aber dieser Gefühle bewußt geworden sind, haben Sie auch wieder Kontrolle über sich und die Verhandlung. Ignorieren Sie die Gefühle jedoch, dann werden sich Streß und Spannungen aufbauen. Analysieren Sie Ihre Gefühle. Dann sind Sie auch in der Lage, Ihre Reaktionen zu steuern.

Nimm's leicht, nimm's hin!

Sind Sie jemand, der anscheinend immer im Streß ist? Ärgern Sie sich zum Beispiel über die Menschen im Supermarkt, die in der schnelleren Warteschlange vor der Kasse stehen? Wie können Sie zu dem beneidenswerten Menschen werden, der munter mit der Kundin vor ihm in der Schlange plaudert und nicht wütend vor sich hinstiert?

Schauen Sie sich Ihre erste Reaktion an: Widerstand. Wie wär's mit dem Gegenteil dieser Reaktion: Akzeptanz. Lernen Sie, etwas zu akzeptieren. Das soll natürlich nicht bedeuten, daß Sie bei jeder Verhandlungsverzögerung freudig ausrufen: »Wie schön, endlich eine Verzögerung!« Wir reden hier über eine Reaktion, die etwa folgendermaßen aussehen könnte: »Oha, eine Verzögerung! Normalerweise macht mich sowas ja verrückt. Aber ich muß diese Situation jetzt bewältigen.« Nehmen Sie die unangenehmen Umstände mit Humor. Nur wenn Sie eine Situation akzeptieren, können Sie ihr wirkungsvoll begegnen. Ständiger Widerstand lähmt Sie nur.

Akzeptanz erfolgt in drei Schritten: Anhalten, anschauen, zuhören!

✔ **Anhalten:** Drücken Sie Ihre Pause-Taste. (In Kapitel 6 finden Sie die Details über den Umgang mit der Pause-Taste. Mit ihrer Hilfe bekommen Sie Ihre automatischen emotionalen Reaktionen unter Kontrolle.)

✔ **Anschauen:** Erkennen Sie, daß Sie es gerade mit einem Ihrer speziellen Streßauslöser zu tun haben. Erkennen Sie dann auch, daß Sie die Wahl haben: Explosion oder Ruhe bewahren. Anschauen bedeutet auch, daß Sie sich noch einmal anschauen, was Sie wirklich wollen, und sich anschließend fragen: »Kann ein Gefühlsausbruch mir dabei überhaupt helfen?« Normalerweise ist die Antwort darauf ein klares Nein.

✔ **Anhören:** Achten Sie darauf, was Ihre innere Stimme Ihnen sagt. (In Kapitel 10 erfahren Sie, wie Sie in Kontakt mit dieser inneren Stimme kommen können.) Im allgemeinen stehen Ihnen drei Optionen zur Verfügung, wenn Ihnen der von der Gegenseite präsentierte Vertrag nicht gefällt: Anpassen, ändern oder ablehnen.

   ◆ *Anpassen* bedeutet in diesem Zusammenhang, daß *Sie* sich an die Situation anpassen müssen. Hören Sie sich an, was die Gegenseite zu sagen hat. Möglicherweise haben Sie unrealistische Vorstellungen darüber, wie lange manche Leute für eine Entscheidung brauchen. Vielleicht müssen Sie deshalb einfach eine Verzögerung akzeptieren.

   ◆ *Ändern* bedeutet hier eine Veränderung der Situation. Suchen Sie alternative Wege zu Ihrem Ziel: Bereiten Sie sich besser auf eine Verhandlung vor.

   ◆ *Ablehnen* ist eine Option, die Sie eigentlich vergessen können. Wenn Sie eine Verhandlung nicht überhaupt ganz und gar ablehnen, können Sie nicht einzelne Teilnehmer ablehnen oder Situationen aus dem Weg gehen, weil die bei Ihnen starke Emotionen auslösen.

Ihre innere Stimme wird Ihnen sagen, ob Sie sich anpassen, die Situation ändern oder ablehnen sollen. Folgen Sie Ihrer inneren Stimme, und Sie werden nicht unter Streß leiden.

 Das beste Instrument im Umgang mit gefühlsbetonten Menschen sind einfühlsame Reaktionen. Eine einfühlsame Antwort zeigt, daß Sie zugehört haben. Einfühlsames Zuhören nimmt gefühlsbetonten Menschen die Lautstärke aus der Argumentation. Diese Menschen lassen Ihren Emotionen nur deshalb freien Lauf, weil sie ihren Ansichten Gehör verschaffen wollen. Eine einfühlsame Reaktion wirkt immer beruhigend, ist positiv und baut auf. Eine gute Reaktion braucht nicht mehr als sechs Sekunden: »Ich kann Sie gut verstehen, daß Sie wütend sind. Mir würde es in Ihrer Lage ganz genauso gehen.« Sechs Sekunden. »Ich kann Sie verstehen, daß Sie bei dieser Maschine langsam die Geduld verlieren.« Sechs Sekunden. »Sie hören sich ziemlich verärgert an. Ich glaube, Sie könnten jetzt unsere volle Unterstützung brauchen.« Sechs Sekunden. Sie entschärfen damit nicht nur die Situation, sondern finden auch noch die Zeit, um über eine geeignete Reaktion nachzudenken, mit der Sie Ihre Ziele erreichen und gleichzeitig innerhalb Ihrer gesteckten Grenzen bleiben.

Verhandlungen in Langzeitbeziehungen

Verhandlungen in einer Langzeitbeziehung unterscheiden sich in drei wichtigen Punkten von Verhandlungen, die nur ein einziges Mal geführt werden:

✔ **Sie kennen Ihr Gegenüber.** Sie kennen die wunden Punkte dieses Menschen. Sie wissen, wie Sie ihn unter der Gürtellinie treffen können.

✔ **Sie können nicht einfachen weggehen.** Diese Verhandlung ist anders als ein Gespräch beim Autokauf. Wenn Sie nicht bekommen, was Sie wollen, können Sie nicht einfach zum nächsten Autohändler gehen.

✔ **Sie schleppen Gepäck mit sich herum – ein ganzes Leben.** Wenn Ihr Ehepartner, ein alter Kollege oder Ihr Chef irgendetwas sagt, das Sie unangenehm an Ihre Eltern erinnert, kann das Gespräch leicht innerhalb weniger Sekunden in einen lautstarken Streit über eine Lächerlichkeit ausarten. In diesem Fall reagieren Sie aber in Wirklichkeit nicht auf Ihr Gegenüber, sondern auf eine Erinnerung aus Ihrer Jugend, die durch ein Wort, eine Geste oder einen bestimmten Unterton ausgelöst wurde.

 Wie können Sie in einer heißen Diskussion mit einem geliebten Menschen unter diesen Umständen einen kühlen Kopf bewahren? Am besten beginnen Sie damit, sich darüber zu einigen, daß über alles geredet werden kann. Stellen Sie vor dem eigentlichen Gespräch Regeln für einen fairen Streit auf. Wir nennen es zwar Verhandlung, aber wenn der Geräuschpegel auf über 50 Dezibel steigt, kann man wohl eher von einem Streit sprechen. Mimi und ich amüsieren uns immer wieder gerne darüber, daß wir beide, die wir ständig andere Menschen vor übertriebenen Reaktionen warnen, uns wie alle anderen Menschen streiten, daß die Fetzen nur so fliegen. Am besten kann man anderen Menschen eben genau das beibringen, was man selbst am dringendsten lernen muß.

Streiten – aber mit Niveau

In der folgenden Liste finden Sie eine Menge Tips, die einem bösen Streit seinen Stachel nehmen:

Stellen Sie Ihre eigenen Regeln für die Regelung Ihrer Differenzen auf. Auf den Beruf bezogen, kann das unter Umständen ein bißchen schwierig sein. Aber für den normalen Familienstreit sind diese Regeln sehr wichtig. Hier unsere Familienregeln:

✔ Die Nach-10-Uhr-Regel: Bringen Sie nach 10 Uhr keine heiklen Themen ins Gespräch.

✔ Machen Sie regelmäßige Pausen: Nehmen Sie eine Auszeit, wenn die Diskussion zu heiß wird.

✔ Widerstehen Sie dem Drang, Ihrem Gesprächspartner Fehler nachzuweisen, indem Sie externe Experten zitieren.

✔ Scheuen Sie sich nicht, einen Ehe- oder Familienberater aufzusuchen. Dieser Tip ist sehr amerikanisch, das ist uns klar. Wir leben in einer Gesellschaft mit einer größeren Psychologen-, Psychiater-, Familienberaterdichte, mit mehr Seminaren und Therapiegruppen als irgendwo sonst in diesem Land. Unbestreitbar ist aber, daß ein professioneller Berater ein Ehepaar in ruhigeres Fahrwasser führen und ihm die notwendigen Werkzeuge an die Hand geben kann. Ein guter Berater kann auch dabei helfen, einen eigenen Stil zur Konfliktlösung zu entwickeln.

✔ Finden Sie einen Punkt, über den Sie nach dem Gespräch herzlich lachen können. Das mag vielleicht etwas schwierig sein, wenn man es nicht gewöhnt ist. Die Ergebnisse sind aber die Mühe wert. Wenn Sie nicht einsehen, wie lächerlich manche Diskussionen sind, werden Sie sie wahrscheinlich ewig weiterführen.

✔ Sprechen Sie über die Probleme, die Sie stören, bevor sie sich in Ihnen aufstauen, und Sie zu einem wandernden Pulverfaß werden. Bei ihrem Lebenspartner haben viele Menschen Hemmungen, um das zu bitten, was sie gerne hätten. Sie haben Angst vor einer emotionalen Konfrontation – die normalerweise nur eingebildet ist. Wenn Sie aber diese Themen nicht ansprechen, zögern Sie damit das Unvermeidliche nur hinaus.

Spezielle Vorbereitungen

Einer der Gründe dafür, daß Emotionen in Langzeitbeziehungen relativ schnell hochkochen, liegt darin, daß sich beide Parteien nicht richtig vorbereiten. Emotionen kochen lange nicht so schnell über, wenn beide Partner gut vorbereitet in den Ring steigen. Eine solide Vorbereitung macht den ganzen Prozeß logischer. Mit einer gründlichen Vorbereitung sind Sie in der Lage, Alternativlösungen zu entwickeln. Wir sprechen diesen Aspekt extra deshalb an, weil die meisten Menschen nicht im Traum daran denken würden, sich auf Verhandlungen mit dem Lebenspartner vorzubereiten.

So wichtig eine ordentliche Vorbereitung für Verhandlungen im allgemeinen sein mag, so entscheidend ist sie für eine Verhandlung in einer Langzeitbeziehung. Weil Sie mit einem Menschen eng zusammenleben oder zusammenarbeiten, nehmen Sie wahrscheinlich an, Sie kennen diesen Menschen. Diese Intimität sollte Sie aber nicht daran hindern, auch diesen Menschen nach seinen Wünschen und Bedürfnissen zu fragen. Denken Sie daran: Menschen ändern sich im Lauf der Zeit. Und Neugier zeugt von Respekt.

 Als Mindestmaß an Vorbereitung sollten Sie Ihren Lebenspartner oder Kollegen mindestens einige Vorfragen stellen, um zu entscheiden, ob er oder sie überhaupt gerade zu einem Gespräch bereit ist. Wahrscheinlich hat Ihr Partner ohnehin gerade nichts anderes vor. Entspannen Sie sich also. Finden Sie heraus, wie gut Ihr Partner sich vorbereitet hat. Wenn der Zeitpunkt richtig ist, beginnen Sie Ihr Gespräch.

Nicht aufgeben – verhandeln!

Nicht aufgeben – verhandeln! Wie richtig dieses Prinzip ist, habe ich während einer Geschäftsreise in einem Imbiß-Center auf einem Flughafen erfahren. Ich hatte mich für den chinesischen Stand entschieden und mir eine Portion Nudeln bestellt. Ich genoß mein Abendessen und las gerade in einem Roman, als ich merkte, daß jemand neben mir stand und mich beobachtete. Ich blickte auf und sah eine junge Frau, die sehnsüchtig meine Nudeln anstarrte.

»Sieht gut aus«, sagte sie.

»Schmeckt auch gut«, antwortete ich.

»Ich bekomme gleich eine Pizza.«

Ich sagte: »Ich hasse Pizza.«

»Ich auch«, sagte sie und blickte über die Schulter zum Pizza-Stand hinüber. Ich folgte ihrem Blick und sah ihren Mann und ihre zwei zappeligen Söhne in der Schlange stehen.

Ich hätte diese junge Frau am liebsten kräftig geschüttelt und angeschrien: »Sie müssen keine Pizza nehmen – Sie können doch auch Nudeln essen.« Gleichzeitig hätte ich sie auch gerne umarmt und getröstet: »Sie müssen doch keine Pizza essen. Warum haben Sie nicht einfach Nudeln bestellt? Sie können doch das essen, was Sie wollen. Lassen Sie Ihre Männer doch essen, was sie wollen. Warum können nicht alle glücklich mit ihrem Essen sein?« Ich unterdrückte den Impuls schnell wieder. Die junge Frau hatte aufgegeben und begnügte sich mit einem Essen, das sie gar nicht mochte.

Hätte ich die junge Frau in einem meiner Kurse getroffen und nicht im Flughafenrestaurant, hätte ich ihr erklärt, daß sie mit Hilfe der sechs Grundelemente der Verhandlungskunst innerhalb von zwei Minuten das bekommen hätte, was sie wollte. Folgende Regeln hätte ich ihr mitgegeben:

✔ **Bereiten Sie sich vor:** Schauen Sie sich im Imbiß-Center um, und entscheiden Sie, was Sie essen möchten. Bereiten Sie sich dann auf mögliche Konflikte oder Einwände von Ihrem Mann vor. Sie haben einen Vorteil – Sie kennen den Verhandlungspartner sehr gut. Was ist ihm wichtig? Vielleicht hätte er sich gefreut, ohne die zappeligen Kinder in der Warteschlange stehen zu können. Wie wichtig ist es ihm, schnell zu seinem Essen zu kommen?

✔ **Setzen Sie Grenzen:** Sie mögen keine Pizza. Ihre Grenze könnte zum Beispiel sein, nichts zu essen, was Sie nicht wirklich mögen. Falls Ihr Mann Ihre Grenzen nicht respektiert, sollten Sie Ihre Beziehung vielleicht überdenken.

✔ **Drücken Sie die Pause-Taste:** Nehmen Sie sich Zeit, um Ihre Strategie zu planen. Respektieren Sie auch seine Überlegungen. Vielleicht braucht er mehr Zeit, um über Ihren Vorschlag nachzudenken. Denken Sie immer daran, daß Sie das Recht haben, Ihre eigenen Bedürfnisse zu erfüllen. Befreien Sie sich von der Angst, womöglich etwas zu tun, was jemand anderen ärgern könnte.

✔ **Hören Sie zu:** Hören Sie sich seine Antwort an, wenn Sie ihm sagen, daß Sie lieber chinesisch essen würden – auch wenn er und die Jungen Pizza haben wollen. Achten Sie auf seine Antwort, wenn Sie vorschlagen, ihm die Kinder abzunehmen, oder ihm eine andere Motivation anbieten.

✔ **Seien Sie deutlich:** Lassen Sie ihn deutlich wissen, daß Sie ihn lieben. Sagen Sie ihm, daß Ihre Beziehung besser wäre, wenn beide bekommen würden, was sie wollen. Sagen Sie ihm auch, daß es nicht länger dauern oder mehr kosten würde, wenn Sie das essen würden, was Ihnen auch schmeckt.

✔ **Schließen Sie das Geschäft ab:** Nach allen anderen Schritten ist das jetzt ein Klacks: Geben Sie ihm einen Kuß. Danken Sie ihm. Zeigen Sie ihm, daß er ein gutes Geschäft gemacht hat. Jeder braucht Anerkennung.

Teil IV

Hören Sie, was ich höre?

The 5th Wave — By Rich Tennant

»Nur weil Ihr Büro größer ist als meines, müssen Sie doch nicht gleich große Töne spucken.«

In diesem Teil...

Zuhören können ist eine der Fähigkeiten, die im Zusammenhang mit Verhandlungen immer unterbewertet wird. Die meisten Menschen glauben, sie könnten das gewünschte Ziel allein durch Reden und nicht durch Zuhören erreichen. Die Wahrheit ist aber, daß erfolgreiche Verhandlungsführer mehr Zeit mit Zuhören als mit Reden verbringen. In diesem Abschnitt finden Sie Tips, wie Sie besser zuhören und das Gehörte wirkungsvoller verwenden können. Wir erklären Ihnen, wie Sie sowohl auf Ihre innere Stimme als auch auf das, was andere sagen, hören können. Wir sagen Ihnen außerdem, was Sie alles von Ihrem Gesprächspartner erfahren können, ohne daß er dazu den Mund aufmachen muß. Auch wenn Sie sich schon jetzt für einen guten Zuhörer halten, kann Ihnen dieser Abschnitt helfen, Ihre Fähigkeiten weiterzuentwickeln und möglicherweise die Tür zu einer neuen Verhandlungsdimension aufzustoßen.

Lauschangriff auf den Chefsessel

In diesem Kapitel

▷ Können Sie gut zuhören?

▷ Was gutes Zuhören stören kann

▷ So führt Zuhören zum Erfolg

▷ Zuhören in anderen Kulturen

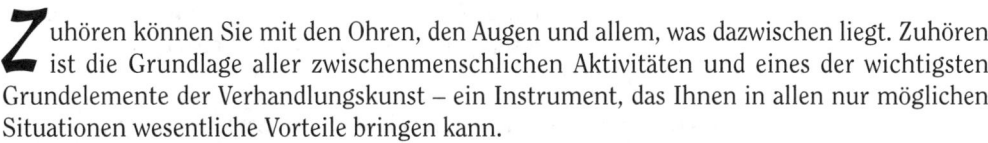

Zuhören können Sie mit den Ohren, den Augen und allem, was dazwischen liegt. Zuhören ist die Grundlage aller zwischenmenschlichen Aktivitäten und eines der wichtigsten Grundelemente der Verhandlungskunst – ein Instrument, das Ihnen in allen nur möglichen Situationen wesentliche Vorteile bringen kann.

Gutes Zuhören kann sowohl Ihr Privat- als auch Ihr Berufsleben verändern. Wie viele Frauen haben schon ihre Männer mit der Beschwerde »Er hat mir nicht zugehört« verlassen? Im Privatleben führt fehlende Aufmerksamkeit dazu, daß der Partner sich unwichtig, nicht ernst genommen oder ungeliebt fühlt. Im Geschäftsleben führt dieser Fehler zu geplatzten oder schlechten Geschäften.

Gutes Zuhören ist für jede Verhandlung eine entscheidende Voraussetzung. Zuhören ist häufig auch die Fähigkeit, die in einer Verhandlung in erster Linie gefordert wird. Wenn jemand im geschäftlichen oder im privaten Bereich an Sie herantritt und eine Verhandlung beginnt, sucht er in der Regel Ihre Zustimmung beziehungsweise Einwilligung oder versucht, Sie zu einer Handlung zu bewegen. Möglicherweise haben Sie gerade in dem Moment nicht mit einer Verhandlung gerechnet, aber jetzt haben Sie keine Wahl. Alles, was Sie tun können, ist zuhören.

Aktives Zuhören

Zuhören ist schwerer, als die meisten Menschen glauben. Zuhören ist scheinbar eine passive Tätigkeit, tatsächlich aber ein *aktiver* Sport. Sie müssen zum Zuhören wach und aufnahmebereit sein. Zuhören ist eine Tätigkeit und nicht etwas, was mit Ihnen getan wird. Manche Menschen gehen mit dem Zuhören um wie mit einer Ganzkörpermassage: Sie entspannen sich, lassen die Worte des anderen auf sich einplätschern, wachen wieder auf und haben sich kolossal entspannt. Haben Sie die Worte des andern genossen? Ja! Aber haben Sie wirklich zugehört? Wahrscheinlich nicht! Zuhören erfordert Arbeit und Energie. Es kann sehr anstrengend sein – besonders bei bestimmten Menschen. (Keine Namen, bitte!)

Zuhören ist in seiner Grundform die Aufnahme all der Signale, die die andere Seite an Sie übermittelt. *Aktives Zuhören* erfordert alle Sinne. In seiner raffiniertesten Form können Sie mit gutem Zuhören einen Menschen dazu bringen, sich zu öffnen, mehr Informationen zu übermitteln und Gedanken deutlicher auszudrücken, als er es sonst tun würde. Sie werden feststellen, daß dieser Mensch sich Ihnen gegenüber nur deshalb öffnet, weil er erkennt, daß Sie ihm richtig zuhören.

Viele Menschen beschreiben das Scheitern ihrer Ehe als ein Ereignis, mit dem sie nicht gerechnet hätten, das aus heiterem Himmel über sie hereingebrochen wäre. Meistens haben diese Leute jedoch Ihrem Partner vorher einfach nur nicht aktiv zugehört. Falls Sie diese Erfahrung in einer Beziehung schon gemacht haben, sollten Sie wissen, daß aktives Zuhören etwas ist, das man lernen kann. Fangen Sie gleich mit der ersten Übung an.

Gleich in Ihrem nächsten Gespräch sollten Sie zwei wichtige Werkzeuge zum aktiven Zuhören verwenden: Wiederholung und Umschreibung des Gesagten. Beide Werkzeuge verlangen von Ihnen, daß Sie sich intensiv mit dem Gegenüber beschäftigen, und mit beiden Werkzeugen können Sie überprüfen, ob Sie auch wirklich gehört haben, was der andere Ihnen erzählt hat.

✔ **Wiederholung:** Wörtliche Wiederholung eines kurzen Satzes, den Ihr Gesprächspartner gerade gesagt hat.

✔ **Umschreibung:** Wiedergabe einer längeren Aussage des anderen mit eigenen Worten.

Beide Instrumente lassen sich gut mit einer gehörigen Position Humor einsetzen. Vielleicht beginnen Sie mit folgendem Satz: »Mal sehen, ob ich das richtig verstanden habe. Sie wollen also ...«

Sind Sie ein guter Zuhörer?

Der Grund dafür, daß viele Menschen nicht richtig zuhören, liegt darin, daß sie eigentlich gar nicht zuhören *wollen*. Eigentlich wollen sie sich nur unterhalten. Jeder sollte aber erkennen, daß sich Zuhören lohnen kann.

Die meisten Menschen halten sich selber für gute Zuhörer. Ein schlechter Zuhörer zu sein, wird als Charakterfehler betrachtet. Die Tatsache, daß unsere Kultur Zuhören als gut bewertet und Zuhörenkönnen als positiven Charakterzug betrachtet, macht es nur umso merkwürdiger, daß sich nicht mehr Leute anstrengen, auch wirklich gute Zuhörer zu sein. Niemand wird jemals sagen: »Ich kann es nicht ausstehen, wie dieser Mensch mir immer zuhört.«

Als allgemeingültige Regel sollte man mehr als 50 Prozent einer Unterhaltung mit Zuhören verbringen. Wenn Sie die Hälfte der Zeit oder mehr selber sprechen, dann reden Sie zuviel und hören nicht genug zu. Würden beide Gesprächspartner sich an diese Regel halten, wäre das ein ideales Zusammentreffen. Beide würden versuchen, dem anderen mehr zuzuhören, als selber zu reden. Jeder läßt den anderen reden. Derartige Verhandlungen könnten möglicherweise etwas länger dauern – aber was für ein wunderbares (und effektives) Gespräch wäre das.

Wie gut Sie zuhören können, läßt sich im privaten Leben an einer Vielzahl von Anzeichen erkennen. In den folgenden Abschnitten können Sie lernen, ein noch besserer Zuhörer zu werden. Egal, wie Sie sich jetzt auch einschätzen, Sie können noch ein ganze Menge dazulernen. Allerdings wird sich die Fähigkeit, zuhören zu können, nicht über Nacht verbessern. Da hilft auch die beste Motivation nichts. Zuhören ist eine Kunst, die sich durch eine sehr langsame Entwicklung bis zur vollen Reife auszeichnet.

Der Unterbrechungsindex

Nach unserer Erfahrung sind Menschen, die andere laufend unterbrechen, im allgemeinen keine guten Zuhörer. Wenn wir hier von Unterbrechungen reden, ist damit nicht die liebevolle Ergänzung von Sätzen gemeint, die bei Menschen in festen Beziehungen häufig zu beobachten ist. Die Betonung muß hier auf »liebevoll« liegen, denn es gibt auch Ergänzungen, die alles andere als liebevoll vorgebracht werden.

Wenn Sie herausfinden wollen, ob Sie zu den Unterbrechern gehören, fragen Sie sich selbst, wie oft Sie sich von anderen Menschen schon folgenden Satz haben anhören müssen: »Unterbrich' mich bitte nicht dauernd.«

Umgekehrt fühlen sich gute Zuhörer durch Unterbrechungen mehr belästigt als schlechte Zuhörer. Stört es Sie, wenn jemand einen Witz oder eine Geschichte unterbricht, die Sie gerade erzählen? Wenn Sie mit Nein antworten, müssen Sie wahrscheinlich noch ein bißchen an sich arbeiten, um ein besserer Zuhörer zu werden.

 Untersuchungen haben ergeben, daß Männer Frauen häufiger unterbrechen, als Frauen Männer. Zum Teil ergibt sich diese Diskrepanz aus den allgemein anerkannten Machtunterschieden zwischen Männern und Frauen. Unterbrechungen repräsentieren Macht. Jemand, der Sie unterbricht, raubt Ihnen die Macht zu sprechen. Ein derartiges Verhalten schaltet natürlich jedes vernünftige Zuhören aus.

Fragen Sie einen Freund

Fragen Sie einen Freund oder einen Mitarbeiter, ob Sie ein guter Zuhörer sind. Sie sollten die Frage absolut ernsthaft behandeln. Suchen Sie sich dazu eine ruhige Zeit aus, wenn Sie sicher sein können, nicht gestört zu werden. Diese Frage können Sie nicht einfach im Vorübergehen aufwerfen und dann eine durchdachte Antwort erwarten.

Bemühen Sie sich, während dieser Unterhaltung ein guter Zuhörer zu sein. Begnügen Sie sich nicht mit einer schnellen Antwort auf Ihre Frage. Verlangen Sie Beispiele dafür, wann Sie ein relativ guter und wann Sie ein absolut miserabler Zuhörer waren. Machen Sie sich Notizen. Seien Sie besonnen. Verteidigen Sie sich nicht. In dieser Unterhaltung geht es nicht um Richtig oder Falsch. Sie sollen niemanden davon überzeugen, daß Sie trotz allem ein guter Zuhörer sind. Sie führen dieses Gespräch, um zu lernen, ein besserer Zuhörer zu werden – egal wie gut Sie jetzt schon zuhören können. Sie führen das Gespräch, um zuzuhören.

Wenn Sie mit diesem Gespräch Erfolg haben, werden Sie möglicherweise ein katastrophales Urteil über Ihre Fähigkeiten zu hören bekommen, was das Zuhören betrifft. Auch wenn das Urteil Sie überrascht, reagieren Sie nicht beleidigt! Wir sind alle nicht die guten Zuhörer, für die wir uns halten.

Danken Sie Ihrem Gesprächspartner, sobald Sie genug gehört haben. Sagen Sie ihm, daß Sie sich gerne noch einmal mit ihm über Ihre Kommunikationsfähigkeiten unterhalten wollen. Machen Sie diese Ankündigung aber auch wahr, wenn Sie dazu bereit sind. Verteidigen Sie sich nicht gegen die Eindrücke und Informationen, die der andere Ihnen gegeben hat – egal, für wie abwegig Sie dessen Urteil auch halten. Dieser Verteidigungsmechanismus würde Ihre Entwicklung zu einem guten Zuhörer nur bremsen.

Immer diese Wiederholungen

Legen Sie eine Eieruhr auf den Tisch. Wenn sie klingelt, muß jeder den letzten Satz des links von ihm sitzenden Gesprächsteilnehmers wiederholen, den er vor dem Klingeln gesagt hat. Wechseln Sie sich ab, bis jeder am Tisch einmal an der Reihe gewesen ist. Je mehr Leute am Tisch sind, desto besser. Spaß ist garantiert, besonders wenn keiner sich mehr an das Gesagte erinnern kann – vielleicht nicht einmal der Sprecher.

Wenn alle gelernt und in der nächsten Runde besser zugehört haben, können Sie die Regeln verschärfen: Jeder muß jetzt die letzten zwei, dann drei usw. Sätze wiederholen. Das Spiel läßt sich auch anders spielen: Bestimmen Sie einen Sprecher, der ein Gedicht oder eine Geschichte laut vorliest. Der Sprecher unterbricht seinen Vortrag an beliebiger Stelle und sucht sich jemanden, der den letzten Satz wiederholen muß. Wenn Sie das Spiel lange genug geübt haben, können Sie anfangen, um richtige Einsätze zu spielen. Wer verliert, muß den Tisch abdecken oder den Mülleimer vor die Tür stellen etc.

Die sechs Faktoren, die gutes Zuhören stören

Die meisten Menschen versuchen, gute Zuhörer zu sein – und die meisten halten ihre Bemühungen auch für erfolgreich. Und trotzdem gehört der Satz »Du hast mir gar nicht zugehört« zu den am häufigsten geäußerten Vorwürfen. Leider ist es eine traurige Tatsache, daß es viele Hürden gibt, die die meisten von uns mehr oder weniger stark daran hindern, richtig zuzuhören.

Natürlich gehören Sie zu den wenigen glücklichen Menschen, die diese Hindernisse hinter sich gelassen haben. Wenn Sie aber herausfinden wollen, was manche Ihrer Freunde daran hindert, richtig zuzuhören, sollten Sie die folgenden Abschnitte lesen.

Der Verteidigungsmechanismus

Einer der Gründe dafür, daß manche Leute in einer Verhandlung nicht sorgfältig zuhören, ist ein rein psychologisches Problem. Im allgemeinen hört sich niemand gerne schlechte Nachrichten an. Wer hätte nicht schon einmal folgenden Satz gehört: »Er hört doch nur, was er auch hören will.« Solche Redensarten enthalten immer mehr als nur ein einziges Körnchen Wahrheit. Tatsache ist, daß wir alle in mehr oder weniger starkem Maß schlechte Nachrichten einfach herausfiltern.

Jedes Tier verfügt über erstaunliche Überlebensmechanismen. Einer dieser Mechanismen ist die Fähigkeit, die Gefahr zu hören – nicht nur im wörtlichen Sinn. Ob Raubtier, Feuer oder Gewittersturm – alle senden Warnsignale aus, die die Lebewesen, die der Gefahr ausweichen wollen, hören und einschätzen können müssen.

Zwar verfügt auch der Mensch noch über viele nützliche Mechanismen zur Selbstverteidigung: Augen zukneifen, zusammenzucken und abducken sind nur einige Beispiele für Reaktionen bei unmittelbarer Bedrohung. Was wir aber offenbar verloren haben, ist die Fähigkeit, die Gefahr kommen zu hören. Haben wir im Laufe der Evolution beschlossen, daß wir besser damit fahren, die Gefahr einfach zu überhören, anstatt sie zu hören und uns mit ihr auseinanderzusetzen? Eigentlich eher unwahrscheinlich, oder? Diese Fähigkeit ist einer der Aspekte, in denen Tiere dem Menschen überlegen sind. Nur wenn man die Gefahr hören und sie einschätzen kann, ist man in der Lage, ihr auszuweichen oder sie zu entschärfen. Eigentlich sollte man also noch sorgfältiger zuhören, wenn man irgendwo eine Gefahr vermutet.

Ein Fall von »Ja, aber ...«

Eine der sichersten Arten, ein Gespräch zu zerstören, besteht darin, auf den Gesprächspartner mit einem »Ja, aber ...« zu reagieren. Diese Situation entsteht immer dann, wenn Sie eine Verteidigungshaltung gegenüber dem Sprecher aufgebaut haben. »Ja, aber ...« – das wird in diesem Fall Ihre erste Reaktion sein. Wenn Sie mit Ihrem Chef, einem Kunden oder Ihrem Partner reden, sollten Sie allerdings diese Reaktion vergessen. Hüten Sie sich vor Antworten wie diesen:

»Ja, ich weiß, aber Sie sind nicht unser einziger Kunde.«

»Ja, Liebling, aber bisher warst du doch immer meiner Meinung.«

»Ja, aber *du* bist es doch, der hier herumbrüllt.«

Diese Antworten lösen auch in Ihrem Zuhörer eine Abwehrhaltung aus. Sagen Sie statt dessen zuerst: »Ja, ich verstehe Dich.« Danach eine kurze Pause. Fahren Sie dann fort: »So sieht's aus«, und erklären Sie Ihre Position. Auf diese Art und Weise bekommen Sie weitaus mehr positive Ergebnisse.

Schwaches Selbstbewußtsein

Viele Menschen, die zuviel reden, obwohl sie lieber zuhören sollten, tun das aus reiner Nervosität. Manch einer versucht auch, hinter vielen Worten nur die berühmten »Schmetterlinge im Bauch« zu verstecken.

 Nervosität ist tödlich für das Zuhören – sie läßt einen Menschen nach Antworten, Beobachtungen oder Anekdoten suchen, während der Gesprächspartner redet. Ein mit anderen Dingen beschäftigter Geist aber blockiert das Zuhören so wirkungsvoll wie das eigene Sprechen.

Im allgemeinen hören die Menschen, die zuviel reden, auch sich selbst nicht besonders gut zu. Wenn Sie diese Leute bitten, ihren letzten Satz zu wiederholen, stoßen Sie meist auf eine Erinnerungslücke. Sie reden, hören aber nicht zu – nicht einmal sich selbst.

Wenn Ihr Geist sich während eines Gespräches mit einem anderen Thema beschäftigt, kann es unter Umständen zu unerwünschten Nebeneffekten kommen. Ihr Gesprächspartner hält wahrscheinlich Ihr Schweigen für Aufmerksamkeit und nicht für geistige Abwesenheit. Wenn er Sie dann nach etwas fragt und Sie dann eine unpassende Antwort oder gar ein erschrockenes »Was?« von sich geben, wird dieser Gesprächspartner – wenigstens für sich selbst – Zweifel an Ihrer Intelligenz anmelden.

Sie sollten verstehen, daß Schmetterlinge im Bauch nicht gratis sind. Im Gegenteil: Sie können sogar ziemlich teuer werden. Wenn diese Schmetterlinge Sie dazu bringen, einfach draufloszureden anstatt zuzuhören, bezahlen Sie dafür möglicherweise mit einem Job, einem geplatzten Geschäft oder dem Auszug Ihres Lebenspartners.

 Kurse über den richtigen Umgang mit der eigenen Nervosität gibt es in Hülle und Fülle. Unsere Lieblingstechnik zur Ableitung der überflüssigen Energien besteht aus ein paar Liegestützen vor jedem Vortrag. (Sie können sich vorstellen, wie überrascht wir waren, als Jack Palance genau dieselben Übungen machte, als er bei der Oskar-Verleihung im Jahr 1992 aufs Podium mußte.) Sie können aber auch einfach nur ein paarmal tief durchatmen oder Arme und Beine kräftig strecken. Im Prinzip kann jede Übung helfen, die überflüssige Energien auf irgendeine Art abbaut. Denken Sie immer daran: Schmetterlinge im Bauch sind immer nur nervöse Energien, die darauf warten, in eine positive Bahn geleitet zu werden.

Wenn Sie Ihre Ängste in positive Energie umwandeln, werden Sie sowohl in Situationen, in denen Sie zuhören, als auch dann, wenn Sie selber sprechen, selbstbewußter und sicherer auftreten können. Energien verlassen den Körper über fünf Kanäle:

✔ Augen

✔ Hände

✔ Füße

✔ Körper

✔ Stimme

Nervöse Energie über Augenkontakt abzuleiten, ist besser, als zuviel zu reden. Es ist immer besser, sich nach vorne zu lehnen, den Gegenspieler anzuschauen und noch aufmerksamer zuzuhören, als zuviel zu reden. Der Schlüssel liegt darin, zu erkennen, daß Angstgefühle in Wirklichkeit Energien sind, die Ihr Körper zur Gefahrenabwehr entwickelt. Je besser Sie Verhandlungstechniken beherrschen, desto weniger bedroht werden Sie sich fühlen, und desto weniger nervöse Energien muß Ihr Körper abbauen.

Wenn die Batterie leer ist

Manchmal sind die Leute einfach zu faul oder zu müde zum Zuhören. Zuhören erfordert Energie. Zuhören ist Gedankenarbeit, und auch Denken erfordert Energie. Vergleichen Sie einmal, wie genau Sie Ihren Kindern oder Ihrem Ehepartner am Morgen zuhören, und wie die Situation am Abend nach einem langen Tag im Büro aussieht. Wie gut oder schlecht auch immer Sie im allgemeinen zuhören mögen, diese beiden Tageszeiten werden immer unterschiedliche Resultate ergeben.

Wenn Ihre Energien verbraucht sind, fällt Ihnen das Zuhören schwer. Seien Sie sich dieser Tatsache immer bewußt. Haben Sie folgenden Satz schon einmal gehört: »Machen Sie mal langsam, ich hatte heute einen verdammt schweren Tag!« So spricht ein erfahrener Verhandlungsführer, jemand, der weiß, daß man nicht dauernd aufmerksam zuhören kann. Wenn Ihr Gegenüber vom Gas gehen soll, damit Sie das Gespräch weiterhin verfolgen können, sagen Sie es ihm!

Schlechte Angewohnheiten

Möglicherweise haben Sie im Laufe der Zeit die Angewohnheit entwickelt, weiter vorauszudenken und zu reden, obwohl Sie Ihrem Gegenüber lieber noch weiter zuhören sollten. Sollte das der Fall sein, behandeln Sie diese Angewohnheit wie das Rauchen: Sie können damit aufhören, wenn Sie nur wollen.

Es ist schwer, dieses Verhaltensmuster zu ändern, weil Sie dabei auf sich selbst gestellt sind. Für besseres Zuhören gibt es keine Nikotinpflaster. Je mehr Status und Macht Sie haben, desto weniger wahrscheinlich wird man Ihnen sagen, daß Sie nicht zuhören. Die Leute um Sie herum bemerken es aber und reagieren entsprechend. Sie sagen es Ihnen bloß nicht. Es ist wie schlechter Atem: Viele bemerken ihn, aber keiner sagt etwas.

 Während Sie noch auf dem Weg zu einem besseren Zuhörer sind, können Sie eine kleine Zwischenübung durchführen: Hören Sie auf, laut zu reden, und reden Sie lieber leise mit sich selbst. Diese Technik ist zwar nicht so gut wie ernsthaftes Zuhören, aber wenigstens reden Sie schon mal weniger. Nach und nach können Sie dann auch zum echten Zuhören übergehen.

Denken, ohne dabei zu sprechen, fällt manchen Menschen sehr schwer. Sie können viel schneller denken, als selbst Ihr schnellster Gesprächspartner jemals sprechen könnte. Die Sprechgeschwindigkeit liegt zwischen 100 und 150 Wörtern pro Minute. Aufnehmen kann man etwa 500 Wörter pro Minute. Es ist deshalb nur natürlich, daß Sie in Gedanken schon weiter sind, als der Sprecher, dem Sie zuhören. In diesem Fall müssen Sie versuchen, sich wieder voll auf den Sprecher zu konzentrieren.

Falsche Erwartungen

Hüten Sie sich vor falschen Erwartungen! Eine _falsche Erwartung_ hindert Ihren Geist daran, weiterhin offen und aufnahmebereit zu bleiben. Wie auch ihre Verwandte, die _Annahme_, erstickt eine vorgefaßte Meinung das Zuhören im Nu. Mit beiden Problemen scheinen besonders Menschen in Langzeitbeziehungen zu kämpfen.

Eine vorgefaßte Meinung geht von folgender Vorstellung aus: Wenn ein Mensch einmal ein bestimmtes Verhalten gezeigt hat, wird er dieses Verhalten immer zeigen. Wenn ein Gesprächspartner in einer Verhandlung aus der Haut gefahren ist, nehmen Sie vielleicht an, er würde auch im nächsten Gespräch explodieren. »So ist er nun mal«, werden Sie sagen. Wenn Sie aber diese Feststellung als Erklärung für jeden weiteren Ausbruch benutzen, übersehen Sie dabei aber vielleicht die Möglichkeit, daß dieser Mensch sich möglicherweise auch über irgendeinen Aspekt Ihres Verhaltens aufregen könnte. Ihr Gegner könnte sich bei einem anderen Ausbruch gerade darüber ärgern, daß ein bestimmtes Geschäft nicht zustande kommt. Vielleicht reagiert er mit seiner Explosion aber auch auf Zwänge, die mit der Verhandlung gar nichts zu tun haben.

Auch andere haben ihre Qualitäten

Viele Menschen hören einfach nicht hin, weil Sie nicht erwarten, daß ihr Gegenspieler irgend etwas Wertvolles sagen könnte. Aber jeder Mensch kann irgendeinen Beitrag leisten. Manchmal müssen Sie ein bißchen tiefer graben, aber jeder hat bestimmte Kenntnisse, die andere nicht haben. In einer Verhandlung verfügt die andere Seite über eine Vielzahl nützlicher Informationen. Wenn Sie aber wie selbstverständlich davon ausgehen, daß die andere Seite zu dem Gespräch nichts beitragen kann, ist es schwierig, diese vorgefaßte Meinung aufzugeben und richtig zuzuhören.

 Zuhören kann wie die Suche nach verlorenen Wertgegenständen am Strand sein. Zugegeben, das gilt vielleicht eher für das Zuhören auf einer Party als für Verhandlungssitzungen. Um aber zu einem guten Zuhörer bei einer Verhandlung zu werden, können Sie auf einer Party gut üben. Sagen Sie sich bei Ihrer nächsten Party: »Hinter allem Geschwätz und Partygeplauder steckt eine wertvolle Information.« Wenn Sie sie nur finden wollen, werden Sie sie auch finden.

Wenn manche Leute reden, ist das, was sie zu sagen haben, und die Art und Weise, wie sie es sagen, einfach unerträglich langweilig. Solchen Menschen zuzuhören scheint die reine Energieverschwendung zu sein. Aber auch diese Leute haben oft wertvolle Informationen und Erkenntnisse. Ihre Aufgabe ist es, diese Leute »abzuschöpfen«. Fragen Sie sie so lange aus, bis Sie auf die Informationen stoßen, die Sie brauchen können.

Tatsache ist, daß gute Zuhörer meistens die interessanteren Menschen anziehen als schlechte Zuhörer. Tatsache ist auch, daß Sie mit gutem Zuhören viel über die Probleme und Tatsachen erfahren können, die diese Menschen interessant machen.

Zuhören bringt Sie auf den Chefsessel

In einer Verhandlung ist Schweigen Gold oder, anders ausgedrückt: Geld auf dem Konto.

Denken Sie daran: Sie können nicht gleichzeitig zuhören und reden. Viele Verhandlungen und Geschäfte sind schon deshalb geplatzt, weil jemand immer munter weitergeredet hat, obwohl eine Diskussion nicht mehr nötig oder gar erwünscht gewesen wäre. Umgekehrt sind auch schon viele Gelegenheiten zur Informationsbeschaffung verpaßt worden, weil jemand zu früh mit dem Zuhören aufgehört hat.

 Eine der besten Möglichkeiten zur Steuerung einer Besprechung besteht darin, aufmerksam zuzuhören und darauf zu bestehen, daß auch die anderen Teilnehmer zuhören. Wenn ein Schwätzer mit seinen langen Redebeiträgen die Verhandlung beherrscht, merkt dieser Mensch wahrscheinlich gar nicht, daß andere in der Diskussion auch einmal zu Wort kommen wollen. Unterdrücken Sie den Wunsch, selbst das Wort zu ergreifen, sondern suchen Sie sich jemanden, der so aussieht, als wollte er etwas sagen: »Okay, Müller, Sie sehen so aus, als hätten Sie was zu sagen.« Müller wird dankbar sein, alle Teilnehmer werden Ihnen dankbar sein. Und im Handumdrehen haben Sie die Diskussion wieder im Griff. Manchmal können auch andere Teilnehmer Ihre Ansicht vertreten. Wenn Sie aber glauben, doch noch etwas hinzufügen zu müssen, wird die Gruppe Sie wahrscheinlich reden lassen. Sie sind jetzt der Held – auch für die Mitglieder des anderen Teams. Wenn Sie reden, werden alle Teilnehmer Ihnen respektvoll, wenn nicht sogar bewundernd zuhören.

Verschiedene Studien haben ergeben, daß erfolgreiche Menschen bessere Zuhörer als erfolglose Menschen sind – jedenfalls während sie noch auf dem Weg nach oben sind. Ironischerweise bringt Erfolg aber mit sich, daß Menschen zu weniger einfühlsamen Zuhörern werden – normalerweise zu ihrem eigenen Nachteil. Das bekannteste Beispiel ist der Präsident der Vereinigten Staaten, der während seines Aufstiegs zur politischen Macht ein guter Zuhörer sein muß. Sein Amt bringt es dann aber häufig mit sich, daß er von den Menschen isoliert wird, die ihm zur Macht verholfen haben. Der einsame Präsident ist ein Kennzeichen der politischen Landschaft Amerikas.

 Wenn Sie im Geschäftsleben erfolgreich werden und bleiben wollen, müssen Sie gut zuhören können. In der folgenden Aufstellung finden Sie Beispiele dafür, wie wichtig gutes Zuhören im Beruf ist:

✔ Viele Manager müssen mit einem Rückschlag auch für die eigene Karriere rechnen, wenn sie einen Mitarbeiter verurteilen, noch bevor sie alle Seiten gehört haben. Wenn Sie als Manager respektiert werden wollen, sammeln Sie erst Informationen von allen Parteien, bevor Sie etwas unternehmen.

✔ Neue Mitarbeiter müssen zuerst einmal zuhören, wenn sie in eine Besprechung gehen oder in eine neue Abteilung wechseln. Sie müssen zunächst einmal das Terrain sondieren. Halten Sie sich mit Ihrem ersten Beitrag zurück, bis Sie sicher sind, daß er auch etwas taugt, weil jeder Sie nach diesem ersten Eindruck beurteilen wird.

✔ Viele Verkäufer haben schon ein Geschäft verloren, weil sie zuviel geredet und zuwenig zugehört haben. Erfolgreiche Verkäufer reden wenig und zeigen mit wenigen einfühlsamen Sätzen, daß sie den Kunden voll und ganz verstehen.

Zuhören – andere Länder, andere Sitten

Kommunikationsmuster unterscheiden sich von Land zu Land. In manchen Kulturen ist Zuhören nicht so wichtig wie in anderen. Auch die Art und Weise, wie Menschen zuhören, unterscheidet sich von Land zu Land. Als goldene Regel für Verhandlungen in allen fremden Ländern gilt: Halten Sie sich immer an die entsprechenden Sitten und Gebräuche!

Sobald Sie die Besonderheiten des Landes oder der Kultur kennen, innerhalb dessen Sie eine Verhandlung bestreiten sollen, denken Sie auch an die zweite Regel für internationale Verhandlungen: Es gibt auch Ausnahmen. Aber so sind Verallgemeinerungen nun einmal: Menschen halten sich nicht immer an ein Muster. Sie verhandeln immer mit einem Individuum, nicht mit einer Nation. Möglicherweise hat Ihr Verhandlungsgegner in Heidelberg studiert. Denken Sie also daran, sich *sowohl* über das Land *als auch* über das Individuum zu informieren.

Zuhören in Bali

Nirgendwo auf der Welt hören die Menschen so zu wie in Bali. Diese Besonderheit kann Besucher der ländlichen Gegenden auf Bali ziemlich nervös machen. Die Eingeborenen stehen Ihnen gegenüber und fixieren einen Punkt genau hinter Ihren Augen. Sie kommen sich vor, als schauten diese Menschen Ihnen direkt in die Seele. Niemals drängen sie ihr Gegenüber, endlich mit dem Reden aufzuhören. Wenn Sie Ihre Rede beendet haben, warten sie einen kurzen Moment mit der Antwort, damit Sie bei Bedarf auch noch Gelegenheit zu einem Nachsatz haben.

Wir verbrachten mal eine Woche in einem Gasthaus in einem Dorf, das auf keiner Karte verzeichnet ist. Einsamkeit pur, das nächste Telefon stand im Dorf ein paar Kilometer weiter. Trotz der wundervollen Landschaft, der fremdartigen Laute und aller exotischen Wohlgerüche, die wir eine Woche lang genossen haben, hat uns nichts so beeindruckt wie die Art und Weise, in der die Einwohner Balis die Worte eines Gesprächspartners in sich aufnehmen.

Zuhören in Amerika

 Amerikaner befinden sich am anderen Ende des Aufmerksamkeitsspektrums. Der große englische Satiriker hat sie einmal folgendermaßen charakterisiert: »Amerikaner hören nicht wirklich zu, sie stehen herum und warten, daß sie etwas sagen können.«

Waughs Beobachtung ist zutreffend. Wieviel Selbstkritik steckte wohl in dieser Bemerkung? Schließlich haben wir Amerikaner viel von den Briten geerbt. Alles deutet darauf hin, daß Engländer auch nicht so schrecklich gute Zuhörer sind. Sie sind dabei bloß weitaus höflicher.

Zuhören in Japan

 In Japan ist Zuhören mehr als eine Zeremonie. Besonders im Anfangsstadium einer Verhandlung beschäftigen sich Japaner sehr intensiv mit Ihrem Gesprächspartner und hören viel zu. Viele Autoren haben schon darauf hingewiesen, wieviel Zeit Japaner dafür aufwenden, ihr Gegenüber kennenzulernen, bevor sie Geschäfte mit ihnen machen. Das ist korrekt: Sie hören sich geduldig an, was Sie zu sagen haben – über sich selbst und über Ihre Geschäfte. Sie interessieren sich dafür, welche Menschen Sie bewundern oder ablehnen, und für die Gründe dieser Bewunderung oder Ablehnung. Sie hören so lange zu, daß diese Besonderheit schließlich von jedem, der in Japan Verhandlungen führt, irgendwie notiert wird.

Wenn Sie in Japan verhandeln, müssen Sie sehr aufmerksam zuhören, um das Nein auf einen Vorschlag oder ein Angebot mitzubekommen. Japaner drücken eine Ablehnung selten so plump und direkt wie Amerikaner aus. Wahrscheinlich werden sie es etwa folgendermaßen ausdrücken: »Das ist nicht ganz einfach.« Für einen Amerikaner, der gewohnt ist, in Amerika zu verhandeln, bedeutet dieser Satz, daß die Tür zum Verhandeln weit offensteht. Amerikaner können in diesen Satz jede gewünschte Bedeutung hineinlegen. In Japan bedeutet der Satz aber, daß die Tür wahrscheinlich auf ewig verriegelt und verrammelt ist.

Und der Gewinner ist ...
... der bessere Zuhörer

9

In diesem Kapitel

▶ So werden Sie ein guter Zuhörer

▶ Bessere Kommunikation zwischen den Geschlechtern

▶ Wie beschaffe ich mir die notwendigen Informationen?

»Schon wieder! Ich habe es langsam satt, daß alle mir sagen, ich sei ein schlechter Zuhörer. Ich versuche es ja, aber irgendwie klappt es mit der Kommunikation nicht. Sagen Sie mir doch einfach, was ich falsch mache!« Haben Sie das auch schon einmal gesagt?

Dieses Kapitel zeigt Ihnen, wie Sie ein guter Zuhörer werden können. Vergessen Sie alle Theorie. Vergessen Sie alle Modelle. Befolgen Sie einfach die Vorschläge in diesem Kapitel, und Sie werden ein besserer Zuhörer – auf der Stelle.

Tips zum richtigen Zuhören

Wenn Sie ein besserer Zuhörer werden wollen, befolgen Sie die folgenden vier Tips. All diese Techniken sind einfach und bringen unmittelbare Resultate.

Aufräumen tut not

Um ein guter Zuhörer zu werden, müssen Sie zunächst einmal aufräumen. Das ist nicht nur eine Frage des guten Benehmens, sondern eine absolute Notwendigkeit, wenn Sie sich auf Ihren Gesprächspartner konzentrieren wollen. Krach, ein unaufgeräumter Schreibtisch oder ungeordnete Gedanken können das konzentrierte Zuhören stören.

Erinnern Sie sich an den schlechtesten Zuhörer, mit dem Sie es jemals im Leben zu tun hatten? Wenn Sie Vater oder Mutter eines Teenagers sind, müssen Sie wahrscheinlich nicht lange überlegen. Schauen Sie sich nur einmal das typische Kinderzimmer an: Die Stereoanlage ist voll aufgedreht, im Fernseher läuft *Beverley Hills 90210*, überall liegen T-Shirts und Jeans herum. Kein Wunder, daß der Teenager Sie nicht verstehen kann. Vorübergehend können Ihre Worte vielleicht das Chaos übertönen, aber die Botschaft in ihrer vollen Bedeutung wird niemals durchdringen.

Warum also nicht aus den Fehlern Ihres Spößlings lernen?

✔ Wenn Sie mit jemandem reden, drücken Sie nicht nur auf die Stummtaste, schalten Sie den Fernseher ganz aus.

✔ Falls Sie sich in Gedanken gerade mit einem anderen Thema beschäftigt haben, notieren Sie es sich, bevor Sie ein Gespräch beginnen. Mit einer kleinen Notiz als Gedächtnisstütze müssen Sie keine Angst haben, das Thema womöglich zu vergessen – und Sie können sich voll auf das Gespräch konzentrieren.

✔ Räumen Sie Ihren Schreibtisch auf – oder was immer zwischen Ihnen und Ihrem Gesprächspartner steht – und Sie werden sich voll auf Ihren Gesprächspartner konzentrieren können.

✔ Nehmen Sie keine Anrufe entgegen, während Sie mit jemandem reden. Wenn Sie ein Gespräch unterbrechen, um einen Anruf entgegenzunehmen, fühlt sich Ihr Gesprächspartner unwichtig. Außerdem läßt eine solche Unterbrechung auch das, was Sie selbst sagen, unwichtig erscheinen.

 Denken Sie nicht, wenn ein Kollege Ihr Büro betritt, Sie müßten sich unverzüglich mit ihm unterhalten. Wenn Sie wissen, daß Sie noch eine andere Aufgabe erledigen müssen, kann Sie die Konzentration auf diese Aufgabe möglicherweise daran hindern, richtig zuzuhören. In diesem Fall verschieben Sie die Unterredung am besten. Wenn das Projekt, mit dem Sie sich gerade beschäftigen, nicht mehr lange dauern wird, sagen Sie: »Nur eine Minute! Ich will das nur schnell fertig machen. Dann haben Sie meine volle Aufmerksamkeit.« Falls Sie nicht so schnell fertig werden, bitten Sie ihn, die Besprechung auf einen späteren Termin zu verschieben. Ihre Kollegen warten bestimmt lieber, bis Sie ihnen zuhören können, als mit Ihnen zu reden, während Sie sich mit ganz anderen Dingen beschäftigen.

Dieselbe Regel gilt auch für Telefonate. Versuchen Sie niemals, am Telefon zu verhandeln, während Sie gleichzeitig eine Notiz Ihrer Sekretärin lesen, Papierkram erledigen oder ein Computerspiel spielen. Sie können nicht zwei Dinge zugleich erledigen. Das funktioniert nie! Ihre Ohren können zwar zuhören, während Ihre Augen anderweitig beschäftigt sind, aber Ihr Gehirn kann nicht die von Augen und Ohren gleichzeitig ankommenden Informationen so verarbeiten wie Einzelinformationen. Das Ergebnis: Beide Botschaften bleiben unvollständig.

 Wenn Sie ein besserer Zuhörer sein wollen, räumen Sie also auf – stellen Sie unnötigen Lärm ab, schaffen Sie Ordnung auf Ihrem Schreibtisch, ordnen Sie Ihre Gedanken. Durcheinander kann nur stören.

Zählen Sie bis drei

Zählen Sie bis drei. Dieses außerordentlich einfache Verfahren kann Ihnen helfen, ein besserer Zuhörer zu werden. Zählen Sie jedesmal bis drei, bevor Sie anfangen zu reden. Diese kleine Verzögerung vor einer Antwort erlaubt Ihnen, den letzten Satz besser aufzunehmen und zu verstehen.

Wenn Sie diesen Trick einige Zeit geübt haben, brauchen Sie schließlich nicht mehr zu zählen. Und die kleine Pause wird sich immer auszahlen. Sie selber verstehen die Botschaft besser und geben nebenbei der anderen Seite auch noch Gelegenheit, ihren letzten Satz möglicherweise noch zu ergänzen oder zu modifizieren. Auch wenn Ihre Antwort nur daraus besteht, daß Sie sich mit Ihrem Kunden, Ihrer Frau oder Ihrem Chef beraten müssen, hilft diese Pause, die Argumente der Gegenseite besser zu verstehen.

So bekämpfen Sie Ihre Müdigkeit

Echtes Interesse an dem, was die andere Seite zu sagen hat, können Sie nur dann aufbringen, wenn Sie fit und wachsam sind. Wenn Sie müde werden, lassen Sie sich um Himmelswillen nicht gehen. Setzen Sie sich gerade hin. Stehen Sie auf. Bringen Sie Ihren Kreislauf wieder in Bewegung – auf die Art, die bei Ihnen am besten funktioniert. Denken Sie nicht, Sie könnten schwindendes Interesse verstecken, ohne Ihre Sitzposition zu verändern.

Nehmen Sie bei Ihrer nächsten Verhandlung nur zum Spaß einmal die aufmerksamste Haltung ein, die Ihnen möglich ist. Sie werden feststellen, daß diese Verhaltensänderung Ihre Fähigkeit zum Zuhören verbessert. Wenn Sie die folgenden Punkte befolgen, wird Ihre nächste Verhandlung erheblich besser verlaufen:

✔ Hüten Sie sich, die Arme zu verschränken und die Beine überzuschlagen.

✔ Setzen Sie sich gerade hin.

✔ Schauen Sie dem Sprecher direkt ins Gesicht.

✔ Lehnen Sie sich nach vorne.

✔ Halten Sie soviel Augenkontakt wie möglich.

Die Vorteile der Stuhlkante

Mimi und ich sind beide begeisterte Kino- und Theaterbesucher und besuchen sehr viele Shows in Los Angeles. Aber auch bei dieser Aktivität, die ich eigentlich sehr liebe, erlahmt mitunter meine Aufmerksamkeit. Wenn ich merke, daß ich langsam das Interesse an der Vorstellung verliere, lehne ich mich nach vorne oder rutsche ein Stückchen im Sitz nach vorne.

Wenn ich schließlich auf der Sesselkante sitze, erwacht mein Interesse zu neuem Leben – eine seltsame Umkehrung des alten Prinzips von Ursache und Wirkung. Allein dadurch, daß ich hellwach und unternehmungslustig _aussehe_, _werde_ ich tatsächlich wach und unternehmungslustig. Meine Freunde haben mir versichert, daß es ihnen genauso geht. Versuchen Sie diese Technik das nächste Mal, wenn die Müdigkeit Sie überwältigt und Sie sich nicht mehr konzentrieren können.

Schreiben Sie's auf!

 Auch die Anfertigung von Notizen kann das Zuhören unterstützen. Egal, ob Sie sich Ihre Notizen je wieder anschauen oder nicht – allein die Niederschrift der wichtigen Punkte verstärkt die Aufmerksamkeit. Die Aufzeichnung von Notizen beschäftigt andere Teile des Gehirns, beschäftigt Augen und Finger. Eine ganze Unterhaltung allein durch Zuhören aufzunehmen ist fast unmöglich.

Die Aufzeichnung von Notizen ist für jeden Schritt im Lauf einer Verhandlung wichtig. Schauen Sie sich Ihre Notizen unmittelbar nach Ende einer Verhandlungssitzung noch ein-mal an, und überprüfen Sie, ob Sie alle wichtigen Punkte aufgeschrieben haben und ob Sie Ihre Notizen überhaupt lesen können. Vielleicht erinnern Sie noch aus Ihrer Studentenzeit, wie unlesbar und verwirrend alte Notizen sein können: unverständliche Abkürzungen, unles-bare Krakel, riesige Kaffeeflecken.

Wenn Sie mit Ihren Notizen zufrieden sind, überlegen Sie mal, ob Sie der Gegenseite nicht vielleicht einen Statusbericht zukommen lassen sollten. Ein Memo zur Bestätigung des bishe-rigen Verhandlungsergebnisses ist ein gutes Mittel, der anderen Seite zu versichern, daß man ihr zugehört hat. Die Aufzeichnung dessen, was man glaubt gehört zu haben, und die anschlie-ßende Bestätigung durch die andere Seite, kann für beide Gesprächspartner eine positive Erfah-rung sein.

Sollte Ihr Gegenspieler der Meinung sein, Sie hätten das Gespräch nicht korrekt aufgezeich-net, wird er oder sie unter Umständen verärgert reagieren und Ihre Version ablehnen. Aber auch in einem solchen Fall haben Sie gewonnen. Durch Ihr Memo ist immerhin deutlich ge-worden, daß Sie und die Gegenseite unterschiedliche Ansichten über den Fortgang der Ver-handlung haben. Danken Sie der anderen Seite für ihre Antwort. Machen Sie ihr deutlich, daß Sie mit dem Memo lediglich sicherstellen wollten, richtig zugehört und die Diskussion richtig interpretiert zu haben.

Vielleicht haben Sie wirklich nicht richtig zugehört. Möglich wäre aber auch, daß die Gegen-seite mit ihrer Reaktion nur die eigene schlechte Kommunikationsfähigkeit kaschieren will. Manche Menschen ändern ihre Positionen, wenn sie sie schwarz auf weiß vor sich haben. Las-sen Sie diese Modifikationen ruhig zu. Wenn die andere Seite eine andere Version der Verhandlungssitzung anbietet, ändern sie einfach Ihre eigenen Notizen. Streiten Sie nicht über das betreffende Gespräch. Ein Streit darüber, wer was in einem Gespräch gesagt hat, bringt eine Verhandlung nicht voran. Im Gegensatz dazu fördert die Kenntnis der gegneri-schen Position eine Verhandlung erheblich. Merke: Ihre Notizen dienen der Festlegung Ihrer und der gegnerischen Position.

 Wie bei geschäftlichen Besprechungen kann auch bei Familienkonferenzen die Aufzeichnung von Notizen sehr wichtig sein. Machen Sie es sich zur Gewohnheit, die Verhaltensregeln für die Kleinen, die täglichen Pflichten der Großen und auch die Vereinbarungen mit Ihrem Lebenspartner aufzuschreiben. Auf diese Weise ist jedem Familienmitglied klar, was von ihm erwartet wird. Ihr Leben wird dadurch einfacher, und das Verhalten aller Familienmitglieder konsequenter.

Gespräche zwischen den Geschlechtern

In unseren Seminaren besprechen wir unter anderem auch die unterschiedliche Kommunikationsweise von Männern und Frauen. Uns ist völlig klar, daß niemals *alle* Frauen und *alle* Männer auf die angesprochene Art und Weise kommunizieren. Natürlich gibt es zu jeder Verallgemeinerung eine Menge Ausnahmen. Wir stellen keine Theorien darüber auf, ob diese Unterschiede das Ergebnis von Zivilisation, Umgebung, sozialem Druck oder der allgemeinen Machtstruktur unserer Gesellschaft sind. Das wollen wir den Akademikern überlassen. Wir geben nur Informationen über offensichtliche Tatsachen wieder und sagen, was Sie als Individuum unternehmen können, um mehr aus Ihrem Leben herauszuholen – einschließlich einer besseren Kommunikation mit den Menschen, die Sie lieben oder mit denen Sie zusammenarbeiten.

Tips für Frauen

Hier zunächst einmal drei Tips für Frauen, die Männer verstehen wollen:

✔ **Seien Sie still, wenn er gerade redet.** Viele Frauen glauben, daß sie mit ihren Männern genauso reden könnten wie mit ihren besten Freundinnen, nur weil sie ihren ehemals besten Freund geheiratet haben. Meistens stellt sich die Situation folgendermaßen dar: Während der Gatte redet, streut sie ab und zu ihre Bemerkungen ein. Normalerweise hört der Mann dann sofort auf zu reden. Die Frau wundert sich über die Reaktion und fragt, was los sei. Der Mann beschwert sich, unterbrochen worden zu sein. (Sie können sich vorstellen, daß wir dieses Phänomen aus unserer eigenen Erfahrung gut kennen.)

Frauen sind sich in diesem Fall überhaupt nicht bewußt, ihn gerade unterbrochen zu haben. Sie denken, sie hätten seine Bemerkungen nur etwas ergänzt. Wenn Frauen miteinander sprechen, ist es für sie die natürlichste Sache der Welt, die Sätze ihres Gegenübers zu ergänzen. Die meisten Männer wiederum warten auf eine Pause in der Rede des Gegenübers, bevor sie selbst etwas sagen. Und sie beanspruchen diesen Raum auch für sich selbst.

 Hören Sie ihm schweigend zu, anstatt Bestätigungen und Zwischenbemerkungen wie »Aha!«, »Oh, ja!« oder »Donnerwetter!« einzuwerfen. Frauen fordern mit diesen Bemerkungen ihr Gegenüber auf weiterzusprechen. Eine Frau interpretiert diese Bemerkungen so, wie sie gemeint sind. Männer sehen aber auch darin meistens nur Unterbrechungen.

Unter Umständen können Sie mit diesem Verhalten auch größere Probleme heraufbeschwören: Ihr Mann könnte glauben, daß Sie mit Ihren Zwischenbemerkungen seinen Worten zustimmen, obwohl Sie ihm eigentlich sagen wollen, daß Sie seine Worte einfach nur verstanden haben.

✔ **Glauben Sie, was er sagt.** Ich wünschte, wir würden jedesmal einen Dollar dafür bekommen, wenn wir uns folgendes anhören müssen: »Er sagte das, aber was er wirklich meint, ist doch ...«. Wir wären inzwischen sehr reich. Viele Frauen glauben, die Worte eines Mannes hätten immer mehrere Bedeutungen, und sie versuchen, die versteckten Bedeutungen zu finden. Unserer Erfahrung nach sagen jedoch Männer meistens, was sie meinen, und meinen, was sie sagen. Von Frauen erwarten sie dasselbe. Männer würden niemals Zeit dafür verschwenden, ihren Freund anzurufen und sich zu beschweren: »Das hat sie mir am Frühstückstisch gesagt – was, glaubst du, meint sie damit?«

✔ **Haben Sie Geduld.** Das Tempo eines Mannes ist möglicherweise anders als Ihr eigenes Tempo. Vielleicht redet er einfach langsamer und legt mehr Pausen ein als Sie. Lassen Sie ihn seine Gedanken entwickeln. Sprechen Sie nicht in seinen Redepausen.

Tips für Männer

Und hier die Tips für Männer:

✔ **Hören Sie ihr zu, bis sie fertig ist.** Frauen reden manchmal, um Informationen zu verarbeiten oder um herauszufinden, was sie tun wollen, anstatt zunächst schweigend nachzudenken und danach eine Schlußfolgerung zu präsentieren. Wenn Sie das Gefühl haben, daß das der Fall ist, lassen Sie sie ihre Gedanken in Ruhe entwickeln. Drängen Sie sie nicht. Anderenfalls würden Sie nur ihren Denkprozeß unterbrechen, und sie würde denken, Sie würden sie nicht ernst nehmen.

✔ **Schenken Sie ihr Ihre volle Aufmerksamkeit.** Drücken Sie nicht nur auf die Stummtaste. Schalten Sie den Fernseher ganz aus. Schauen Sie nicht nur kurz von der Sportseite auf. Legen Sie die Zeitung weg. Wenden Sie sich ihr zu, und schauen Sie ihr in die Augen. Mit dieser Reaktion zeigen Sie, daß Sie ihr zuhören.

✔ **Haben Sie Geduld.** Sie hat vielleicht ein anderes Tempo als Sie. Vielleicht will sie in dem Gespräch auch mehr Themen ansprechen als Sie. Denken Sie daran, daß Männer und Frauen unterschiedlich kommunizieren. Bemühen Sie sich, diese Unterschiede zu berücksichtigen.

MMMM

Ich halte im ganzen Land Vorträge über die Unterschiede zwischen männlicher und weiblicher Kommunikation. Als ich vor 15 Jahren mit dieser Vortragsreihe anfing, widersprach regelmäßig irgendjemand aus dem Publikum und bestritt diese Unterschiede. Damals wollte man nur über die Tatsache reden, daß Frauen nicht die gleiche Macht am Arbeitsplatz hatten.

Als engagierte Feministin habe ich immer dafür gearbeitet, das Ungleichgewicht der Macht zwischen den Geschlechtern zu verändern. Heutzutage ist es für die meisten Menschen keine Frage, daß es (neben den biologischen) eine ganze Reihe von Unterschieden zwischen den Geschlechtern gibt. Und jetzt wollen sie wissen, was man mit dieser Information anfangen kann. Die Buchläden sind voll mit Büchern zu diesem Thema.

Wenn Sie sich über die Unterschiede zwischen Männern und Frauen informieren, vergessen Sie nicht, daß sich nicht _alle_ Männer und nicht _alle_ Frauen so verhalten, wie es in den vielen Untersuchungen festgestellt wurde. Manager und Angestellte, Männer und Frauen und Freunde versuchen alle, die vorhandenen Unterschiede zu überbrücken. Denken Sie daran, immer von Fall zu Fall zu entscheiden, wie Sie mit den Tips in diesem Abschnitt umgehen.

Informationen herauskitzeln

Effektives Zuhören erfordert eine ganze Menge an Sondierungsarbeit. Niemand sagt alles, was Sie hören wollen, in genau der Reihenfolge oder in der gewünschten Ausführlichkeit, die Sie gerne hätten. Meistens müssen Sie nachfragen. Keine Redewendung umschreibt den Vorgang des Ausfragens besser als der Ausdruck »Informationen herauskitzeln«. Fragen sind das Mittel, um zu den gewünschten oder benötigten Informationen zu gelangen.

In einer Gerichtsverhandlung beherrscht das Frage/Antwort-Format die Verhandlung. Anwälte und Richter unterhalten sich in deklarativen Sätzen, aber sämtliche Zeugenaussagen werden in dem irgendwie künstlichen Format von Frage und Antwort präsentiert. Im Gerichtssaal wie in einer Verhandlung haben Fragen das Ziel, bestimmte Informationen herauszubekommen. Wenn eine Frage nicht direkt beantwortet wird, muß sie in anderer Form noch einmal gestellt werden. Die Regeln für eine Gerichtsverhandlung sind sehr strikt. Und eigentlich sollten für Geschäftsverhandlungen dieselben Regeln gelten. Es ist zum Beispiel eine Frage der Höflichkeit, die Gegenseite nicht mit Fragen wie aus dem Schnellfeuergewehr zu löchern. Auch die Regeln für Gerichtsverhandlungen verbieten ein derartiges Verhalten.

Die Entwicklung der Fähigkeit, gute Fragen stellen zu können, ist eine lebenslange Anstrengung. Wenn Sie mal Gelegenheit haben, eine Gerichtsverhandlung zu beobachten, beachten Sie den großen Unterschied zwischen einem erfahrenen und einem weniger erfahrenen Anwalt: Er besteht in der Fähigkeit des ersteren, die richtigen Fragen zur richtigen Zeit zu stellen. Die entscheidende Schlüsselfrage ist in der Regel nicht eine bombastische Konfrontation, sondern eine einfache und verständliche Frage, die einzig darauf ausgerichtet ist, vom Zeugen spezielle Informationen zu bekommen.

Ein ausgezeichnetes Beispiel für die Kunst des »Herauskitzelns« ließ sich beim Mordprozeß gegen O. J. Simpson beobachten. Während des Verhörs des Polizeibeamten Mark Fuhrmann führte eine lange und eindringliche Befragung schließlich zur einfachen Schlußfrage: »Haben Sie in den letzten zehn Jahren das N-Wort verwendet?« (Mit der Bezeichnung »n- word« wird im Amerikanischen das Wort »nigger« umschrieben, das wenigstens bei Weißen absolut tabu ist.) »Nein«, antwortete der Polizist. »Sind Sie sicher?« fragte der Anwalt nach. »Jawohl«, antwortete Fuhrmann. Es wurde kein Feuerwerk abgebrannt, keine Siegestänze aufgeführt, aber diese ruhige Frage-und-Antwort-Sequenz veränderte das gesamte Verfahren. Im weiteren Verlauf des Prozesses zerstörte die Wahrheit über Fuhrmanns Verhalten und Einstellung diese Aussage so gründlich, daß auch alle anderen Beweismittel an Glaubwürdigkeit einbüßten. Die Glaubwürdigkeit von Fuhrmann und all seinen Kollegen wurde mit diesen einfachen Worten, die während des Verhörs so sanft aus ihm herausgekitzelt worden waren, nachhaltig erschüttert.

Der Jargon macht die Musik

Es sollte Ihnen niemals peinlich sein, jemanden zu bitten, eine Feststellung noch einmal deutlich zu wiederholen. Viele Menschen reden in einem bestimmten Jargon oder in Abkürzungen, die nur für Eingeweihte verständlich sind. Manchmal können Sie einfach nicht sicher sein, ob Sie alles richtig verstanden haben. Als wir zum Beispiel mit der Chefin der Marketingabteilung für die *Dummies*-Serie zusammentrafen, begann sie, uns etwas über die AMC zu erzählen. Wir fragten sie, was diese Abkürzung bedeuten sollte, weil AMC für uns normalerweise *American Multi Cinema* (eine große amerikanische Kinokette) bedeutete. Sie erklärte schnell, daß AMC bei ihr für *Advanced Marketing Chapter* (eine Vorschau auf die demnächst erscheinenden Bücher) stand, die schon Monate, bevor das Buch überhaupt druckfertig ist, an die Händler geschickt wird. Die Situation war schnell geklärt, weil Stacy, die Objektmanagerin, uns gerne über die Abkürzung aufgeklärt hat. Wir brauchten nur zu fragen.

 Die Situation ist vielleicht etwas komplizierter, wenn beide Gesprächspartner aus derselben Branche sind und ein Partner annimmt, der andere würde die Bedeutung seiner Worte kennen. Unter diesen Umständen ist es Ihnen vielleicht peinlich, nach der Bedeutung zu fragen, weil Sie denken, Sie *sollten* sie eigentlich kennen. Für eine derartige Situation gibt es ein paar gute Auswege. Unsere Lieblingsreaktion ist folgende Feststellung: »Nur um ganz sicher zu gehen, daß wir hier dasselbe meinen – sagen Sie mir doch bitte, was genau Sie unter XYZ verstehen.« Wenn der Gesprächspartner Ihnen seine Definition gegeben hat, verwenden Sie sie ebenfalls. Hier drei nützliche Antworten, nachdem die andere Seite einen Begriff für Sie definiert hat:

✔ Großartig! Dann verstehen wir ja dasselbe darunter.

✔ Gut, daß ich gefragt habe. Bei uns hat dieser Begriff eine etwas andere Bedeutung. Wir können uns aber auf Ihre Definition einigen.

✔ Danke! Ich habe gerade etwas dazugelernt.

Wenn Sie sicher sind, daß der Gesprächspartner etwas völlig anderes meint, und Sie wahrscheinlich Schiffbruch erleiden würden, wenn Sie den betreffenden Begriff gemäß der Definition der Gegenseite anstatt auf Ihre Weise verwenden, sollten Sie folgenden Vorschlag machen: »Wir sollten den Begriff vielleicht in unserer schriftlichen Vereinbarung definieren, damit auch später jeder weiß, was damit gemeint ist. Wir beide wissen, worüber wir hier reden. Aber wir sollten sicherstellen, daß auch alle anderen Bescheid wissen.« Streiten Sie sich niemals über Definitionen.

Es gibt noch eine dritte Situation, in der ein bestimmter Jargon für Verwirrung sorgen kann. Manche Menschen verwenden einen Jargon bewußt, um die Gegenseite mit ihrem Wissen, ihrer Macht oder ihrer Position zu beeindrucken. Wahrscheinlich kennen Sie genug Beispiele aus der Anwalts-, Ärzte- und Steuerberaterzunft. Manche Mitglieder dieser Berufsgruppen verwenden ihren Fachjargon sogar bei ihren eigenen Mandanten oder Patienten. Versuchen Sie, mit den eben beschriebenen Techniken Klarheit in das Gespräch zu bringen. Wenn Sie das Problem jedoch nicht abstellen können, sollten Sie sich einen anderen Arzt, Anwalt oder Steuerberater suchen.

Unsere Relativitätstheorie

Genauso wichtig, wie andere um eine Erklärung ihres Fachjargons zu bitten, ist es, sie um eine Definition bestimmter relativer Begriff zu bitten. *Relative Begriffe* sind nicht-spezifische Beschreibungen, die ihre Bedeutung erst aus ihrem Verhältnis zu etwas anderem gewinnen.

Hier einige Beispiele für relative Begriffe, die für jede Menge Verwirrung sorgen können:

✔ Billig

✔ Hohe Qualität

✔ Groß

✔ Viele

✔ Bald

✔ Substantiell

Scheuen Sie sich nicht, um eine Klarstellung zu bitten, wenn Ihr Gesprächspartner mit derartigen Begriffen arbeitet. Wenn er diese Begriffe weiterhin verwendet, fragen Sie ihn, in welchem Rahmen sich seine Vorstellungen bewegen. Wenn Sie dann immer noch keine genaue Antwort bekommen, bieten Sie ihm zwei oder drei Möglichkeiten an, und zwingen Sie ihn, sich auf eine festzulegen. Sie könnten dabei zum Beispiel folgendermaßen vorgehen: »Reden wir hier über 10, 100 oder 1000, oder denken Sie vielleicht sogar an 10000 Mark?«

Ein gut investiertes Taschengeld

Ich wünschte, ich könnte mit Sicherheit sagen, daß ich immer alle Unklarheiten ausgeräumt hätte, die bei der Verwendung von unbestimmten Begriffen auftreten. Tatsache ist aber leider, daß man nicht immer genug Zeit dazu hat. Manchmal will man ein Gespräch ganz einfach beenden, weil man die Nase voll hat. Und ganz bestimmt will man dann diese Situation nicht noch dadurch hinauszuzögern, daß man sich alle Details noch einmal klarstellen läßt. Manchmal ist es auch einfach nicht so wichtig, alle Details genau festzulegen.

Vor kurzem hatte ich ein Treffen mit einem reichen Investor. Als wir seine Angelegenheit zu Ende besprochen hatten, erwähnte er noch, daß er einem meiner Mandanten »Taschengeld« gegeben habe. Ich nahm das ganz wörtlich und stellte mir darunter einen bestimmten Geldbetrag vor, den er ihm als Ersatz für unspezifizierte Auslagen gegeben hatte. Ich hielt das für eine großzügige Geste und sagte ihm das auch.

Später erfuhr ich, daß er einen Scheck über 100000 Dollar ausgeschrieben und sich über die Art und Weise geärgert hatte, wie das Geld ausgegeben worden war. Auch über mich war er verärgert, weil ich diese Angelegenheit nicht sofort geklärt hatte, nachdem er mich darüber informiert hatte. Natürlich war ich geschockt, als ich diese Geschichte von einem guten Freund erfuhr, den auch der besagte Investor kannte. Aber zum Glück konnten wir das Problem sofort beheben.

Wäre seine Bemerkung während der Besprechung gefallen, hätte ich ihn sofort um eine Klarstellung gebeten. Aber in der speziellen Situation habe ich über die Bemerkung nicht weiter nachgedacht. Zum Glück ging die Geschichte gut aus, weil ich die Details ziemlich schnell erfuhr. Die Situation hätte weiter vor sich hinglimmen und das Verhältnis meines Mandanten und (ungerechterweise) auch mein eigenes Verhältnis zu dem Investor ernsthaft beeinträchtigen können. Und warum das alles? Fehlende Einigkeit über die Bedeutung von Begriffen. Als mein Mandant in allen Einzelheiten erklärte, wofür er das Geld ausgegeben hatte, war der Investor nicht nur zufrieden, sondern gab ihm sofort einen weiteren Vorschuß. Manchmal kann die Zeit, die man für eine Klarstellung verwendet, eine gut angelegte Investition sein.

Eine gute Frage zur rechten Zeit ...

In vielen Fällen liefert der Befragte nicht sofort die Informationen, die Sie benötigen. Das wichtigste Werkzeug für einen guten Zuhörer ist eine gute Frage. Fragen sind hervorragende Instrumente, um eine Unterhaltung zu stimulieren, zu steuern und auszuweiten.

Gute Fragen stellen ist eine Fähigkeit, für die man jahrelange Erfahrung braucht. Vor jeder Frage müssen Sie sich klarwerden, welche Informationen Sie wollen. In der folgenden Aufstellung finden Sie acht Regeln für bessere Fragen – Fragen, die Ihnen die gewünschten Informationen liefern.

✔ **Planen Sie Ihre Fragen.** Bereiten Sie vor, wonach Sie fragen wollen. Lernen Sie aber die Frage nicht auswendig, weil dann die Frage künstlich erscheinen würde. Ein gutes Gespräch läßt sich nicht wie nach einem Drehbuch bestreiten. Ein gutes Gespräch sollte immer ganz natürlich ablaufen. Es zahlt sich allerdings immer aus, ein bestimmtes Ziel und eine Reihe damit zusammenhängender Fragen zu skizzieren. Wenn Sie gut vorausgeplant haben, müssen Sie sich nicht Ihre nächste Frage überlegen, sondern können den Gedanken des Sprechers unbeschwert folgen und dadurch auch weitaus mehr Informationen sammeln. Sehr schnell wird der Sprecher auch ohne weiteren Anstoß Informationen liefern. Das Frage/Antwort-Format soll ein gutes Gespräch immer unterstützen und nicht behindern.

✔ **Fragen Sie zu einem bestimmten Zweck.** Jede von Ihnen gestellte Frage sollte eines der folgenden zwei Ziele verfolgen: Sie wollen entweder Tatsachen erfahren oder Meinungen hören. (In Tabelle 9.1 finden Sie Beispiele für diese Ziele.) Werden Sie sich über Ihr Ziel klar, und verfolgen Sie es dann. Aber werfen Sie niemals beide Ziele in einem Topf.

Mit diesen Fragen wollen Sie Tatsachen erfahren:	Mit diesen Fragen wollen Sie Meinungen hören:
»Wann haben Sie mit der Arbeit zu diesem Plan angefangen?«	»Wie gut ist dieser Plan?«
»Wie viele Mitarbeiter bekomme ich dafür?«	»Können wir die Termine einhalten?«
»Welche Maße hat das Haus?«	»Wie finden Sie den Grundriß?«
»Welches Auto war zuerst an der Kreuzung?«	»Wer hat den Unfall verursacht?«

Tabelle 9.1: Eine Gegenüberstellung der Ziele, die mit Fragen verfolgt werden.

✔ **Schneiden Sie die Frage auf Ihren Zuhörer zu.** Berücksichtigen Sie bei Ihren Fragen immer den Bezugsrahmen und den Hintergrund des Zuhörers. Ist der Zuhörer Bauer, verwenden Sie Beispiele aus der Landwirtschaft. Ist Ihr Zuhörer Teenager, beziehen Sie auch den Schulalltag, Freunde und andere Jugendthemen in das Gespräch ein. Und denken Sie daran, Wörter und Sätze zu verwenden, die der Zuhörer auch versteht. Verwirren Sie ein fünfjähriges Kind nicht mit dem Wortschatz eines Erwachsenen oder Ihren technisch rückständigen Chef mit Computerjargon.

✔ **Stellen Sie erst eine allgemeine und danach eine Anschlußfrage.** Über die sogenannten Anschlußfragen gelangen Sie schnell ans Eingemachte. Der Vorteil dieser Technik liegt darin, daß diese Vorgehensweise dem Denken der meisten Menschen entspricht. Sie müssen sie also erst behutsam auf den Weg führen, und bekommen danach die gewünschten Informationen.

✔ **Stellen Sie kurze und deutliche Fragen – und immer nur zu einem Thema.** Auch dieser Tip soll Ihnen helfen, Ihre Fragen an die Art und Weise anzupassen, wie der Geist arbeitet. Die Befragten müssen Ihre Fragen verarbeiten. Keine gute Zeit also, mit Ihren Fragen jemanden beeindrucken zu wollen. Stellen Sie einfache Fragen. Fragen sind nur *ein* Weg, die Leute dahin zu bringen, Ihnen das zu erzählen, was Sie wissen wollen. Wenn Sie zwei Dinge wissen wollen, stellen Sie auch zwei Fragen. Sie sind derjenige, der eine Antwort will. Also sollen Sie sich dafür ruhig auch ein bißchen anstrengen. Kurze Fragen zu formulieren ist anstrengend, aber die Mühe lohnt sich. Nach kurzer Zeit hat die andere Seite sich in das Thema hineingefunden, und Sie brauchen überhaupt keine Fragen mehr zu stellen.

✔ **Machen Sie eine Überleitung zwischen einer Antwort und der nächsten Frage.** Hören Sie sich zunächst die erste Antwort an. Verwenden Sie danach einen Bestandteil dieser Antwort als Überleitung zur nächsten Frage. Auch wenn dieses Verfahren Sie für kurze Zeit ein wenig aus der Richtung bringt, werden Sie später reich belohnt. Mit dieser Fragetechnik beruhigen Sie nämlich den Befragten und sorgen dafür, daß er sich wohl fühlt.

Diese Technik gibt dem Frage-und-Antwort-Spiel den Charakter eines normalen Gesprächs und läßt es deshalb weniger bedrohlich wirken.

✔ **Unterbrechen Sie nicht! Lassen Sie den Befragten in Ruhe antworten!**

Ein schlauer Gegenspieler kann versuchen, Sie mit Hilfe einer Reihe von Fragen zu einer bestimmten Schlußfolgerung zu treiben. Jede Frage soll dabei eine positive Antwort herauslocken – ein Ja. Diese Fragensequenz führt schließlich zur Schlußfrage, die auf dieselbe Art und Weise gestellt wird. Wenn Sie die abschließende Frage auch mit einem Ja beantworten, ist die Verhandlung beendet – Sie haben die Bedingungen Ihres Gegenspielers akzeptiert. In Kapitel 17 erfahren Sie, wie Sie mit Hilfe guter Fragen zu einem Geschäftsabschluß kommen.

Manche Menschen versuchen, andere mit ihren Fragen einzuschüchtern oder anzugreifen. Jemand könnte Sie zum Beispiel fragen: »Warum um alles in der Welt tragen Sie eigentlich so einen affigen Hut?« Möglicherweise verspüren Sie dann das Bedürfnis, den Hut abzunehmen und ihn dem anderen um die Ohren zu hauen. In solchen Fällen ist keine Antwort die beste Antwort. Warten Sie einen Augenblick, und machen Sie damit weiter, womit Sie gerade beschäftigt waren, ohne die Frage zu beantworten oder in irgendeiner Weise auf sie einzugehen. Für manche Dinge sollte man keine Zeit oder Energien opfern. Versuchen Sie nicht, einem solchen Menschen etwas über Umgangsformen in einer zivilisierten Gesellschaft zu erzählen. Das wird wahrscheinlich nicht funktionieren. Konzentrieren Sie sich weiter auf Ihr Ziel, und ignorieren Sie die Störung.

Vermeiden Sie Suggestivfragen

Wenn Sie aussagekräftige Antworten und objektive Informationen wollen, sollten Sie keine Suggestivfragen stellen. *Suggestivfragen* sind Fragen, die die gesuchte Antwort, schon teilweise enthalten. Hier ein typisches Beispiel für eine Suggestivfrage:

Der andere: »Ich habe so ein Auto noch nie gefahren.«

Sie: »Aber sagen sie doch mal, wie gefällt Ihnen das wirklich tolle Kurvenverhalten und die leichtgängige Schaltung dieses Wagens?«

Weil Ihre Frage schon eine begeisterte Kritik des Autos enthält, wird es dem anderen schwerfallen, irgendetwas Negatives über den Wagen zu sagen – auch wenn er ihm überhaupt nicht gefällt. Eine einfache Frage wie beispielsweise »Wie gefällt er Ihnen?« wäre neutral und besser geeignet, die Wahrheit herausfinden.

Hier einige weitere Beispiele für Suggestivfragen:

✔ »Glauben Sie nicht auch, daß dieses oder jenes wahr ist?«

✔ »Bezahlt man nicht normalerweise diesen oder jenen Preis?«

✔ »Jeder sagt, daß dieses Gerät das beste ist, oder nicht?«

Wenn Sie diese Suggestivfragen umformulieren, werden Sie wahrscheinlich genauere Informationen und eine ehrliche Meinung zu hören bekommen. Hier noch einmal die Fragen in der direkten Form:

✔ »Was halten Sie von diesem oder jenem?«

✔ »Wieviel bezahlt man normalerweise dafür?«

✔ »Welches Gerät halten Sie für das beste?«

 Suggestivfragen bieten nicht gerade die beste Unterstützung, wenn Sie zu einem besseren Zuhörer werden wollen. Mit Suggestivfragen werden Sie auch nicht zu den bestmöglichen Informationen kommen. Als Verkaufsinstrument eingesetzt, können sie allerdings wahre Wunder wirken. In dem Fall wollen Sie ja gerade einen potentiellen Käufer dahin führen, einen bestimmten Gegenstand zu den für Sie günstigsten Konditionen zu kaufen. In diesem Abschnitt wollen wir uns aber mit den Fragen beschäftigen, die Sie stellen müssen, um die Gedanken eines anderen Menschen kennenzulernen, und nicht mit Fragen, mit denen Sie sich Ihre eigenen Ansichten bestätigen lassen.

In Gerichtsverfahren sind Suggestivfragen nicht zugelassen. Zeugen sind gehalten, nur Ihre eigenen Ansichten zu schildern und nicht diejenigen, die der Anwalt Ihnen suggerieren will. Aus diesem Grund konzentriert man sich in einem Gerichtsverfahren – wie auch in diesem Buch – auf die Fakten, die ein Zeuge liefern kann.

Nehmen Sie nichts als gegeben hin

Wir alle gehen ständig von irgendwelchen Annahmen aus. Jeden Tag gehen wir alle unzählige Male von der Annahme aus, wir würden die Absicht des Gegenübers kennen, ohne uns bei dem betreffenden Menschen über die Richtigkeit unserer Annahmen zu informiert zu haben.

Gutes Zuhören verlangt, daß Sie keine Annahmen über die Absicht des Sprechers anstellen. Diese Regel gilt besonders für Gespräche im Familienkreis, mit Freunden und Kollegen. Bei diesem Personenkreis wissen Sie, wie die Menschen sprechen und welche Ausdrucksformen sie verwenden. Aber gerade diese Vertrautheit kann Sie zu der Annahme verleiten, Sie verstünden genau, worauf ein Freund, ein Familienmitglied oder ein Kollege hinauswill – ohne darauf zu achten, was dieser Mensch Ihnen tatsächlich sagen will. Hüten Sie sich davor, Schlüsse über die Absicht des Sprechers zu ziehen – besonders bei den Menschen, die Ihnen sehr nahestehen.

Anwälte sagen immer: »Eine Tatsache ist erst dann eine Tatsache, wenn sie bewiesen ist.« Dieses Prinzip gilt auch für eine spezielle Art von Fragen, die in einer Gerichtsverhandlung nicht erlaubt ist. Hier das wohl berühmteste Beispiel für diesen Fragetyp:

»Wann haben Sie aufgehört, Ihre Frau zu verprügeln?«

In Wahrheit ist diese Frage eine Falle, weil sie impliziert, daß Sie Ihre Frau in der Vergangenheit geschlagen haben. Dieses Beispiel demonstriert, warum derartige Fragen eine gute Unterhaltung unmöglich machen. Die Frage treibt jemanden sofort in die Defensive. Eine Antwort ist unmöglich, weil schon die zugrundeliegende Annahme nicht stimmt. Wenn der Sprecher wirklich die Absicht hätte, die Wahrheit zu ermitteln, wäre er mit den drei folgenden Fragen besser beraten:

✔ »Haben Sie Ihre Frau jemals geschlagen?«

✔ (Wenn ja) »Haben Sie aufgehört, Ihre Frau zu schlagen?«

✔ (Wenn ja) »Wann haben Sie aufgehört, Ihre Frau zu schlagen?«

 In der Geschäftswelt werden Suggestivfragen entweder als unethisch abgelehnt oder wenigstens als grober und feindlicher Affront gegen den Befragten betrachtet. Hier ein Beispiel:

»Warum bleibt Ihre Firma dabei, für diesen Gegenstand zuviel zu verlangen?«

Zerlegen Sie jetzt einmal diese Frage, so daß Sie von keinen Tatsachen ausgeht, die nicht bewiesen sind. Um objektiv an die gewünschten Informationen zu kommen, sind wieder drei Fragen erforderlich:

✔ »Welchen Preis verlangt Ihre Firma für diesen Gegenstand?«

✔ »Welchen Preis verlangen andere Firmen für diesen Gegenstand?«

✔ »Wie, glauben Sie, könnte diese Preisdifferenz begründet sein?«

Bedenken Sie, daß sowohl Sie als auch Ihr Gesprächspartner andere Preisinformationen haben könnten. Durch Zerlegung der Suggestivfrage in drei Einzelfragen haben Sie Gelegenheit, den Preisunterschied zu klären, ohne darüber in Streit zu geraten.

 Im Privatleben werden Suggestivfragen häufig als Vorwurf verstanden. Wegen der starken emotionalen Bindung innerhalb einer Familie können solche Fragen deshalb noch brüskierender sein als im Geschäftsleben. Mit ihnen können Sie sehr schnell in die heftigste Auseinandersetzung geraten. Schauen Sie sich einmal die folgenden Suggestivfrage an, die im Privatleben häufig gestellt wird:

»Warum willst Du darüber nicht reden?«

Mit dieser Frage geht der Fragesteller davon aus, daß der Befragte über ein bestimmtes Thema nicht reden will. Versuchen Sie, auch diese Frage so zu zerlegen, daß sie keine Annahmen mehr enthält. Und raten Sie mal, wie viele Einzelfragen dazu wieder erforderlich sind? Richtig, drei! Versuchen Sie sich beim Lesen dieser Fragen die Reaktion von jemandem vorzustellen, dem Sie sehr nahestehen.

✔ »Wenn Du nicht jetzt darüber reden willst, willst Du vielleicht unter anderen Umständen darüber sprechen?«

✔ »Welches könnten diese Umstände sein?«

✔ »Was kann ich dazu beitragen, daß diese Umstände eintreten?«

Stellen Sie offene Fragen

Anders als Fragen, auf die nur mit Ja oder Nein geantwortet werden kann, erlauben offene Fragen dem Befragten zu reden – und Ihnen, viel mehr an Informationen zu bekommen. In Kapitel 15 behandeln wir Ja/Nein-Fragen, mit denen Sie zu einem Geschäftsabschluß kommen können. Ja/Nein-Fragen schränken die Antwortmöglichkeiten ein und erzwingen eine Entscheidung. Wenn Sie jedoch die Meinung eines Gesprächspartners herausfinden oder im Laufe einer Verhandlung Informationen sammeln wollen, bekommen Sie um so ausführlichere Informationen, je mehr Sie Ihr Gegenüber zum Reden bringen.

Hier eine einfache geschlossene Frage, auf die nur ein Ja oder ein Nein möglich ist:

»Gefällt Ihnen dieses Auto?«

Mit einer offenen Frage hingegen würden Sie den Befragten zum Reden auffordern:

»Was gefällt Ihnen an diesem Auto am besten?«

Versuchen Sie es mit den klassischen offenen Fragen, wenn Sie Informationen bekommen wollen. Diese Fragen fordern die andere Seite auf, sich zu öffnen und zu erzählen:

✔ »Was geschah danach?«

✔ »Was für ein Gefühl hatten Sie in dem Moment?«

✔ »Erzählen Sie mir davon!«

Beachten Sie das letzte Beispiel! Sie können eine Frage auch in deklarativer Form stellen (als Aufforderung und nicht als klassische Frage). Diese Technik kann besonders wirkungsvoll sein, wenn Sie es mit einem extrem zurückhaltenden Menschen zu tun haben. Viele Menschen, die auf Fragen nicht antworten, reagieren manchmal auf einen direkten Befehl!

Fragen Sie noch einmal

Wenn jemand Ihre Frage nicht beantwortet, haben Sie je nach Situation zwei Möglichkeiten:

✔ Unterbrechen Sie alles andere, bis Sie entweder Ihre Antwort oder das deutliche Signal bekommen haben, daß Ihre Frage nicht beantwortet wird. In diesen Situationen kann Schweigen Gold sein. Den meisten von uns ist Schweigen unangenehm. Manch ein Mensch fühlt sich dann möglicherweise gezwungen zu antworten, wenn Sie nach Ihrer Frage schweigen. Sie kennen das Spiel: »Wer als erster spricht, verliert.«

✔ Warten Sie auf eine andere Gelegenheit, und stellen Sie die Frage dann noch einmal. War die Frage beim ersten Mal für Sie wichtig, dann sollte es sich auch lohnen, sie ein zweites Mal zu stellen.

Welche dieser beiden Techniken Sie verwenden, ist von der Situation abhängig. Wenn die Situation nach einer schnellen Entscheidung verlangt und die verlangten Informationen für Ihre Entscheidung von entscheidender Bedeutung sind, verwenden Sie am besten die erste Technik. Verwenden Sie die zweite Technik (auf eine andere Gelegenheit warten), wenn Sie genau wissen, daß Sie Ihre Informationen zwar zur Zeit noch nicht benötigen, aber zu einem späteren Zeitpunkt noch bekommen können. Auf eine andere Gelegenheit zu warten ist immer einfacher und führt zu weniger Kontroversen. Wenn Sie aber eine bestimmte Information sofort benötigen, scheuen Sie sich nicht, sofort zu bremsen: »Warten Sie mal, ich muß unbedingt wissen, ...«

Falls Ihr Gegenspieler eine Frage nicht beantworten will, versuchen Sie es mal mit Humor. Sagen Sie ihm: »Entschuldigung, ich tappe da jetzt völlig im dunkelen.« oder »Da haben Sie mich jetzt aber abgehängt«. Egal, wie ernst der Verhandlungsgegenstand auch sein mag, ein bißchen Humor kann niemals schaden – besonders, wenn Sie sich dabei selber auf die Schippe nehmen.

Wenn Ihr Gegenüber der Antwort mit einem eigenen Witz ausweicht, müssen Sie unter Umständen wieder ernst werden. Bohren Sie weiter, bis Sie entweder eine Antwort bekommen oder erkennen müssen, daß Sie die Antwort an anderer Stelle suchen müssen. Falls die Gegenseite Ihre Frage nicht beantwortet, sollten Sie sich eine Notiz machen, damit Sie daran denken, sich die gesuchte Information aus anderen Quellen zu besorgen.

Nur nichts übertreiben

Wenn Sie viel Glück haben, beantwortet die Gegenseite all Ihre Fragen, bevor Sie sie überhaupt gestellt haben. Aus diesem Grund sollte Sie Ihre Fragen auch nicht im Maschinengewehrtempo abfeuern. Haben Sie Geduld. Stellen Sie nur wirklich wichtige Fragen. Wenn Ihnen die Antwort aus irgendeinem Grund gleichgültig ist, fragen Sie gar nicht erst. Sie haben in diesem Leben nur einen festen Vorrat an Fragen. Verschwenden Sie sie also nicht!

Jedes Kind lernt bei langen Reisen sehr schnell, wie sinnlos die Frage »Sind wir gleich da?« ist. Am Verhandlungstisch kommen Sie unter Umständen niemals ans Ziel, wenn Sie mit Ihren Fragen eine bestimmte Grenze überschreiten. Die Konsequenzen: Ihre Zuhörer reagieren übersensibel auf Ihre bohrenden Fragen, entwickeln eine Abwehrhaltung und weigern sich schließlich ganz zu antworten. Hat jemand erst einmal sein Visier heruntergelassen, wird er auch auf einem anderen Gebiet Widerstand leisten und deshalb generell abgeneigt sein, Ihre Position zu verstehen. Sie müssen es zugeben: Das wäre ein viel zu hoher Preis für zu viele Fragen.

Besonders wichtig ist das rechte Maß, wenn Sie mit Menschen aus anderen Kulturkreisen verhandeln. Ihr Verhandlungspartner weiß genau wie Sie, daß die unterschiedliche Herkunft zu Problemen führen kann. Zu viele Fragen treiben den Befragten immer in die Defensive. Eine Frage zwingt den Befragten, sofort Farbe zu bekennen. Wenn jemand Ihre Fragen nicht versteht, muß dieser Mensch seine Verwirrung zugeben und kommt sich möglicherweise dumm vor. Auf der anderen Seite können Sie aber gelegentlich mit einer sorgfältig formulierten Frage überprüfen, wie gut die Gegenseite Sie verstanden hat.

 Wenn Sie zu einem richtig guten Fragesteller werden wollen, nehmen Sie sich nach jeder Sitzung die Zeit, noch einmal über alle von Ihnen gestellten Fragen nachzudenken. Finden Sie die Fragen heraus, die überflüssig waren. Denken Sie daran, daß alle Fragen einem bestimmten Ziel dienen sollen. Mit dieser Überprüfung sollen Sie nicht nach den Fehlern in der vergangenen Verhandlung suchen, sondern nur die Qualität Ihrer Fragen überprüfen.

Akzeptieren Sie keine Ausflüchte

Stellen Sie sich folgende Situation vor: Sie hören aufmerksam zu, Sie stellen zur richtigen Zeit die richtigen Fragen. Und trotzdem bekommen Sie nicht die benötigten Informationen. Was ist passiert? Folgende Möglichkeiten stehen zur Auswahl:

✔ Ihr Gesprächspartner will Ihre Fragen einfach nicht beantworten. Vielleicht ist er an firmeninterne Regeln gebunden, die ihm die Preisgabe von Informationen nicht erlauben. Vielleicht ist dem betreffenden Menschen aber auch die Diskussion bestimmter Themen unangenehm.

✔ Ihr Gesprächspartner ist einfach nicht so gut im Beantworten von Fragen. Er hält seine Antworten nicht absichtlich oder gar mit Berechnung zurück. Vielleicht sind es auch schlechte Manieren, Schlampigkeit oder Faulheit, die diesen Menschen daran hindern, Ihre Fragen zu beantworten.

✔ Ihr Gesprächspartner ist ein pathologischer Lügner.

In allen drei Fällen ist das Ergebnis dasselbe: Sie bekommen einfach nicht die benötigten Informationen. Und wie geht's jetzt weiter?

✔ Im ersten Fall machen Sie eine Notiz, und besorgen Sie sich die Information woanders.

✔ Im zweiten Fall verwenden Sie am besten die Techniken, mit denen Sie auch bei absichtlichem Ausweichen arbeiten. Siehe nächster Abschnitt.

✔ Im letzten Fall sollten Sie das Gespräch sofort abbrechen. Verhandeln Sie niemals mit einem Lügner – Sie können nicht gewinnen.

Die folgenden drei Abschnitte behandeln Tricks, mit denen manche Menschen genaue Antworten umgehen. Wenn Sie diesen Ersatz für eine ehrliche Antwort erkennen, können Sie nach den echten Informationen verlangen.

Ausdauer zahlt sich aus

Vor einiger Zeit hatte ich eine Verhandlung, die sich über mehrere Monate hinzog, weil die andere Seite mir bestimmte Informationen nicht geben wollte, die das Gehalt meines Mandanten betrafen – obwohl sie auf meine Bitte hin sofort zugesagt hatte, diese Informationen noch am gleichen Tag zu liefern. Mein Mandant sollte von einem Studio auf einem neu geschaffenen Posten angestellt werden, und da die Stelle neu war, konnte man in puncto Gehalt auch nicht auf Beispiele zurückgreifen. Ich wollte für meine Verhandlungen auch nicht das frühere Gehalt meines Mandanten zugrunde legen, da er bis dahin in einer Branche gearbeitet hatte, die extrem niedrige Gehälter zahlte. Ich stellte deshalb eine ganz einfache Frage: Was zahlen Sie dem Vorgesetzten meines Mandanten? Und was zahlen Sie den beiden Mitarbeitern, die bereits Positionen auf derselben Ebene des Firmen-Organisationsdiagramms bekleiden?

Je mehr Zeit ins Land ging, desto mehr begriff ich, wie wichtig diese Informationen sein mußten. Ich erkundigte mich bei allen möglichen Leuten in der Stadt und bekam schließlich die gewünschten Daten. Meinen Gegenspielern sagte ich davon natürlich nichts. Am Schluß nannte ich dem Studio meine Gehaltsvorstellungen. Die Zahl lag an der oberen Grenzen dessen, was das Studio höchstens zu zahlen bereit war. Kurz danach schlossen wir das Geschäft ab.

Der Wunsch der Studiobosse, keine ihrer Meinung nach vertraulichen Informationen preiszugeben, haben schließlich dazu geführt, daß sie mehr als geplant zahlen mußten. Auch zwei Jahre danach wollten sie immer noch nicht zugeben, daß mein Mandant ein extrem gutes Geschäft mit ihnen gemacht hatte. Aber natürlich wußte ich das bereits.

Wenn Sie Ihre Informationen nicht auf direktem Wege – durch eine direkte Frage – bekommen, stellen Sie am besten eigene Recherchen an. Bleiben Sie so lange am Ball, bis Sie alle gewünschten Daten beisammen haben. Lassen Sie sich nicht mit irgendwelchen Tricks hereinlegen!

Dulden Sie keine Ausweichmanöver

Politiker scheinen darauf trainiert zu sein, eine Frage niemals direkt zu beantworten. Wenn Sie einen Politiker zum Beispiel über die Ausbildungssituation im Lande fragen, kann es geschehen, daß der Volksvertreter Ihnen einen ausgedehnten Vortrag über Familienwerte hält. Derartige Ausweichmanöver sollten Sie niemals hinnehmen. Erkennen Sie diese Taktik als das, was sie ist, und wiederholen Sie Ihre Frage. Bestehen Sie beim zweiten Versuch auf einer Antwort, oder verlangen Sie eine Zeit, zu der Sie eine Antwort erwarten können.

 Wenn Leute behaupten, sie müßten sich noch informieren und würden später wieder auf Sie zukommen, bleibt Ihnen eigentlich nichts anders übrig, als zu warten – wenn Sie nicht offen deren Ehrlichkeit in Zweifel ziehen wollen. Sie können sie jedoch auf eine bestimmte Zeit festnageln. Wenn die Frage der Gegenseite wichtig genug für eine Verzögerung (oder gar keine Antwort) ist, ist der Gegenstand für Sie wichtig genug, um am Ball zu bleiben. Fragen Sie: »Wann kann ich eine Antwort von Ihnen erwarten?« Das ist der direkte Weg, diese Information zu bekommen. Denken Sie auch daran, sich den Termin für die Antwort zu notieren.

Geben Sie sich nicht mit Beteuerungen zufrieden

Manchmal versuchen Gesprächspartner, die Ihre Fragen nicht beantworten wollen, auch einen anderen Trick: Sie geben eine leidenschaftliche Stellungnahme zu einem Punkt ab, der mit Ihrer Frage zwar am Rande zu tun hat, Ihre eigentliche Frage aber nicht beantwortet. Diese Ausweichtechnik wird sehr gerne angewandt, wenn Sie um eine bindende Verpflichtung bitten, die die andere Seite nicht eingehen will.

 Wenn Sie einen überzeugten Junggesellen fragen, ob er bereit sei, sich zu binden, wird er Ihnen möglicherweise einen langen Vortrag darüber halten, wie wichtig für ihn Monogamie sei und daß eine Familie für ihn das wichtigste Ziel im Leben sei. Das sind bestenfalls beruhigende Worte, keineswegs aber ein Engagement. Achten Sie immer darauf, die gewünschten Antworten zu bekommen – nicht irgendwelche Platitüden, die nur irgendwie mit dem Gegenstand der Frage zusammenhängen.

 Manchmal wird auch ein auf die Vergangenheit bezogenes Versprechen als Ersatz für eine die Zukunft betreffende Antwort geliefert. Wenn Sie beispielsweise fragen, ob eine Firma im nächsten Jahr 100000 Mark für Werbung ausgeben wird, bekommen Sie möglicherweise die entschieden vorgetragene Antwort, daß die Firma in den vergangenen fünf Jahren jeweils 100000 Mark für Werbung ausgegeben habe, daß die Verkaufszahlen stiegen und eine Firma schlecht beraten wäre, an dieser Stelle Kosten einzusparen. Geben Sie sich mit solchen Beteuerungen nicht zufrieden – drängen Sie auf eine Antwort. In diesem Fall könnten Sie zum Beispiel nachhaken: »Bedeutet das, daß Ihre Firma auch in diesem Jahr 100000 Mark für Werbung ausgeben will?«

Da Beteuerungen meistens sehr energisch und leidenschaftlich vorgebracht werden, könnte es Ihnen unter Umständen peinlich sein, auf einer richtigen Antwort zu bestehen. Bedenken Sie aber: Wenn Sie nicht auf einer Antwort bestehen, schaden Sie vielleicht Ihren eigenen Interessen.

Vorsicht vor zu vielen Pronomen

Hüten Sie sich vor den tödlichen Pronomen *er, sie* oder *man* – besonders vor dem berüchtigten *man*. Pronomen können Sie in einen gefährlichen Sumpf von Mißverständnissen ziehen. Fast täglich müssen wir jemanden warnen: »Vorsicht, zu viele Pronomen!« Wenn Sie in einer Verhandlung sind, zwingen Sie Ihren Gegenspieler, Substantive beziehungsweise Eigennamen zu verwenden. Mit dieser Vorsichtsmaßnahme können Sie sehr viele Mißverständnisse vermeiden.

Bei Pronomen muß man immer raten, welchen »man« der Sprecher meint. Raten Sie nicht! Wehren Sie ab, und sagen Sie: »Zu viele Pronomen!« Wir haben noch niemanden kennengelernt, der uns böse gewesen wäre, weil wir uns die Zeit genommen haben, diesen »man« genau zu bestimmen. Meistens wird diese Frage mit einem Lacher honoriert. Jeder weiß, wieviel Verwirrung durch das »man« entstehen kann.

Nur nicht auf Beteuerungen reinfallen

In einem Verhandlungsseminar in Palm Springs berichtete uns eine Versicherungskauffrau von einem Erlebnis, das gar nicht so selten ist. Sie hatte mit einem großen Unternehmen um ein umfangreiches Geschäft für eine Angestelltenversicherung verhandelt. Sie wollte dieser Firma dieselbe Deckung für erheblich weniger Geld anbieten, als das Unternehmen bisher bezahlt hatte.

Sie fragte den Käufer direkt: »Machen Sie das Geschäft mit mir, wenn ich Ihnen dabei helfe, Kosten einzusparen?«

Er schaute ihr direkt in die Augen und sagte, daß die Firma natürlich entzückt wäre, bei den Prämienzahlungen zu sparen. Sie drängte ihn weiter: »Und der billigste Anbieter macht das Geschäft?« Sie hatte sich schon länger gewundert, warum das Unternehmen erheblich höhere Prämien an einen Versicherungsmakler zahlte, der das Unternehmen seit Jahren betreute. Sie wiederholte deshalb die Frage. »Sicher! Der nächste Vertrag wird mit dem billigsten Anbieter gemacht«, versicherte ihr Verhandlungspartner.

Sie arbeitete sehr hart und präsentierte schließlich einen Vertrag, mit dem die Firma 50 000 Dollar hätte sparen können. Ihr Gegenspieler zeigte ihr Angebot einem alten Freund – dem Versicherungsagenten, der die aktuelle Versicherung betreute. Der akzeptierte den niedrigen Preis und bekam schließlich den Vertrag.

Die Beteuerungen des potentiellen Käufers waren nicht gelogen. Er hatte nie gesagt, daß er seinem Freund *nicht* Gelegenheit geben würde, zu demselben Preis abzuschließen. Die Versicherungskauffrau war enttäuscht, verärgert und verletzt.

Sie hatte zu Beginn genau die richtigen Fragen gestellt, begnügte sich dann aber mit einer nichtssagenden Beteuerung an Stelle einer konkreten Antwort. Sie hätte sich Zeit nehmen sollen, auch die Schlüsselfrage zu stellen: »Wenn ich Ihnen zeige, wie Sie 50000 Dollar an Versicherungsprämien sparen können, werden Sie Ihren nächsten Vertrag dann bei mir abschließen?« Wenn sie sich noch weiter hätte absichern wollen, hätte sie sagen können: »Ich möchte nicht, daß Sie mit meinen Zahlen zu einer anderen Versicherung gehen. Jeder kann mit meinem Plan auch seine eigenen Preise senken. Ich verspreche Ihnen statt dessen für die nächsten Jahre gleichbleibend niedrige Prämien.« Wenn Sie dann eine positive Antwort bekommen hätte, hätte sie ihren Plan zur Einsparung von 50 000 Dollar vorlegen dürfen.

Überzeugen Sie sich davon, daß man Ihnen zuhört

Achten Sie in einer Verhandlung auch auf die Anzeichen, daß die andere Seite Ihnen nicht richtig zugehört hat. Wenn Ihr Gegenspieler mit Bemerkungen wie »Hmmm, aha!« oder »Das ist ja interessant« antwortet, sollten Sie sofort herausfinden, ob diese Antwort echtes Interesse zeigen soll, ob sie die Diskussion hinauszögern soll oder – ebenso tödlich für eine Verhandlung – ein Zeichen dafür ist, daß Ihr Gegenüber mit dem Schlaf kämpft. Dieser Kampf führt besonders in den Nachmittagsstunden zu den seltsamsten Äußerungen.

Wenn Sie den Verdacht haben, daß letzteres der Fall ist, stellen Sie einige Fragen, um die Wahrheit herauszukitzeln. Fragen Sie Ihren Gesprächspartner: »Was heißt 'hmmmm'? 'Ja, ich stimme zu' oder 'Ja, ich habe gehört?'« Auf diese Weise können Sie das nichtssagende »Hmmm« konkretisieren.

Wenn jemand sagt »Das ist ja interessant«, finden Sie heraus, was den Gegenstand so interessant macht. Scheuen Sie sich nicht, lebhaft zu reagieren. Diese Lösung ist besser, als das Gespräch direkt am Verhandlungstisch einschlafen zu lassen.

 Wenn Sie sicher sind, daß Ihr Gesprächspartner einfach nicht zuhört, machen Sie eine Pause. Oft hilft schon ein schneller Gang um den Block, die Lebensgeister der Beteiligten zu wecken. Wenn der Gegenspieler durch etwas anders abgelenkt ist und deshalb nicht das zum Zuhören nötige Interesse aufbringen kann, sollten Sie diese Ablenkung beseitigen. Reden Sie über das Problem, das die Gegenseite beschäftigt, oder sorgen Sie dafür, daß die Gegenseite das Problem mit einem Anruf aus der Welt schafft.

Schweigen ist Gold

Die meisten Menschen wissen zwar, *wie* man richtig zuhört, sind aber nur nicht bereit, die ganze Zeit zuzuhören. Sie wissen einfach nicht, *wann* Sie zuhören müssen.

Jeder kennt die Geschichten über Verkäufer oder Vertreter, die zuviel reden. Ein guter Verkäufer muß spüren, wann er mit dem Reden aufhören und auf eine Antwort warten muß. Sie kennen alle das Spiel, das mit schwatzhaften Kindern am Mittagstisch gespielt wird: Wer zuerst redet, hat verloren. Dieses Prinzip wird auch in vielen Verkaufsschulungen verwendet. Falsches Zuhören ist wahrscheinlich der Hauptgrund für geplatzte Verträge. Der Verkäufer redet so lange, bis der Käufer die Nase voll hat oder wenigstens seinen zu Anfang unbändigen Kaufwunsch wieder unter Kontrolle hat.

Wenn Sie wollen, daß andere Ihnen zuhören, müssen Sie auch anderen zuhören können – eine Binsenweisheit, die sich immer wieder bewahrheitet.

Mund halten und zuhören!

Wenn Sie merken, daß die Stimmen lauter und Türen zugeknallt werden, wissen Sie, daß es Zeit für die Übung »Mund halten« wird. Gerade bei Diskussionen im Familienkreis um heikle Themen, wenn Sie und Ihr Gegenüber einander nicht mehr zuhören und keiner den anderen ausreden läßt, eignet sich diese Übung besonders gut. Wir verwenden dieses Spiel schon seit Beginn unserer Ehe mit viel Erfolg.

Wenn der Staub sich nach einem heftigen Streit ein bißchen gelegt hat, schlagen Sie vor, daß Ihr Gegenspieler in fünf oder zehn Minuten alles, was er zu dem fraglichen Thema zu sagen hat, auf den Tisch bringen soll. Sie hören einfach nur zu, geben keine Kommentare ab und machen sich in diesem Fall auch keine Notizen. Versuchen Sie, wirklich zuzuhören, anstatt schon Ihre Entgegnung vorzubereiten. Hören Sie in erster Linie auf die Botschaft zwischen den Zeilen.

Danach warten Sie am besten drei oder vier Stunden. Während dieser Zeit gehen Sie Ihren normalen Tätigkeiten nach, ohne den Streit weiter zu erwähnen. Danach sind Sie dran, Ihre Gedanken ohne Unterbrechung durch Ihren Gegenspieler vorzubringen. Dieser Zyklus kann so oft wie nötig wiederholt werden. Normalerweise findet dieser Prozeß aber schnell ein Ende, weil jetzt zwei erwachsene Menschen zuhören, anstatt wie zwei kleine Kinder zu streiten. Diese Technik funktioniert meistens.

Ihre innere Stimme ist Ihr bester Freund

10

In diesem Kapitel

▶ Entdecken Sie Ihre innere Stimme

▶ Hören Sie auf Ihre innere Stimme

▶ Hören Sie auf Warnsignale

Die *innere Stimme* ist Ihre Intuition, die mit Ihnen spricht. Sie können sie Ahnung, Intuition oder den sechsten Sinn nennen. Zu viele Menschen ignorieren ihre innere Stimme. Wenn Sie nach Ihrer inneren Wahrheit suchen, wird es Ihnen leichter fallen, ehrlich und moralisch einwandfrei mit anderen Menschen umzugehen.

Ihre innere Stimme sagt Ihnen, wenn ein Geschäft faul ist. Ihre innere Stimme sagt Ihnen, wenn Sie eine Vereinbarung treffen sollen, auch wenn das Finanzielle nicht stimmt. *Hören Sie auf diese Stimme.* Suchen Sie sich ein ruhiges Plätzchen, und lauschen Sie in sich hinein. Wenn Sie möchten, sprechen Sie mit einer Vertrauensperson, aber nichts und niemand kann Ihnen eine so korrekte Botschaft geben wie Ihre innere Stimme.

 Ein Grund, warum gerade Frauen so gute Verhandlungsführer sind, liegt in ihren oft besseren intuitiven Fähigkeiten. Viele Männer ziehen eine auf objektiven Daten beruhende, quantifizierbare Antwort der *weibliche Intuition* vor. Untersuchungen haben jedoch ergeben, daß erfolgreiche Menschen – egal, ob Männer oder Frauen – fest auf die Intuition vertrauen. Lernen Sie, Ihrer inneren Stimme zu vertrauen und sie zu schätzen. Tun Sie Intuition nicht einfach als Blödsinn ab, weil Sie selbst und andere vielleicht nicht daran glauben.

Entdecken Sie Ihre innere Stimme

Unser Verstand arbeitet auf zwei Ebenen, der Bewußtseinsebene und der Ebene des Unterbewußtseins. Ihre innere Stimme ist Ihr Unterbewußtsein. Für diejenigen Leser, die sich für eine wissenschaftliche Erklärung der inneren Stimme interessieren, erklärt dieser Abschnitt die biologischen Grundlagen. Sie sollten ihn nicht überspringen.

Bewußtsein und Unterbewußtsein

Der Verstand verarbeitet mit hoher Geschwindigkeit und Effizienz ständig Millionen von Daten. Das Gehirn gibt die Ergebnisse an einen Speicher weiter, der von keinem anderen Speichersystem der Welt geschlagen werden kann. Das *Bewußtsein* benutzt diese Daten zum Reden, Erkennen und für alle möglichen anderen menschlichen Aktivitäten. Die tatsächliche Verarbeitung der Informationen findet außerhalb unserer bewußten Wahrnehmungen statt. Wir bemerken diese Form der Datenverarbeitung nicht, da sie *unbewußt* vor sich geht.

Dieses Reich des Unbewußten ist die Quelle unserer Träume. Die Bedeutung der Träume ist besonders für Laien nicht immer offensichtlich. Psychiater interessieren sich für Träume, weil sie wie Fenster zum Unterbewußtsein sind.

Wenn Sie einschlafen, schaltet sich Ihr Bewußtsein langsam ab. Informationen in Form von Träumen bilden eine Mauer zwischen Ihnen und Ihrem Unterbewußtsein. Diese Sperre entsteht nicht, weil Ihr Unterbewußtsein aktiver wird, sondern weil Ihr Bewußtsein inaktiver wird.

Das Phänomen läßt sich mit einem Blick in den Sternenhimmel vergleichen. Man sagt, »Der Himmel ist heute nacht voller Sterne.« In Wirklichkeit hat sich die Anzahl der Sterne am Himmel nicht verändert. Man kann sie nur nicht sehen, wenn die Sonne sie unsichtbar macht, nächtliche Wolken sie verbergen oder die Lichter der Stadt ihr Leuchten überstrahlen. Würde man diese Störungen beseitigen, könnte man Millionen von Sternen mit bloßem Auge sehen. Kürzlich besuchten wir das Death Valley, wo man sogar ohne Mondschein nur im Licht der Sterne wandern kann. Wunderbar! Wir konnten die Sterne sehen, weil nichts unsere Sicht blockierte.

Wenn Sie einschlafen, ruht sich auch Ihr Bewußtsein aus. Die störende Gedankenarbeit Ihres Bewußtseins blockiert nicht mehr die Aktivitäten Ihres Unterbewußtseins. Ihre Träume sind ein Produkt der Aktivitäten des Unterbewußtseins. Manchmal kommen dabei Ihre Quälgeister hervorgekrochen. Die willkommenen und nicht willkommenen Aktivitäten Ihres Unterbewußtseins werden bei Nacht viel deutlicher als bei Tage.

Das Gehirn untersucht Millionen von Daten in Lichtgeschwindigkeit (und vielleicht sogar noch schneller). Das Ergebnis wird an das Sprachzentrum und das Denkzentrum des Bewußtseins weitergegeben. Erst dann bemerken wir die Verarbeitung und erst dann können die Ergebnisse verwendet werden.

Stellen Sie sich folgende Begrüßung vor: »Hallo, Judy. Wie geht's den Kindern?« Bis diese Botschaft das Sprachzentrum erreicht hat, hat schon eine Menge an Datenverarbeitung – bewerten, annehmen, ablehnen – stattgefunden, ohne daß diese Arbeit vom Bewußtsein gestört wurde. Während des Erkennungsprozesses kann das Sprachzentrum sogar mit ganz anderen Dingen beschäftigt sein. Ihr Gehirn gibt Ihnen eine abschließende Antwort an Stelle eines Puzzleteils. Ihre Verarbeitungszentren haben die ganze Arbeit erledigt - ohne Worte und ohne Bedenken. Der ganze Prozeß findet fast augenblicklich und obendrein sehr treffsicher statt, weil keine Daten übersehen werden.

Diese rasend schnelle unbewußte Verarbeitung einer riesigen Menge von Daten ist das, was wir als Ahnung oder Intuition wahrnehmen. Viele Menschen haben diese Fähigkeit des Gehirns bis zur Perfektion entwickelt – die einen haben die Fähigkeit eher zufällig entdeckt, andere wiederum haben sie ganz bewußt entwickelt. Jedes Gehirn funktioniert auf diese Weise.

Wenn Sie kein Unterbewußtsein hätten, das solche Nachrichten senden kann, hätten Sie eine Menge Probleme in dieser Welt, müßten Ihr Leben wahrscheinlich in einer geschlossenen Anstalt verbringen. Wenn Sie dieses Buch lesen können, können Sie auch in Ihrem Unterbewußtsein lesen. Leider bringt Ihnen in der Schule niemand bei, wie man diese Botschaften liest. »Lesen, Schreiben und auf die innere Stimme hören« ist kein Stoff für die Lehrpläne der Schulen. Auch wenn die Diskussion über dieses Phänomen kaum vollständig ist, wird Ihnen das nächste Mal Ihr Unterbewußtsein vertrauter vorkommen, wenn es Sie mal wieder mit einer Antwort zu einem komplizierten Problem versorgt.

Entdecken Sie Ihre innere Stimme

Ich erinnere mich an das erste Mal, als ich meine innere Stimme hörte. Diese Stimme klang anders als die Bemerkungen meines inneren Kritikers darüber, wie die Leute aussehen, was sie tragen und wie ihre Stimmen klingen. Es geschah im Jahre 1982 während einer 20-Kilometer-Trainingseinheit für den Marathonlauf. Es war bisher mein längster Laufversuch und ich bemerkte, wie meine Gedanken langsam zur Ruhe kamen. Ich dachte an ein verzwicktes Problem zwischen mir und meinem Freund und an die bevorstehende Diskussion, die sich um unsere unterschiedlichen Ansichten über einen geplanten Urlaub drehen würde. Ich hörte, wie meine innere Stimme verständnisvoll und geduldig mit meinem Freund sprach. Da bemerkte ich, daß das genau die Worten waren, die ich brauchen würde, um unseren Konflikt zu lösen. Ich erkannte, daß die Situation so bereinigt werden könne.

Manche Leute werden sagen, daß mir eine Extraportion Adrenalin ein Endorphin-Hoch gebracht hatte. Heute jedoch kann ich meine innere Stimme hören, auch wenn ich ganz still sitze. Zuerst nahm ich an, ich bräuchte dazu einen wunderschönen Platz - wie den Strand oder die Berge. Und ich dachte, ich müßte alleine sein. Aber im Laufe der Zeit stellte ich fest, daß ich meine innere Stimme überall hören konnte (sogar, wenn ich durch die Gänge des Supermarktes ging). Ich kann sie dadurch zum Leben erwecken, daß ich mir innerlich eine Frage stelle und dann einfach auf die Antwort lausche. Manchmal weckt mich meine innere Stimme noch vor der eigentlichen Weckzeit. Ich greife dann immer zu Notizblock und Bleistift neben meinem Bett und schreibe wörtlich auf, was sie sagt. Dann schlafe ich wieder ein. Wenn ich wieder aufwache, lese ich die Notizen, höre wieder meine innere Stimme und begreife den Sinn der Aufzeichnungen.

Die Architektur des Gehirns

Manchmal sagt ein Bild mehr als tausend Worte. Wir hängen deshalb immer Schaubilder zu den Hauptthemen unseres Verhandlungsseminars an der Pinnwand auf. Abbildung 10.1 zeigt, woher all unsere Gedanken kommen.

Schauen Sie sich zuerst das Stammhirn an der Schädelbasis an. Wissenschaftler nennen es auch das *Reptilien-Gehirn,* weil alle Wirbeltiere vom Reptil bis zu den Säugetieren ein solches Stammhirn besitzen. Dieser Teil des Gehirns steuert die Fortpflanzung, die Selbsterhaltung und die lebenswichtigen Funktionen des Körpers.

Das *limbische System* scheint die Quelle der Motivation und eindeutiger Emotionen wie Angst und Aggression zu sein. Aus Sicht der Evolution sind das Stammhirn und das limbische System die ältesten Teile des Gehirns. Zusammen bewirken diese beiden Hirnregionen das Entstehen der Gedanken im Unterbewußtsein.

Überdeckt wird alles von der *Großhirnrinde.* Die Großhirnrinde, manchmal auch »die graue Substanz« genannt, ist der logische und wachsame Teil des Gehirns und steht in ständigem Kontakt mit der Umwelt. In der Großhirnrinde liegt Ihr Bewußtsein. Sie versucht, eine Ursache für jede Wirkung und eine Wirkung für jede Ursache zu finden. Bis zu einem gewissen Grad kann die Großhirnrinde die instinktiven Reaktionen Ihres Unterbewußtseins modifizieren.

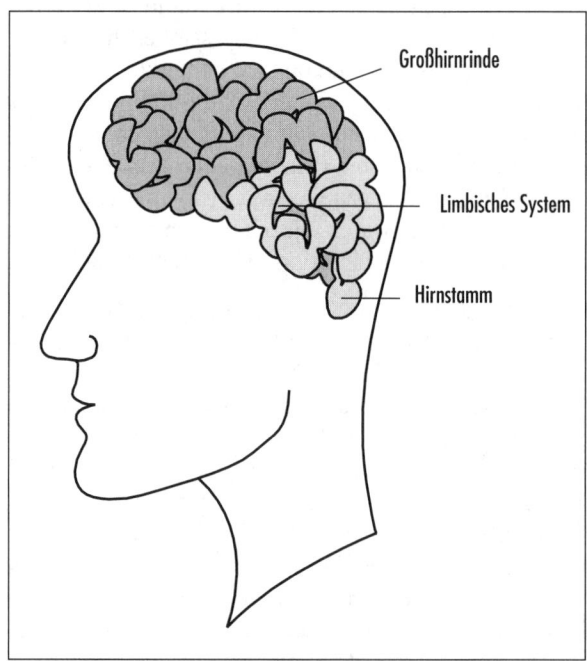

Abbildung 10.1: Im limbischen System und im Hirnstamm entsteht die Intuiton.

Na, alles klar? Hier haben Sie den Beweis – schwarz auf weiß. Das Unterbewußtsein existiert. Sie sind nicht verrückt, wenn Sie die Lösung zu einem Problem finden, aber nicht wissen, wie Sie im einzelnen zu dieser Lösung gekommen sind. Trotzdem aber wissen Sie genau, daß Sie recht haben, weil die Antwort aus Ihrem Unterbewußtsein kommt.

Wie Sie Ihre innere Stimme nutzen können

Die innere Stimme ist besonders gut im Absenden von Warnungen. Diese Leistung ist ein Überbleibsel aus der Zeit, als unser Überleben noch von scharfen Sinnen abhängig war. Die Botschaft, zu rennen, sich zu ducken, sich zu verstecken, sich ruhig zu verhalten oder stillzustehen, hat sich bei den Höhlenmenschen bewährt, die am Leben bleiben wollten. Der Warnschrei ist die stärkste Botschaft der inneren Stimme. Was für ein prächtiges Werkzeug! Es kann Sie vor gefährlichen Entscheidungen in Ihrem Leben bewahren.

 Die innere Stimme dringt meistens nicht bis ins Bewußtsein durch. Seien Sie froh! Sie würden sonst von all den Stimmen in Ihrem Kopf verrückt werden. Sie können deshalb reden, lesen, Informationen verarbeiten und tausend andere Dinge tun, während Ihr Unterbewußtsein geschäftig seine Arbeit verrichtet. Wenn Sie Ihre innere Stimme hören wollen, müssen Sie deshalb Ihr Bewußtsein herunterfahren. Manche können bei Aktivitäten, die die Gedanken ablenken, wie zum Beispiel Joggen, Wandern oder Fischen. völlig abschalten. Andere müssen sich dafür einige Minuten ruhig hinsetzen. Tun Sie, was immer Sie für nötig halten, damit die innere Stimme an die Oberfläche kommt.

Sollte diese Idee neu für Sie sein, müssen Sie ein wenig üben. Zu Anfang müssen Sie besonders aufmerksam in sich hineinhören, um die Nachrichten aus Ihrem Unterbewußtsein, die Ihrem Bewußtsein ohne irgendwelche Erklärungen geliefert werden, zu empfangen. Nach einiger Übung werden die Botschaften immer häufiger und klarer. Lassen Sie sich durch nichts entmutigen und denken Sie immer daran, daß das Hören auf die innere Stimme ein sehr persönlicher Vorgang ist. Ihr Unterbewußtsein ist Ihr persönlicher Informationsspeicher, der sich von dem aller anderen Menschen unterscheidet. Nutzen Sie die Informationen, die Ihnen Ihre innere Stimme zur Verfügung stellt, und der Erfolg ist Ihnen sicher.

Der Nachteil der Antworten und Entscheidungen, die auf Grundlage des Unterbewußtseins entstehen, liegt in der Unmöglichkeit, den Entscheidungsfindungsprozeß oder dessen Logik zu beschreiben. Sie sind sich der Entstehung nicht bewußt. Sie können den Prozeß nicht in der gleichen Weise erklären, in der Sie den logischen Entscheidungsfindungsprozeß des Bewußtseins vom Problem bis zu dessen Lösung erklären können. Die Logik des Unterbewußtseins entsteht zu schnell und benutzt dabei zu viele Informationen, als daß man dies rational erklären könnte.

Wie oft sind Sie schon gefragt worden, wie Sie zu einer bestimmten Entscheidung gekommen sind? Und wie oft war es Ihnen unangenehm, bestimmte Entscheidungen rational nicht erklären zu können? Beruflich erfolgreiche Menschen werden seltener gefragt, weil deren intuitive Entscheidungen einfach akzeptiert werden. Sie müssen keine Entscheidungen erklären. Wenn der Boß sagt: »Hier ist was faul«, fragt niemand, auf welcher Analyse diese Äußerung beruht. Untergebene akzeptieren den intuitiven Prozeß. »Könnten Sie das bitte schriftlich erklären« ist einfach nicht die passende Antwort auf die Ahnung, Intuition oder innere Stimme des Chefs.

Wenn zwei Stimmen sich streiten

Seien Sie versichert, daß Sie nicht zwei verschiedene innere Stimmen haben. Sie haben nur *eines* dieser phänomenalen Zentren des Unterbewußtseins. Wenn Leute über *widersprüchliche Stimmen* in ihrem Innern sprechen, meinen sie damit, daß ihr Bewußtsein neben der eigenen Lösung des Problems auch die vom Unterbewußtsein angebotene Lösung überprüft. Fast immer übersteht die vom Unterbewußtsein angebotene Lösung diesen Test, jedoch ist die Lösung, die vom bewußten Teil der Gedanken angeboten wird, leichter zu rationalisieren und zu erklären. Die bewußten Gedanken lassen sich in Worten ausdrücken.

Der andere Grund, aus dem Sie möglicherweise denken könnten, Sie hätten zwei innere Stimmen, liegt daran, daß Sie sich an Stimmen aus Ihrer Kindheit erinnern – meistens an die Stimmen von Vater oder Mutter. Ihre innere Stimme sagt Ihnen weiterzumachen. Die elterliche Stimme, die sich unauslöschlich in Ihre Erinnerung eingebrannt hat, aber sagt: »Tu das nicht. Das ist gefährlich. Du wirst scheitern.« Als Erwachsene müssen wir erkennen, daß die Botschaften aus der Erinnerung uns nur einen Streich spielen wollen. Schauen Sie zum Himmel auf, und sagen Sie: »Schon in Ordnung. Ich kann das. Und wenn ich scheitere, ist es auch in Ordnung. Ich muß es halt ausprobieren – für mich.«

Auch wenn Ihre Eltern noch leben, schauen Sie trotzdem zum Himmel auf. Führen Sie diese Unterhaltung bloß nicht mit einem anderen Menschen. Was Sie auf keinen Fall gebrauchen können, ist eine Diskussion mit einem skeptischen Kritiker in einem Moment, in dem Sie sich gerade für ein neues Abenteuer rüsten müssen.

Innere Kritiker sind nicht alle schlecht. Sollten Sie diese Form von Feedback brauchen, ist der innere Kritiker dazu gut geeignet. Entscheiden Sie sich zwischen Ihrer inneren Stimme und Ihrem inneren Kritiker, und machen Sie das, was Sie für richtig halten.

Sondermeldungen aus dem Inneren

Die innere Stimme funktioniert am besten als Warnsystem. Manchmal kommen diese Warnungen laut und deutlich an. Wenn das geschieht, beachten Sie die Warnungen. Botschaften, die sowohl laut als auch deutlich sind, sind immer wichtig und in den seltensten Fällen falsch.

Zwielichtige Charaktere

Niemand sagt es, aber jeder weiß es: Sie sollten immer wissen, ob die Informationen, die die andere Seite in einer Verhandlung Ihnen zur Verfügung stellt, zuverlässig sind oder nicht. Welchen Ruf hat Ihr Gegenüber in puncto Ehrlichkeit und Genauigkeit? Wenn Sie effizient verhandeln wollen, müssen Sie herausfinden, ob Sie den Aussagen der anderen Seite im allgemeinen vertrauen können.

Die meisten Verhandlungsgegner sind sicherlich nicht unehrlich. Manche haben lediglich keine Ahnung, sind wenig effizient oder unerfahren. Mag sein, daß diese Eigenschaften besser klingen als »unehrlich«, aber für Sie sind die Konsequenzen die gleichen. Als Verhandlungspartner können Sie nicht blind akzeptieren, was eine solche Person zu Ihnen sagt.

Manchmal fühlen Sie sich wie ein Dummkopf... ...manchmal nicht

Manchmal haben wir Frauen Schwierigkeiten, zwischen unserer inneren Stimme und unserem inneren Kritiker zu unterscheiden. Oft erlaubt der innere Kritiker einer Frau nicht, ihren Instinkten zu folgen, wenn die Instinkte eines Mannes dagegen stehen. Viele Frauen wurden dazu erzogen, sich nicht anders zu verhalten, als von den Männern erwartet wird – besonders bei Verabredungen aller Art. Als Ergebnis geben Frauen oft auch bei erfolgversprechenden Verhandlungen mit Männern zuviel nach.

Eine Frau erzählte mir einmal eine Geschichte, die diesen Punkt sehr schön illustriert. Ihr Freund kam zum Fernsehen zu ihr und brachte eine große Packung Schoko-Erdnüsse für beide mit. Die Frau hatte ihm bereits früher einmal erzählt, daß sie allergisch gegen Nüsse sei, beschloß aber, ihn daran nicht zu erinnern. Statt dessen knabberte sie vorsichtig den Schokoladenmantel ab und spuckte die Erdnüsse aus!

Welch ein romantischer Abend! Die Geschichte mag lustig klingen, ist aber tieftraurig. Einem Mann gefallen zu wollen, ist nicht traurig. Traurig ist, daß diese Frau nicht zu ihrer Allergie stehen konnte. Diese Frau dachte, die Demonstration ihrer Individualität könnte ihrem Freund Angst einjagen. (Beachten Sie, daß es ihr anscheinend keine Probleme bereitet hat, einer anderen Frau von ihren Vorlieben zu erzählen.) Tatsächlich aber stört sich kein Mann an solchen Äußerungen. Das Gegenteil ist der Fall. Die meisten mögen es, wenn Frauen deutlich sagen, was sie wollen.

Die Vorstellung an sich, irgendeine Demonstration Ihrer ureigensten Bedürfnisse würde zu einem Problem führen, ist schon traurig. Forschungen haben ergeben, daß Männer verstanden und geachtet werden wollen. Warum halten wir Frauen uns dann zurück, ihnen zu erzählen, was wir wollen? Warum geben wir nach, bevor wir überhaupt den Versuch gemacht haben zu verhandeln? Wir sagen: »Mach' was Du willst, es ist in Ordnung.« Die implizierte Botschaft lautet dabei: »Was ich mache, ist nicht wichtig.«

Die amerikanische Frauenrechtlerin Gloria Steinem hat einmal darauf hingewiesen, daß wir an zuviel Mitgefühl kranken - wir sind so viel in anderer Leute Schuhe gelaufen, daß wir vergessen haben, unsere eigenen Schuhe auszufüllen. Sie sollten so viel für sich selbst tun, wie Sie für andere zu tun bereit sind. Hören Sie auf Ihre innere Stimme, um herauszufinden, was Sie wollen. Fragen Sie nicht, was andere vielleicht von Ihnen erwarten könnten.

Ein ähnliches Problem ist die Frage, ob Sie dem Kunden trauen können, der sich bei der Verhandlung von Ihrem Gegenspieler vertreten läßt. Auch wenn Sie dem Unterhändler trauen, sollten Sie trotzdem Vorsicht bei Informationen von der Gegenseite walten lassen.

Der beste Rat, dem wir Ihnen geben können, lautet folgendermaßen: Verzichten Sie auf Geschäfte mit einer Person, der Sie nicht trauen können. Kein Rechtsanwalt der Welt kann Sie vor jemandem schützen, der fest entschlossen ist, Sie hereinzulegen, zu betrügen oder zu bestehlen. Kein Polizist oder Sicherheitssystem der Welt kann Ihr Haus vor einem entschlossenen Dieb schützen. Präsident Kennedy äußerte sich einmal prophetisch folgendermaßen: »Es gibt keinen Sicherheitsbeamten, der das Leben des Präsidenten garantieren kann, wenn jemand bereit ist, sein Leben gegen das Leben des Präsidenten einzutauschen.«

Manchmal sind Sie jedoch *gezwungen*, mit jemandem ein Geschäft abzuschließen, dem Sie nicht trauen. Konzentrieren Sie sich in einem solchen Fall besonders auf die Stellen des Vertrages, die Sie schützen, falls etwas schiefläuft. Bestimmen Sie Erfüllungsort und Gerichtsstand. Ihr Anwalt kann Ihnen hierbei helfen. Treffen Sie Vorkehrungen dafür, wann und wo Sie die Bücher auf Richtigkeit überprüfen können. Natürlich müssen Sie in einem solchen Fall einen viel detaillierteren Vertrag aufsetzen als normalerweise.

Klauseln als Vorsorge gegen Differenzen, die Sie nicht vorhersehen können, sind immer wichtig. Solche Klauseln sollten Sie sich von einem erfahrenen Anwalt aufsetzen lassen. Steht Ihnen zum Beispiel laut Vertrag eine gewisse Geldsumme zu, müssen Sie eine Möglichkeit haben, Ihre Forderung schnell einzutreiben, falls die Gegenseite nicht zahlt. Wer als Verhandlungsführer diesen Aspekt des Geschäfts nicht berücksichtigt, sollte sich sein Lehrgeld zurückgeben lassen. Alle Verträge, in denen eine Seite sich zur Zahlung größerer Beträge verpflichtet, sind für die Katz, wenn das Geld einfach nicht einzutreiben ist. Beharren Sie darauf, daß alle Geldsummen im Zusammenhang mit einer bestimmtem Vereinbarung bis zur vollständigen Erfüllung des Vertrages auf ein spezielles Konto eingezahlt werden.

 Wenn Sie bestimmte Klauseln zu Ihrem Schutz in den Vertrag aufnehmen wollen, dieser Wunsch aber von der Gegenseite nicht erfüllt wird, müssen Sie sich entscheiden, ob Sie das Geschäft abschließen wollen. Hören Sie sich aufmerksam die Gründe an, warum die andere Partei Einwände gegen Mechanismen zu Ihrem Schutz und zu Ihrer Beruhigung geltend macht. Sollte Ihr Gegenspieler auf einem unfairen Abschluß bestehen, überlegen Sie sich zweimal, ob Sie einem solchen Vertrag zustimmen können. Betonen Sie klar und deutlich, warum diese Vorsorge wichtig ist für Sie und warum Sie darauf bestehen.

Wenn das Geschäft ansonsten in Ordnung scheint, kann ein Abbruch der Verhandlungen nur wegen dieser strittigen Klauseln schwierig sein. Auch die andere Seite weiß das und wird versuchen, dieses Problem in einen Vertrauenstest umzuwandeln: »Wenn Sie mir vertrauen, müssen Sie jetzt das Geschäft mit mir machen.« Schauen Sie Ihrem Gegenüber direkt in die Augen, und sagen Sie, »Ich vertraue Ihnen genug, um in dieses Geschäft einzusteigen. Aber ich weiß nicht, welches Glück oder Unglück nächstes Jahr über Sie kommen wird, während ich auf regelmäßige Zahlungen angewiesen bin. Sie können die Firma verlassen (oder Ihr Geschäft verkaufen). Sie können getötet werden. Ich weiß einfach nicht, was die Zukunft bringt.«

Fragwürdige Geschäfte

Wenn Ihre innere Stimme Ihnen rät, ein Geschäft lieber nicht zu machen, stoppen Sie sofort die Verhandlungen. Entspannen Sie sich. Prüfen Sie die Botschaft. Ihr Unterbewußtsein schickt Ihnen dann entweder eine detailliertere Nachricht oder Ihr Verstand muß die Sache logisch analysieren.

Fragen Sie sich selbst, warum Sie Vorbehalte haben. Aus welchem Grund wollen Sie das Boot nicht kaufen? Weil Sie es nie gebrauchen werden? Oder weil Sie bald umziehen? Oder vielleicht, weil das Boot nicht so groß wie das Ihres Nachbarn ist? Manchmal können Sie diese Vorbehalte beseitigen, manchmal nicht. Machen Sie nicht weiter mit einem Geschäft, wenn Ihre innere Stimme Ihnen abrät.

Wenn Sie das Geschäft schon vor dem Abschluß bereuen

Wenn Sie ein Geschäft schon bedauern, noch bevor Sie etwas gekauft haben, stoppen Sie alles!

Befolgen Sie alle deutlichen Botschaften – egal, in welche Richtung sie Sie führen. Handeln Sie entsprechend dieser inneren Botschaft. Sie sollten aber nicht unbedingt mitten in einer Sitzung aufstehen und der Versammlung mitteilen, Ihre innere Stimme halte die Diskussion für beendet. Behalten Sie den Grund für Ihre Entscheidung lieber für sich. Befolgen Sie die Botschaft und konzentrieren Sie sich darauf, die Diskussion zum Abschluß zu bringen. Bringen Sie das Geschäft unter Dach und Fach. Befolgen Sie die Botschaft, ohne sie laut im Saal zu verbreiten.

Versuchen Sie, Ihre Fähigkeiten zur Wahrnehmung Ihrer inneren Stimme weiterzuentwickeln. Es ist wahrscheinlich die wichtigste Stimme, die Sie hören können. Keiner kennt Sie besser als Sie selbst. Menschen, die gelernt haben, auf ihre innere Stimme zu hören – ungefiltert von Verstand und Vernunft – sind immer glücklicher mit ihren Entscheidungen als diejenigen, die es nicht gelernt haben.

Beobachten Sie die Körpersprache

In diesem Kapitel

▶ Die Körpersprache anderer verstehen

▶ Die eigene Körpersprache effizient nutzen

▶ Wie Sie Ihr Wissen bei Verhandlungen einsetzen können

▶ Widerstand, Langeweile und Nervosität erkennen

▶ Offenheit, Interesse und Vertrauen zeigen

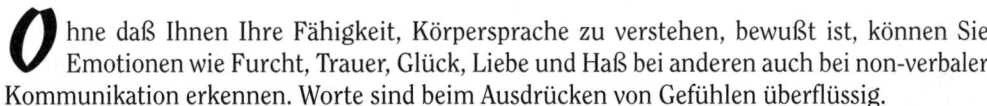

Ohne daß Ihnen Ihre Fähigkeit, Körpersprache zu verstehen, bewußt ist, können Sie Emotionen wie Furcht, Trauer, Glück, Liebe und Haß bei anderen auch bei non-verbaler Kommunikation erkennen. Worte sind beim Ausdrücken von Gefühlen überflüssig.

Die Weiterentwicklung Ihrer Fähigkeit zum Einsatz und Verständnis der Körpersprache ist eine der vergnüglichsten Methoden, Ihr Verhandlungsgeschick weiterzuentwickeln. Beachten Sie die zahlreichen Aktivitätssymbole in diesem Kapitel. Auch wenn Sie diese Aktivitäten schon von vornherein instinktiv beherrschen, sollten Sie jetzt üben, sie bewußt einzusetzen. Ebenso wie Sie eine Fremdsprache durch Üben lernen, können Sie mit diesen Aktivitäten üben, auch die Körpersprache fließend zu beherrschen.

Jeder ist zweisprachig

In Ergänzung zu dem, was Sie mit Worten ausdrücken, benutzen Sie noch eine andere, unhörbare Sprache: die Körpersprache. Mit *Körpersprache* werden alle Kommunikationsformen bezeichnet, die ohne Reden oder Schreiben auskommen. Die Fähigkeit zur non-verbalen Kommunikation ist uns angeboren. Während der ersten paar Lebensmonate kommunizieren wir alle noch ohne Worte.

Vier Regionen des Körpers stehen zum Absenden und Empfangen der Körpersprache zur Verfügung. In der Reihenfolge der Ausdrucksstärke und der Zuverlässigkeit der Botschaft sind dies:

✔ Gesichtsausdruck und Augen

✔ Arme und Hände

✔ Beine und Füße

✔ Torso

Die meisten non-verbalen Hinweise bietet das Gesicht. Da Menschen bei der Kommunikation in erster Linie ins Gesicht ihres Gegenübers schauen, hat sich das die Interpretation der Hinweise aus dem Gesicht am besten entwickelt. Professionelle Kartenspieler haben ihr Gesicht immer unter Kontrolle. Der Ausdruck *Pokerface* beschreibt deshalb die Fähigkeit, Emotionen hinter einer ausdruckslosen Maske zu verstecken. Interessanterweise haben Fotostudien gezeigt, daß aber auch die ausgebufftesten Kartenhaie das Vergrößern ihrer Pupillen nicht verhindern können, sobald sie ein gutes Blatt aufdecken. Als Grundregel für Arme, Hände und Füße gilt, daß eine geschlossene Position (verschränkte Arme und Beine) Ablehnung bedeutet, offene Positionen hingegen Aufnahmebereitschaft signalisieren.

Die Haltung des Torsos ist schwer zu interpretieren, da sie meist von den Haltungs- und Sitzgewohnheiten des Individuums abhängig ist. Leider kann man bei einer Besprechung nicht immer den ganzen Körper beobachten. Trotzdem ist der Körper eine wichtige Interpretationsquelle für einen geübten Beobachter.

Viele Gesten und Ausdrucksformen sind auf der ganzen Welt gleich. Das gilt besonders für das Gesicht. Ein Lächeln wird überall gleich verstanden. Lachen ist ein internationaler Ausdruck von Glück. Ein in Gedanken versunkener Mensch sieht auf der ganzen Welt wie Rodins berühmte Skulptur *Der Denker* aus. Weinen und Schmerz werden ebenfalls unabhängig von Geschlecht, Rasse und Herkunft verstanden. Diese Form der Körpersprache scheint ein *natürlicher* Bestandteil der menschlichen Art zu sein. Andere Gesten sind angelernt, d. h., sie sind kulturell und soziologisch determiniert. Hier einige Beispiele:

✔ In manchen Gesellschaften Indiens schüttelt man den Kopf von oben nach unten und meint damit »Nein« und von einer Seite zur anderen, was wiederum »Ja« bedeutet. In der westlichen Welt ist es gerade umgekehrt.

✔ In Japan zeigen Leute auf sich selbst, indem sie den Zeigefinger an die Nase legen. Wollen Amerikaner das gleiche ausdrücken, zeigen sie mit dem Finger, dem Daumen oder der Hand auf ihr Herz.

Einige Elemente der Körpersprache werden unter bestimmten Umständen auch als Beweismittel bei manchen Gerichten zugelassen. Die Flucht eines Verdächtigen kann zum Beispiel als Schuldbeweis gewertet werden. Und wenn sich schon Gerichte mit der Körpersprache beschäftigen, warum also nicht auch Sie, lieber Leser?

Hier nun eine Aktivität für die Zeit, wenn Sie das nächste Mal auf einem Flughafen oder an einer Bushaltestelle warten müssen. Beobachten Sie Leute, die gerade telefonieren. Studieren Sie die Körpersprache der Leute, und versuchen Sie sich vorzustellen, wer am anderen Ende der Leitung ist. Beachten Sie die Körperhaltung. Hält eine Person den Hörer liebevoll ans Ohr und versucht sich dabei in eine Ecke zu verkriechen, so daß sie nicht beobachtet werden kann, handelt es sich wohl um ein Gespräch zwischen Verliebten. Tritt hingegen der Anrufer von einem Fuß auf den anderen und schaut sich permanent um, ist die Ehegattin oder eine andere bedeutende Persönlichkeit in der Leitung (traurig, aber wahr). Steht der

Anrufer stramm aufrecht in der Telefonzelle und schaut konzentriert auf seine Notizen, handelt es sich höchstwahrscheinlich um ein geschäftliches Gespräch.

 Vergessen Sie nicht, daß die Körpersprache kein Ersatz für andere Formen von Kommunikation ist. Sie ist nur Teil eines ständig genutzten, riesigen Kommunikationspaketes. Bewerten Sie die verbale und non-verbale Kommunikation immer im Zusammenhang mit einer bestimmten Situation. (Lesen Sie dazu auch den Abschnitt » Es ist nicht alles Gold, was glänzt« am Ende dieses Kapitels.)

 Wenn Sie sich das nächste Mal einen Film anschauen, achten Sie einmal besonders auf die Schauspieler, wenn sie gerade nicht reden. Was drücken sie mit ihrer Körperhaltung aus? Je besser der Schauspieler, desto besser kann er sich auch ohne Worte ausdrücken. In Filmen, besonders bei den Szenen ohne Dialog, können Sie in puncto Körpersprache sehr viel lernen.

Dolmetscher für Körpersprache – ein Beruf

Während einer Gerichtsverhandlung konzentrieren sich die meisten auf die Anwälte, den Angeklagten, die Zeugen und das Opfer. Bei sehr wichtigen Prozessen allerdings engagieren Anwälte manchmal Berater, deren einzige Aufgabe darin besteht, die Geschworenen zu beobachten. Diese Jury-Beobachter studieren die Körpersprache der Geschworenen und intepretieren deren Reaktionen auf bestimmte Zeugenaussagen und Beweismittel. Auf Grundlage ihrer professionellen Beobachtungen versuchen die Berater zu bestimmen, welchem Zeugen geglaubt wird, welche Beweise überzeugt haben und wie die Gesamteinstellung der Jury ist.

Was der Körper alles sagen kann

Die gesprochene und geschriebene Kommunikation sind nicht die einzigen Kommunikationselemente in einer Verhandlung – oder im Leben an sich. Gute Verhandlungsführer machen sich ein Bild von dem Menschen, indem sie darauf achten, wie er steht oder sitzt, wie er angezogen ist oder wie das Mienenspiel sich während der Unterhaltung ändert. Deshalb betonen wir in unseren Seminaren immer: »Hören Sie mit den Ohren, den Augen und allem, was dazwischen liegt.«

Unterschiede in der non-verbalen Kommunikation sind mit unterschiedlichen Verhaltensmustern verknüpft. Wenn Sie diese Beziehung beachten, sind Sie in einem Vorteil. Bei jeder Verhandlung haben Sie zwei unterschiedliche Aufgaben:

✔ Achten Sie darauf, daß Ihr Körper nur die Signale aussendet, die er aussenden soll. Dabei sollten Ihre Worte mit den Signalen in Einklang stehen.

✔ Lesen Sie die non-verbalen Signale Ihres Gegenübers. Sie müssen darauf achten, ob die Worte und Körpersignale Ihres Gegenübers übereinstimmen und ob bestimmte Gesten das Gesagte noch betonen.

Wenn Sie sich mit der Körpersprache beschäftigen, werden Sie schnell feststellen, daß Gesten nicht einzeln, sondern immer als ein ganzes Bündel von Bewegungen ausgeführt werden. Kaum jemand führt eine Geste isoliert von anderen Bewegungen aus, das würde steif wirken.

 Wenn Sie Ihre Kinder das nächste Mal zu einer Schulaufführung begleiten, beobachten Sie mal, wie steif die Kinder versuchen, ihre Gestik mit dem Text des vorgetragenen Liedes in Einklang zu bringen. Vergleichen Sie das mit den flüssigen Bewegungen eines professionellen Sängers, der mit seiner Gestik den emotionalen Inhalt des Liedes und nicht die wörtliche Bedeutung des Textes unterstreicht.

Übereinstimmung von Körpersprache und Worten

Achten Sie auf Zusammenspiel zwischen Ihren Worten und Ihrer Körpersprache. Auch Menschen, die dieses Buch nicht gelesen haben, ziehen Schlüsse aus Ihrer Körpersprache. Allerdings erwarten diese Leute auch eine gewisse Konsistenz zwischen dem, was Sie sagen, und Ihrem Körperausdruck. Ist das nicht der Fall, laufen Ihnen die Zuhörer weg, auch wenn sie noch nicht einmal das Wort »Körpersprache« kennen.

Wenn Sie wollen, daß man Ihnen glaubt, achten Sie auf diesen Einklang. Sind Sie von einem Projekt begeistert, zeigen Sie diese Begeisterung auch mit Ihrer Körperhaltung. Liegen Sie dabei nicht entspannt auf dem Sofa. Man erinnert sich länger an das nicht ausgesprochene, aber durch den Körper ausgedrückte Desinteresse als an Ihre ausgesprochenen Bekundungen von Interesse.

Hier nun einige Gründe, warum es zu Divergenzen zwischen Ihrer Körpersprache und Ihren Worten kommen kann.

✔ **Sie sind erschöpft.** Wenn Sie müde sind, braucht Ihr Körper zur Aufrechterhaltung seiner Ausdruckskraft eine Extraportion Energie. Bemerken Sie ein Nachlassen Ihrer Kraft am Nachmittag, kann ein Schokoriegel helfen. Einige dieser Energiespender schmecken sogar. Verderben Sie sich nicht ein Geschäft, nur weil Ihr müder Körper sagt »Rutscht mir doch den Buckel runter.«

✔ **Sie sind unkonzentriert.** Sie wissen, daß viele Gesten und Bewegungen darauf schließen lassen können, daß ein Mensch gerade über alles andere nachdenkt als über das eigentliche Gesprächsthema. Wenn Ihnen selbst so etwas geschieht, bitten Sie lieber um eine Unterbrechung. Verlassen Sie den Raum, telefonieren Sie und schaffen Sie die Ablenkung aus der Welt. Befinden Sie sich in einer Sitzung, seien Sie mit Herz, Verstand und Seele dabei. Ihre physische Anwesenheit ist nicht so wichtig wie Ihre geistige Anwesenheit.

✔ **Ihr Kommunikationsverhalten ist generell schlechter geworden.** Denken Sie nur an die vielen klassischen Filmszenen: Eine empörte Ehefrau stößt mit einem grimmigen, kleinen Lächeln gepreßt ein »Okay« hervor, um dem Partner damit zu sagen, daß überhaupt nichts in Ordnung ist. Oder der alte Lüstling, der sein Opfer angrinst und sagt, »Aber, aber, ich könnte doch keiner Fliege etwas zuleide tun«. Wenn Sie irgendwelche Angewohnheiten haben, die die Bedeutung Ihrer Worte auf den Kopf stellen, versuchen Sie, diese Unsitte abzulegen.

 Mißverständnisse zwischen den Geschlechtern, die durch das unterschiedliche Verhalten von Männern und Frauen entstehen, sind alles andere als selten. Um eine solche Situation heraufzubeschwören bedarf es keiner Worte - man sieht sich nur gegenseitig an und mißdeutet die Gesten des Gegenübers völlig. In *Sex für Dummies* widmet Dr. Ruth Westheimer einen ganzen Abschnitt den Signalen, die zwischen den Geschlechtern mißverstanden werden. Sie werden mit Ihrem Partner stets bestens klarkommen, wenn Sie die suggestive Körpersprache zu verstehen lernen.

Die Körpersprache des Gegenübers interpretieren

Die Fähigkeit, die wahre Gesinnung und die Gefühle einer beliebigen Person interpretieren zu können, kann enorm wichtig sein. Es kommt sicher selten vor, daß Sie Erwachsene sehen, die sich die Hände an die Ohren halten, um nichts hören zu müssen. Es gibt andere Verhaltensweisen, die signalisieren, daß der Gesprächspartner nicht zuhört. Beobachten Sie ihn genau: Vielleicht stiert er gerade teilnahmslos in die Luft oder beschäftigt sich mit anderen Dingen.

 Es gibt einen wunderbaren Disney Film über zwei Männer, die sicher zu den weltbesten Beobachtern der Körpersprache zählen. Beide haben bei Klassikern wie *Cinderella* und *Bambi* mitgewirkt. Der Film heißt »*Frank und Ollie*« und zeigt die beiden, wie sie verschiedene Elemente der Körpersprache zur Übertragung von Gefühlen nachahmen, um dann die ganze Sache aufs Papier zu übertragen. Schauen Sie sich diesen Film an. Er illustriert die Punkte in diesem Kapitel besser als alle je zu diesem Thema geschriebenen Sätze.

Die Fähigkeit, die Körpersprache eines Menschen zu lesen, versetzt Sie in die Lage, dieser Person in der richtigen Weise zu begegnen. Je nachdem, was Sie über die Stimmung oder das Verhalten dieses Menschen gelernt haben, können Sie Ihre Worte und Handlungen entsprechend wählen und zum Beispiel einen erregten Menschen beruhigen oder jemanden aufmuntern, der sich langweilt.

 Verschiedene Untersuchungen haben ergeben, daß Frauen Körpersprache besser interpretieren können als Männer. Sie glauben jetzt sicher, dieser geschlechterspezifische Unterschied hängt damit zusammen, daß Frauen um 2 Uhr morgens über ein Kinderbettchen gebeugt stehen und herauszufinden versuchen, was die wedelnden Arme und Beine wohl bedeuten könnten. Tatsächlich hängt dieser Unterschied mit der Neigung von Männern zusammen, Informationen Stück für Stück zu verarbeiten, während Frauen gewöhnlich zuerst das ganze Bild in sich aufnehmen, bevor sie sich das Detail anschauen. Wenn Sie vor lauter Bäumen den

Wald nicht mehr sehen, versuchen Sie, beim nächsten Mal Ihr Gegenüber als Gesamtheit wahrzunehmen, bevor Sie mit der Konversation beginnen.

 Mit der Interpretation der Körpersprache anderer Menschen können Sie eine Menge Spaß haben. Je besser Sie diese Fähigkeit beherrschen, desto besser werden Sie auch in einer Verhandlung sein. Wenn Sie das nächste Mal eine berufliche Veranstaltung besuchen, suchen Sie nicht gleich nach bekannten Gesichter, sondern bleiben Sie einen Augenblick an der Tür stehen, und nehmen Sie den ganzen Raum in sich auf. Versuchen Sie herauszufinden, wer die einflußreichen und mächtigen Menschen in diesem Raum sind. Wer sind die Arbeitgeber, wer die Angestellten? Durch welche Unterschiede in der Körperhaltung wird der soziale Status offenbar? Wenn Sie auf einer gesellschaftlichen Veranstaltung sind, versuchen Sie, die extrovertierten Menschen herauszufinden. Wer ist sehr schüchtern? Welche Ehepaare streiten sich gerade?

Widersprüchliche Botschaften

Das Lesen der Körpersprache ist kein Trick, um sich einen Vorteil zu verschaffen. Es ist ein Werkzeug zur Verbesserung der Kommunikation. Menschen mit einer inkongruenten Körpersprache sind sich häufig nicht der Tatsache bewußt, daß die gesprochenen Worte nicht mit den durch ihre Körpersprache ausgedrückten wahren Gefühlen übereinstimmen. Werden diese Differenzen in ihrer Entstehung nachvollzogen und aufgedeckt, haben Sie sich und der Person, mit der Sie zu verhandeln hatten, einen guten Dienst erwiesen.

Wenn Sie eine Inkongruenz zwischen den Botschaften des Körpers und dem gesprochenen Wort einer Person feststellen, können Sie davon ausgehen, daß etwas nicht stimmt. Meist handelt es sich dabei um folgendes:

✔ Der Mensch weiß nicht, wie er auf andere wirkt.

✔ Dieser Mensch kocht sein verstecktes, eigenes Süppchen.

✔ Der Mensch ist müde oder verwirrt.

Am besten überzeugen Sie sich sofort und fragen den Menschen direkt, was er denkt und fühlt.

Ein bekanntes Beispiel für Körpersprache, die nicht zur Situation paßt, ist das *nervöse Lachen*. Es ist ein Lachen, das nichts mit Humor zu tun hat, sondern mit Nervosität oder Unbehagen. Es ist ein weggeworfenes Lachen. Wenn Sie ein solches Lachen hören, warten Sie ein paar Augenblicke, wenden sich dann direkt der Quelle dieses Lachens zu und fordern Sie diesen Menschen auf, über seine Gefühle zu sprechen. Abhängig von der Situation könnten Sie sagen: »Nun, Herr Meyer, was halten Sie von dieser Preisstruktur?« oder »Nun, Herr Meyer, was halten Sie davon, wenn wir Herrn Schmidt in dieses Team aufnehmen?« Meist wird die angesprochene Person seine Bedenken nicht zugeben. Aber Sie wissen es besser. Bohren Sie weiter. Wahrscheinlich müssen Sie den Punkt ein paarmal ansprechen und Ihre Frage anders formulieren, bevor die Wahrheit ans Tageslicht kommt.

Arbeitnehmer beklagen sich häufig darüber, daß ihre Vorgesetzten unklare Botschaften mit ihrer Körpersprache ausdrücken. Das Gesagte klingt zwar positiv, aber die Körpersprache drückt Negatives aus. Stellen Sie sich folgende Situation vor: Ihre Chefin ruft Sie zu einer Besprechung. Nach einer kurzen Begrüßung beginnt sie das Gespräch sofort mit der Bemerkung, daß Ihre Leistungen sich in puncto Pünktlichkeit verbessert hätten. Dabei sind ihre Arme über der Brust verschränkt und der Kopf zur Seite geneigt. Sie wissen, daß dies negative Signale sind. Wenn Sie den Mut haben, können Sie folgendes sagen: »Es kommt mir so vor, als würde Sie daran irgendetwas stören.« Ihre Chefin kann nun entweder offen sein für Ihre Äußerung oder aber sie schlägt mit der Faust auf den Tisch und bestreitet ihre wahren Gedanken mit einer scharfen Antwort: »Wie kommen Sie darauf, daß mich etwas stört?«

Wenn Sie von jemandem sich widersprechende verbale und non-verbale Botschaften erhalten, und dieser Jemand die Existenz dieser Diskrepanz abstreitet, sind Sie Zeuge eines sogenannten *Blind Spot* geworden, d.h., daß Sie etwas erfahren haben, was dem betreffenden Menschen nicht bewußt ist. Solche *Blind Spots* verursachen Mißverständnisse und Verstimmungen.

Sollten Sie in einer Verhandlung den Verdacht haben, daß die andere Partei einen *Blind Spot* hat, sollten Sie häufiger mal nachhaken. Prüfen Sie, wie sich *Ihr Verständnis* des Gesagten mit der Körpersprache Ihres Gegenübers in Einklang bringen läßt. Sie können sogar offen äußern: »Ich muß da mal kurz nachhaken.« Machen Sie dann gleich den nächsten Schritt: »Ich fürchte, ich habe Sie da nicht verstanden« oder »Ich denke, wir sollten mal eine Pause machen.« Wenn Sie ehrlich sind, wird sich Ihr Gegenüber wahrscheinlich nicht widersetzen, und Sie bekommen sehr viel wahrscheinlicher eine ehrliche Antwort. Mit dieser Technik kommen Sie möglicherweise an die wahren Gefühle Ihres Gegenspielers heran. Manchmal werden Sie dabei sogar ein paar versteckte Interessen aufdecken.

Die meisten Menschen besitzen mindestens einen *Blind Spot*: ein Bereich, in dem sie nicht wissen, wie ihre Worte oder Handlungen auf andere Menschen wirken. *Blind Spots* sind wie schlechter Atem – jeder nimmt ihn wahr, nur nicht die Person, die ihn verbreitet. Am besten entdecken Sie Ihren eigenen *Blind Spot*, wenn Sie Ihren Gesprächspartner zu einem offenen Feedback auffordern.

Wenn Sie sich mit dem *Blind Spot* eines anderen Menschen auseinandersetzen müssen, fragen Sie ihn, ob er ein offenes Feedback wünscht. Lehnt diese Person ab, sollten Sie das akzeptieren. Sie werden möglicherweise einen anderen Menschen finden, der sich mit dieser Frage beschäftigen kann – vielleicht einen Vorgesetzten, dem der andere zuhören *muß*.

Körpersprache zu Hause

Ich konnte Wendy als Teenager ziemlich gut analysieren. Da mein Büro zu Hause ist, war ich oft da, wenn sie von der Schule nach Hause kam. Ich hörte schon an der Art, wie sie die Tür zuschlug, ob sie einen guten Tag gehabt hatte. Dann hörte ich auf ihre Schritte. Je nachdem, ob der Tag gut oder schlecht war, hörte ich glückliche, hüpfende Schritte oder schleppende Schritte, als würde sie alle Last der Welt auf den Schultern tragen.

Sie rief »Hallo, Ma«, wenn sie in einer guten oder neutralen Stimmung war. War sie unglücklich, ging sie gleich auf ihr Zimmer, um sich zu entspannen oder abzureagieren, bevor sie in mein Büro kam, um mich zu begrüßen. Wenn Sie sich zuerst in ihren eigenen vier Wänden entspannen mußte, ließ ich sie zuerst alleine, um dann später mit ihr gemeinsam den Tag zu verbringen. Wendy war ein ziemlich stilles und zurückgezogenes Mädchen. Wenn sie schlechter Stimmung war, hätte ich mich ihr unter keinen Umständen aufgedrängt.

So wie ich damals reagierte, geschah nicht nur aus Freundlichkeit. Das Gefühl für die richtige Reaktion ist in jeder Verhandlung außerordentlich wichtig. Wenn Sie die Gefühle eines Menschen und sein Bedürfnis nach Privatsphäre respektieren, werden auch Sie eher von diesem Menschen respektiert. Ich hatte damit ein Vertrauensverhältnis zwischen uns aufgebaut. Jeder Verhandlungsführer sollte mit seinem Gegenüber das gleiche versuchen.

Körpersprache als Verstärker

Hauen Sie auf den Tisch. Rudern Sie mit den Armen. Springen Sie auf und nieder. Das sind ein paar klassische Methoden, wie der Körper die Kommunikation unterstützen und verstärken kann. Heben Sie sich diese Demonstrationen aber für den geeigneten Moment auf.

Wenn Sie während der ganzen Verhandlung in lautem Tonfall sprechen, wird eine erhobene Stimme im entscheidenden Moment nichts mehr nützen. Sie wirken dann nur noch aggressiv.

Kürzlich gingen wir mit einer dringenden Arbeit in einen Copy-Shop. Der Besitzer befestigte einen großen, roten Sticker an unserem Ordner. Wir hatten ein gutes Gefühl. Als er allerdings unsere Mappe auf einen Stapel legte, in dem sämtliche Ordner mit diesem großen roten Sticker versehen waren, sank unser Herz in die Hose. Der rote Sticker verlor all seine Bedeutung. Wenn Sie Ihre Stimme zu oft erheben, haben Sie das gleiche Resultat.

Der Schlüssel der Betonung liegt in der Veränderung des Normalen. Körpersprache besteht immer aus einem Bündel an Bewegungen. Sie sollte sich auf natürliche Art und Weise der Stimmlage, dem Tempo und der Lautstärke anpassen. Manchmal können Sie eine besondere Verstärkung durch eine bewußt gewollte

Nichtübereinstimmung zwischen dem Gesagten und der Körpersprache hervorrufen. Sie können sich zum Beispiel ganz langsam vorbeugen und in ruhigem Ton sagen, daß Sie sehr, sehr verärgert sind. Damit verstärken Sie das, was Sie ausdrücken wollen mehr, als wenn Sie sich die Seele aus dem Leib brüllen würden.

 Überraschungen kann es in jeder Verhandlung geben. Sie sollten allerdings schon vor jeder Verhandlung wissen, was wichtig sein wird und was nicht. Halten Sie sich zurück, bis Sie zu den Punkten kommen, die für Sie besonders wichtig sind. So verhält sich ein Profi, der die Nebenschauplätze zur Seite schiebt und sich seinen Hauptauftritt für die wirklich wichtigen Punkte der Verhandlung aufhebt.

Jetzt geht's an die praktische Umsetzung

Manche Menschen haben einfach das »*gewisse Etwas*«. Sie betreten einen Raum und ziehen sofort die Aufmerksamkeit aller auf sich. Es müssen nicht immer die Bestaussehenden sein, aber sie haben ihre Körpersprache unter Kontrolle. Sie benutzen diese Fähigkeit, um damit auszudrücken, daß sie sich für anbetungswürdig, attraktiv und liebenswert halten. Und wenn ein solcher Mensch Sie anschaut, fühlen Sie sich geadelt. Vielleicht werden Sie sogar rot. Dieser Mensch setzt Dutzende non-verbaler Signale ein, um Ihnen seine Absichten zu übermitteln.

Von dem Zeitpunkt an, in dem Sie einen Verhandlungsraum betreten, sollten Sie die Körpersprache aller Anwesenden studieren. Achten Sie auf die vier Hauptregionen: Gesicht und Kopf, Arme und Hände, Beine und Füße sowie den Torso. Wenn Sie sich so konzentriert mit Ihrem Gegenüber befassen, werden Sie außerdem besser zuhören können. Es wird Ihnen helfen, auch unausgesprochene Nuancen wahrzunehmen, wie zum Beispiel, welche Fragen für Ihren Gegenspieler wichtig sind und welche nicht.

Eine vollständige Änderung der Körpersprache während einer Verhandlung kann mehr aussagen als isolierte Signale. Diese abrupten Veränderungen können darauf hinweisen, daß ein bestimmter Punkt der Verhandlung für die andere Seite entscheidende Bedeutung hat und sie möglicherweise belastet. Während des größten Teils der Verhandlung wird Ihre Gegenüber mehr oder weniger dieselbe Haltung haben. Achten Sie aufmerksam auf abrupte Änderungen dieser Haltung. Sie bedeuten, daß sich die Ansichten dieser Person irgendwie geändert haben. Dies wahrzunehmen, kann insbesondere dann wichtig sein, wenn die andere Partei:

✔ bemerkt, daß Sie über einen sensiblen Punkt sprechen,

✔ das Interesse verliert,

✔ eine Pause braucht,

✔ Ihren Argumenten nicht mehr folgen will.

Achten Sie auf die Körpersprache! Sie ist wie eine Verkehrsampel. Eine Änderung der Körpersprache auf Gelb sagt Ihnen, Sie sollen langsam vorangehen, sich umschauen und zuhören. Im Extremfall werden Sie von Rot gestoppt. Halten Sie dann auch sofort an. Machen Sie erst nach einer Pause weiter. Eine Änderung der Körperhaltung kann aber auch Grün bedeuten, und Sie können auf den Abschluß zusteuern.

 Denken Sie daran, non-verbale Signale immer zu befolgen. Sie sollten außerdem Ihre Beobachtungen über die gegnerische Körpersprache ebenso notieren wie deren verbale Äußerungen. Diese Aufzeichnungen machen Sie mit dem unausgesprochenen Vokabular Ihres Geschäftspartners vertraut. Jeder benutzt eine andere Körpersprache.

Der richtige Standpunkt

Die wichtigste Einzelbeobachtung, die Sie in einem vollbesetzten Raum machen können, ist das Distanzverhalten einer jeden Person. Während einer Unterhaltung wird keiner die kritische Distanz zu einem Gesprächspartner überschreiten, von dem er annimmt, daß er einen höheren Status (was Geld, Einfluß, Macht oder sozialen Rang angeht) einnimmt als er selbst. Alle jemals durchgeführten Untersuchungen haben ausnahmslos folgendes ergeben: Je mächtiger ein Mensch ist, desto mehr persönliche Distanz wird ihm von den anderen Menschen im Raum eingeräumt.

Menschliche Instinkte

Tiere kennen instinktiv die kritische Distanz. Meine Neffen, drei, sechs und zehn Jahre alt, nahmen mich einmal zu einem Spaziergang in der näheren Umgebung von Boulder, Colorado, mit. Als wir um eine Ecke bogen, sahen wir zwei Rehe mit drei Kitzen. Der sechsjährige Matthew flüsterte: »Psst, Tante Mimi, ich zeige dir, wie wir näher herankommen können.« Alle drei Jungs schlichen sich, die Finger an den Lippen, an die Rehe heran. Ich bin mir sicher, daß meine drei Neffen so etwas nicht das erstemal machten. Als wir ungefähr 70 Meter von den Rehen entfernt waren, scheuten die Tiere zurück. Mit jedem Schritt, den wir vorangingen, wichen die Rehe auch einen Schritt zurück.

»Warum haben die Rehe denn Angst? Wir tun ihnen doch nichts«, flüsterte der dreijährige Mark.

»Sie gehen immer zurück«, wisperte der zehnjährige Adam altklug zurück.

Adam sprach hier unwissentlich das Distanzverhalten der Tiere an, ihren Instinkt. Wir schlichen weiter voran, aber die Rehe ließen den Abstand zwischen sich und uns nie kleiner als 70 Meter werden.

Räumliche Beziehungen kommen ins Spiel, wenn Sie einen Raum für eine Besprechung vorbereiten. Fast intuitiv weiß man, daß für eine wichtige Verhandlung ein Tisch gebraucht wird, der groß genug ist, um die formelle Distanz zwischen den einzelnen Teilnehmern aufrechtzuerhalten.

Wenn jemand die Besprechung leiten muß, wird dieser Mensch an die Kopfseite plaziert. Das Recht auf den Chefsessel ist sowohl im Büro als auch zu Hause das offensichtlichste und anerkannteste Signum der Macht. Denken Sie an den Sessel unseres Bundeskanzlers mit der etwas höheren Rückenlehne.

Die Sitzordnung während eines Treffens ist außerordentlich wichtig, weil die einmal festgelegten räumlichen Beziehungen nicht mehr so leicht zu ändern sind. Bei der Vorbereitung Ihres nächsten Treffens nehmen Sie sich die Zeit, darüber nachzudenken, welche Beziehungen Sie zu den übrigen Teilnehmern aufbauen wollen. Plazieren Sie sie dann entsprechend.

Der erste Kontakt

Am besten können Sie ein Meeting mit dem Einsatz einer guten Körpersprache beginnen. Zeigen Sie Ihre Energie und Ihren Enthusiasmus. Strecken Sie Ihre Hand aus. Schauen Sie den anderen in die Augen, und geben Sie einen festen Händedruck. Haben Sie keinen überzeugenden Händedruck, fangen Sie jetzt an zu üben. Diese Fähigkeit ist zwar nicht schwer zu erlernen, aber es ist erstaunlich, wie wenige Menschen einen herzhaften Händedruck beherrschen. Das Fleisch zwischen Ihrem Daumen und dem Mittelfinger sollte den anderen an der gleiche Stelle berühren. Drücken Sie, aber quetschen Sie die Hand des Gegenübers nicht zu Brei! Ein kurzer Druck, ein kurzer Blick – das reicht schon. Mit einem etwas längeren Händedruck können Sie Enthusiasmus signalisieren. Aber übertreiben Sie's nicht! Ein zu langer Händedruck könnte Ihrem Gegenüber unangenehm sein.

 Frauen begrüßen sich oft mit einem gleichzeitigen Druck beider Händen. Auch eine Umarmung, sogar als Begrüßung bei einer geschäftlichen Besprechung, ist nicht unpassend, wenn beide Damen sich gut kennen. Mittlerweile ist auch das Umarmen bei Männern in Mode gekommen – besonders in Hollywood. Es ist schön, daß diese Form der respektvollen Begrüßung sich inzwischen sowohl bei Frauen als auch bei Männern durchgesetzt hat.

 Das Händeschütteln unterscheidet sich auf der ganzen Welt. Deutsche begnügen sich mit dem einfachen Händedruck. Franzosen schütteln sich die Hände beim Kommen und Gehen. Die Japaner kannten den Händedruck lange Zeit gar nicht und begrüßten sich mit einer gegenseitigen Verbeugung. Im Zuge der Globalisierung unserer Wirtschaft haben aber auch sie mittlerweile diese Sitte übernommen.

Unterschiedlichste Berührungen

Wenn Frauen miteinander reden, berühren sie sich gegenseitig. Wenn nicht, dann ist meistens der unterschiedliche soziale Status daran schuld. Steht eine Dame auf der sozialen Leiter höher, zögert die niedriger stehende Frau oft, mit dem Anfassen zu beginnen. Wenn die Höhergestellte die niedriger stehende Frau jedoch zur Betonung irgendeiner Tatsache am Arm berührt, ist das in den meisten Fällen okay.

Männer berühren sich auch, allerdings völlig anders. Sie knuffen sich freundschaftlich mit den Ellbogen und verteilen spielerische Boxhiebe. Früher konnten Frauen am Arbeitsplatz ihre Begeisterung noch dadurch ausdrücken, daß sie die Männer am Arm anpackten, was für Männer schon immer tabu war. Das steigende Bewußtsein für sexuelle Belästigung am Arbeitsplatz, hat aber in den Vereinigten Staaten zu einer Gesetzgebung geführt, die alle Berührungen am Arbeitsplatz generell verbietet. Unser Ratschlag für die 90er Jahre ist: Im Zweifel besser die Berührungen vermeiden.

Ob man die Person, mit der man in Verhandlungen steht, berühren soll oder nicht, hängt vom kulturellen Hintergrund ab. Als wir ein Seminar in Mailand durchführten, schlugen wir vor, während einer Verhandlung niemals die private Distanz des anderen zu überschreiten und auch nicht das andere Geschlecht zu berühren. Die Teilnehmer reagierten vehement. Sie ließen uns wissen, daß in Italien das Berühren von beiden Geschlechtern akzeptiert wird – es sei keine Männerdomäne, und es würde auch von niemandem als sexuelle Belästigung angesehen. Eine Frau sagte, daß das Berühren Teil der Konversation sei, und wenn sie einem Mann das Anfassen nicht erlauben würde, würde sie ihn damit beleidigen. Ein Mann drückte sich besonders dramatisch aus: »Das wäre ja, als würde sie mir die Hände abhacken.«

Berücksichtigen Sie immer die Umgebung (oder Gegend), in der Sie Ihre Verhandlung führen, und beurteilen Sie dann, wieviel Berühren akzeptabel sein könnte.

So zeigen Sie Ihre Aufnahmebereitschaft

Wenn Sie während einer Verhandlung die Körpersprache Ihres Gegenübers beobachten, können Sie sehr schnell erkennen, wie aufnahmebereit Ihr Gegenspieler ist (das heißt, wie groß die Bereitschaft zum Zuhören ist und wie offen er Ihren Ideen gegenübersteht). Achten Sie immer auf alle vier Quellen der Körpersprache. Achten Sie auf den Blickkontakt. Forschungen haben ergeben, daß Gesprächspartner sich zwischen 30 und 40 Prozent der Zeit gegenseitig anschauen. Ein Zuhörer, der weniger als 30 Prozent der Zeit Blickkontakt zu Ihnen hält, hört wahrscheinlich nicht richtig zu. Liegt die Quote bei über 60 Prozent, steht Ihr Gesprächspartner Ihnen wahrscheinlich sehr positiv gegenüber.

Tabelle 11.1 zeigt die Zeichen, die für oder gegen Aufnahmebereitschaft sprechen. Möchten Sie bereit und aufmerksam wirken, oder möchten Sie diese Eigenschaften bei Ihrem Gesprächspartner erkennen, schauen Sie auf die positiven Zeichen. Wahrscheinlich möchten Sie niemals unaufmerksam wirken, sollten aber immer sofort bemerken, wenn andere es sind. Daher sollten Sie sich auch mit den negativen Zeichen in Tabelle 11.1 vertraut machen.

Körperregion	Aufmerksamkeit (Positive Zeichen)	Unaufmerksamkeit (Negative Zeichen)
Gesichtsausdruck und Augen	Lächeln, häufiger Blickkontakt, mehr an der Person als am Gesagten interessiert	Kein Blickkontakt oder schmale Augen, Kiefermuskeln angespannt, Wangen zucken angespannt, Kopf ist leicht zur Seite geneigt, so daß der Blickkontakt zu einem Blick aus den Augenwinkeln wird
Arme und Hände	Arme gespreizt, Hände offen auf dem Tisch, entspannt auf dem Schoß oder auf der Stuhllehne, die Hände berühren das Gesicht	Hände verkrampft, Arme über der Brust verschränkt, Hand über dem Mund oder im Nacken
Beine und Füße	Sitzend: Beine zusammen oder ein Bein leicht vor dem anderen (wie beim Start zu einem Wettlauf). Stehend: Körpergewicht gleich verteilt, Hände in den Hüften, Körper leicht Richtung Sprecher gekippt	Sitzend: Übereinandergeschlagene Beine, die vom Redner wegzeigen. Sitzend oder stehend: Beine und Füße zeigen zum Ausgang
Torso	In einer Ecke des Stuhles, Jackett geöffnet, Körper zum Sprecher hin gebeugt	Im Stuhl zurückgelehnt, Jacke geschlossen

Tabelle 11.1: Die Körpersprache aufmerksamer und unaufmerksamer Zuhörer

Aufmerksame Menschen zeigen ihre Offenheit für eine Diskussion durch ein entspanntes Äußeres, d.h. die Hände sind offen, Handflächen zeigen nach oben. Je mehr von den Handflächen sichtbar ist, um so größer ist die Aufmerksamkeit. Aufmerksame Menschen beugen sich im Stehen und Sitzen vor. Sie öffnen ihr Jackett, um die Botschaft ihrer Körpersprache zu verstärken: »Hier steht ein offener und ehrlicher Mensch bereit zum Zuhören.«

Im Gegensatz hierzu lassen die Leute, die nicht zuhören wollen, ihre Hände an den Hüften, lehnen sich im Stuhl zurück oder verschränken schützend ihre Arme über der Brust. Sie ballen die Hände zu Fäusten oder verkrampfen sich auf andere Weise. Ein Bein über einer Stuhllehne erscheint manchem als offene Pose. Aber Vorsicht: Meistens ist es einfach nur schlechtes Benehmen! Abbildung 11.1 zeigt die typischen Körpersignale eines aufmerksamen und eines unaufmerksamen Menschen.

Wie viele Untersuchungen gezeigt haben, kommen die Parteien leichter zu einem Verhandlungsergebnis, wenn ihre Körpersprache gleich vom Beginn der Verhandlung an Aufmerksamkeit signalisiert (Abbildung 11.1, linke Seite) Dieses Ergebnis scheint unabhängig davon zu sein, ob die Körperhaltung unbewußt eingenommen wird, oder ob es sich um eine Strategie handelt, um das Treffen positiv zu beginnen. Als Ergänzung sei noch erwähnt, daß die abwehrende Körperhaltung auch ansteckend ist. Sie können wirklich beobachten, wie die Teilnehmer eines Seminars die defensive Körperhaltung einer Person einnehmen, wenn diese Person diese Körperhaltung nur lange genug aufrecht erhält.

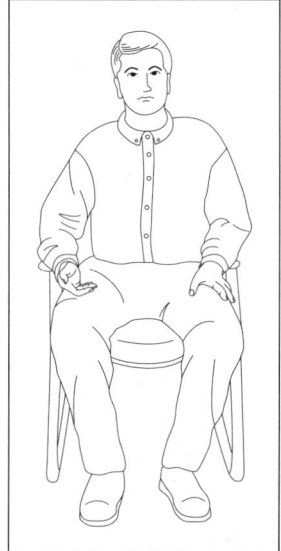 

Abbildung 11.1: Mit welchem Menschen würden Sie lieber verhandeln?

Schauen Sie Ihrem Gegenüber ins Herz

Die Beobachtung, wie jemand sitzt oder steht, ist nur der erste Schritt zur Interpretation der Körpersprache – aber niemand sitzt die ganze Zeit still und stumm wie eine Statue. Die Menschen bewegen sich, ihre Positionen und Gesten ändern sich mit ihren Einstellungen und Emotionen. Beachten Sie diese Wechsel. Sie sind wichtig. Sie können bedeuten, daß diese Person ungeduldig wird, daß sich der Akzeptanzlevel nach unten oder nach oben verschiebt.

Wenn jemand Ihre Ideen mit wachsender Aufmerksamkeit verfolgt, können Sie dies an folgenden Anzeichen feststellen:

✔ Er hebt den Kopf leicht an.

✔ Er kneift die Augen leicht zusammen.

✔ Er nimmt seine Brille ab und spielt mit ihr.

✔ Er reibt sich die Stirn.

✔ Er beugt sich vor, stellt die Beine nebeneinander und rutscht im Stuhl nach vorne.

✔ Er schaut Sie häufiger an.

✔ Er legt die Hände auf die Brust.

✔ Er berührt Stirn oder Kinn – so ähnlich wie bei Rodins *Der Denker*.

✔ Er berührt Sie (es sei denn, er wollte Sie damit beruhigen oder unterbrechen).

Abbildung 11.2 zeigt einen aufmerksamen Zuhörer.

Abbildung 11.2: Diese Frau interessiert, was ihr Gegenüber zu sagen hat ...

Ebenso wie Sie die wachsende Akzeptanz für Ihre Ideen an der Körpersprache des Gegenübers erkennen können, ist es Ihnen auch möglich, Zeichen für wachsenden Widerstand zu bemerken. Greift sich zum Beispiel jemand in den Nacken, können Sie diese Geste fast buchstäblich interpretieren: »Diese Botschaft ist wie ein Schlag ins Genick.« Hier nun einige Gesten des Widerstandes:

✔ Der Gegenspieler rutsch nervös hin und her. (Er kann nicht ruhig akzeptieren, was gesagt wurde.)

✔ Die Blickkontakte werden weniger. (Der Gesprächspartner kann das, was gesagt wurde, nicht noch durch Blickkontakt unterstützen.)

✔ Der Gesprächspartner hält die Händen hinter dem Rücken. (Versuch der Selbstkontrolle – Er will verbale oder physische Äußerung unterdrücken.)

✔ Der Gesprächspartner legt die Hand über den Mund. (Er versucht, negative Kommentare zurückzuhalten.)

✔ Er verschränkt die Füße.

✔ Der Gesprächspartner umklammert seinen Arm oder sein Handgelenk.

✔ Der Gesprächspartner verschränkt die Arme.

✔ Der Gesprächspartner verdreht die Augen.

✔ Der Gesprächspartner ballt seine Hände zu Fäusten.

✔ Der Gesprächspartner dreht seine Füße oder seinen Körper in Richtung Ausgang.

Wenn Langeweile sich breitmacht

Eine der wichtigsten Botschaften der Körpersprache, auf die Sie während einer Unterhaltung, aber vor allem während einer Verhandlung achten sollten, sind Zeichen von Langeweile. Aus dem Fenster schauen, den Kopf aufstützen, völlig versunken auf dem Papier herumkritzeln, mit den Fingern auf dem Tisch trommeln – all dies sind Zeichen dafür, daß der Gegenspieler sich langweilt und nicht zuhört.

Was sollten Sie tun, wenn Sie Anzeichen von Langeweile bei Ihrem Verhandlungspartner feststellen? Menschen, die langsam das Interessen an der Diskussionen verlieren, rutschen auf ihren Stühlen herum, trommeln mit den Fingern auf dem Tisch oder richten ihre Füße in Richtung Ausgang. Lassen Sie sich nicht dazu verleiten, lauter oder schneller zu sprechen. Sagen Sie statt dessen: »Ich möchte mich mal kurz vergewissern. Ich glaube, was ich sage, interessiert Sie gar nicht. Was ist los?« Dann hören Sie zu. Unter Umständen bekommen Sie dabei heraus, was diesen Menschen oder die Gruppe davon abhält, Ihre Vorschläge zu akzeptieren. Eine kurze Überprüfung kann viel Zeit einsparen und Ihnen den Respekt als ein Mensch eintragen, der bereit ist zuzuhören und auch vor der Wahrheit keine Angst hat. Dadurch können Sie bei jeder Verhandlung eine Menge Punkte zu Ihren Gunsten sammeln.

Verhandlungs-Scharaden

Sie können das bekannte Spiel *Scharade* dazu benutzen, Ihre Sensitivität bezüglich der Wichtigkeit und Bedeutung der Körpersprache zu steigern. Die zwei folgenden Varianten scheinen am besten zu funktionieren:

✔ Ein Spieler muß eine Emotion mimen, die Mitspieler müssen diese Emotion deuten. Dieses Spiel ist einfach, lustig und demonstriert gleichzeitig die zahlreichen Möglichkeiten der non-verbalen Kommunikation.

✔ Die Spieler können auch bei einem Rollenspiel eine ganze Verhandlung nachstellen – entweder jeder für sich oder als Team. Das gegnerische Team oder der gegnerische Spieler muß dabei herausfinden, worum es bei der Verhandlung geht und welche Positionen dargestellt werden.

Zeigen Sie Ihr Selbstvertrauen

Es ist wichtig, während einer Verhandlung Selbstvertrauen auszustrahlen. Fehlendes Selbstvertrauen führt zu Nervosität. Weist Ihre Körpersprache auf Nervosität hin, könnte Ihr Verhandlungsgegner vermuten, daß Sie nicht sicher genug sind, eine starke Position in der Verhandlung einzunehmen. Ihr Gegner wird dann wahrscheinlich nicht so schnell einem Kompromiß für eine Vereinbarung zustimmen.

Achten Sie darauf, mit Ihrem ganzen Körper Selbstvertrauen auszustrahlen. Wenn Sie darüber hinaus auch das Selbstbewußtsein Ihres Gegenspielers einschätzen können, haben Sie einen weiteren Punkt gewonnen. Ihre Kenntnis der Stärke des Gegenspielers als Verhandlungspartei hilft Ihnen, die eigenen Ziele, Grenzen, Anfangsangebote und auch den Moment festzulegen, in dem das Geschäft abgeschlossen werden sollte. Im Beobachten der Körpersprache liegt der Schlüssel zur Einschätzung, inwieweit Ihr Gegenüber mit dem bisherigen Verlauf der Verhandlung zufrieden ist.

Wie Kinder neigen auch nervöse Erwachsene dazu, auf dem Stuhl herumzurutschen (obwohl dieses Verhalten auch ein Ausdruck von Langeweile oder Überlastung sein kann). Nervosität zeigt sich aber auch im Nägelkauen, Herumfummeln an der Krawatte, Kleingeldklimpern in der Hosentasche oder Spielen mit irgendwelchen Gegenständen. Wenn Menschen nervös sind, vergrößern sie den Abstand zum Verhandlungspartner. Häufig zeigen sie ihre Nervosität auch durch Räuspern oder Unterbrechungen im Redefluß.

Selbstbewußte Menschen bringen ihre Hände in Kirchturmposition (d.h. sie halten die Fingerspitzen ihrer Hände so zueinander, daß sie eine Kirchturmspitze bilden). Aufrechtes Sitzen und häufiger Blickkontakt zeigen Selbstvertrauen. Ein selbstbewußter Mensch sitzt immer ein wenig höher, weil aufrechter, als alle anderen. Die Füße auf den Schreibtisch zu legen, ist nicht nur ein Ausdruck von besonderem Selbstbewußtsein, sondern auch ein Zeichen von Besitzanspruch. Wer seine Füße auf etwas legen kann, besitzt diesen Gegenstand.

 Sich mit hinter dem Kopf verschränkten Armen zurücklehnen, ist eine typisch männliche Geste. Diese Haltung zeigt Zuversicht und Entspannung. Grundsätzlich ist das ein gutes Zeichen. Es zeigt, daß die Schranken gefallen sind – ein guter Moment, um ein Geschäft abzuschließen.

Der Vertragsabschluß

Einen Handel abzuschließen, bedeutet häufig auch, sich dieser Person physisch zu nähern. Denken Sie an einen Versicherungsvertreter, der Ihnen den Kugelschreiber in die Hand drückt, um den Antrag unterschreiben zu lassen. Der Vertreter beugt sich vor, senkt einschmeichelnd seine Stimme und sagt: »Wenn alles in Ordnung ist, unterschreiben Sie bitte hier.«

Abschluß bedeutet _Annäherung_. Die intime Distanz – sie liegt zwischen 15 und 45 Zentimetern – ist normalerweise für sehr persönliche, zärtliche Interaktionen reserviert. Beim Abschluß kann es jedoch geschehen, daß Sie selbst oder Ihr Verhandlungspartner ganz selbstverständlich in diese Zone eindringen, um den Handel perfekt zu machen. Erfahrene Handelsvertreter wissen über die Wirkung einer leichten Berührung des Kunden auf den Abschluß eines Deals.

Die Zeichen der Körpersprache für Akzeptanz variieren stark zwischen den einzelnen Menschen. Der exakte Zeitpunkt für eine Annäherung kündet sich oft nur durch feine Nuancen an. Selten springt jemand freudestrahlend in dem Moment auf, in dem er sich entschlossen hat, den Handel zu machen. Nach unserer Erfahrung zeigt sich der magische Moment, in dem sich jemand geistig dazu bereit erklärt hat, das Geschäft abzuschließen, um so schwächer, je größer das Geschäft ist.

Jeder Kulturkreis drückt den Abschluß einer Verhandlung mit einem anderen Ausdruck der Körpersprache aus. Am weitesten verbreitet ist der Handschlag. Manchmal wird das Ereignis auch durch eine Umarmung oder gegenseitiges Schulterklopfen besiegelt. Körperkontakt findet also generell statt. Denken Sie aber immer daran, Ihr Gegenüber in diesem Moment anzuschauen und ihm Ihre Anerkennug zu zeigen – egal, auf welchem Kontinent Sie das Geschäft gerade abgeschlossen haben. Verstärken Sie Ihre Körpersprache mit ermutigenden, unterstützenden und optimistischen Ausdrucksformen. Jede Seite sollte nach dem Deal zufrieden sein.

Nach Abschluß eines Geschäftes sollten die im Vertrag fixierten Bedingungen sofort abgewickelt werden. Das ist sehr wichtig. Es gibt nichts Schlimmeres, als nach der Euphorie eines abgeschlossenen Geschäft tagelang nichts mehr vom Geschäftspartner zu hören. Kümmern Sie sich selbst um die Abwicklung des Vertrages. Wenn Sie für diesen Teil nicht zuständig sind, kontrollieren Sie die Mitarbeiter der Vertragsabwicklungsabteilung. Sie haben schließlich den Handel abgeschlossen, also steht hier auch Ihre Integrität auf dem Spiel.

Es ist nicht alles Gold, was glänzt

Körpersprache dient mehr der Verstärkung als dem Ersatz des gesprochenen Wortes. Was bestimmte Handlungen und Gesten genau bedeuten, hängt immer vom einzelnen Menschen als auch von der Gesamtsituation ab. Dazu folgende Beispiele:

✔ Aufrechtes Sitzen kann sowohl eine starre Haltung bei den Verhandlungen bedeuten als auch von einem verspannten Rücken vom Tennis am Tag zuvor kommen. Sie sollten die Körpersprache immer beobachten, das Ergebnis Ihrer Beobachtungen aber immer auch mit den gesprochenen Äußerungen kombinieren, um die richtige Bedeutung herauszufinden.

✔ Normalerweise drückt nur ein Mensch, der sich auch wirklich ärgert, seinen Ärger durch Gesten aus. Man kann diese Gestik natürlich auch zum Erreichen bestimmter Effekte nutzen. Denken Sie aber bitte daran, daß es auch Choleriker gibt, die nicht anders können.

Seien Sie bei der Beurteilung der Körpersprache ebenso vorsichtig, wie mit allen anderen während einer Verhandlung auftauchenden Informationen.

Jedem das Seine

Auch wenn Sie bereits Erfahrung im Lesen der Körpersprache haben, werden Sie nicht übermütig, wenn Sie Ihre Kenntnisse bei einem nur oberflächlich bekannten Menschen einsetzen. Jeder hat seine eigene Körpersprache. Jedes Kind kann sagen, daß ein Elternteil böse ist, auch wenn die eingesetzte Körpersprache nach allgemeiner Deutung genau das Gegenteil signalisieren würde. Schweigen ist normalerweise ein Indiz für innere Ruhe, einige Eltern drücken damit aber gerade ihren Ärger aus. In solchen Familien lernen die Kinder schnell, daß bei Schweigsamkeit der Eltern Ärger ins Haus steht.

Beachten Sie den Kontext

Je mehr Erfahrung Sie mit der Körpersprache haben, desto bewußter wird Ihnen die Vielfalt der Bedeutungen einzelner Gesten. Eine geballte Faust bedeutet in aller Regel Ärger – über dem Kopf geschüttelt, sogar extremen Ärger. Springt der betreffende Mensch mit geballten Fäusten auf und nieder und brüllt dazu, kann es aber auch ein Ausdruck höchster Verzückung sein.

 Ausdrücke der Körpersprache unterscheiden sich von Land zu Land genauso stark wie soziale Normen. Machen Sie sich also mit der Körpersprache der einzelnen Länder ebenso gründlich vertraut wie mit der jeweilige Landessprache.

Vorsicht, hier wird geblufft

Die Kunst des Verstellens wird von den meisten Erwachsenen ziemlich perfekt beherrscht, vor allem im Geschäftsleben. Verhandlungspartner können Ihnen reinste Zustimmung signalisieren, während sie in ihrem Innern nichts lieber täten, als die Verhandlung abzubrechen. Wenn Sie das Gefühl haben, Ihr Gegenspieler akzeptiert Ihre Vorschläge, versuchen Sie, das Geschäft perfekt zu machen. Damit können Sie zugleich überprüfen, ob Sie die Zeichen Ihres Gegenübers richtig verstanden haben. Geht Ihr Versuch daneben, haben Sie die Körpersprache des anderen falsch interpretiert. Lassen Sie sich beim nächsten Mal nicht noch einmal täuschen, wenn Sie dieselbe Reaktion bei diesem Menschen sehen. Aber versuchen Sie trotzdem weiterhin, das Geschäft perfekt zu machen.

Aus Schaden wird man klug

Obwohl ich selbst schon viele Seminare über Körpersprache durchgeführt habe, mache ich immer noch Fehler. Gerade als ich den ersten Entwurf für dieses Kapitel geschrieben hatte, fand eine wichtige Verhandlung in meinem Büro statt. Mein Gesprächspartner war ein bekannter Finanzier unabhängiger Filmemacher, den ich aber noch nie persönlich getroffen hatte. Er kam in mein Büro und ging schnurstracks auf eine Ecke zu, in der zwei Sofas, ein großer Kaffeetisch und mehrere Stühle standen.

Er setzte sich auf das kleine Sofa, hängte die Arme über die Lehnen und streckte die Beine weit von sich. Mann, dachte ich, der Bursche ist aber ziemlich offen mit mir. Nicht annähernd so hart, wie man von ihm hört. Mit der Zeit wandelte sich aber das Bild ins Gegenteil.

Ziemlich enttäuscht ging ich nach Hause und beschrieb Mimi die ganze Geschichte. Mimi hörte aufmerksam zu und stellte dann fest, daß mein Besucher durch sein extremes Übergewicht keine andere Haltung hatte einnehmen können, als sich mit ausgestreckten Beinen ins Sofa zu lümmeln. Mimi wies mich außerdem auf sein raumgreifendes Verhalten hin. Gleich nachdem er mein Büro betreten hatte, steckte er seinen Claim ab. Für die Dauer des Gespräches nahm er sogar mein Sofa in alleinigen Besitz.

Tatsächlich wurden wir später handelseinig. Während unseres nächsten Treffens war ich vorbereitet. Ich verhandelte hart. Es dauerte zwar ein bißchen, ihn weichzukochen, aber ich war erfolgreich – zum Teil deshalb, weil ich mittlerweile wußte, daß man ihn sehr lange überzeugen mußte. Das erste Treffen war nicht sehr erfolgreich, weil ich nicht aggressiv genug war.

Denken Sie daran, daß die meisten Differenzen zwischen der sichtbaren Körpersprache und dem beabsichtigten Zweck der Kommunikation rein zufällig sind. Diese Differenzen sind kein Ergebnis unheimlicher Kräfte. Dieses Kapitel soll Ihnen Hilfestellungen geben, damit Sie nicht bei Differenzen zwischen der Körpersprache und dem gesprochenen Wort irregeleitet werden. Stellen Sie solche Differenzen fest, gehen Sie nicht davon aus, das Ihr Gegenspieler Sie mit Absicht in die Irre führen will.

Ein Blick, der den Experten täuschte

Vor einiger Zeit hatte ich eine Verhandlung, die sich über mehr als fünf Monate erstreckte. Während der vielen Geschäftsessen und Meetings mit meinen Kunden und der anderen Seite stellte ich immer fest, daß unsere Verhandlungspartner aufmerksam und interessiert zuhörten. Worte und Körpersprache zeigten übereinstimmend, daß meine Gegenspieler das Vorhaben unterstützten. Meine Mandanten und ich fühlten uns nach jedem Treffen wohlverstanden. An einigen Besprechungen nahmen auch externe Projektberater teil. Auch sie waren mit uns der Meinung, daß wir kurz vor dem Abschluß standen.

Die langen Verhandlungen gipfelten in einer großen Telefonkonferenz, auf der die letzten Einzelheiten des Geschäfts festgelegt werden sollten. Ein dritter Finanzier aus New York war in der Leitung, und auch meine Mandanten hörten mit.

Als der Präsident der Gegenseite seine Rede begann, mußten wir schockiert feststellen, daß er das genaue Gegenteil dessen sagte, was wir erwartet hatten. »Ich habe mich entschlossen, diese Verhandlung nicht mehr weiterzuführen«, begann er das Gespräch. »Wir haben alle hart an der Sache gearbeitet. Deshalb will ich Ihnen auch genau erklären, warum ich zu diesem Entschluß gekommen bin«, fuhr er fort. Er nannte vier Gründe für, die Einstellung des Projekts. Wir hatten alle diese Einwände schon früher gehört. Und auf jeden dieser Einwände waren wir mit unserem Angebot eingegangen. Aber offenbar hatte er unser Angebot nicht verstanden.

Meine Mandanten waren so sauer, daß sie nicht zur Arbeit erschienen. Sie meldeten sich jedoch nicht krank, sondern »empört«. Als sie mir das mitteilten, verwies ich auf ihren Vertrag, in dem zwar von Lohnfortzahlung im Krankheitsfall die Rede war, aber nicht von einem Ausgleich bei »Empörten-Tagen«. Die ganze Sache stieß auf reges Interesse. Am selben Nachmittag lud der Präsident meine Kunden zu sich nach Hause ein. Sie redeten. Wir vereinbarten eine neue Sitzung.

Ich wußte, ich mußte das Interesse und die Aufmerksamkeit der anderen Seite zurückgewinnen. Meine Kunden und ich bereiteten Diagramme und Grafiken vor. Wir suchten nach anderen Worten zur Beschreibung unserer Vorschläge. Das Ergebnis unserer Bemühungen steckten wir in zwei hübsche, lederne Ordner, die den Namen unserer Verhandlungsgegner trugen.

Es war faszinierend, die Körpersprache zu beobachten. In der Vergangenheit hatte sich unser Gegenspieler immer aufmerksam nach vorne gelehnt, genickt und gesagt: »Verstehe!« und auch sonst alle Zeichen von Zustimmung gezeigt. Diesmal rief er mitten in der Präsentation entzückt: » Ich hab's, ich hab's!« Er freute sich, als hätte er gerade im Lotto gewonnen. »Ausgezeichnet! Das ist es«, sagte er, und ich dachte schon, er würde mir gleich auf die Schulter klopfen.

Er kannte sich in der Körpersprache einfach bestens aus. Er wußte genau, wie man aufmerksam, interessiert und zustimmend *aussieht*, obwohl man kein Wort versteht. Durch das Ändern einiger Begriffe und das Auswechseln einiger Grafiken und Diagramme kamen wir zu ihm durch. Als das passierte, ließ er die Maske fallen und führte sich auf wie ein Kind, dem man einen Lutscher geschenkt hatte. Nachdem wir diese Hürde genommen hatten, war der Rest ein Kinderspiel. Wir unterzeichneten den Vertrag innerhalb eines Monats.

Teil V

Sagen Sie's, wie es ist!

The 5th Wave   By Rich Tennant

»Also, Müller, Sie haben den Geräuschpegel in Ihrer Abteilung um 85 Prozent gesenkt.
Wie haben Sie das geschafft?«

In diesem Teil...

Sorgen Sie in jeder Verhandlung dafür, daß alles, was Sie sagen, deutlich, kurz und wirkungsvoll ist. Dieser Teil enthält viele praktische Tips für eine bessere Kommunikation und zeigt Ihnen all die Fehler, die Sie vermeiden sollten, wenn Sie dem Gegenspieler Ihre Ansicht korrekt vermitteln wollen. Gleich ein ganzes Kapitel widmen wir hier den Telefonverhandlungen, weil das Verhandeln am Telefon ganz besondere Fähigkeiten erfordert. Falls Sie das Gefühl haben, Sie würden von niemandem verstanden, kann Ihnen dieser Teil vielleicht zeigen, wie Sie sich Gehör verschaffen können.

Kontrolle durch Deutlichkeit

In diesem Kapitel

▶ Testen Sie Ihre eigene Deutlichkeit

▶ Tips für eine deutliche Kommunikation

▶ Deutlichkeit quer durch alle Kulturen

M acht und Einfluß können Sie allein dadurch gewinnen, daß Sie sich in jeder Phase der Verhandlung klar und deutlich ausdrücken. Unglücklicherweise wird niemand mit der Fähigkeit geboren, seine Ideen klar darzustellen. Dieses Kapitel ist ein Schnellkurs zur Steigerung der Kommunikationsfähigkeit und zeigt Ihnen, wie Sie in jeder Phase der Verhandlung eindeutig sprechen und schreiben und sich deutlich verhalten können.

Deutliche Kommunikation ist eine der sechs Grundfähigkeiten, die Sie für eine Verhandlung brauchen. Mit einiger Übung können Sie den Einfluß kommunikativer Fähigkeiten auf eine Verhandlung bemerken und feststellen, wann eine Verhandlung durch schwache Kommunikation ins Schwanken gerät.

Um Ihre Fähigkeiten zu deutlicher Kommunikation zu verbessern, sollten Sie die über das ganze Kapitel verstreuten Spiele nachvollziehen. Diese Übungen helfen Ihnen beim Aufbau dieser Fähigkeiten ebenso wie Basketballtraining dabei hilft, einen Korb von der Freiwurflinie zu erzielen. Wenn Sie der Beste in allem sein wollen, müssen Sie auch alles üben.

Was bedeutet Deutlichkeit?

In vielerlei Hinsicht ist die klare Kommunikation das Gegenstück zum effektiven Zuhören. Gerade so, wie Sie nicht *zu gut* zuhören können, können Dinge auch nicht *zu deutlich* dargestellt werden. Sie können zu plump, zu schnell oder zu langsam sein, aber niemals zu deutlich.

Deutlich sein, bedeutet nicht, daß Sie bei jeder erstbesten Gelegenheit Ihre Position aufdekken oder daß Sie den anderen Ihre Grenzen wie ein offenes Buch präsentieren. Klarheit bedeutet einfach nur, daß Ihre Zuhörer verstehen müssen, was Sie sagen, schreiben oder auf andere Art und Weise vermitteln. Klingt doch eigentlich ganz einfach, oder? Aber warum sind dann nicht mehr Menschen mit dieser Methode erfolgreich?

 Der Grund dafür, daß so viele Menschen Kommunikationsschwierigkeiten haben, liegt am Standpunkt, den diese Menschen bei der Kommunikation einnehmen: Was möchte *ich* meinen Zuhörern erzählen. Das ist nicht effektiv. Sie müssen sich an die Stelle des Zuhörers bei der Kommunikation versetzen. Fragen Sie sich deshalb selbst: Was möchte ich, das meine Zuhörer als Ergebnis meiner Kommunikation machen, denken oder fühlen?

Zuerst müssen Sie sich über Ihre Ziele im klaren sein (siehe Kapitel 5). Dann brauchen Sie Informationen über die Zuhörer und müssen wissen, welche Filter vorhanden sind und wie Sie die Filter überwinden können, um verstanden zu werden (siehe Kapitel 2).

Präsentieren Sie Ihre Ideen in einer nachvollziehbaren Reihenfolge. Sicher ist es Ihnen angenehmer, wenn die Zuhörer während Ihrer Rede zustimmend nicken, als wenn Sie das Gefühl haben müssen, nicht mehr verstanden zu werden. Bringen Sie Ihre Zuhörer sicher von Punkt A nach Punkt B.

Falls dieses Konzept für Sie neu ist, versuchen Sie es mit folgender Technik. Benutzen Sie das Kürzel A.G.B.A., um Ihre Gedanken zu ordnen und die Kommunikation logisch aufzubauen. A.G.B.A. steht für *A*ussage, *G*rund, *B*eispiel, *A*ussage. Hier ein Beispiel:

✔ **Meine Aussage:** Training macht fit.

✔ **Der Grund:** Der Herzschlag erhöht sich.

✔ **Das Beispiel:** Nach 20 - 30 Minuten Training mit erhöhtem Herzschlag fühlen Sie sich fitter als vorher.

✔ **Meine Aussage:** Training macht fit.

Diese Formel funktioniert bei jeder Präsentation – egal, ob es sich um ein fünfminütiges lockeres Gespräch oder um eine halbstündige Rede mit zahlreichen Beispielen handelt.

Ein andere Strategie besteht darin, Ihre Punkte aufzuschreiben und zu numerieren. Schauen Sie sich folgendes Beispiel an:

Ich empfehle, den neuen Berater für die Ausarbeitung einer Strategie einzustellen, die:

1. die Verkäufe steigert,

2. die Arbeitsmoral verbessert,

3. die Produktivität erhöht.

Klar und deutlich

Der frühere amerikanische Präsident Harry Truman war so deutlich mit dem amerikanischen Volk, wie man nur sein konnte. Truman verwendet eine so einfache Sprache, daß jeder im Land ihn verstehen konnte.

Genauso deutlich ging Harry Truman auch mit den Russen um. Als er im Jahr 1945 in der Vorbereitungsphase der Potsdamer Konferenz in Washington mit dem sowjetischen Außenminister Molotow zusammentraf, teilte er diesen in sehr eindeutigen und einfachen Worten seine Ansicht mit, daß Polen frei und unabhängig werden müsse.

»Noch niemals hat jemand so mit mir zu reden gewagt«, soll Molotow geantwortet haben.

»Halten Sie die Verträge ein, und es wird auch niemand jemals wieder so mit Ihnen reden«, entgegnete Truman.

Mit dieser plumpen und direkten Art hatte Truman großen Erfolg auf internationalen Konferenzen.

Wie klar und deutlich sind Sie?

Die meisten Menschen glauben, sich anderen kristallklar mitzuteilen. Wenn Sie wirklich wissen wollen, wie verständlich Sie ankommen, sollten Sie darüber eine *Bestandsaufnahme* machen.

Das Feedback für eine solche Bestandsaufnahme erhalten Sie aus zwei Quellen: von den Mitgliedern Ihrer Familie, von Ihrer persönlichen Sekretärin oder einem engen Mitarbeiter. Gewöhnlich sind diese Personen diejenigen, die am ehesten verstehen, was Sie zu sagen versuchen.

Sie sollten sich mit einer solchen Bestandsaufnahme nur belasten, wenn Sie Ihre Verhandlungsfähigkeiten steigern wollen. Wenn Sie das nicht ernsthaft wollen, lassen Sie es lieber bleiben. Diese Sache ist zu heikel und birgt zu viele Risiken für verletzte Gefühle, als daß Sie sich ohne ernsthafte Beweggründe (zum Beispiel um ein Weltklasse-Verhandlungsführer zu werden) damit auseinandersetzen sollten.

Wenn Sie in Ihrer Verhandlungstechnik einen wirklich entscheidenden Sprung nach vorne machen wollen, setzen Sie sich einmal mit einer vertrauenswürdigen Person zusammen. Sagen Sie diesem Menschen, daß Sie Ihre Fähigkeit zur deutlichen Kommunikation verbessern wollen. Fragen Sie nach Verbesserungsvorschlägen, und hören Sie aufmerksam zu. Sie dürfen sich nicht verteidigen, den Gesprächspartner korrigieren oder bestimmte Fehler erklären.

Ihr Ziel ist es hier schließlich nicht, Ihrem Gegenüber Anweisungen zu geben, wie er Sie besser verstehen kann. Sie wollen einen Weg finden, sich mit diesem und anderen Menschen besser zu verständigen. Auch wenn Sie glauben sollten, das Kommunikationsproblem liege nur bei dem anderen Menschen, machen Sie trotzdem weiter.

Machen Sie sich Notizen über das Feedback. Damit schmeicheln Sie diesem Menschen und werden zugleich davon abgehalten, Ihrem Gesprächspartner zu sagen, er würde mit seiner Meinung schief liegen. Es ist nicht leicht, zu erfahren, wie unklar man sich ausdrückt. Ja, es tut richtig weh. Weit öfter, als Sie zu träumen wagen, machen Sie diesen Fehler. Mit dieser Methode können Sie aber sehr gut herausfinden, welche Bereiche Ihrer Kommunikation verbessert werden müssen, damit Sie leichter verstanden werden.

Ihr Klarheitsquotient

Eine andere Möglichkeit für eine Bestandsaufnahme ist die Ermittlung Ihres Klarheitsquotienten. Rufen Sie sich ein privates oder berufliches Gespräch, das ziemlich mißglückt ist, in die Erinnerung zurück. Mit diesem Gespräch im Kopf füllen Sie den untenstehenden Fragebogen aus.

1. Hatte Sie vor dem Gespräch ein klares Ergebnis vor Augen?

   Ja /Nein

   Falls ja, welches? _____

   _____

   _____

2. Hatten Sie geplant, was Sie sagen wollten? _____

   Ja /Nein

   Falls ja, was war es? _____

   _____

   _____

3. Haben Sie Ihre Absichten klar und deutlich ausgedrückt?

   Ja /Nein

4. Sind Sie während des Gesprächs bei Ihren Absichten geblieben, oder haben Sie das Thema gewechselt?

   Ja /Nein

5. Stimmte die Präsentationsform mit dem angestrebten Ergebnis überein?

   Ja/Nein

6. Inwieweit wichen die einzelnen Ergebnisse von dem ab, was Sie wollten?

   _____

   _____

7. Was hätten Sie anders machen können? _____

   _____

   _____

Wo haben Sie »Nein« angekreuzt? Das sind die Gebiete, auf denen Sie besser werden müssen.

Die sieben Stufen zur Deutlichkeit

Eine gute Formulierung ist wie ein kleines Kunstwerk. Sie müssen kein Künstler sein, um sich klar auszudrücken. Eine blumige Formulierung ist nett, eine klare Formulierung ist eine Notwendigkeit. Teil der Schönheit einer Formulierung ist es, den beabsichtigten Punkt genau zu treffen.

 Wenn Sie Mitarbeiter auffordern, bestimmte Aufgaben für Sie zu erledigen, ist es *Ihre* erste Aufgabe, zunächst einmal *klare und deutliche* Anweisungen zu geben. Leichter gesagt als getan. Ordentliche Ergebnisse am Arbeitsplatz zu bekommen ist weniger eine Frage von Charisma als von Klarheit. Hier einige Hinweise, wie Sie sich noch deutlicher ausdrücken können:

1. **Sorgen Sie für das richtige Gesprächsklima.**

   Suchen Sie einen Raum auf, wenn Sie mit Ihrem Assistenten oder Mitarbeiter reden, in dem Sie sich beide konzentrieren können. Achten Sie auf Ihre Tonart. Ein gestreßter Manager könnte ohne Absicht sagen: »Das ist eine simple Aufgabe; deshalb gebe ich sie Ihnen.« Ein solcher herausgerutschter Satz wäre bestimmt nicht sehr motivierend.

2. **Geben Sie einen Überblick.**

   Beschreiben Sie das Gesamtziel. Ihre Leute müssen wissen, wie ihre Arbeit zum Ganzen beiträgt. Sie müssen glauben, daß sie Teil des Gesamtzieles sind.

3. **Beschreiben Sie die Schritte der Aufgabe.**

   Das ist der wichtigste Teil des Gesprächs. Manchmal sind diese Schritte bereits in einer schriftlichen Arbeitsanweisung enthalten. Damit jeder weiß, um was es geht, brauchen Sie nur noch kurz die einzelnen Schritte mit den Mitarbeitern durchzugehen. Sollten die einzelnen Stufen noch nicht schriftlich fixiert sein, lassen Sie einen Mitarbeiter während Ihres Vortrages ein Protokoll anfertigen. Diese Maßnahme verkleinert das Risiko, daß irgend etwas vergessen wird.

4. **Kümmern Sie sich um Ressourcen.**

   Klären Sie, wo Sie Hilfe zur Lösung der Aufgabe finden können. Dabei kann es sich um Leute handeln, die eine solche Aufgabe oder Teilaufgabe bereits erledigt haben.

5. **Fordern Sie zu Fragen auf.**

   Auch wenn Sie glauben, keine Zeit für die Beantwortung von Fragen zu haben, wird der damit verbundene Aufwand durch eine gesteigerte Aufmerksamkeit belohnt. Es ist besser, gleich ein paar Fragen zu beantworten, als später mit dem Ergebnis unzufrieden zu sein. Fordern Sie zum Fragen auf, indem Sie selbst offene Fragen stellen wie beispielsweise: »Welche Fragen haben Sie noch?« Vermeiden Sie folgende Schlußfrage: »Noch irgendwelche Fragen?«

6. **Lassen Sie sich Ihre Strategie zur Lösung der Aufgabe noch einmal zusammenfassend darstellen.**

   Zu diesem Schritt brauchen Sie Mut. Sie riskieren eine abwehrende Antwort: »Glauben Sie vielleicht, ich bin blöde?« Sagen Sie lieber: »Das ist jetzt vielleicht lästig, aber ich möchte von Ihnen noch einmal eine zusammenfassende Darstellung darüber, wie Sie das Problem in den Griff bekommen wollen.« Wenn Sie Verantwortung übernehmen, verringern Sie die Abwehrbereitschaft der anderen Person.

7. **Vereinbaren Sie einen Kontrolltermin.**

   Der Stichtag hängt von der Komplexität und der Bedeutung der Aufgabe ab. Sie werden Zeit und Erfahrung brauchen, den exakten Zeitpunkt zu treffen.

Fragen Sie während des Gesprächs ruhig mal: »Na, habe ich mich klar ausgedrückt?« Mit Hilfe solcher Fragen kommen beide Parteien meist schneller voran. Die Frage «Habe ich mich klar ausgedrückt?» erinnert die andere Person daran, aktiv zuzuhören, anstatt mit einem lahmen »Ja« zu antworten. Taucht ein wirklich kritischer Punkt auf, bitten Sie die andere Partei um eine Wiederholung des Inhalts, damit Sie sich einer effektiven Kommunikation sicher sein können. Versichern Sie Ihrem Gesprächspartner, daß seine Wiederholung einer wichtigen Information keine Zustimmung bedeutet soll, sondern nur der Deutlichkeit dient.

Machen Sie sich Zweck und Ziel des Gesprächs klar

Wenn Sie genau wissen, was Sie sagen wollen, können Sie sich auch deutlicher ausdrücken. Früher waren Sie vielleicht versucht, gewöhnlich auch noch in einem ärgerlichen Ton zu fragen: »Was sagen Sie dazu?« Meistens schaut dann der Befragte erschrocken auf und sucht nach einer kurzen Antwort. Wenn allerdings der Fragende selbst nicht weiß, wonach er fragt, ist auch der Zuhörer hoffnungslos verloren.

Während jeder Unterhaltung sollten Sie sich des Punktes, den es zu verdeutlichen gilt, bewußt sein und Zweck und Hauptergebnis der Unterhaltung kennen. Nur zu sagen »Oh, ich möchte einfach nur reden« reicht nur für die Freizeit. Möchten Sie jedoch jemanden zu einer Handlung, Duldung oder Unterlassung bringen (was ja das Ziel einer Verhandlung ist), müssen Sie schon all Ihre kurz- und langfristigen Ziele im Kopf haben.

Vermeiden Sie Fachjargon

Einige Konzepte sind von Natur aus schwer zu begreifen. Dann ist neben Deutlichkeit auch Kreativität erforderlich. Wenn Sie eine lange Themenliste haben, benutzen Sie zur Verdeutlichung des Ablaufs eine Gliederung und zur Veranschaulichung verschiedene Diagrammtypen (Balken, Kreis u.ä.). Vermeiden Sie lange Listen mit unzähligen durchnumerierten Unterthemen. Schaubilder sind immer besser.

Vereinfachen Sie zunächst die technischen Punkte. Die genauen Einzelheiten können Sie später liefern, wenn Sie die Zuhörer im Griff haben. Definieren Sie auch die Fachbegriffe und

Abkürzungen. Ein Amerikaner wird kaum das Kürzel LH mit Lufthansa gleichsetzen. Nehmen Sie keinen Bezug auf Dinge, die dem Zuhörer fremd sind. Verdeutlichen Sie Ihre schriftlichen Materialien mit Fußnoten und einem Anhang. Machen Sie alles, damit das Zuhören Freude macht.

Halten Sie Ihre Zusagen

Deutlichkeit bedeutet auch, dem Gesagten die entsprechenden Taten folgen zu lassen, sonst kommt es zu einem gewaltigen Durcheinander. Ein nicht konsistentes Verhalten führt auch bei einer ansonsten klaren Unterhaltung zu Verwirrung. Halten Sie jede Verpflichtung ein, die Sie während einer Verhandlung eingegangen sind. Im Leben ist die Einhaltung von Verpflichtungen wichtig, in einer Verhandlung entscheidet sie über Wohl und Wehe des Geschäfts.

Verpflichtungen einzuhalten, ist der Härtetest für Deutlichkeit und der Grundstein für Vertrauen. Ein Erzgauner kann Ihnen in die Augen schauen und sagen: »Ich werde Ihnen den Auftrag um 2 Uhr auf den Tisch legen.« Hält er sein Versprechen, hat er Ihr Vertrauen gewonnen. Wenn andererseits ein ehrlicher Mensch den Termin verpassen würde, würde Ihr Vertrauen in ihn sinken.

Haben Sie eine Zusage für einen Rückruf um 9 Uhr am nächsten Morgen gegeben, rufen Sie um diese Zeit auch wirklich an. Halten Sie Ihr Versprechen nicht ein, stellen Sie selbst damit Ihre Integrität ernsthaft in Frage. In einer Verhandlung wäre die andere Seite ziemlich verärgert, wenn Sie Ihre Zusagen nicht einhielten. Ein solches Zeichen der Mißachtung kann Gegenstand einer ausgiebigen Diskussion bei der anderen Seite sein und führt zu einem Vertrauensverlust. Die Folge: Bisher nebensächliche Fragen werden zu einem Problem, und Spannungen entstehen, die sich nicht gerade produktiv auf die Verhandlung auswirken.

Verhandeln Sie im Auftrag eines Mandanten oder einer Firma und lassen eine Zusage platzen, hat das nicht nur schädliche Auswirkungen auf Sie, sondern auch auf Ihren Auftraggeber. Diese Nachlässigkeit kann die Beziehung zu Ihrem Mandanten empfindlich stören. Man fängt vielleicht an, über Ihr unprofessionelles Verhalten zu tuscheln. Professionelle Verhandlungsführer werden oft fälschlich beschuldigt, nicht zurückgerufen zu haben oder Dokumente nicht rechtzeitig geliefert zu haben. Schütten Sie kein Wasser auf diese Mühlen.

Halten Sie alles schriftlich fest

 Für eine klare Kommunikation ist das geschriebene Wort oft nützlicher als das gesprochene Wort. Wollen Sie etwas sagen, schreiben Sie es erst auf, und überarbeiten Sie dann das Geschriebene. Handelt es sich um einen von Ihnen erarbeiteten Vortrag, geben Sie ihn erst dann frei, wenn er wirklich perfekt ist.

Viele Menschen glauben, sie könnten nicht so deutlich schreiben, wie sie sich mündlich ausdrücken können. Das stimmt in den meisten Fällen nicht. Beim Schreiben sehen Sie bloß sehr viel deutlicher, wenn etwas unklar formuliert ist. Beim Lesen dessen, was Sie schwarz auf weiß vor sich haben, erkennen Sie leichter die Mehrdeutigkeit der von Ihnen verwendeten Begriffe oder die Unvollständigkeit Ihrer Gedanken.

Hinzu kommt, daß das geschriebene Wort keine kommunikativen Krücken erlaubt wie beispielsweise »Sie wissen, was ich meine?« Als rhetorische Frage trägt ein solcher Spruch nicht gerade zu Klärung des Sachverhaltes bei. Im Gegenteil: Er macht das Gespräch nur noch verwirrender.

Beim Aufschreiben Ihrer Gedanken werden Sie mit Ihrer Unfähigkeit, sich klar auszudrücken, deutlich konfrontiert. Beklagen Sie sich nicht über Ihre mangelhaften Schreibkünste. Öffnen Sie lieber Ihre Augen, und sagen Sie ehrlich – vielleicht das erste Mal in Ihrem Leben: »Um Gotteswillen, ich habe gar nicht bemerkt, was für ein Stümper ich bin, wenn es darum geht, meine Ideen deutlich zu machen.«

Hier einige grundsätzliche Tips für eine deutliche Kommunikation:

✔ Verwenden Sie kurze Sätze.

✔ Verwenden Sie kurze Begriffe.

✔ Vermeiden Sie Fachbegriffe und Abkürzungen – auch wenn Sie sich mit einem Berufskollegen austauschen – es sei denn, er benutzt die Begriffe auf die gleiche Art und Weise wie Sie.

✔ Beenden Sie jeden Satz.

✔ Behandeln Sie in jedem Absatz nur eine Idee.

✔ Strukturieren Sie Ihren Vortrag (Einleitung, Hauptteil, Schluß).

✔ Seien Sie genau.

 Numerieren sie die Absätze zur Unterscheidung der unterschiedlichen Punkte. Glauben Sie aber nicht, daß diese Numerierung Ordnung in ein ansonsten chaotisches Werk bringen könnte.

Spielen Sie Journalist

Ihre Tageszeitung bietet Ihnen gute Tips für klares Schreiben. Im ganzen Land sind die Zeitungen in ihrer Aufmachung ähnlich – egal, wo sie erscheinen, wer die Eigentümer sind und welche Auflage sie haben. Es kommt Ihnen vielleicht merkwürdig vor, wie ähnlich der klare Schreibstil aller Reporter ist.

Jede Journalistenschule vermittelt die fünf großen »W«: Wer?, Was?, Wo?, Wann?, Warum? Diese fünf W's sollen im ersten Absatz einer jeden Story beantwortet werden. In den nächsten fünf Absätzen sollen dann die Antworten zu den einzelnen Fragen gegeben werden. Am Ende der Geschichte tauchen die weniger interessanten Informationen auf. So kann der Redakteur die Geschichte kürzen, ohne daß wichtige Informationen verlorengehen.

Holen Sie sich die heutige Ausgabe einer Tageszeitung. Suchen Sie sich einen interessanten Artikel auf der *ersten* Seite, da die erste Seite meist im traditionellen Stil geschrieben wird, während bei der Sportseite oder in den Unterhaltungssparten diese Struktur nicht immer durchgehalten wird. Lesen Sie den ersten Absatz und machen Sie sich Notizen:

✔ Um wen geht es in der Story?

✔ Was hat der Mensch gemacht, um in die Zeitung zu kommen?

✔ Wo fand das Ereignis statt?

✔ Wann passierte die Geschichte?

✔ Wie kam es dazu?

Lesen Sie den letzten Absatz der Geschichte. Sie werden bemerken, wie trivial die Informationen hier im Vergleich zu den ersten Absätzen sind. Ebenso werden Sie feststellen, wie vollgestopft mit Informationen die dem einleitenden Absatz folgenden Absätze im Vergleich zum Rest der Story sind.

Wenn Sie bei Ihrer Arbeit genauso vorgehen, können Sie nichts falsch machen. Denken Sie daran, daß Sie Ihre Zuhörer nur deshalb mit Informationen versorgen, weil Sie *Ihr* Ziel erreichen wollen.

Stille Post

Vielleicht erinnern Sie sich noch an dieses Spiel aus Ihrer Kinderzeit. Es wird manchmal auch Gerüchtespiel genannt, und wir benutzen es, die Fähigkeiten des Zuhörens und des klaren Ausdrucks zu üben. In diesem Spiel können Sie außerdem lernen, wie gefährlich es ist, Geschichten zu trauen, die von Mund zu Mund überliefert werden.

Wir beginnen immer mit einer Geschichte, die ein oder zwei Sätze lang ist. Normalerweise nehmen wir uns zwei beliebige Sätze aus einer Zeitung. Flüstern Sie die Sätze ins Ohr Ihres linken Nachbarn, der sie dann an den nächsten Nachbarn weitergibt und so weiter. Der Letzte in der Runde muß die beiden Sätze laut verkünden. Anscheinend gibt jeder den Sätzen bei der Weitergabe noch seine persönliche Note hinzu, so daß das Ergebnis, verglichen mit der Originalstory, manchmal ziemlich lustig ist.

Bei der fortgeschrittenen Version dieses Spieles müssen die Mitspieler ihre Informationen unter Zeitdruck weitergeben oder mit irgendwelchen Störungen fertigwerden.

Dieses Spiel trägt sehr zur Belustigung im Klassenzimmer, während einer Party oder beim Abendessen bei. Am Verhandlungstisch allerdings ist schlechte Kommunikation weniger lustig.

Hindernisse, unter denen die Deutlichkeit leidet

Die größten Hindernisse für eine deutliche Aussage sind Angst und Konzentrationsmangel. Da ist zum einen die Angst vor einer unerwünschten Reaktion auf das, was Sie gerade deutlich gesagt haben. Ergründen Sie diese Angst, und räumen Sie sie aus dem Weg.

Die Angst vor Ablehnung

Jeder von uns trägt einen Angstfaktor in sich. Sie könnten zum Beispiel bei der deutlichen Darstellung Ihrer Ideen Angst haben, daß die Zuhörer Sie oder Ihre Schlußfolgerungen ablehnen. Der natürlichen Neigung, Ablehnung zu vermeiden, folgen Sie mit verwischten, undeutlichen Aussagen und verpatzen damit Ihre Sache.

Sie vertagen damit nur das Unvermeidliche. Haben Sie das Glück und Ihr Zuhörer hat Sie endlich verstanden, lehnt er das Konzept frustriert ab. »Warum haben Sie das nicht gleich so gesagt?« wird er fragen. »Warum verschwenden Sie hier meine Zeit?« Auf solche Fragen lassen sich nur schwer Antworten finden.

Könnte eine deutliche Absichtserklärung das Geschäft zum Platzen bringen, ist es umso wichtiger, nichts zu verschleiern. Ein unklares Geschäft, bei dem die Partner von falschen Voraussetzungen und Erwartungen ausgehen, ist ein schlechtes Geschäft. Sie haben dann ein Geschäft abgeschlossen, das unmöglich funktionieren kann.

Die Angst, jemanden zu verletzen

Die meisten Menschen vermeiden es, die Gefühle anderer zu verletzen – oft jedoch nicht aus Mitgefühl sondern einfach nur aus Selbstschutz. Jeder möchte geliebt, keiner gemieden werden.

Als Paar haben wir einige Standardsätze für Produzenten entwickelt, die nach einem schwachen Film oder einer schlechten Vorstellung nach Anerkennung lechzen. »Sehr interessant« ist dabei das schlimmste Kompliment. »Ganz ordentlich« ist nicht schlecht. »Der Gipfel der Kunst« ist wahrscheinlich unser unverbindlichster Lieblingsspruch. Solche Phrasen sollen die Wahrheit verbergen, und meistens schaffen sie das auch.

 Deutlich zu sein und jemandem vor den Kopf zu stoßen, sind zwei Paar Schuhe. Sind Sie der Überbringer unangenehmer Nachrichten, respektieren und achten Sie dabei die Gefühle des anderen. Sagen Sie nichts, auch wenn Sie der festen Meinung sind, der Empfänger der schlechten Nachricht würde überempfindlich

reagieren. Lassen Sie ruhig zu, daß er seinen Gefühlen freien Lauf läßt. Weichen Sie aber nicht einen Zentimeter von Ihrem Standpunkt ab. Warten Sie ab. Auch diese Situation wird vorbeigehen. Deutlichkeit in solchen Situationen erfordert Stärke und Selbstbewußtsein. Geben Sie einen klaren Standpunkt nicht deshalb auf, um einer Konfrontation aus dem Weg zu gehen. Ein solches Verhalten würde nur das wirkliche Motiv verdecken – Sie wollen sich die Unbequemlichkeit ersparen, schlechte Nachrichten zu überbringen.

Allgemeine Störungen

Weitere Hürden auf dem Weg zur Klarheit sind Erschöpfung, nachlässige Vorbereitung oder Störungen von außen.

✔ **Erschöpfung:** Sie sind einfach müde und können nicht mehr auf den Punkt kommen. Achten Sie auf Ihre Körpersignale. Ein Spaziergang im Freien kann Sie erfrischen. Eine ausgewogene Ernährung und Erholungspausen sind für einen Verhandlungskünstler unabdingbar. Richtige Ernährung und ausreichend Schlaf können viele Tassen Kaffee ersetzen. In Maßen genossen, ist allerdings auch gegen ein Täßchen zur rechten Zeit nichts einzuwenden.

✔ **Nachlässigkeit:** Sie sind nicht gut genug vorbereitet und haben eine begründete Angst, einige Fakten klar auf den Tisch zu legen. Sollte es jetzt bei Ihnen klingeln, machen Sie Ihre Hausaufgaben.

✔ **Störungen von außen:** Ihr Auditorium malt Männchen oder hält keinen Blickkontakt. Vielleicht ist die Zimmertemperatur zu hoch, oder der allgemeine Geräuschpegel übertönt Sie. Lassen Sie diese Störungen umgehend abstellen.

 Haben Sie eine wichtige Verhandlung oder Besprechung, seien Sie immer gut vorbereitet und ausgeruht, und sorgen Sie für ein Umfeld, in dem Sie klar und deutlich gehört werden können.

Wenn Sie nein sagen müssen

Manchmal müssen Sie nein sagen, da hilft nichts. Hier wird Ihnen gezeigt, wie Sie das schaffen, ohne jemanden vor den Kopf zu stoßen.

Stellen Sie sich folgende Situation vor: Ein Kollege klopft an Ihre Tür und fragt: » Haben Sie eine Minute Zeit?« Anstatt jetzt auf die Uhr zu schauen und ihn mit Märtyrermiene hereinzubitten, schauen Sie ihn sich erst einmal genau an. Sie sehen seine Unterlippe zittern und Tränen in seinen Augen. Sie wissen, daß er wieder einmal mit Ihnen über seine Scheidung sprechen möchte. Sie müssen aber einen wichtigen Bericht fertigstellen. Es wird bestimmt kein kurzes Gespräch, auch wenn er das behauptet. Sie unterdrücken die spontane Antwort:

»Gehen Sie zum Teufel.« Schließlich brauchen Sie diesen Kollegen für Ihren Job. Ein gutes Verhältnis ist daher sehr wichtig. Gehen Sie bei Ihrer Reaktionen nach folgenden drei Schritten vor:

✔ **Bestätigung:** Machen Sie ihm deutlich, daß Sie seine Gefühle verstehen und wissen, was er möchte. »Tom, Sie sehen nicht besonders glücklich aus – brauchen Sie jemanden zum Reden?« Dieser Satz dauert höchstens sechs Sekunden und beruhigt ihn, denn nun muß er Ihnen seine Gefühle nicht erst lange erklären. Sie haben eigentlich knapp folgendes formuliert: »Ich verstehe Ihr Anliegen – und es ist wichtig.« (eine andere Formulierung, die ebenfalls nur sechs Sekunden dauert). Wir nennen dies die *Sechssekunden-Beruhigung*.

✔ **Beratung:** Erklären Sie ihm *Ihr Anliegen* – ruhig und sachlich. Sagen Sie: »Tom, ich muß in einer halben Stunde einen Bericht für den Chef fertig haben.« Sie haben ihn verstanden und nun fragen Sie ihn, ob er Sie auch versteht. Erzählt man den Leuten von den eigenen Anliegen, lassen Sie einen meist in Ruhe. Aber nicht Tom. Und so kommen wir zur dritten Stufe.

✔ **Zusage oder Alternative:** Akzeptieren Sie die Unterbrechung mit einem Zeitlimit (»Fünf Minuten, bitte.«) oder schlagen Sie eine Alternative vor (»Ich komme zu Ihnen, wenn ich den Bericht abgegeben habe.«)

Das ist die beste Art, nein zu sagen. Benutzen Sie diese Anleitung als Modell. Sie werden vielleicht nicht immer das ideale Ergebnis erreichen, sollten aber versuchen, ihm so nahe wie möglich zu kommen.

Bei Gleichgestellten können Sie immer zur Alternative greifen, aber *wie verhalten Sie sich bei Ihrem Chef?* Tom wird Ihnen danken und glücklich zu seiner Arbeit zurückgehen. Sollte Ihr Chef Sie stören, ist eine Zusage fast immer die bessere Lösung. Die Anliegen Ihres Chefs sind Ihre Anliegen, so oder so ähnlich steht es in Ihrer Stellenbeschreibung. Trotzdem sollten Sie nicht auf die zweite Stufe verzichten. Beraten Sie mit Ihrem Chef *Ihre* Anliegen. Er wird für diese Informationen dankbar sein und Sie vielleicht von einigen dringenden Aufgaben befreien. Später müssen Sie diese Aufgaben ohnehin nachholen. Durch die Beratung mit dem Chef wälzen Sie Entscheidung, was zuerst getan werden soll, auf die Schultern des Chefs ab. Lassen Sie diesen Schritt niemals aus.

Der Preis für schlechte Kommunikation

Wir wissen sehr wohl, daß unser Ruf nach Deutlichkeit vielleicht genau das Gegenteil von dem bedeutet, was andere Nicht-Profis auf dem Gebiet der Verhandlungsführung Ihnen geraten haben. Manch selbsternannter Experte hält sogar Zweideutigkeit für eine Wunderwaffe in einer Verhandlung. Solche Ratschläge halten falsche Annahmen über die Kunst der Verhandlungsführung weiter am Leben; sie lassen Blut fließen, sie kosten Leben und sie vergeuden Millionen von Dollar, Mark und Träumen.

Der höchste Preis von allen

Der Golfkrieg (Operation »Wüstensturm«) hätte vermieden werden können, wenn sich die Diplomaten vor dem Einmarsch des Irak nach Kuwait klarer ausgedrückt hätten. Präsident Saddam Hussein wollte Kuwait aus mehreren Gründen zerstören – von denen jeder einzige von ihnen für ihn gut und richtig war. Er war aber nicht darauf vorbereitet, die Vereinigten Staaten und den Rest der Welt anzugreifen, und traf sich deshalb mehrmals mit der amerikanischen Botschafterin April Glasbie.

Die Botschafterin hat Saddam Hussein damals sinngemäß folgendes gesagt: »Wir mischen uns in die arabisch-arabischen Konflikte wie zum Beispiel Ihre Grenzprobleme mit Kuwait nicht ein.«

Erstaunlich!

Die Botschafterin bestätigt, daß in dem Gespräch mehr besprochen wurde, als im Protokoll verzeichnet ist, hat aber gerade diese Bemerkung niemals dementiert. Anscheinend lag ein Mißverständnis zwischen den beiden Parteien vor. Angenommen, jede Partei stellte die Vorgänge so genau wie möglich dar. Offensichtlich waren dann die Parteien während des tatsächlichen Gesprächs nicht so deutlich, wie bei der späteren Berichterstattung über das Gespräch.

Auch Hussein berichtet, seine Absichten bezüglich Kuwait seien nicht richtig verstanden worden. Er hätte niemals gesagt, es sei seine Absicht, Kuwait vom Angesicht der Erde zu tilgen. Auf der anderen Seite hatte auch Amerika niemals auf die mögliche amerikanische Reaktion hingewiesen, die letztendlich zum Krieg führte.

Offensichtlich war die Kommunikation nicht deutlich genug. Ein klares Gespräch hätte den Golfkrieg vielleicht verhindern können. Einer klaren Botschaft der Vereinigten Staaten an den Irak wäre vielleicht nicht geglaubt worden. Vielleicht wollte der Irak auch aus irgendwelchen mysteriösen Gründen Krieg gegen die USA führen. Wir werden es nie erfahren. Wie Dokumente belegen, fand während des Monats vor der Invasion ein direkter Informationsaustausch zwischen den USA und Saddam Hussein statt, der ihn glauben machen mußte, er könnte die Grenze nach Kuwait ohne Konsequenzen überschreiten.

Falls Sie jemals die Bedeutung einer klaren Kommunikation in Frage stellen, denken Sie an die Opfer des Golfkrieges und ihre Angehörigen, die sie immer noch vermissen. Jeder Krieg geht nicht zuletzt zurück auf mangelnde Kommunikation zwischen den betroffenen Parteien. Im Zweiten Weltkrieg hatten die Japaner eigentlich vorgehabt, den USA eine zweistündige Vorwarnung zukommen zu lassen, bevor sie am 7. Dezember 1941 Pearl Harbour angriffen. Der japanische Dechiffrierer in der Botschaft aber war an diesem Tag krank, und sein Ersatzmann konnte die Maschine nicht bedienen. Logischerweise wurde die Nachricht niemals abgesendet.

Verschwundene Geschäfte

Ein schönes Beispiel für einen Mangel an Deutlichkeit ergibt sich, wenn eine Partei absichtlich ein völlig unrealistisches Eröffnungsangebot macht. Man läßt zu Beginn einer Verhandlung erst einmal ein empörend niedriges oder hohes Angebot wie einen Testballon steigen. Falls das Angebot nicht die gewünschte Reaktion hervorruft (Schock, Ungläubigkeit, Lachen und schließlich das Platzen des Ballons), wird der Anbieter später erzählen, daß sein Gegenspieler »keine Miene verzogen« hätte.

Um die Tatsache, daß der Gegenspieler bei einem unrealistischen Angebot *nicht* gleich in Ohnmacht fällt, wird viel zuviel Aufhebens gemacht. Was Sie allerdings nicht oft hören werden, ist der Rest der Geschichte. Als wir dieses Buch schrieben, überprüften wir bewußt jede dieser Geschichten. Wir spürten den Verhandlungen nach, um zu sehen, was dabei herausgekommen war. Wir waren nicht überrascht, daß in den meisten Fällen das Geschäft nicht zum Abschluß kam. Bis auf einen Fall wurde aber das Scheitern nicht der unverschämten Offerte bzw. Forderung angelastet, sondern Problemen beim Zeitplan, dem Konzept oder Verzögerungen.

Wir hatten zwar keine wissenschaftliche Untersuchung gemacht, trotzdem unterstützte das Ergebnis unsere Theorie: Eröffnungsangebote oder Forderungen, die außerhalb der üblichen Grenzen liegen, werden von der Gegenseite nicht akzeptiert. Sie wird sich lieber verabschieden, als sich in eine aussichtslose Verhandlung zu verstricken.

Wie hoch der Prozentsatz der Geschäfte ist, die wegen eines zu hohen Startangebots oder einer zu hohen Forderung geplatzt sind, kann wohl niemand genau sagen. Wir denken aber, das passiert öfter als man allgemein vermutet. Die Partei, der das unverschämt hohe Angebot gemacht wurde, wird darüber vielleicht der Angebotsseite gegenüber nie ein Wort verlieren. Denken Sie an Ihr eigenes Verhalten. Sagen Sie einem Verkäufer, daß der Preis in seinem Laden empörend hoch ist? Nein, Sie lächeln ihn nur an und sagen: »Danke, ich wollte mich nur ein bißchen umsehen.«

Die unbekannten Konsequenzen

Wenn Sie sich bereits bei den Verhandlungen nicht klar ausdrücken, können Sie gleich davon ausgehen, daß das Geschäft platzt. Schwieriger einzuschätzen ist, in welcher Weise sich die Dynamik der Verhandlung entwickeln wird, wenn die Kommunikation nicht funktioniert.

Drücken Sie sich nicht klar aus, fühlt sich die andere Seite unsicher. Aber anstatt Sie deswegen anzusprechen, wird Ihr Gegenspieler möglicherweise Ihre mangelnde Deutlichkeit irgendwie kompensieren. Zwei Möglichkeiten stehen ihm zur Verfügung:

✔ **Die Gegenseite verwirren:** Das bedeutet einfach, daß die andere Partei ebenfalls beginnt, sich unklar auszudrücken. Ihr Standpunkt wird der anderen Seite nicht klar, weil Sie sich nicht klar ausdrücken. Deshalb wird Ihr Gegenspieler seinerseits keine klare Verpflichtung eingehen. Diese Situation verlangsamt die Verhandlung und kann eine anständige Kommunikation fast unmöglich machen.

✔ **Eigenen Verhandlungsspielraum schaffen:** Drücken Sie sich nicht klar aus, wird auch die andere Seite nicht sagen, was sie eigentlich will. Ihr Gegenspieler wird sich eher ausreichend Verhandlungsspielraum verschaffen, als zu einer bestimmten Position zu stehen, solange Sie nicht aufdecken, worauf Sie eigentlich hinauswollen.

Diese durch Ihr Verhalten ausgelösten Reaktionen sind fast unmöglich zu erkennen. Wahrscheinlich werden dann ausgerechnet Sie bei diesen Reaktionen der Gegenseite deren Mangel an Klarheit beklagen. Überprüfen Sie, ob das Problem nicht auch von Ihnen ausgehen könnte. Auch wenn es in der Natur Ihres Gegenspielers liegt, sich unklar auszudrücken und nur zögernd eine Position zu beziehen, können Sie diesen Menschen durch Ihre eigene klare Kommunikation zu mehr Klarheit und Entschlossenheit veranlassen.

Der schlimmste Fall: Das Geschäft wird abgeschlossen

Wenn fehlende Deutlichkeit schon in der Verhandlung ein größeres Problem war, geschieht die größte Katastrophe, wenn das Geschäft abgeschlossen wird und niemand bemerkt, daß viele Fragen weiterhin unbeantwortet sind. Wenn der Vertrag schriftlich festgehalten werden soll, wird die fehlende Deutlichkeit spätestens von den Anwälten entdeckt. Spätestens dann müssen alle Mehrdeutigkeiten klargestellt werden.

In weniger formellen Situationen werden diese Unklarheiten erst viel später aufgedeckt. Das Ergebnis ist, daß beide Seiten sich betrogen und in die Irre geführt fühlen. Menschen sind selten neutral, wenn es um den Grund des Mißverständnisses geht. Meist kommt es zu gegenseitigen Anschuldigungen. Jede Partei fühlt sich mit Absicht in die Irre geführt. Dieses harte Aufeinandertreffen zerstört die Beziehung zwischen den beiden Parteien oft dauerhaft. Vom Ruf der beiden Parteien ganz zu schweigen.

 Das Ergebnis einer absichtlichen Lüge und eines bloßen Mißverständnisses ist oft dasselbe. Eine solche Situation gar nicht erst entstehen zu lassen, sollte Ihnen eine Extraportion Anstrengung eigentlich wert sein.

 ### Das Zeitungsspiel

Suchen Sie sich für dieses Spiel einen beliebigen Satz aus einem Kommentar Ihrer Tageszeitung heraus. Lesen Sie den Satz laut vor. Jedes Familienmitglied soll seine Meinung über den wahrscheinlichen Standpunkt des Kommentatoren äußern. Schreiben Sie sich alle Varianten auf. Lesen Sie danach den ersten und den letzten Absatz des Kommentars vor. Wer von den Mitspielern der Meinung des Kommentators am nächsten war, ist vom Geschirrspülen befreit.

Lassen Sie danach ein anderes Familienmitglied einen Satz aus einem zweiten Kommentar vorlesen. Machen Sie wieder Ihre Einsätze. Der Sinn dieses Spiels besteht darin, zu erkennen, wie leicht ein Satz von mehreren Personen unterschiedlich verstanden werden kann. Normalerweise entspinnt sich nach diesem Spiel immer eine Diskussion darüber, wie die betreffenden Autoren ihre Ideen hätten deutlicher formulieren können.

Kommunikation in fremden Sprachen

Auch Sprachbarrieren können eine klare Kommunikation behindern. Sobald in einer Verhandlung Verständigungsprobleme zwischen den Parteien auftauchen, wiederholt die eine Seite das Wort oder den Satz instinktiv lauter und LAUTER. Diese lächerliche Eskalation bringt aber selten mehr hervor als Verlegenheit bei den Teilnehmern, kann jedoch im schlimmsten Fall auch dazu führen, daß die derart angebrüllte Partei die Verhandlungen beleidigt abbricht.

Wenn Sie mit jemandem verhandeln, der Sie nicht richtig verstehen kann, versuchen Sie lieber folgendes:

✔ Senken Sie die Stimme.

✔ Sprechen Sie langsamer.

✔ Suchen Sie nach einfachen Begriffen, die das gleiche ausdrücken. Einsilbige Begriffe eignen sich am besten.

✔ Bringen Sie Ihre Hände, Ihr Gesicht und Ihre Stimme ins Spiel. Unterstützen Sie Ihre einzelnen Punkte durch Gesten, Mimik und Stimmodulation. Achten Sie darauf, daß Hände, Gesicht und Stimme die gleiche Botschaft vermitteln wie das gesprochene Wort.

✔ Seien Sie geduldig.

Können Sie sich trotzdem nicht verständlich machen, entschuldigen Sie sich, und versuchen Sie, Hilfe zu bekommen. Bei vollem Einsatz von Gesicht und Händen wird man Ihre Entschuldigung auch ohne Worte verstehen. Gewöhnlich findet sich ein Dolmetscher oder jemand, der die Sprachbarriere überbrücken kann. Wenn Sie jedoch die andere Seite für das Kommunikationsproblem verantwortlich machen, kann Ihnen keiner mehr helfen.

Fernöstliche Disziplin

Vor einiger Zeit habe ich einen Vortrag vor japanischen Unternehmern, die Firmen in Südkalifornien besitzen, zum Thema »Management mit amerikanischen Angestellten« gehalten. Nach meinen Erfahrungen beim Management-Training von Honda und Toyota wußte ich schon, als die Japaner mit ihrer Bitte an mich herantraten, was sie wollten: Im Unterschied zu japanischen Arbeitnehmern müssen amerikanische Angestellte *klar* gesagt bekommen, was sie tun sollen. Alles andere geht sie nichts an. In Japan wird jedoch sehr viel Wert darauf gelegt, die Wünsche und Bedürfnisse der Vorgesetzten schon vorauszusehen. Ein japanischer Angestellter, den man zu einer bestimmten Arbeit erst direkt auffordern muß, verliert sein Gesicht, denn das bedeutet, daß er nicht clever genug ist, die Gedanken und die Körpersprache seines Vorgesetzten zu lesen und daraus dessen Wünsche abzuleiten.

Nach einem traditionellen japanischen Frühstück mit Lachs und Reis aus schwarz lackierten Schalen illustrierten meine japanischen Gastgeber diesen Punkt. Als der Leiter der Gruppe aufstand, um mich vorzustellen, wurde es sofort still am Tisch, und alle wandten sich ihm zu. Diese Gruppe handelte wie ein Individuum. Alles wurde der Gruppe untergeordnet. Ich erzählte ihnen, daß der Redner bei einer amerikanischen Konferenz zuerst zehnmal mit dem Löffel gegen ein Glas schlagen und um Ruhe bitten muß, weil die meisten Teilnehmer in ihre *individuelle* Konversation vertieft seien. Meine Besucher lächelten höflich; hie und da war ein verhaltenes Lachen zu hören. Man hätte meinen können, sie würden sich für diese hypothetische Gruppe von »amerikanischen Barbaren« schämen. Sie hielten es für völlig normal, ständig den Gruppenleiter in Erwartung des nächsten Tagesordnungspunktes im Auge zu behalten.

Natürlich bedeuten solche Unterschiede nicht, daß die eine Kultur barbarisch und die andere unterwürfig sei. Die Unterschiede können sogar erfreulich sein, solange Sie wissen, was Sie erwartet.

Verbale Stoppzeichen

In diesem Kapitel

▶ Sätze, die Sie in einer Verhandlung nicht sagen sollten

▶ Situationen, die eine Verhandlung bremsen

▶ Wie Sie andere zu deutlichen Aussagen bringen

▶ Strategien, vom anderen Geschlecht verstanden zu werden

▶ Tips, ein *schlechter* Gesprächspartner zu werden

Deutliche Kommunikation hat mehr mit dem Ablegen schlechter Verhaltensweisen zu tun, als mit dem Erlernen neuer Fähigkeiten. Fragen Sie sich beim Lesen dieses Kapitels einmal selbst, ob Sie vielleicht auch einige dieser Verhaltensweisen an sich haben, die einer guten Kommunikation im Wege stehen. Das Ablegen dieser Verhaltensweisen wird Ihnen mehr nutzen als das Erlernen neuer Fähigkeiten.

Niemand möchte ein schlechter Gesprächspartner sein. Die meisten Menschen sind beleidigt, wenn man ihnen vorwirft, schwer zu verstehen zu sein. Zu Beginn unserer Seminare sprechen wir über die sechs Grundfertigkeiten, die für jede Verhandlung wichtig sind. Dann bitten wir die Teilnehmer, sich selbst einzuschätzen. Bisher hat sich keiner als schwachen Gesprächspartner beschrieben – auch nicht diejenigen, die selber zugaben, an ihren Kommunikationsfähigkeiten noch arbeiten zu müssen.

Die Tips und Techniken in diesem Kapitel sollen Ihnen helfen, Ihren Deutlichkeitsquotienten in die Höhe zu treiben. So wie Sie Ihre Gesundheit regelmäßig beim Arzt überprüfen lassen, müssen Sie auch die Fähigkeit zur deutlichen Kommunikation von Zeit zu Zeit kontrollieren. Gerade auf dem Gebiet der Kommunikation setzen sich schlechte Angewohnheiten ziemlich schnell fest.

Sätze, die Sie unbedingt vermeiden sollten

Gewisse Sätze klingen schrill im Ohr. Der nachfolgende Abschnitt beschäftigt sich mit solchen Sätzen, die keinen Platz in Ihrem Leben haben sollten, besonders nicht bei Verhandlungen. Wenn Sie diese Sätze hören, sollten bei Ihnen alle Alarmlampen aufleuchten. Solche Sätze weisen oft auf eine Situation hin, die bereinigt werden muß. Rutscht Ihnen selbst einmal eine solche Äußerung heraus, machen Sie sofort eine Pause. Lachen Sie über den Ausrutscher, und entschuldigen Sie sich. Nehmen Sie aber um Himmelswillen nicht an, Ihre Zuhörer hätten nicht dieselbe Warnlampe in ihrem Kopf.

»Vertrauen Sie mir«

Dieser überstrapazierte Ausdruck ist im Filmgeschäft mittlerweile zum Standardsatz wenig vertrauenswürdiger Filmproduzenten geworden. Menschen, die »Vertrauen Sie mir« sagen müssen, sind oft genau die Leute, denen Sie am wenigsten trauen sollten.

Seien Sie vorsichtig, wenn jemand Ihnen das »Vertrauen Sie mir« als Ersatz für wichtige Informationen anbietet. Fordern Sie lieber eine klare Stellungnahme. Falls dieser Mensch zögert, erklären Sie ihm, daß es sich nicht um eine Frage des Vertrauens handelt, sondern um die Anpassung an veränderte Umstände. Erklären Sie, daß die Vereinbarung durchsetzbar sein muß, auch wenn der Verhandlungsführer nicht mehr erreichbar ist. Sie wollen eine so eindeutige Vereinbarung, daß Sie auf das Vertrauen in die andere Person nicht angewiesen sind.

»Ich will ehrlich mit Ihnen sein«

War dieser Mensch also die ganze Zeit unehrlich? Dieses Klischee ist ein naher Verwandter des Satzes »Ich würde Sie nie belügen«. Interessant! Würde er einen anderen belügen?

William Shakespeare läßt in *Hamlet* die Königin Gertrude folgendes sagen: » Mir deucht, die Dame protestiert zu viel.« Shakespeare war ein Menschenkenner. Wenn Menschen laut ihre Unschuld beteuern, verlieren sie fast immer ihre Glaubwürdigkeit – so auch diejenigen, die Ihnen immer wieder versichern, es ehrlich mit Ihnen zu meinen.

»Nehmen Sie's, oder lassen Sie es bleiben«

Sie machen einen Fehler, wenn Sie bei einer Verhandlung ein Schlußangebot nach dem Motto »Nehmen Sie's, oder lassen Sie es bleiben« vorlegen. Auch wenn die andere Seite das Angebot akzeptiert, bleibt ein schaler Beigeschmack. Es ist unglaublich, wie oft wir solche Dinge bei an sich ordentlichen Angeboten erlebt haben. Dieser Ausspruch läßt jedes Angebot schlecht aussehen, auch wenn die Bedingungen noch so vernünftig sind.

Hören Sie diesen Satz, dann bewerten Sie das Angebot nach dem Inhalt und nicht danach, wie es Ihnen gemacht wurde. Verhandeln Sie im Auftrag eines anderen, achten Sie besonders darauf, ob sich das Angebot mit dem deckt, was Sie in der Verhandlung erreichen wollen. Denken Sie an die Grenzen, die Sie sich gesetzt haben (siehe Kapitel 4) und an die Ziele, die Sie erreichen wollen (siehe Kapitel 5). Lassen Sie sich nicht von einem konfusen Verhandlungsstil beeinflussen. Betrifft die Verhandlung nur Sie selbst, sollten Sie sich überlegen, ob Sie mit einem Partner weiterhin Geschäfte machen wollen, der Sie mit einem »Nehmen Sie's, oder lassen Sie es bleiben« in die Ecke treiben will.

Wenn Sie ein Schlußangebot abgeben, sagen Sie niemals: »Nehmen Sie's, oder lassen Sie es bleiben«, weil Sie damit immer Widerspruch herausfordern. Wenn Sie frustriert sind oder eine Ablehnung erahnen, drücken Sie einfach Ihre *Pause-Taste* (siehe Kapitel 6). In einem solchen Zustand fällt die Erklärung schwer, warum gerade dies das letzte Angebot sein muß. Sie könnten dann leicht den *verbotenen Satz* (»Nehmen Sie's oder lassen Sie es bleiben«) oder etwas Ähnliches von sich geben. Auf lange Sicht schneiden Sie sich damit ins eigene Fleisch, weil Sie dann wie ein Rüpel dastehen. Und die Chancen, daß Ihr Vorschlag akzeptiert wird, würden dadurch auch nicht steigen.

»Sie werden in dieser Branche nie wieder Arbeit finden«

Solch eine Äußerung kann nur von einem Flegel kommen. Jeder hat einen solchen oder einen ähnlichen Satz wohl schon einmal gehört. Aber einmal ist genug. Durch Drohungen können Sie niemals das Herz dessen gewinnen, den Sie überzeugen wollen. In der heutigen streitbaren Gesellschaft voller Prozeßhanseln sind außerdem Drohungen nie besonders klug.

»Sie werden in dieser Branche nie wieder Arbeit finden« war mal ein beliebter Spruch in der Unterhaltungsindustrie, der von wütenden Studiobossen regelmäßig geäußert wurde, wenn sie es mit widerspenstigen Schauspielern oder Drehbuchautoren zu tun hatten. Mit diesem Satz hatte einmal ein leitender Angestellter bei Twentieth Century Fox einem Schauspieler gedroht, der nicht hinnehmen wollte, im Abspann an einer schlechteren Position erwähnt zu werden, als ihm laut Vertrag über die Arbeit an einer Fernsehserie zustand. Letztendlich fiel die Serie durch, und wissen Sie, was geschah? Der Schauspieler saß für mehrere Jahre auf der Straße. Er verklagte Twentieth Century Fox, da er der Auffassung war, seine Arbeitslosigkeit hänge unmittelbar mit der Drohung im Studio zusammen. Die Jury stellte sich auf die Seite des Schauspielers, und er bekam eine ziemlich hohe Entschädigung.

Menschen in Machtpositionen ärgern sich, wenn jemand mit geringerem Status das verweigert, was in ihren Augen eine völlig einfache und begründete Aufforderung ist. Der nächste Schritt ist dann meistens die Aufforderung, kein Spielverderber zu sein. Danach kommt meistens der gutgemeinte Rat: »Es wäre wirklich besser für Sie, wenn Sie uns in dieser Sache unterstützen könnten.« Manchmal schließt sich auch gleich die Beruhigung an: »Es wird auch nicht Ihr Schaden sein.« Wenn alle diese Maßnahmen nichts fruchten, platzt dem Vorgesetzten meistens der Kragen.

Gute Manieren, gesunder Menschenverstand und ein immer dicker werdendes Arbeitsgesetz stellen sich schützend vor die bedrohte Person. Hüten Sie sich also vor dieser Taktik. Sie könnten Haus und Hof damit verlieren.

Immer schön (politisch) korrekt bleiben

Im Dämmerlicht des zwanzigsten Jahrhunderts werden negative Äußerungen über Rasse, Geschlecht oder nationale Besonderheiten immer weniger toleriert. Politische Korrektheit bestimmt das Verhalten vieler Menschen. Manche Menschen fühlen sich bereits durch so einfache Fragen verletzt wie »Was ist denn das für ein Name?«. Hüten Sie sich vor solchen Bemerkungen, es sei denn, sie wären an dieser Stelle wirklich angebracht.

Auf irrelevante Informationen wie beispielsweise »Der Verhandlungsgegner war eine Frau« oder »Der Mann ist Chinese« sollten Sie ganz verzichten, Sie vermeiden damit ärgerliche Reaktionen wie »Was soll das denn bedeuten?« oder »Warum erwähnen Sie das?«. Noch schlimmer ist es, wenn Ihr Gesprächspartner an derartige Erwiderungen denkt, sie aber nicht ausspricht. Diese Situation kann Barrieren zwischen Ihnen aufbauen, an die Sie niemals denken würden.

Hüten Sie sich vor Gruppen, die offen über alles reden, was sie über die jeweils andere Seite denken und fühlen. Machen Sie da nicht mit. Bleiben Sie diskret. Sie können nie wissen, wer von den Teilnehmern im Stillen leidet – weil er sich hilflos fühlt gegen eine Mehrheit um ihn herum.

Natürlich können Sie in Ihrem Privatbereich die Mitglieder aller Gruppierungen dieser Welt straffrei verunglimpfen. Aber auch zu Hause sollten Sie sich solche Kommentare verkneifen. Diese Beleidigungen werden von den Kindern schnell aufgenommen und außer Haus getragen. Irgendwann werden Ihnen dann Ihre Ausrutscher bei Gesprächen mit Nachbarn oder der Schulleitung unter die Nase gerieben.

Das letzte, was während einer harten Verhandlung geschehen sollte, ist ein sprachlicher Fauxpas Ihrerseits gerade dann, wenn Sie das Geschäft abschließen wollen. Sie können das Geschäft *und* das Vertrauen Ihres Verhandlungsgegners verlieren. Derartige sprachliche Ausrutscher können eine Verhandlung umgehend zum Stillstand bringen. Möglicherweise sind Sie dann auf ewig als Heuchler gebrandmarkt, und manche Menschen verhandeln nun mal nicht mit Heuchlern. Wenn Sie wissen, daß Sie auf diesem Gebiet etwas nachlässig sind, sollten Sie gründlich in Ihrem Vokabular aufräumen.

Zwingen Sie andere zu deutlichen Aussagen

Drückt sich die andere Partei nicht klar aus, ist es Ihre Aufgabe, sie zu knappen und klaren Formulierungen zu bringen. Überreichen Sie nicht gleich dieses Buch (obwohl es ein nettes Geschenk wäre). Bitten Sie Ihren Gegenspieler um eine klare Stellungnahme über seine Absichten, Wünsche und Bedürfnisse. Welche Technik Sie dabei anwenden, hängt von der jeweiligen Person ab. Die folgenden Abschnitte enthalten Tips für diese wichtige Aufgabe. Jeder Abschnitt beschäftigt sich mit einem anderen Charakter:

Der Abschweifer

Einige Menschen können sich nicht deutlich ausdrücken, weil sie anfangen zu schwafeln. Diese Menschen kommen ständig vom Thema ab und geraten vom Hundertsten ins Tausendste.

✔ Hören Sie genau zu. Finden Sie den Punkt, an dem Sie unterbrechen können.

✔ Treten Sie bestimmt auf, wenn Sie unterbrechen müssen.

✔ Ihre erste Äußerung sollte immer eine kurze Überprüfung des Gesagten sein: »Ja, Sie haben recht. Was nun aber den Zweck ...« So befördern Sie diesen Typ Mensch wieder auf die rechte Bahn.

Der Unterbrecher

Diese Menschen unterbrechen sogar sich selbst. Sie verlieren den Faden, während sie reden.

Machen Sie sich sorgfältige Notizen, wenn ein Unterbrecher spricht.

✔ Seien Sie voll konzentriert.

✔ Erinnern Sie ihn an das letzte Statement vor der Unterbrechung. Lassen Sie ihn erst in Ruhe, wenn Sie eine bestimmte Stellungnahme erhalten haben.

✔ Seien Sie höflich und bestimmt, aber bohren Sie weiter.

Der schlechte Vorbereitete

Manche Menschen können sich auf eine Verhandlung einfach nicht richtig vorbereiten.

✔ Verschieben Sie die Besprechung.

✔ Führen Sie die Besprechung im Büro des unvorbereiteten Verhandlungspartners durch. Laden Sie möglichst diskret die Menschen ein, die der Gegenseite zuarbeiten und möglicherweise besser über das Thema Bescheid wissen.

Der Hektiker

Diese wichtigen Menschen wollen keine Zeit damit vergeuden, sich klar auszudrücken. Sie sparen Minuten, während andere Stunden für die Analyse des Gesagten aufwenden müssen.

✔ Setzen Sie den Termin früh morgens an. Damit vermeiden Sie Störungen und alle haben noch Ihr volles Konzentrationsvermögen.

✔ Schützen Sie sich vor Unterbrechungen. Fordern Sie Ihre Gesprächspartner auf, keine Telefongespräche durchstellen zu lassen.

✔ Steigern Sie die Effizienz des Treffens – verteilen Sie eine Tagesordnung, auch wenn am Treffen nur zwei Leute teilnehmen. Eine Tagesordnung zeigt außerdem der Gegenseite, wie wichtig Sie auch deren Zeit nehmen.

✔ Zeigen Sie, daß Sie sich Notizen machen und Kommentare festhalten.

Seien Sie höflich, aber bestimmt, wenn Sie weitere Details brauchen.

 Manchmal müssen Sie auch Ihren Chef zur Deutlichkeit zwingen. Wenn er das nächste Mal einen Stapel Papier auf Ihren Schreibtisch knallt und sagt: »Das muß bis gestern erledigt sein«, machen Sie folgendes:

1. **Unterdrücken Sie die Antwort »Rutsch mir den Buckel runter.«**

2. **Antworten Sie unmittelbar.**

   Antworten Sie mit einem positiven »Alles klar ... wird erledigt«. Immerhin _ist_ er der Chef. Diese Antwort wird ihn ein wenig entspannen, zumal es genau das ist, was ein Vorgesetzter gerne hören will.

3. **Fragen Sie nach den Prioritäten.**

   Dieser Schritt ist wichtig: Da Sie ja sowohl Ihre Aufgaben als auch die Zeit kennen, die Ihnen zur Verfügung steht, sagen Sie: »So ist die Situation, Chef. Ich habe noch diese beiden Sachen hier liegen, die bis 15 Uhr fertig sein sollen. Welche von beiden kann bis morgen warten?«

Wenn Sie diesen Schritten folgen, muß Ihr Chef Farbe bekennen. Er muß die Prioritäten setzen. Das ist schließlich sein Job. Manchmal geht der Chef dann einfach wieder, weil er eingesehen hat, daß Sie schon genug wichtige Projekte bearbeiten.

Vier Strategien für Frauen, die Männer aufhorchen lassen

Frauen werden schon als kleine Mädchen in die Rolle des »guten Mädchens« und der »kleinen Dame« gedrängt, und diese Rolle erschwert ihnen auch als Erwachsene, ein kontroverse Positionen einzunehmen. In Verhandlungen hören Frauen oft ihre innere Stimme: »Los, melde dich zu Wort.« Meistens aber unterdrücken sie diese Botschaften, weil sie dazu erzogen wurden, Beschwerden und Gegenpositionen lieber schön für sich zu behalten. Im Gegensatz zu Männern wurden Frauen dazu erzogen, verbale Konfrontationen möglichst zu vermeiden und sich höflich auszudrücken.

Jeder kennt diesen grundlegenden Unterschied zwischen Mann und Frau. Auch wenn Sie glauben, persönlich nicht in das typische Muster Ihres Geschlechtes zu passen, werden Sie es doch mit Frauen und Männern bei Verhandlungen zu tun bekommen, die genau diesem Bild entsprechen.

Der nachfolgende Abschnitt enthält vier Strategien für Frauen, die sich bei Männern Gehör verschaffen wollen. Wenn Sie jede Woche nur eine dieser Strategien üben, werden Sie schnell feststellen, wieviel anders Sie von anderen wahrgenommen werden. Vorbedingung dafür ist, in sich hineinzuhören. Das richtige Bewußtsein ist die Voraussetzung für jede Verhaltensänderung. Das müssen Sie so akzeptieren, oder Sie werden in der harten Verhandlungswelt schnell untergehen. Mit diesen Strategien können Sie lernen, sich in Verhandlungen Gehör zu verschaffen.

Strategie Nr. 1: Vermeiden Sie Entschuldigungen

 Frauen entschuldigen sich häufiger als Männer. Selbst sehr selbstbewußte Frauen benutzen manchmal ungewollt Worthülsen in ihren Reden, die ihre Aussagen abschwächen. Die Wörter vermeiden letzte Gewißheit; also vermeidet auch die Sprecherin Risiken. Haben Sie etwas zu sagen, so entschuldigen Sie sich nicht dafür. Hier sind die spezifischen Worthülsen, die alle zu den Entschuldigungen gehören:

Vorworte und Anhängsel

Vorworte und Anhängsel sind diese kleinen überflüssigen Extrawörter vor beziehungsweise hinter einer Aussage:

✔ **Vorwort**: Leitet eine Aussage ein und schwächt sie gleichzeitig ab. Beispiel: »Ich bin mir nicht sicher, aber ...«

✔ **Anhängsel**: Wird an das Ende eines Statements angehängt. Beispiel: »Wir sollten jetzt anfangen, oder?«, »Glauben Sie nicht auch?« und »Habe ich recht?« sind typische Anhängsel.

Der Frageton

Beim *Frageton* handelt es sich um das Anheben der Satzmelodie am Ende des Satzes. Dieser Singsang kann eine Erklärung völlig entkräften. Dem Zuhörer erscheint die Sprecherin unsicher und ohne Selbstvertrauen. Das Anheben der Stimme am Ende des Satzes bedeutet in der Kommunikation soviel wie »Stimmen Sie mir nicht zu?«. Oder noch schlimmer: »Bitte, stimmen Sie mir schnell zu, damit ich weiß, daß ich etwas Sinnvolles gesagt habe.«

Wenn Sie Ihren eigenen Worten nicht trauen, wie können Sie dann erwarten, daß andere Vertrauen in Sie setzen? Beobachten Sie sich einmal selbst, oder fragen Sie einen Freund, ob Sie diese schlechte Angewohnheit haben. Wenn ja, sollten Sie ab heute kräftig üben, um dieses Übel loszuwerden. Selbsterkenntnis ist der erste Weg zur Besserung. Denken Sie daran!

Lückenbüßer

Frauen benutzen gerne kleine Lückenbüßer wie »irgendwie« oder »irgendwo« oder »... denk' ich mal ...«, die ihre Aussagen entkräften. Diese Phrasen sind eine dumme Angewohnheit. Hören Sie am besten gleich damit auf. Ein paar Beispiele sind:

✔ »Ich denke irgendwie, daß ...«

✔ »Das ist, denk' ich mal, ...«

✔ »Sieht irgendwie gut aus, ...«

✔ »Wir alle sind irgendwo ...«

Diese Sätze bestehen nicht nur aus Füllwörtern, sie bestehen vor allem aus *unsicheren* Wörtern. Wenn Sie diese schwachen Wörter benutzen, erscheinen Sie selbst schwach. Vielleicht haben Sie diese Redewendungen als Rückendeckung für sich entdeckt. Sie schützen Sie aber nicht und können ein Indiz dafür sein, daß Sie nicht fest zu Ihrem Standpunkt stehen. Hüten Sie sich davor, unentschlossen und zögerlich zu klingen, wenn Sie eigentlich Entschlossenheit zeigen wollen. Sie brauchen diese Worthülsen nicht aus Ihrem Wortschatz zu verbannen. Sie können diese Wörter im Alltag benutzen. Wichtig ist allein, einen ausreichenden Wortschatz zu *besitzen* und die Wörter bei der *richtigen* Gelegenheit zu nutzen.

Nicht-Wörter und Nicht-Sätze

Nicht-Wörter sind all die kleinen Extras, die man an Stelle einer kurzen Sprechpause verwendet, um sich ein bißchen Luft zu verschaffen und seine Gedanken zu sammeln. Nicht-Wörter hört man bei jeder Gelegenheit, und sie stören beziehungsweise lenken immer von einer ansonsten guten Präsentation ab. Hier einige Beispiele:

✔ **Also**: wie in »Also, ich meine, ...«

✔ **Nun**: wie in »Nun, lassen Sie uns ...«

✔ **Mmmh**: wie in »Mmmmh, sind Sie sich da sicher?«

Benutzen Sie Pausen beim Sprechen, um Ihren Aussagen und Meinungen mehr Kraft zu verleihen. Probieren Sie's einfach bei Ihrer nächsten Verhandlung aus.

Strategie Nr. 2: Machen Sie's kurz

Frauen schaffen Beziehungen über Gespräche. Für Männer bestehen Gespräche immer im Austausch von Informationen. Männer schaffen Beziehungen über Gedankenspielchen mit Ihrem Gegenüber. Sie testen jeden Gesprächspartner mit Fragen wie:»Wer hat bei der Fußballweltmeisterschaft 1994 das letzte Tor geschossen?« Weiß der andere die Antwort, gibt es einen Punkt. Weiß er die Antwort nicht, ist es auch gut, denn dann hat der andere einen Punkt Rückstand. Er ist nun am Zug, einen Punkt zu machen. So knüpfen Männer Bekanntschaften.

Frauen machen das anders. Sie benutzen keine Fragen und sind auch für derartige Wettbewerb nicht zu haben. Wenn eine Frau eine andere fragen würde, wer die Fußballweltmeisterschaft gewonnen hat, würde die Fragestellerin wahrscheinlich liebevoll in den Arm genommen werden. Was in diesem Fall wohl auch die richtige Reaktion wäre, denn eine derartige Frage wäre nicht normal. Die Fragestellerin hätte wahrscheinlich in dieser Lage Hilfe und Zuneigung bitter nötig. Frauen knüpfen Beziehungen nun einmal nicht auf diese Art und Weise.

Frauen kommen sich durch Geschichten näher. Angenommen, Sie gehen mit einer Ihnen kaum bekannten Frau spazieren. Sie sagen: »Eine tolle Brosche haben Sie da. Wunderschön.« Sie sagt: »Vielen Dank«, und natürlich fängt sie an, von der Geschichte zu erzählen, die sich hinter der Brosche verbirgt. *Es gibt immer eine Geschichte zu einer Neuanschaffung.* Frauen kennen zu jedem Kleidungsstück und jedem Schmuckstück eine Geschichte. Sie können Geschichten über ihre Frisur erzählen und Geschichten über ihre Haarfarbe. Wenn Sie schließlich genug Gemeinsamkeiten gefunden haben, dann haben Sie eine Bekanntschaft geschlossen.

Frauen benutzen generell mehr Details in ihren Geschichten als Männer. Es kann sein, daß dabei die Information, die der männliche Zuhörer erfahren will, verlorengeht. Achten Sie auf Zeichen der Überforderung bei Ihrem männlichen Zuhörer. Kürzen Sie dann die Geschichte. Am besten sagen Sie gleich zu Beginn, wie lange die Geschichte dauern wird, und halten Sie sich dann an diese Zeit. Männer fühlen sich für die Energie, die sie in eine bestimmte Aktivität stecken, verantwortlich. Sie haben immer das Gefühl, sie müßten ihre Ressourcen sparsam einsetzen. Sie haben Angst davor, sich zu verausgaben – ein Gefühl, das sie hassen.

Die ganze Story oder nur das Wichtigste?

Männer reden nicht viel. Seit über 20 Jahren beobachte ich während meiner Seminarpausen Männer auf dem Weg zum Mittagessen. Einer fragt: »Mittagessen?« und der andere erwidert: »Klar doch.« Sie sagen nicht: »Wollen wir zum Mittagessen gehen?« – »Oh ja, prima Idee! Wohin wollen wir gehen?« » Ich weiß es nicht – was schlagen Sie vor?« Nein. Nur: »Mittagessen?« – »Klar doch.«

Dieses Muster bildet sich in der Kindheit heraus. Meine Freundin hat Zwillinge. Eines Tages kamen sie von ihrem ersten Schultag nach Hause. Meine Freundin fragte jeden, wie es war. Der Junge sagte: »Gut! Kann ich jetzt spielen gehen?« Das Mädchen fing mit einer ganzen Geschichte an: »Ich habe im Bus Susi getroffen und ... und dann ... und dann ...« Die Antwort dauerte 15 Minuten.

Jedes Kind kommunizierte auf seine Art. Wie Studien belegen, benutzen Frauen ungefähr 25 000 Wörter an einem durchschnittlichen Tag, Männer nur 15 000. Mir fällt bei diesen Zahlen immer folgender Witz ein: Das Problem dabei ist nur, daß Männer all ihre 15 000 Wörter bis zum Feierabend aufgebraucht haben, während Frauen dann erst anfangen, weil wir den Tag lang kurz und präzise sein mußten.

In den ersten Tagen unserer Beziehung war Michael an buchstäblich jedem Wort interessiert, das mir über die Lippen kam. Dann heirateten wir. Wenn ich von da ab eine Geschichte erzählen wollte, unterbrach mich Michael mit den Worten: »Warte mal, Mimi. Fängst Du jetzt wieder mit dem, 'und dann sagte er, und dann sagte sie, und dann meinte sie' an?« Das ist aber nun mal meine Art, Geschichten zu erzählen, chronologisch, mit allen Details, vom Anfang bis zum Ende. (Ich kann mir gut vorstellen, wie Männer jetzt bei dieser Vorstellung zusammenzukken.) Und ich erinnere mich an meine Reaktion: »Oh je (Seufzen).« Männer hassen diese Antwort, denn sie interpretieren sie als »Du dummer Idiot.« Ich sagte: »Oh je (Seufzen). Ja, Liebling, so ist das nun mal. So klingt die Geschichte eben am besten.« Worauf er erwiderte: »Nicht für mich. Kannst du nicht auf den Punkt kommen?« Ich fühlte mich beleidigt. Warum will er sich keine gute Geschichte anhören? Aber dann wurde mir klar, daß ihn die eigentliche Geschichte gar nicht interessiert. Er will nur die Hauptsache oder das Ergebnis hören. Heute erzähle ich ihm immer nur das Ergebnis und lasse ihn dann um die ganze Geschichte *betteln.*

Strategie Nr. 3: Seien Sie direkt – vermeiden Sie Andeutungen

Denken Sie immer daran, klar und direkt zu sein. Wenn es nötig ist, erklären Sie einen Punkt in allen Einzelheiten. Männer brauchen mehr als Frauen klare und knappe Botschaften.

Mit Andeutungen erreichen Sie nichts

Männer und Frauen reagieren in bezug auf Andeutungen unterschiedlich. Unterlassen Sie Andeutungen bei Männern. Eine Frau kann Ihrem Mann mehrmals auf die plumpste Art andeuten: »Ich liebe Blumen«. Es kommen keine Blumen an. Das nächste Mal versucht sie es vielleicht mit einem gezielten Hinweis (die beiden beobachten, wie ein Mann einer Frau einen Blumenstrauß überreicht), und sagt: »Oh, schau doch mal, ich mag auch Blumen.« Sie wartet, und wieder kommen keine Blumen. Schließlich versucht sie es mit einem direkten Angriff. »Liebling«, sagt sie eines Tages, »weißt du, welchen großen Gefallen du mir tun könntest?«

Er schaut aufmerksam auf. Das ist eine zielgerichtete Frage. Er hat die *Hoffnung,* etwas Deutliches aus ihrem Munde zu vernehmen. »Welchen?« fragt er.

Sie sagt: »Ich hätte es eigentlich ganz gerne, wenn du mir mal Blumen mitbringen würdest, wenn ich es am wenigsten erwarte wie zum Beispiel an meinem Geburtstag.«

Diese Botschaft sitzt. Bei ihm ist der Groschen gefallen. An ihrem nächsten Geburtstag bringt er ihr einen riesigen Blumenstrauß mit. Sie ist glücklich. Ihre Freundinnen werden bleich. »Du hast es ihm *gesagt?*« sagen sie. Oder: »Das ist nicht sehr romantisch, da hätte er selbst draufkommen müssen.«

»Richtig!« sagt sie. »Einerseits hätte ich sagen können 'Da hätte er selbst drauf kommen müssen.' Auf der anderen Seite wollte ich die Blumen. Ich habe mich für die Blumen entschieden, und ich bin glücklich damit.«

Nach diesem Vorgang könnte sie ihn fragen: »Was hast du denn die ganzen zwei Jahre gedacht, wenn ich sagte, ich liebe Blumen?« Und er wird diese Frage lieben, denn sie hat einen analytischen Aspekt. Er sagt, »Ich erinnere mich an ein warmes Gefühl, weil die Äußerung so weiblich ist. Und ich dachte schon, du solltest vielleicht ein paar Blumen anpflanzen.« Der Satz »Ich liebe Blumen« bedeutet für Männer: »Ich liebe Blumen.« Punkt. Sie suchen nicht nach versteckten Hinweisen. Sie nehmen diese Äußerung wörtlich.

All dies hat etwas mit der Definition von Romantik zu tun. Hier die Definition von Romantik, wie Frauen sie sich vorstellen: »Er liest meine Gedanken. Er kennt meine Wünsche schon, bevor ich gefragt habe.« Sie aber wissen, was eine Antwort für einen Mann bedeutet: Arbeit, harte Arbeit! Liegt er mit seiner Antwort falsch, verliert er sein Gesicht. Hier jetzt die Version dessen, was Männer sich unter Romantik vorstellen: Die Frau sagt ihm klipp und klar, was sie möchte. Er kümmert sich darum; sie belohnt ihn überschwenglich. Das ist Romantik für einen Mann.

Strategie Nr. 4: Vermeiden Sie Gefühlsausbrüche

Weinen oder andere Gefühlsausbrüche während einer Verhandlung können mehr stören als ein kurzer Rock. Sie können die Position einer Frau in der Verhandlung aber genauso zunichte machen. Männer werden schon als kleine Jungen dazu erzogen, Gefühlsausbrüche zurückzuhalten. Tatsächlich sind Männer mittlerweile in das andere Extrem verfallen, aber das ist eine andere Geschichte. Mädchen werden ganz anders erzogen. Untersuchungen haben ergeben, daß Frauen viermal häufiger weinen als Männer.

 Beginnen Sie am besten gleich am Arbeitsplatz damit, Ihre Gefühlsausbrüche einzudämmen. Ein weinender Mensch möchte ein Zeichen der Sympathie vom Zuhörer. Jemand der schluchzt, signalisiert dem Zuhörer, daß er, wenigstens im Moment, die Situation nicht in der Hand hat. Weinen stört und verärgert Menschen, die ihre eigenen Gefühle unter Kontrolle haben. Wer sich nicht mit seinen eigenen Gefühlen auseinandersetzt, möchte das schon gar nicht mit den Gefühlen anderer. Männer haben außerdem das Gefühl, daß weinende Frauen sie mit ihren Ausbrüchen manipulieren möchten.

 Wenn Sie merken, daß Sie gleich anfangen werden zu weinen, entschuldigen Sie sich, gehen Sie in den Waschraum, weinen Sie sich aus, atmen Sie tief ein, und gehen Sie in die Besprechung zurück. Wenn Sie wissen, daß Sie immer leicht anfangen zu weinen, nehmen Sie Augentropfen mit, damit Sie nicht mit roten Augen an den Verhandlungstisch zurückkehren müssen.

Vier Strategien für Männer, die Frauen aufhorchen lassen

Manche unter Männern weitverbreitete Gesprächsmuster stoßen Frauen einfach ab. Mit diesen Verhaltensweisen nehmen sie sich selbst die Gelegenheit, gehört zu werden, auch wenn das Gesagte noch so wichtig ist. Das ist keine bloße Theorie. Da Frauen immer mehr Arbeitsplätze besetzen, müssen Männer ihren Stil ändern, wenn sie mit Frauen erfolgreich kommunizieren wollen. Jeder hat diese grundlegenden Unterschiede inzwischen bemerkt – die einen mehr, die anderen weniger. Und ein paar wenige haben sie immer noch nicht mitbekommen. Aber selbst für diese wenigen sind die Unterschiede wichtig, da auch sie mit Männern und Frauen verhandeln, die unterschiedlich kommunizieren.

Die folgenden Abschnitte enthalten vier Strategien für Männer, die sich bei Frauen Gehör verschaffen wollen. Wenn Sie jede Woche nur eine dieser Strategien üben, werden Sie schnell erkennen, wieviel anders Sie von anderen wahrgenommen werden. Vorbedingung dafür ist, in sich hineinzuhören. Das richtige Bewußtsein ist Voraussetzung für jede Verhaltensänderung. Es gibt kein Richtig oder Falsch, es gibt nur die Wahrheit. Das müssen Sie so akzeptieren, oder Sie werden in der harten Verhandlungswelt schnell untergehen.

Strategie Nr. 1: Seien Sie nicht herablassend

Wir leben in den 90er Jahren. Daß einige Männer am Arbeitsplatz immer noch Wörter wie »Schätzchen«, »Kleine«, »Püppchen«, »Süße« und so weiter benutzen, ist eine Schande. Außerdem können Sie mit solchen Sprüchen Ihr Ansehen nirgendwo steigern. Kein Mann sollte solche Sprüche in einem Gespräch mit einer Frau in den Mund nehmen. Erweisen Sie Ihrer Gesprächspartnerin immer den nötigen Respekt.

Strategie Nr. 2: Gemeinsam entscheiden

Andere Menschen an den eigenen Gedanken teilhaben zu lassen, gehört nicht zu den herausragenden männlichen Wesenszügen. So sind Männer nun einmal erzogen worden. Sie müssen sich erst alles ausgerechnet und zurechtgelegt haben, bevor sie über ein Sache reden. Wenn Sie aber mit einer Frau verhandeln, wird sie während der ganzen Verhandlung an Ihren Gedanken teilhaben wollen. Normalerweise teilt ein Mann seine Entscheidungen erst am Ende der Verhandlung mit – nachdem er seine Entscheidung bereits getroffen hat.

Äußern Sie sich während Ihres Entscheidungsprozesses überhaupt nicht, wird die Frau annehmen, Sie schließen sie aus. Für diese Frau wird es schwierig sein, weiterhin Interesse für Ihre Sache aufzubringen. Sie ärgert sich über das fehlende Feedback und schaltet wahrscheinlich völlig ab.

Strategie Nr. 3: Werden Sie ruhig ein bißchen persönlich

Das ist keine Aufforderung, aufdringlich zu sein oder sexuelle Anspielungen zu machen. Sie sollen sich nur menschlich näherkommen. Reden Sie mit der Frau auf der anderen Seite des Tisches über Gott und die Welt – was Ihnen zu Anfang sicherlich nicht so leichtfallen wird. Entspannen Sie sich! Reden Sie über Ihre Familie oder darüber, was Sie am kommenden Wochenende vorhaben. Das Gesprächsthema muß nichts mit den Verhandlungsinhalten zu tun haben. Versorgen Sie die Frau mit Einzelheiten. Frauen lieben Einzelheiten.

 Männern sollten dabei lieber über persönliche Dinge in ihrem eigenen Leben sprechen als über die einer Frau oder über deren Aussehen. Im Zusammenhang mit der Diskussion über sexuelle Belästigungen, sollten Männer sich zurückhalten, über die Kleidung der Gesprächspartnerin zu reden. Das ist nicht fair, aber es ist nun mal so. Findet ein Mann die Kleidung einer Frau attraktiv, behält er das besser für sich. Über persönliche Gegenstände, die nicht so intim sind wie die Kleidung, darf er sich jedoch gerne auslassen. Ein schöner Füllfederhalter oder ein eleganter Aktenkoffer sind immer für ein paar Komplimente gut. Aber Kleider und Parfüm sind gefährlich. Merken Sie sich als klugen Ratschlag: »Am besten nur über völlig unverfängliche Dinge reden.«

Diese künstlichen Verbote und Einschränkungen am Arbeitsplatz gelten zum Glück nicht weltweit. In Italien zum Beispiel ist es durchaus üblich, daß weibliche Angestellte von ihrem Chef nach einer guten Leistung umarmt werden, und Komplimente ohne anzüglichen Unterton zu hören bekommen.

Gemeinsamkeiten verbinden

Bei meiner tägliche Arbeit am Verhandlungstisch lasse ich Frauen gelegentlich wissen, daß ich drei Töchter großgezogen habe. Berufstätige Mütter mögen das. An unserem Hochzeitstag lebte nur noch eine schulpflichtige Tochter im Haus. Ich tausche mit Frauen gerne diese Geschichten über Freud und Leid der Kindererziehung aus, denn die meisten Frauen, mit denen ich in Verhandlungen zu tun habe, haben Babies oder Kleinkinder zu Hause.

Ich möchte ausdrücklich darauf hinweisen, daß ich diese Informationen nur bei passender Gelegenheit austausche. Während einer offiziellen Unterhaltung können solche Nebensächlichkeiten gefährlich sein.

Strategie Nr. 4: Vermeiden Sie Gefühlsausbrüche

Herumschreien und andere Gefühlsausbrüche während einer Verhandlung können störender sein, als wenn eine Abrißbirne durch die Wand des Verhandlungsraumes krachen würde. Aber genauso gründlich, wie dieses Instrument seine Arbeit erledigt, können Gefühlsausbrüche die

Position eines Mannes in einer Verhandlung nachhaltig untergraben. Männer wurden dazu erzogen, keine Emotionen außer Ärger oder Wut zu zeigen. Für viele Männer ist das Brüllen bei Frustration und Ärger ein akzeptables Verhalten. Untersuchungen haben ergeben, daß Männer im Büro häufiger brüllen als Frauen. Überrascht?

Beginnen Sie am besten am Arbeitsplatz damit, Ihre Gefühlsausbrüche einzudämmen. Ein schreiender Mensch möchte ein Zeichen von Sympathie vom Zuhörer. Jemand der brüllt, signalisiert dem Zuhörer und anderen Beobachtern aber auch, daß er, wenigstens im Moment, die Situation nicht in der Hand hat. Schreien bringt alle Beobachter eines solchen Gefühlsausbruchs immer in eine peinliche Situation. Wenn sie nicht zurückbrüllen können, werden sie sich später auf andere Art und Weise rächen. Nicht nur Frauen halten einen Mann, der unkontrolliert herumbrüllt, für einen Flegel, der versucht, die Verhandlung auf diese Art und Weise zu steuern.

Wenn Sie merken, daß Sie gleich anfangen zu schreien, gehen Sie in den Waschraum, brüllen Sie los, holen Sie tief Luft und kehren Sie dann zum Verhandlungstisch zurück. Brüllen wird bei Männern allgemein als Charakterfehler angesehen. Viele Menschen wissen genau, daß Wut ein Schutzschild gegen Furcht oder Traurigkeit ist und daß Feindseligkeit die eigene Verletzlichkeit überdeckt. Keiner hat Probleme damit, Untergebene anzubrüllen. Fast alle aber scheuen sich, auch mal einen Vorgesetzten anzuschreien. Frauen und Männer können voneinander lernen. Respektieren Sie die Unterschiede, und ändern Sie Ihren Stil, wenn Sie gehört werden wollen. Denken Sie daran: Sie können der beste Verhandlungskünstler der Welt sein, aber wenn Ihnen keiner zuhört, sind alle Ihre Botschaften wertlos.

Sechs Methoden, mit denen Sie jede Verhandlung verpatzen können

Es kann vorkommen, daß wir einen ganzen Tag lang über die Verbesserung der Kommunikationsfähigkeiten reden, und trotzdem hat uns keiner der Seminarteilnehmer verstanden. Vielleicht funktioniert es ja umgekehrt besser. In den folgenden Abschnitten finden Sie einige praktische, aber nicht ganz ernst gemeinte Tips, wie Sie ein schlechter Gesprächspartner werden können. Hier können Sie auch lernen, sich so unklar wie möglich auszudrücken. Wenn Sie all diese Tips befolgen, das können wir Ihnen garantieren, wird Ihr Leben zu einem einzigen Chaos.

Benutzen Sie diese sechs kleinen Geheimnisse, damit Ihr Leben chaotisch bleibt. Befolgen Sie sie im Beruf, und Ihr Job wird die Hölle auf Erden.

Werden Sie laut

Wenn Sie Ihre Ansichten auf gar keinen Fall vermitteln wollen, fangen Sie an zu schreien oder zu schimpfen. Beide Alternativen verhindern jeden intelligenten Diskurs. Diese Regel sollten Sie immer dann befolgen, wenn Sprachbarrieren die Verständigung ohnehin schon behindern. Versteht jemand Ihre Sprache nicht, reden Sie lauter. *Laute* Kommunikation bedeutet auf der ganzen Welt dasselbe. *Laut* ist respektlos. *Laut* ist immer jemand, mit dem Sie auf keinen Fall Geschäfte machen wollen.

Verzichten Sie auf Einzelheiten

Details beschreiben der anderen Person genau, was Sie wollen oder brauchen. Bleiben Sie unklar, wenn Sie weiterhin unverstanden bleiben wollen. Details verbrauchen Zeit. Wenn Sie Einzelheiten weglassen, können Sie wertvolle Minuten retten. Danach dauert es nur *ein paar Stunden*, die Unklarheiten zu beseitigen.

Prüfen Sie nicht, ob Sie verstanden wurden

Diese Regel ist sehr wichtig. Sie können alle Bemühungen, ein schlechter Gesprächspartner zu sein, aus dem Fenster werfen, wenn Sie Ihre Zeit damit verbringen, zu überprüfen, ob man Sie verstanden hat. Geben Sie der anderen Person keine Chance, zu sagen: »Das habe ich nicht verstanden.« Ansonsten müßten Sie nämlich für Klarheit sorgen. Wollen Sie weiterhin unverständlich bleiben, verschwinden Sie am besten, bevor jemand eine Frage stellen kann.

Reden Sie mit dem Rücken zum Publikum

Wenn Sie jemandem Ihre Wünsche, Anweisungen oder Forderungen mitteilen, drehen Sie ihm am besten den Rücken zu. Schauen Sie diesen Menschen während des ganzen Gesprächs niemals in die Augen. Damit schließen Sie die jede Möglichkeit aus, verstanden zu werden. Außerdem vergeuden Sie nicht Ihre wertvollen Sekunden mit dem Versuch, mit Ihrem Verhandlungspartner Blickkontakt zu halten.

Gehen Sie davon aus, daß jeder Sie versteht

Als schlechter Gesprächspartner kennen Sie bereits die Gefahr, Informationen nur vorauszusetzen, anstatt sie zu überprüfen. Wir denken aber, daß wir Sie hier noch einmal auf eines der populärsten Instrumente hinweisen sollten, mit dem Sie Ihre nächste Verhandlung mit Sicherheit gegen die Wand fahren können.

Erlauben Sie keine Einwände und Fragen

Erlauben Sie bloß keine Reaktionen irgendwelcher Art. Der andere könnte möglicherweise nur wegen der Klärung einer mickrigen Frage Ihre wertvolle Zeit vergeuden. Sagen Sie alles, was Sie zu sagen haben, und verbitten Sie sich Diskussionen. Alles andere könnte nur zur Verdeutlichung dessen beitragen, was Sie gesagt haben.

Verhandeln am Telefon

In diesem Kapitel

▶ Wie Sie Ihren Gesprächspartner persönlich erreichen

▶ Verhandlungstips fürs Telefon

▶ Die beste Telefonausstattung für Ihr Büro

*E*ine Telefonverhandlung ersetzt niemals das persönliche Verhandlungsgespräch, weil richtiges Zuhören am Telefon noch schwieriger ist. Auch wenn Sie sehr aufmerksam zuhören, kann Ihnen eine telefonische Unterhaltung niemals die Informationen liefern, die Ihnen ein persönliches Gespräch vermittelt. Die Gesten und Gesichtsausdrücke, die schnellen versteckten Blicke zwischen den Mitgliedern der anderen Seite – all diese Informationsquellen gehen bei einer Telefonverhandlung verloren.

Dieses Kapitel behandelt die Besonderheiten, die Sie bei einer Verhandlung am Telefon berücksichtigen müssen. Alle anderen Aspekte der Verhandlungsführung gelten natürlich weiter. Verzichten Sie deshalb nicht auf den Rest des Buches, nur weil Sie hauptsächlich mit dem Telefon arbeiten. Ganz im Gegenteil: Die anderen Abschnitte werden dadurch nur um so wichtiger.

Wie Sie den richtigen Gesprächspartner erreichen

Je höher ein Mensch in der Firmenhierarchie steht, desto stärker wird sein Terminplan geschützt. Es kann deshalb schon mal geschehen, daß Sie erst einmal an einer ganzen Reihe von Mitarbeitern vorbei müssen, deren Aufgabe allein darin besteht, sämtliche Telefongespräche für den Chef vorzufiltern. Manchmal müssen Sie schon all Ihre Verhandlungsfertigkeiten einsetzen, um die Vorzimmerdame zu überzeugen, Sie auf den ersten Platz ihrer Telefonliste zu setzen.

So überwinden Sie die Türsteher

Meistens schaffen Sie es nicht gleich beim ersten Versuch, den gewünschten Gesprächspartner zu erreichen. Wenn Sie jedoch auch am Telefon erfolgreich arbeiten wollen, sollten Sie auch den professionellen *Türsteher* – die Sekretärin oder den Assistenten, der Ihre Anrufe entgegennimmt – respektvoll behandeln.

Im allgemeinen hat die Telefon- oder Empfangsdame die volle Unterstützung und das Vertrauen des Menschen, mit dem Sie sprechen wollen. Behandeln Sie deshalb diese Mitarbeiterin mit dem gleichen Respekt, den Sie auch dem Menschen entgegenbringen, mit dem Sie eigentlich sprechen möchten. Sie können auch etwas in Ihrer Sache erreichen, wenn Sie mit den Untergebenen reden. Sie müssen nicht immer mit dem Chef sprechen, um Dinge voranzutreiben.

✔ **Es muß nicht immer gleich der Chef sein.** Sie werden feststellen, daß Sie mehr erreichen, wenn Sie soviel wie möglich mit Assistenten und anderen Mitarbeitern erledigen. Denken Sie daran: Bevor Sie nicht eine Beziehung mit dem Chef und der Vorzimmerdame aufgebaut haben, kann die Vorzimmerdame all Ihre Fragen und Wünsche ohnehin nur mit Billigung ihres Chefs bearbeiten.

✔ **Flirten Sie nicht mit der Vorzimmerdame.** Plumpe Annäherungsversuche bringen beiden Seiten nichts. Mit Respekt und Anstand kommen Sie weiter als mit allem Charme, den Sie am Telefon verströmen mögen.

✔ **Verhalten Sie sich in allen Angelegenheiten wie ein Profi.** Sprechen Sie den Assistenten oder die Vorzimmerdame möglichst mit Namen an. Das wirkt immer positiv. Notieren Sie sich die Namen der wichtigen Leute aus der Umgebung des Chefs.

Einer der besten Filme darüber, wie man sich die Vorzimmerdame zum Verbündeten macht, ist *Wall Street*. Charlie Sheen kommt bis zu einem Manager durch, der viel weiter oben in der Hierarchie steht als er selbst. Wenn Sie sich nur die ersten 10 Minuten ansehen, können Sie alles darüber erfahren, wie man eine Chefsekretärin für sich gewinnt: Beharrlichkeit (er ruft 59 Tage hintereinander an), Vorbereitung (er weiß alles über die Familie, Geburtstage und Vorlieben) und vor allem Respekt gegenüber der Vorzimmerdame. Wollen Sie den Respekt des Chefs gewinnen, müssen Sie auch seine Wahl in puncto Sekretärin respektieren.

Durchkommen ist alles

Viele Menschen empfinden die Türsteher dieser Welt als bloßes Ärgernis. Ich hatte mich immer gefragt, warum das so sein könnte, weil ich selbst mit Vorzimmerdamen und -herren nie Probleme hatte. Eines Tage entdeckte ich zufällig die Antwort. Mein Klient, ein bekannter Schriftsteller, versuchte schon seit einiger Zeit, den Produzenten Steven Bochco zu erreichen, und war ziemlich frustriert, weil Bochco nie zurückgerufen hatte. »Weiß er, warum Sie ihn sprechen wollen?« fragte ich. »Nein«, war die mürrische Antwort. »Ich konnte ja noch gar nicht mit ihm reden.«

»Aber was haben Sie seiner Sekretärin gesagt?« Ich konnte förmlich spüren, wie die Ungeduld meines Kunden immer größer wurde, als er sagte: »Ich habe nicht die Absicht, darüber mit der Sekretärin zu reden. Ich möchte mich mit dem Chef unterhalten. Könnten Sie ihn für mich anrufen?«

»Natürlich. Mache ich doch gerne für Sie.« Dann mußte ich allerdings genau überlegen, was ich sagen sollte, denn wir hatten schon vorher über die Vorteile gesprochen, die ein persönliches Gespräch mit ihm direkt haben würde. »Ich habe eine Idee. Wenn Sie mit Steve Bochco reden wollen, müssen Sie zuerst mit der Sekretärin sprechen. Erzählen Sie ihr, wer Sie sind, wer Ihr Vater war, woher Steve Sie kennt und den Grund Ihres Anrufes. Steven Bochco ist ein vielbeschäftigter Mann. Sie müssen ihm schon einen ziemlich guten Grund nennen, damit er Sie zurückruft.«

Eine Stunde später rief mich mein Kunde an und erzählte, er hätte gerade ein halbstündiges Gespräch mit Steven Bochco geführt. Er hörte sich sehr glücklich an. Interessanterweise ist es mit der Karriere meines Mandanten rasant nach oben gegangen, nachdem er gelernt hatte, wie man respektvoll mit Vorzimmerdamen umgeht.

So hinterlassen Sie eine Nachricht

Wenn Sie Ihren Gesprächspartner nicht erreichen, müssen Sie eine Nachricht hinterlassen. Falls jemand Ihre Nachricht aufnimmt, fassen Sie sich kurz. Wenn Sie Ihre Nachricht auf einen Anrufbeantworter sprechen, können Sie auch auf Details eingehen. Drücken Sie sich knapp, präzise und logisch aus.

Um die Wichtigkeit Ihres Anrufs zu unterstreichen, sollten Sie fragen, wann Sie zurückrufen können. Funktioniert das nicht, nennen Sie Ihrerseits Zeiten, zu denen Sie erreichbar sind. Eine der beiden Taktiken klappt meistens. Eine Zeitabsprache für den nächsten Anruf unterstreicht Ihre Bedeutung und bezieht zugleich die Chefsekretärin in das Unternehmen ein, wodurch wiederum auch sie an Bedeutung gewinnt. Denken Sie daran, daß niemand Ihnen mehr helfen oder mehr schaden kann als eine erfahrene Vorzimmerdame.

 Auch während einer Geschäftsreise sollten Sie in der Lage sein, Nachrichten zu hinterlassen und zu empfangen. Die meisten besseren Hotels bieten diesen Service bereits an. Dort können Sie auf einen Anrufbeantworter sprechen oder eine Nachricht an der Rezeption hinterlassen. Wir selbst haben immer einen digitalen Anrufbeantworter dabei. Dieser Apparat nimmt die Nachrichten besser auf als jede Bürokraft, und den Anrufern ist es auch angenehmer, eine ausführlichere Nachricht übermitteln zu können. Manche Nachrichten sind so umfassend, daß wir gar nicht mehr zurückrufen müssen. Viele Menschen fühlen sich mit einer Nachricht auf den Anrufbeantworter aber auch einfach sicherer, daß wir ihre Botschaft auch tatsächlich empfangen werden.

Die Wahl der Teilnehmer

Die Entscheidung, wer an einer Telefonkonferenz teilnehmen soll, ist ebenso wichtig wie die Auswahl der Teilnehmer bei einer persönlichen Konferenz. Durch die Möglichkeit von Telefonkonferenzen sind Sie nicht länger auf viele Einzelgespräche mit jeweils einem Gesprächspartner beschränkt. Schauen Sie noch mal im Abschnitt »Aufstellen der Gästeliste« in Kapitel 3 nach – dieselben Regeln gelten auch für Telefonkonferenzen.

Nachdem Sie den Teilnehmerkreis festgelegt haben, müssen Sie sich entscheiden, wie Sie alle Teilnehmer an einen »virtuellen« Tisch bekommen. Die folgenden Abschnitte beschreiben zwei Möglichkeiten.

Der virtuelle Konferenztisch

Wollen Sie einen oder zwei Ihrer Mitarbeiter an der Konferenz teilnehmen lassen, bitten Sie sie in Ihr Büro, und schalten Sie den Lautsprecher Ihres Telefons ein. Dadurch können zumindest die Teilnehmer auf Ihrer Seite, die Sie eingeladen haben, von ihren jeweiligen Gesten, Gesichtsausdrücken und den vorliegenden Dokumenten profitieren. Lesen Sie unbedingt den Abschnitt in diesem Kapitel über die optimale Telefonanlage, auch wenn wir schon gleich hier zusammenfassen können: Nehmen Sie nur das Beste!

Für eine sehr wichtige Besprechung können Sie auch eine telefongestützte Videokonferenz installieren. Erinnern Sie sich an die Zeichentrickserie »Die Jetsons« aus den 60er Jahren, in der sich die Figuren über futuristische Bildschirmtelefone unterhielten? Heute ist das gleichzeitige Übertragen Ihres Bildes und Ihrer Stimme für eine Videokonferenz keine Zukunftsmusik mehr. Allerdings läßt die Qualität bei PC-Videokonferenzsystemen noch sehr zu wünschen übrig. Solche Videokonferenzen sind nur ein schwacher Ersatz für eine richtige Konferenz, in der sich alle Teilnehmer gegenübersitzen. Möglich sind allerdings heute auch schon Konferenzen mit großen Bildschirmen, auf denen auch die Kommunikationssignale der Körpersprache zu sehen sind. Diese Systeme können für Konferenzen auf höchster Ebene sehr hilfreich sein.

Konferenzschaltung mit der eigenen Telefonanlage

Heutzutage haben die meisten Bürotelefone die Möglichkeit zur Konferenzschaltung. Verzichten Sie nicht darauf, nur weil Sie glauben, die Prozedur wäre zu umständlich. Schauen Sie sich die technischen Tips am Ende dieses Kapitels an. Die dort erwähnte Möglichkeit der Konferenzschaltung sollten Sie unbedingt nutzen können.

Durch die Konferenzschaltung müssen Sie nicht zuerst ein Gespräch führen und danach ein zweites, um das Gesagte zu wiederholen. Die Konferenzschaltung sorgt für Genauigkeit bei der Konversation und verhindert Verzögerungen. Weil alle Parteien dasselbe hören, kann außerdem jede Partei höchstes Vertrauen in die Verhandlung haben.

Nutzen Sie die günstige Gelegenheit

Die bequeme Art der Kommunikation ist gleichzeitig der größte Nachteil einer Verhandlung per Telefon, weil manche Leute daraus ableiten, die Verhandlung könne dann wohl nicht so sehr wichtig sein. Für eine persönliche Besprechung sammeln alle Parteien das Material, das sie für die Verhandlung brauchen könnten, fahren kreuz und quer durch die Stadt, kämpfen mit dem Parkplatzproblem, müssen den Konferenzraum oder ein bestimmtes Büro finden, sich einen Kaffee holen, einen Platz suchen, um dann endlich das Gespräch beginnen zu können. Nach all diesen Bemühungen hat jeder das Gefühl, das Treffen sei wichtig.

Manche Verhandlungsführer, die mit einem Telefongespräch Zeit sparen wollen, machen einen großen Fehler: Anstatt die gesparte Zeit für das eigentliche Gespräch zu verwenden, rasen sie durch die Diskussion, als wäre sie unwichtiger als die Zeit, die sie mit dem Hin- und Herfahren, der Parkplatzsuche usw. verplempert hätten.

 Seien Sie sich immer der Tatsache bewußt, daß während einer Verhandlung – egal, ob sie nun telefonisch, per Videokonferenz oder in einem persönlichen Gespräch stattfindet – jede Art von Kommunikation wichtig ist. Auch wenn eine Telefonkonferenz leichter zu bewerkstelligen ist, sollten Sie auch hier alle Aspekte berücksichtigen, die für ein Gespräch von Angesicht zu Angesicht wichtig sind.

Der gute erste Eindruck

Wenn Sie zu einer wichtigen Besprechung gehen, vergewissern Sie sich vorher bestimmt, daß Sie so gut wie möglich aussehen. Sie kontrollieren automatisch Ihre Haare, Ihren Schlips oder Ihre Zähne (besonders dann, wenn es Spinat zum Mittagessen gab). Machen Sie das gleiche am Telefon. Auch wenn Sie nur einmal tief einatmen und ein Lächeln aufsetzen, werden Sie sich besser vorbereitet fühlen, und das Gespräch beginnt mit einem positiven Start.

Achten Sie bei einer Verhandlung am Telefon genauso auf einen guten ersten Eindruck wie bei einem persönlichen Treffen. Es ist außerordentlich wichtig, auf welche Art und Weise Sie einen Anruf entgegennehmen oder ein Gespräch beginnen. Viele Menschen sagen nach dem Abheben des Hörers nur »Hallo« oder murmeln eine andere oberflächliche Begrüßung. Seien Sie nicht so unhöflich. Fangen Sie mit einer positiven Begrüßung an: »Guten Morgen«, »Guten Tag« oder »Schön, daß Sie anrufen«. Damit schaffen Sie eine positive Grundstimmung. Haben Sie gerade keine Zeit für das Gespräch, fragen Sie den Anrufer, ob er zu einer passenderen Zeit anrufen könnte. Sind Sie selbst der Anrufer, fragen Sie Ihren Gesprächspartner, ob er gerade Zeit hat. Das zeigt Respekt. Und den müssen Sie Ihrem Gesprächspartner zeigen, wenn Sie selbst respektvoll behandelt werden wollen.

Woran Sie bei Beginn der Besprechung denken sollten

Sollten zeitliche oder andere Umstände Sie dazu zwingen, wichtige Verhandlungen über das Telefon zu führen, versuchen Sie, die Nachteile gegenüber einer persönlichen Verhandlung durch besonders konzentriertes Zuhören und gezielte Fragen aufzuheben. Wenn Sie sich der Tatsache bewußt sind, daß Sie bei einem Telefongespräch weniger Feedback erhalten, können Sie das Telefon zu einem fast ebenso effektiven Verhandlungsinstrument machen wie eine persönliche Besprechung. Dieses Wissen kann Ihnen in Zeiten, in denen es wahrscheinlich mehr telefonische als persönliche Verhandlungen geben wird, eine Menge Vorteile bringen.

Da der Teilnehmer am anderen Ende der Leitung Sie ebenfalls nicht sehen kann, denken Sie daran, ihm ein *hörbares* Feedback zu geben. Während eines persönlichen Treffens aus dem Fenster zu schauen und über den nächsten Zug nachzudenken, ist völlig in Ordnung. Ihr Gesprächspartner am Telefon kann aber nicht sehen, was Sie gerade treiben. Er könnte denken, daß das Gespräch unterbrochen wurde oder Sie möglicherweise gerade mit etwas anderem beschäftigt sind.

Lassen Sie Ihre Autorität durchklingen

Da Sie für den ersten Eindruck nur eine einzige Chance haben, entwickeln Sie Ihr *stimmliches Profil*. Der erste Eindruck hängt gänzlich von Ihrer Art des Sprechens ab. Hören Sie sich selbst auf einem Tonband an. Achten Sie auf folgende Merkmale:

✔ **Lautstärke**: Andere müssen Sie klar und deutlich hören können. Ihr Zuhörer soll sich nicht anstrengen müssen, um Ihre zu leise Stimme zu hören, und er soll nicht den Hörer von sich halten, weil Sie so laut schreien.

✔ **Aussprache**: Andere müssen Sie deutlich verstehen können. Das Wort »Nein« darf sich nicht wie »Neun« anhören. Die Neigung zum Nuscheln läßt sich durch Lippenübungen korrigieren. Wenn Sie nicht begeistert sind von dem, was Sie sagen, dann versuchen Sie wenigstens, so zu tun.

✔ **Geschwindigkeit**: Reden Sie moderat - nicht zu schnell und nicht zu langsam.

✔ **Betonung**: Vermeiden Sie Monotonie, indem Sie die Stimme bei wichtigen Worten anheben und bei nicht so wichtigen senken.

✔ **Nichtwörter**: Vermeiden Sie »Hmmmmm« und »Aha«. Mit solchen Lauten kann man zwar Stille überbrücken, obwohl eine kurze Pause viel besser wäre.

✔ **Gefühl und Stimmung**: Dieses Element ist schwer zu beschreiben. Aber wenn Sie es hören, werden Sie wissen, was damit gemeint ist. Was ich damit meine, ist, daß Sie Ihre Emotionen oder Ihre persönliche Einstellung in Ihrer Stimme durchklingen lassen müssen. Wenn Sie sagen »Habe ich Ihnen das nicht gleich gesagt«, kann Ihre Stimme sowohl Ärger, Herablassung als auch Abwehr zeigen. Liegt die Betonung zum Beispiel auf »*Habe* ich Ihnen das nicht gleich gesagt«, kann das einfach nur freundlich, zufrieden oder auch ganz unverbindlich klingen. Legen Sie ein Lächeln in Ihre Stimme.

 Nuscheln Sie nicht, vor allem nicht am Telefon. Sprechen Sie deutlich. Sprechen Sie langsam. Denken Sie an die Zeit, die Sie sparen, weil Sie nicht zu einer persönlichen Besprechung fahren müssen.

Frauen sind Männern gegenüber in puncto Telefonverhandlungen in manchen Bereichen im Vorteil, haben allerdings auch mit ganz entschiedenen Nachteilen zu kämpfen. Frauen sind sehr erfolgreich im Verkauf und im Marketing und brechen in diesen Bereichen alle Rekorde. In der folgenden Auflistung sehen Sie einige der Gründe für ihren Erfolg. Dies sind die Bereiche, in denen Männer von Frauen noch einiges lernen können:

✔ Viele Frauen sind der Meinung, daß das Entwickeln einer angenehmen Telefonpersönlichkeit Frauen leichter fällt als Männern.

✔ Small talk und das Aufbauen einer Beziehung zum Gesprächspartner ist für Frauen einfacher als für Männern. Eine Frau kann zum Beispiel bei einem Anruf von Los Angeles nach Chicago mit der Sekretärin über das Wetter oder über ihren letzten Besuch in Los Angeles reden. Small talk bricht das Eis und baut Beziehungen auf. Die Sekretärin am anderen Ende wird mit diesem Gespräch motiviert, beim Zustandekommen eines Treffens zwischen der Anruferin und ihrem Chef zu helfen.

✔ Heutzutage wird dank jahrelanger Gleichstellungsbemühungen nicht bei jeder Anruferin automatisch angenommen, daß sie die Hilfskraft eines Mannes sei. Die Leute, die den Anruf entgegennehmen, hören heute lieber sehr aufmerksam zu, um diesen Fehler nicht zu machen.

Hier einige der Nachteile, die Frauen bei telefonischen Verhandlungen haben:

✔ Die Zahl männlicher Sekretäre nimmt ständig zu. Aber trotzdem gehen viele Leute immer noch automatisch davon aus, daß alle weiblichen Anrufer Sekretärinnen sind. Dieser weit verbreitete Fehler unterläuft auch vielen Sekretärinnen, wenn sie von einer anderen Frau angerufen werden. Wenn Sie umgekehrt eine Anruferin fälschlicherweise für eine Sekretärin gehalten haben, die im Auftrag ihres Chefs anruft, korrigieren Sie diesen Fehler am besten mit einem diplomatischen »Na, Sie kennen das bestimmt selber«. Mit einer derartigen Korrektur ersparen Sie sich Peinlichkeiten und gewinnen sich eine Verbündete.

✔ Viele Männer ertragen es nicht, von einer weiblichen Stimme gesagt zu bekommen, was sie tun sollen. Um einem Konflikt vorzubeugen, müssen Frauen bestimmt und freundlich zugleich sein – sie müssen charmant, dürfen aber nicht so freundlich sein, daß sich der Gesprächspartner etwa etwas anderes dabei denken könnte.

✔ Manche Menschen finden es auch heute noch höchst befremdlich, wenn eine Frau mit einem wichtigen Mitglied des Managements sprechen will. Man sollte aber meinen, daß diese Zeiten vorbei sind. Immer mehr Frauen steigen in Machtpositionen auf und werden als gleichberechtigte Profis behandelt. Einige Branchen sind da langsamer als andere, aber der Fortschritt ist nicht aufzuhalten.

Händeschütteln am Telefon

Falls am Ende einer Verhandlungssitzung das Geschäft nicht abgeschlossen wurde, begleiten Sie Ihren Verhandlungsgegner zur Tür und arrangieren das nächste Treffen. Dort schauen Sie dem Menschen in die Augen, geben ihm die Hand und verabschieden sich.

 Am Telefon können Sie zwar niemandem die Hand geben, aber Sie können Worte verwenden, die einen abschließenden Handschlag ersetzen. Erinnern Sie sich daran, wie Sie Ihren Gesprächspartner am Ende Ihrer letzten Sitzung von Angesicht zu Angesicht zur Tür gebracht haben. Wahrscheinlich haben Sie sich bei dieser Gelegenheit über etwas anderes als das anstehende Geschäft unterhalten. Machen Sie es am Telefon ebenso.

Allzu oft steht die Effizienz eines Telefongesprächs diesem unverbindlichen Abschluß-geplauder entgegen. Bekämpfen Sie diesen Instinkt. Nehmen Sie sich Zeit für diese Freund-lichkeiten. Versuchen Sie, das Gespräch in einer persönlichen, positiven und zuversichtlichen Stimmung zu beenden. Mit demselben Abschlußgeplauder, das Sie nach einer persönlichen Verhandlung führen, sollten Sie auch eine telefonische Verhandlung beenden.

Fragen, die Sie am Telefon stellen sollten

Es gibt einige gute Fragen, mit denen Sie die am Telefon entstehende Wahrnehmungslücke überbrücken können. Die Fragen sind einfach, und wahrscheinlich haben Sie sie schon ein-mal gehört. Falls Sie sie bisher lediglich für höfliche Anfragen gehalten haben, hatten Sie nur teilweise recht.

Nehmen Sie diese Fragen in Ihre Telefonroutine auf:

✔ »Wie geht's heute?« und »Ich hoffe, ich störe Sie nicht gerade?«

Diese beiden typischen Anfragen dienen einem einzigen Zweck: Mit beiden Fragen kön-nen Sie testen, wie die Stimmung des Verhandlungspartners ist. Überfallen Sie den Ge-sprächspartner nicht mit der Verhandlung – finden Sie erst einmal heraus, ob der Ge-sprächspartner überhaupt bereit zu einem Gespräch ist. Wenn Sie Ihren Kopf in ein Büro stecken, können Sie sofort sehen, ob die betreffende Person gerade telefoniert oder ander-weitig beschäftigt ist. Machen Sie dasselbe, bevor Sie ein Gespräch am Telefon beginnen.

✔ »Haben Sie eine halbe Stunde Zeit, oder sollen wir lieber einen anderen Termin vereinba-ren?«

Diese Anfrage ist eine erweiterte Version der beiden ersten Fragen. Wenn Sie schon von vornherein wissen, daß das Gespräch lange dauern wird, überprüfen Sie zuerst den Zeit-plan Ihres Gesprächspartners. Verwickeln Sie niemanden in ein unvorhersehbar langes Gespräch. Wenn Sie einen Termin für ein Telefongespräch vereinbaren, unterstreichen Sie damit zugleich auch die Bedeutung des Gesprächs.

✔ »Haben Sie die Unterlagen vorliegen?« und »Brauchen Sie sonst noch etwas, bevor wir weitermachen können?«

Wenn Sie auf Unterlagen angewiesen sind, vergewissern Sie sich, ob Ihr Gesprächspartner die Unterlagen auch zur Hand hat. Achten Sie bei den Unterlagen auf gleiche Versionen. Gibt es dazu Fragen, dann faxen Sie ihm Ihre Version, während Sie miteinander reden. Das Faxen von Dokumenten dient nicht nur der Klarheit, sondern zeigt Ihrem Gegenüber auch, daß Sie genau wissen, wovon Sie reden.

✔ »Ich bemerke da einen Stimmungsumschwung bei Ihnen. Ist alles in Ordnung?« und »Sie klingen heute so niedergeschlagen.«

Mit diesen zwei klassischen Fragen können Sie herausfinden, ob das, was Sie vermuten, auch wahr ist. Versuchen Sie das, was Sie von der Gegenseite hören, in Worte zu fassen. Verhalten Sie sich ebenso, wenn Sie hören, daß Ihr telefonischer Gesprächspartner etwas durcheinander klingt, vielleicht gerade sein Mittagessen ißt oder sich eine Zigarette anzündet. Mit einer Anmerkung zu diesen Ablenkungen geben Sie der Gegenseite Gelegenheit, Sie zu bitten, das Verpaßte zu wiederholen – und mit Sicherheit wurde irgendetwas verpaßt. Solche Fragen bilden eine Brücke zurück zur Verhandlung. Außerdem helfen solche Bemerkungen, weitere derartige Störungen zu vermeiden. Wahrscheinlich wird sich jeder Gesprächspartner stärker auf das Gespräch konzentrieren, wenn er befürchten muß, daß Sie jede Ablenkung seinerseits bemerken.

Sind Sie erst einmal zu einem Experten in puncto Zuhören geworden, werden Sie feststellen, daß Sie tatsächlich einige der eigentlich unsichtbaren Gesichtsausdrücke Ihres Gesprächspartners hören können. Unser Freund Tom Sullivan, der als Sprecher, Komponist, Autor, Schauspieler und Nachrichtenmoderator arbeitet, ist seit der Geburt blind und hat eine außergewöhnliche Gabe. In manchen Gesprächen bemerkt er nach wenigen Worten: »Du hörst dich ein bißchen gestreßt an.« Und er hat noch nie verkehrt damit gelegen. Wenn Sie ähnliche Fähigkeiten entwickelt haben, lassen Sie es Ihren Gesprächspartner ruhig wissen. Ihr Wissen schmeichelt Ihnen und hilft Ihnen zugleich, die erhaltenen Information zu bestätigen.

Nur das Beste ist gut genug

Wenn Sie das Telefon häufig bei Verhandlungen einsetzen, sparen Sie nicht am falschen Ende. Ihr Telefon ist einfach zu wichtig. Halten Sie um Himmelswillen nicht an alten Technologien fest. Benutzen Sie die Informationen in diesem Kapitel als Ausgangspunkt für die Beschaffung einer modernen Telefonanlage. Was Sie auch immer kaufen – schauen Sie sich gründlich um, und kaufen Sie nur die jeweils neueste und beste Ausrüstung, die auf dem Markt zu haben ist.

 Halten Sie sich auf dem laufenden. Achten Sie auf die Werbung, und unterhalten Sie sich mit Ihren Kollegen über die Neuigkeiten auf diesem Gebiet. Finden Sie heraus, wie sich die neuen Technologien für Ihre Branche optimal nutzen lassen.

 Eine ausgezeichnete Quelle für derartige Informationen sind zum Beispiel die Zeitschriften der *Stiftung Warentest* oder generell die *Verbraucherzentrale*.

Wir empfehlen solche Testberichte, weil Sie Ihnen langwierige Vergleiche der verschiedenen Geräte ersparen. Ein typischer Test für Telefone könnte zum Beispiel folgende Fragen beantworten:

✔ Überlebt das Telefon einen Sturz aus größerer Höhe?

✔ Wie arbeitet es während eines heftigen Gewitters?

✔ Hat es Probleme mit statischen Aufladungen?

✔ Wie ist die Gesprächsqualität?

✔ Wird Ihre Stimme oder die Stimme des Anrufers verzerrt?

✔ Ist die Lautstärke im Hörer ausreichend?

✔ Kann man die Lautstärke regeln?

✔ Ist es leicht zu programmieren?

✔ Hat es eine Wahlwiederholung?

✔ Hat es einen Lautsprecher?

✔ Kann man ein zweites Gerät anschließen?

✔ Besitzt es eine Anrufidentifizierung?

 Bestimmt werden Sie einige der Leistungen, die Ihre Ausrüstung bietet, auch bei Reisen ins Ausland nutzen wollen. Denken Sie daran, daß in fast jedem Land ein anderer Anschluß für Telefone und andere technische Geräte verwendet werden. Bereiten Sie sich darauf vor, um Enttäuschungen und böse Überraschungen zu vermeiden.

Automatische Telefonsysteme

Heutzutage ist es häufig so, daß die erste Stimme, die Sie bei einem Anruf bei einer Firma hören, nicht die Stimme einer lebenden Person ist. Eine Bandstimme begrüßt Sie und führt Sie anschließend mit verschiedenen Optionen bis zum gewünschten Teilnehmer. Derartige automatisierte Telefonsysteme finden immer größere Verbreitung.

Der letzte Schrei auf diesem Gebiet sind sogenannte *stimmaktivierte Systeme*. Diese Systeme führen Sie mit Anweisungen wie beispielsweise »Drücken Sie die 1« oder »Sagen Sie eins« zum gewünschten Anschluß. Ihre Stimme aktiviert jeweils die nächste Aktion. Solche stimmaktivierten Systeme sind sehr praktisch, wenn Sie ein Handy benutzen; Sie müssen das Telefon dann nicht extra vom Ohr nehmen, um einen Knopf zu drücken.

Voice-Mail-Systeme und andere automatisierte Telefonsysteme sind zwar die Zukunft, können aber durch die endlosen Instruktionen auch ziemlich frustrierend sein. Aber verärgerte Kunden und ein negatives Image sind bestimmt das letzte, was Sie brauchen können. Lassen Sie sich deshalb von Ihrer Telefongesellschaft oder privaten Anbietern umfassend beraten. Ein Voice-Mail-System beziehungsweise einen Anrufbeantworter sollten Sie aber mindestens haben. Gute Systeme zeichnen sich durch folgende Punkte aus:

✔ Einfache Bedienung

✔ Kurze Anweisungen

✔ Eine hundertprozentige Garantie, daß der Anrufer bei Bedarf auch mit einem menschlichen Wesen telefonieren kann

Viele Menschen bevorzugen trotz der Tatsache, daß Nachrichten manchmal verlorengehen oder falsch wiedergegeben werden und daß Telefonnummern gelegentlich verdreht werden, immer noch eine Telefonvermittlung aus Fleisch und Blut. Sie brauchen den persönlichen Kontakt und fühlen sich unwohl, wenn sie keine lebende Seele erreichen können. Auch wenn ein automatisches System exakter arbeitet, sollten Sie auch die Gefühle dieser Anrufer in Ihre Überlegungen einbeziehen.

Das Telefon als Arbeitsgerät

Egal, ob Sie ein Telefon mieten oder kaufen – achten Sie darauf, daß das Gerät alle von Ihnen benötigten Merkmale enthält. Vergewissern Sie sich auch, daß das Gerät die Leistungen bieten kann, die Sie vielleicht erst in Zukunft haben wollen. Lesen Sie sich Ihre Bedienungsanleitung vollständig durch. Markieren Sie die Leistungen, die Sie am häufigsten benötigen werden. Programmieren Sie das Gerät so, daß Sie mit einem einfachen Tastendruck folgende Dinge tun können:

✔ Eine Konferenzschaltung aufbauen

✔ Einen Teilnehmer von der Konferenzschaltung ausschließen

✔ Wahlwiederholung der letzten Nummer

✔ Eine Nummer vorübergehend speichern

Ihr Telefon sollte auf möglichst einfachem Weg eine Konferenzschaltung herstellen können. Der Aufbau und die Abwahl der Konferenzschaltung sollte durch zwei getrennte Tasten erfolgen. Sind solche Merkmale nicht bereits enthalten, sollten Sie darauf achten, daß Ihr Telefon entsprechend leicht programmiert werden kann. Sie sollten niemals sagen müssen: »Warten Sie einen Moment, ich muß das erst mal ausprobieren.« Ein Tastendruck sollte jeweils ausreichen, eine Drei-Personen-Konferenz aufzubauen und einen Teilnehmer von der Konferenz auszuschließen.

Die Telefongesellschaften bieten ein breite Palette von Leistungen an: Anklopfen, Mailbox, Konferenzschaltung und Anrufidentifizierung. Sie werden ständig erweitert und aktualisiert.

Neuere automatische Telefonsysteme haben bereits Tastaturen wie ein Computer, ein großes Display und können Hunderte von Namen mit persönlichen Daten wie Telefonnummern, Adressen und Geburtstage speichern. Die Namen werden automatisch in alphabetischer Reihenfolge abgespeichert und können nach verschiedenen Sortierkriterien aufgerufen und angewählt werden.

Telefone mit Mikrofon und Lautsprecher

Telefone mit Mikrofon und Lautsprecher lassen die Stimme des Anrufers im gesamten Raum hörbar werden. Diese Geräte können sehr nützlich sein, aber auch für eine Menge Verwirrung sorgen. Es gibt für alles einen rechten Platz und eine rechte Zeit. Denken Sie daran!

✔ Die Nachteile treten vor allem bei langen Gesprächen auf. Folgende Nachteile sind im einzelnen zu nennen: Diese Telefone lassen einen Halleffekt entstehen; gelegentlich fällt der Ton aus und es kommt zu Unterbrechungen in der Unterhaltung. Außerdem: Wenn Sie mit einem solchen Telefon arbeiten, könnte sich der Gesprächspartner auf Distanz gehalten fühlen oder sich nicht wichtig genommen fühlen, weil Sie sich ja nicht die Mühe gemacht haben, den Hörer abzunehmen.

✔ Der Vorteil liegt in Ihrer Bewegungsfreiheit. Sie können sich frei bewegen, während Sie zum gewünschten Teilnehmer durchgestellt werden. Sie haben beide Hände frei zum Schreiben. Beabsichtigen Sie, sich Notizen zu machen, teilen Sie das dem Gesprächspartner mit. Sagen Sie auch, wer sich bei Ihnen noch im Raum aufhält. Diese Angaben zeugen von Höflichkeit und Respekt. Der Hauptvorteil eines Telefons mit Lautsprecher liegt aber darin, mehrere Personen in Ihrem Büro an der Unterhaltung teilhaben zu lassen.

Dieses Merkmal sollte Ihr Telefon unbedingt enthalten. Ein Telefon mit Lautsprecher und Mikrofon kostet eine gewisse Summe extra. Aber übertreiben Sie nicht! Wir schlagen eine starke Anlage mit verbesserter Tonqualität und der Möglichkeit zu simultanen Gesprächen (möglichst ohne diese ärgerlichen Tonstörungen, die man von anderen Geräten kennt) vor.

Alle modernen Telefone verfügen über einen Stummschalter für den Hörer beziehungsweise das Mikrofon. Lernen Sie damit umzugehen. Sie brauchen nur eine Taste zu drücken und schon können Sie sich mit den Leuten in Ihrem Büro unterhalten, ohne daß der Partner am anderen Ende der Leitung hören kann, was Sie sagen.

 Gehen Sie niemals davon aus, daß diese Stummschalter absolut fehlerlos sind. Benutzen Sie sie daher nicht, während Sie sich über sehr vertrauliche Themen unterhalten. Aber diese Stummschalter sind sehr praktisch, wenn Sie zwischendurch Anweisungen geben wollen: »Herr Müller, suchen Sie bitte die Akte, und bringen Sie sie mir.« Keine Unterbrechung stört den Fluß der Unterhaltung und Herr Müller ist mit genauen Anweisungen auf dem Weg.

Verlängerungskabel - eine Investition, die sich immer auszahlt

Ich habe ein sechs Meter langes Verlängerungskabel an meinem Headset. Dieses Kabel kostete zwar ein paar Dollar extra, aber ich komme dadurch an alle Papiere und Ordner in meinem Büro bequem heran. Ich kann mein Büro verlassen und meiner Sekretärin Unterlagen zur Änderung übergeben oder sie um Unterstützung in der Verhandlung bitten, ohne das Gespräch unterbrechen zu müssen.

Ich erinnere mich an eine wichtige Konferenzschaltung im Büro eines Mandanten. Die Telefonschnur reichte nur zur Mitte des Tisches und nicht alle Teilnehmer konnten das Mikrofon des Telefons erreichen. Als ich mich darüber beklagte, antwortete mir der Gastgeber mit einer Beschwerde über die allgemeinen Schwierigkeiten bei der Beschaffung von Büromaterial. Das zu kurze Telefonkabel wurde dabei zweimal erwähnt.

Als wir uns in der folgenden Woche wieder versammelten, hatte sich an dem Problem noch nichts geändert. Als mein Freund seine Tirade wieder begann, langte ich in meine Jackentasche, holte eine neue Schnur heraus und schloß sie an. In dieser Verhandlung ging es um ein Geschäft über eine Million Dollar. Ich hatte deshalb keine Lust, wegen ein paar Dollar große Umstände zu machen, und sagte ihm das auch, als er mir die Auslagen ersetzen wollte. Jeder im Raum hatte mich verstanden. Ob er es kapiert hat, weiß ich nicht.

Seien Sie kein Pfennigfuchser, wenn es um die Telefonausrüstung geht. Nur mit einer optimalen Ausrüstung können Sie zu optimalen Ergebnissen kommen.

Headsets

An die sogenannten *Headsets* – Geräte, die wie ein Walkman-Kopfhörer mit einem angeschlossenen Mikrofon aussehen – muß man sich erst gewöhnen, sie sind aber auch ihr Geld wert. Zuerst wird Sie vielleicht die Freiheit verrückt machen. Es ist zunächst ein komisches Gefühl, wenn man sich beim Telefonieren nicht mit in die Schulter eingeklemmtem Hörer verrenken muß, um irgendwelche Gegenstände zu erreichen. Erstaunlich, wie befreiend diese Apparate sein können!

So hilfreich Headsets für lange Telefongespräche sein mögen, so wenig scheint sich der Aufwand mit all den Kabeln bei kurzen Unterhaltungen zu lohnen. Gut, daß es jetzt auch *drahtlose Headsets* gibt. Solange Sie nicht zu weit von der Basisstation weggehen, kann man sich mit einem solchen Gerät enorm frei bewegen. Wichtig ist auch hier, daß Sie nur beste Qualität kaufen sollten. Zur Zeit der Entstehung dieses Buches sind drahtlose Headsets in puncto Klangqualität den Headsets mit Kabelanschluß noch unterlegen. Bis Sie dieses Buch in den Händen halten, wird wahrscheinlich die Technik schon wieder ein ganzes Stück weiter sein.

Autotelefone

Mit einem Autotelefon können Sie zwar in ständiger Verbindung mit Ihrem Büro bleiben oder Leuten Bescheid sagen, daß Sie zu spät kommen, für eine Verhandlung ist aber das Auto wirklich nicht der beste Platz. Sie können sich auf der Überholspur nicht gleichzeitig auf eine Verhandlung und den Verkehr konzentrieren.

Aber auch hier gilt: Sie sollten sich das beste Telefon mit Freisprechanlage zulegen, das Sie sich leisten können. Bei Autotelefonen bedeutet beste Qualität eine hervorragende Antennenanlage und vielseitige Anschlußmöglichkeiten. Ein Telefon ist immer nur so gut wie seine Antennenanlage. Ein kleiner Preisunterschied schlägt sich häufig in enormen Leistungsunterschieden nieder.

Telefone für die Westentasche

Tragbare Telefone sind mittlerweile so klein, daß sie in jede Jackentasche passen. Sie lassen sich an die Autotelefonanlage anschließen, die sie gleichzeitig mit Strom versorgt und die Akkus wieder auflädt. Ein Handy ist heute nicht mehr das offensichtliche Statussymbol für Wichtigtuer. Schon heute geht die Zahl der Handy-Benutzer in die Millionen. Moderne Handys sollten Nachrichten senden und empfangen können, die Identifizierung des Anrufers ermöglichen und Hinweise auf eingegangene Anrufe und Nachrichten anzeigen können.

Es gibt eine Menge Testberichte zu den einzelnen Geräten. Holen Sie sich von den Verbraucherzentralen die neuesten Testergebnisse und dann das beste Handy.

Mein beliebtester Sticker: »Leg' auf und fahr' zu!«

Mein erstes Autotelefon legte ich mir im Jahr 1985 zu – ein Jahr, nachdem ich mich in dieser Branche niedergelassen hatte. Viele meiner Freundinnen, die auch ein Geschäft besaßen, hatten damals ebenfalls schon ein Autotelefon. Der wichtigste Grund für die Anschaffung bestand für mich in der Möglichkeit, vor Dienstschluß Anrufe beantworten zu können, wenn ich auf dem Weg nach Hause oder zum Sport war. Nach Besprechungen oder dem Unterricht ist zwischen 15 Uhr und 16 Uhr gewöhnlich die Zeit, in der ich im Auto sitze. Wenn ich um 18 Uhr oder 19 Uhr nach Hause kam, gab es kaum etwas Befriedigenderes für mich, als die Anzeige »0« auf dem Anrufbeantworter in meinem Büro zu sehen. Das bedeutete immer, wirklich nach Hause und nicht ins Büro gekommen zu sein. Jedesmal stieß ich einen tiefen Seufzer der Erleichterung aus.

Als ich 1989 Michael traf, erzählte er mir stolz, daß er wahrscheinlich der einzige Mensch in Hollywood ohne Autotelefon wäre. Er wußte, daß ein Auto kein Platz für Verhandlungen war, weil er Verhandlungen immer seine volle Aufmerksamkeit widmet. Bald darauf jedoch fing er an, mein Telefon zu benutzen, um Absprachen mit seinem Büro oder mit seinen Töchtern zu treffen oder um zurückzurufen, wenn Anrufe schnell beantwortet werden mußten. Wenig später lieh er sich immer häufiger meinen Wagen aus. Er hatte entdeckt, daß er die tägliche Fahrt zum Gericht sehr gut für Gespräche nutzen könnte. Ich lieh ihm meinen Wagen mehrere Male. Inzwischen hatte ich mich so an meine Telefonzeiten gewöhnt, daß ich ohne mein Autotelefon regelmäßig aus irgendwelchen Telefonzellen am Straßenrand anrufen mußte – all das im größten Verkehrslärm, was einer Unterhaltung nicht gerade förderlich ist. Irgendwann reichte es mir: Als Michael das nächste Mal mein Auto haben wollte, sagte ich nein. Am nächsten Tag kaufte Michael ein Telefon für sein Auto. Jetzt besitzt er sogar ein Handy fürs Fahrrad, so daß er mich auch während langer Radtouren in meinem Wagen anrufen kann.

Wenn Sie ein Handy benutzen, unterhalten Sie sich praktisch in aller Öffentlichkeit. Verhalten Sie sich entsprechend! Beschränken Sie den Gebrauch Ihres Handys auf Hilferufe, dringende Gespräche mit Familienmitgliedern und Geschäftspartnern und auf Auskünfte, wenn Sie sich verfahren oder verlaufen haben. In aller Öffentlichkeit können Sie auch die Nachrichten von Ihrer Mailbox abhören – ohne daß Sie selbst sprechen. Gespräche über sehr vertrauliche Inhalte, die nicht am nächsten Tag als Schlagzeile in der Boulevardpresse erscheinen sollen, sollten Sie am Handy unterlassen. Schalten Sie Ihr Handy aus, wenn Sie ins Theater, in Kirchen, zu Klubtreffen oder in eine Gerichtsverhandlung gehen.

Teil VI

Der krönende Abschluß

The 5th Wave — By Rich Tennant

»Ich will dieses Zeug eigentlich gar nicht kaufen. Aber ich brauche etwas Verhandlungsmasse, wenn wir vor dem Süßigkeitenregal an der Kasse stehen.«

In diesem Teil...

Der Geschäftsabschluß – das ist der große Moment, auf den alles hinausläuft. Viele glauben, mit dem Abschluß des Geschäfts sei auch eine Verhandlung automatisch beendet. Falsch! Denken Sie daran: Sie müssen den Abschluß während der ganzen Verhandlung immer als einen gesonderten Schritt im Auge behalten. Verhandlungen können sich unter Umständen endlos hinziehen, wenn Sie diese einfache Tatsache vergessen. Der Abschluß eines Geschäfts bedeutet, daß danach der Vertrag erfüllt werden muß. Sorgen Sie dafür, daß beide Seiten – besonders natürlich die von Ihnen vertretene Seite – den Vertrag auch wirklich erfüllen können. Anderenfalls wäre der Vertrag das Papier nicht wert, auf dem er geschrieben wurde.

Vorteile für beide Seiten

In diesem Kapitel

▶ Tatsachen und Märchen über Verhandlungen,
   die für beide Seiten vorteilhaft sind

▶ Erkennen, woraus ein Gewinn besteht

▶ Kreative Lösungen suchen

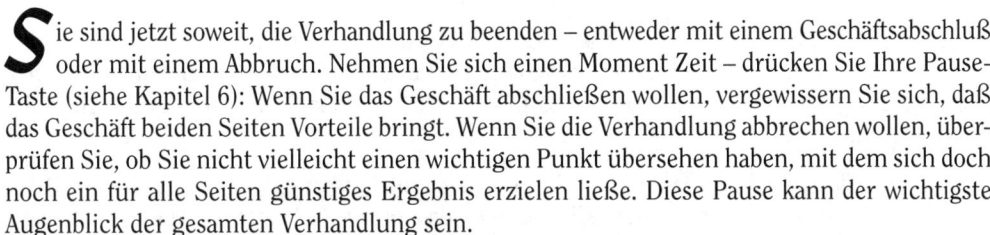

Sie sind jetzt soweit, die Verhandlung zu beenden – entweder mit einem Geschäftsabschluß oder mit einem Abbruch. Nehmen Sie sich einen Moment Zeit – drücken Sie Ihre Pause-Taste (siehe Kapitel 6): Wenn Sie das Geschäft abschließen wollen, vergewissern Sie sich, daß das Geschäft beiden Seiten Vorteile bringt. Wenn Sie die Verhandlung abbrechen wollen, über-prüfen Sie, ob Sie nicht vielleicht einen wichtigen Punkt übersehen haben, mit dem sich doch noch ein für alle Seiten günstiges Ergebnis erzielen ließe. Diese Pause kann der wichtigste Augenblick der gesamten Verhandlung sein.

Bis zu dem Punkt, an dem ein Geschäft kurz vor dem Abschluß steht, dürfen Sie sich nur um Ihre eigenen Interessen kümmern. Verfolgen Sie Ihre Ziele mit Stil, Respekt vor der Gegenseite, Intelligenz und Leidenschaft. Wenn Sie Glück haben, verhält Ihr Gegenspieler sich ebenso. Niemand kann besser sagen, was für Sie das Beste ist, als Sie selbst. Niemand weiß besser als die andere Seite, was für sie das Beste ist. Bevor Sie allerdings das Geschäft abschließen, war-ten Sie noch einen Augenblick, und überlegen Sie, ob Sie eine Lösung gefunden haben, bei der beide Seiten gewinnen.

In einer idealen Welt wären Vereinbarungen, die beiden Seiten Vorteile bringen, die einzigen Geschäfte, die jemals geschlossen werden würden. Selbst in der harten Geschäftswelt von heute enden die meisten Verhandlungen mit einem Geschäft, das beiden Seiten Vorteile bringt.

Verhandlungen mit dem Ziel, beiden Seiten Vorteile einzubringen, bedeuten nicht, daß Sie Ihre eigenen Ziele aufgeben müßten oder sich darum kümmern müßten, daß auch die andere Seite zu ihrem Ziel kommt. Sie haben schon genug damit zu tun, Ihre eigenen Interessen zu verfolgen. Die andere Seite muß sich schon selber darum kümmern, ihre Ziele zu erreichen. Damit wollen wir aber nicht sagen, daß Sie Ihre Gegenspieler rücksichtslos überfahren sollen. Gehen Sie in all Ihren Verhandlungen respektvoll und ehrlich vor. Aber sich um die andere Seite zu kümmern ist einfach nicht Ihre Aufgabe – das muß die Gegenseite schon selbst tun.

Gutes Geschäft, schlechtes Geschäft

Beide Seiten in eine Gewinnerposition zu bringen, ist schwierig – besonders, wenn Sie noch nicht einmal selbst wissen, ob Ihr eigenes Team gewinnen wird. Wir wundern uns immer wieder, daß so viele Menschen nicht zwischen einem guten und einem schlechten Geschäft unterscheiden können. In diese Situation können Sie niemals kommen, wenn Sie dieses Buch gründlich studieren. Normalerweise beklagen sich die Leute über Geschäfte, die schon ziemlich lange zurückliegen. Wenn jemand über dieses oder jenes Geschäft meckert, werden wir sofort neugierig. Normalerweise fragen wir gleich nach und versuchen, nähere Einzelheiten über das Geschäft zu erfahren. Meistens stellen wir dann fest, daß der Sprecher inzwischen vergessen hat, warum er das Geschäft überhaupt abgeschlossen hat, oder die andere Seite den Vertrag gebrochen hat.

Ein *gutes Geschäft* ist ein Geschäft, das zur Zeit des Geschäftsabschlusses unter allen Umständen fair ist. Es berücksichtigt alle Eventualitäten, so daß Probleme gar nicht erst entstehen können. Ein gutes Geschäft ist ein Geschäft, das nicht nur theoretisch, sondern auch in der Praxis funktioniert.

Was fair oder unfair ist, wird immer an subjektiven Maßstäben gemessen. Beide Parteien müssen für sich selbst entscheiden, ob eine Vereinbarung gemäß den eigenen Kriterien fair ist. Vergewissern Sie sich, daß beide Seiten in allen Punkten übereinstimmen. Sorgen Sie auch dafür, daß auch die andere Seite diesen wichtigen Punkt verstanden hat, bevor Sie das Geschäft abschließen. Sie sollten nie ein Geschäft mit jemandem abschließen, der Vorbehalte gegen verschiedene Aspekte der Vereinbarung hat. Vergewissern Sie sich, daß auch die andere Seite der Meinung ist, ein gutes Geschäft zu machen.

Ein *schlechtes Geschäft* ist unter allen Umständen unfair. Ein schlechtes Geschäft berücksichtigt nicht die deutlich vorhersehbaren Ereignisse, die nach Abschluß des Vertrages Probleme verursachen können. Möglicherweise sieht dabei ein Bestandteil des Vertrages auf dem Papier gut aus, kann aber in der Wirklichkeit nicht funktionieren – aus Gründen, die schon während der Vertragsverhandlungen zu erkennen sind.

Jede Seite sollte sorgfältig analysieren, ob ein Geschäft gut oder schlecht ist. Sie müssen für sich selbst entscheiden, ob ein Geschäft etwas taugt oder nicht. Die andere Seite muß dasselbe für sich entscheiden.

Um zu überprüfen, ob das Geschäft sowohl für Sie als auch für die andere Seite vorteilhaft ist, sollten Sie vor Vertragsabschluß eine Pause einlegen (Drücken Sie die Pause-Taste; siehe Kapitel 6). Stellen Sie sich die folgenden sechs Fragen:

✔ Fördert diese Vereinbarung Ihre langfristigen persönlichen Ziele? Paßt das Verhandlungsergebnis zu Ihrem eigenen Lebensmotto? (siehe Kapitel 1)

✔ Liegt die Vereinbarung im Rahmen der Ziele und Grenzen, die Sie sich für genau diese Verhandlung gesetzt haben?

✔ Können Sie Ihren Teil des Vertrages voll erfüllen?

✔ Haben Sie die Absicht, Ihren Verpflichtungen nachzukommen?

✔ Kann die andere Seite nach den Ihnen verfügbaren Informationen ihren Teil der Vereinbarung Ihren Erwartungen entsprechend erfüllen?

✔ Hat die andere Seite nach den Ihnen verfügbaren Informationen die Absicht, alle Vertragsbedingungen zu erfüllen?

Idealerweise sollte die Antwort auf all diese Fragen ein deutliches Ja sein. Wenn Sie auf eine dieser Fragen nicht sicher antworten können, legen Sie eine Pause ein. Analysieren Sie die Situation. Überprüfen Sie, wie Sie die Vereinbarung ändern könnten, um alle Fragen mit einem Ja beantworten zu können. Versuchen Sie Ihr Bestes, um die betreffenden Änderungen durchzusetzen.

Wenn Sie alle oben angeführten Fragen mit Ja beantworten können, schließen Sie das Geschäft ab. Versuchen Sie keine weiteren Änderungen, auch wenn Sie denken, die andere Seite hätte nichts dagegen – man kann nie wissen. Wenn die Zeit reif ist für einen Abschluß, dann schließen Sie das Geschäft ab. Riskieren Sie nicht den Verlust des Geschäfts, indem Sie einen neuen Punkt ansprechen – egal, wie harmlos Ihnen dieser Punkt in dem Moment auch erscheinen mag.

 Wenn es Ihnen unmöglich ist, den Vertrag dahingehend zu ändern, daß Sie auf alle Fragen mit Ja antworten können, treffen Sie vor dem Abschluß einige Vorsichtsmaßnahmen. Wenn Sie sich dazu entscheiden, die Sache durchzuziehen, schreiben Sie genau auf, warum Sie das Geschäft trotz Ihrer Bedenken abschließen. Gegenstand dieses Vertrages könnte zum Beispiel ein Projekt oder ein Objekt sein, das niemand außer der Person haben will, mit der Sie gerade verhandeln. Ihre einzige Alternative wäre dann, zu warten und das Geschäft später zu möglicherweise weniger günstigen Bedingungen abzuschließen. Das bleibt Ihre Entscheidung. Schreiben Sie auf, warum Sie eine bestimmte Entscheidung treffen wollen, damit Sie nicht später auch zu den Leuten gehören, die sich über ein schlechtes Geschäft und Ausbeutung beklagen.

Wenn Sie eine der letzten beiden Fragen nicht sicher beantworten können, beschaffen Sie sich weitere Informationen – entweder bei der Gegenseite oder von einer anderen Quelle. Fragen Sie Leute, die Ihren Gesprächspartner kennen. Sie werden erstaunt sein, wie gerne man Ihnen antwortet, wenn Sie um eine Meinung bitten.

 Denken Sie immer daran, daß die Menschen, mit denen Sie verhandeln, wichtiger sind als alle Papiere, die Sie vielleicht während der Verhandlung anfertigen. Lernen Sie Ihren Gegenspieler gut kennen, bevor Sie eine Verhandlung beginnen. Vor einem Gauner kann Sie kein Anwalt schützen. Anwälte können Ihnen lediglich helfen, einen Prozeß zu gewinnen. Aber Gaunereien passieren immer und überall.

 An die Überprüfung von Referenzen zur Sammlung von Informationen über den Gegenspieler denken die wenigsten. Manch einer schaut sich eine Liste mit Referenzen nur an und geht automatisch davon aus, daß alle Referenzen positiv sein müssen – sonst würde die Quelle ja schließlich nicht auf der Liste stehen. Sie kön-

nen aber eine Menge erfahren, wenn Sie die Referenzen einmal genauer ansehen – auch von Quellen, bei denen die Tendenz von vornherein klar ist. Natürlich werden Sie von Verwandten, die als Referenz angegeben werden, nur Gutes hören. Gleichzeitig können Sie an dieser Stelle aber auch viele andere Tatsachen zum Verhandlungsgegenstand erfahren. Ein Verwandter könnte zum Beispiel die Namen der Personen ausplaudern, mit denen Ihr Gegenspieler schon zusammengearbeitet hat, etwas über die Erfahrungen erzählen, die Ihr Gegenspieler auf dem Gebiet hat, oder sogar vertrauliche Informationen über die finanzielle Situation der Gegenseite preisgeben.

Übertreiben Sie's nicht mit der Konzilianz

Viele Teilnehmer unserer Seminare sind mit dem Prinzip, daß beide Seiten bei einer Verhandlung gewinnen sollten, schon vertraut. Viele entschuldigen aber mit diesem Konzept auch gerne die Tatsache, daß sie sich zu ausgiebig um die Gefühle ihres Gegenspielers gekümmert und dabei ihre eigenen Interessen und Ziele auf dem Altar der Konzilianz geopfert haben.

Weder wir noch irgendein Anwalt würden Ihnen raten, Ihre Ziele aufzugeben oder den gegnerischen Zielen unterzuordnen. Gehen Sie immer davon aus, daß es sich um zwei gleichwertige Erwachsene handelt, die da am Verhandlungstisch sitzen – es sei denn, Sie verhandeln tatsächlich gerade mit einem Kind. Im letzteren Fall sollten Sie allerdings immer bei Ihren Zielen bleiben. Wenn Sie zulassen, daß das Kind die Tagesordnung bestimmt, haben Sie die Verhandlung von vornherein verloren.

Frauen machen sich in einer Verhandlung häufig zu viele Sorgen um das Wohl der Gegenseite. Manchmal geraten dadurch ihre eigenen Ziele völlig in Vergessenheit. (Natürlich verhalten sich nicht alle Frauen so, dafür aber auch sehr viele Männer.) Eine Frau sollte in einer Verhandlung die Gegenseite sich selbst überlassen. Sie muß nicht alles nett und bequem für sie machen. Das gehört nicht zu den Aufgaben einer Verhandlungsführerin. Eine Verhandlungsführerin soll alles daransetzen, ihre Ziele durchzusetzen. Zur Durchsetzung von Zielen gehört manchmal auch, jemanden vor den Kopf stoßen zu müssen. Kennzeichen einer guten Verhandlungsführerin ist die Kraft, dieses Risiko einzugehen. Viele Mütter bringen ihren Töchtern bei, ja nicht »die kleinen Jungs zu verhauen«, weil die sie sonst nämlich nicht mögen würden. Heutzutage gehen die meisten Männer nicht mehr davon aus, mit einer Frau einen leichteren Gegner vor sich zu haben. Seien Sie also hart, meine Damen! Es ist schon lange her, daß erfolgreiche Frauen sich über das Attribut »aggressiv« geärgert hätten.

Wenn Sie zu den Leuten gehören, die glauben, ein Geschäft zu beiderseitigem Nutzen bedeute, Sie könnten sämtliche Schritte in diesem Buch vergessen, sind Sie auf dem falschen Dampfer. Bei allen Verhandlungen müssen Sie die in diesem Buch angesprochenen Techniken so gut wie möglich anwenden. Verfolgen Sie Ihren

Traum mit Leidenschaft, aber auch mit Respekt gegenüber der anderen Seite. Eine bessere Lösung gibt es nicht.

Endlich kommt die Wahrheit ans Licht

Jahrelang habe ich in meinen Seminaren und Vorträgen gepredigt, nicht an das Märchen zu glauben, Männer seien gute Verlierer, was sie von sich selbst ja immer behaupten. Männer haben den Satz erfunden: »Egal, ob du verlierst oder gewinnst, dabei sein ist alles.« Dieses Prinzip bestimmt die Olympischen Spiele und soll angeblich in der gesamten westlichen Welt ein allgemein anerkanntes Motto sein.

Glauben Sie nicht an solchen Unfug! Auch bei den Olympischen Spielen sind Verlierer nicht besonders gefragt. Gewinnen ist das einzige Ziel, das sich zu verfolgen lohnt. Mit einer Niederlage verliert ein Mann sein Gesicht. Und genau das ist es, was sie am meisten hassen.

Bei jeder Verhandlung, besonders aber bei einer Verhandlung mit einem Mann als Gegner, ist der Geschäftsabschluß die Gelegenheit, das herauszustreichen, was beide Parteien gewinnen und nicht das, was sie möglicherweise verlieren.

Mit viel Kreativität zu gerechten Lösungen

Bei vielen Verhandlungen sind die Interessen beider Parteien ziemlich leicht unter einen Hut zu bekommen. Wenn Sie ein Auto von jemandem kaufen, der sein Auto gerne verkaufen möchte, bringt die Verhandlung beiden Seiten Vorteile – wenn man sich auf einen Preis einigen kann. Bei etwas komplizierteren Verhandlungen sind die Lösungen nicht immer so einfach. Manchmal müssen Sie schon sehr viel Gehirnschmalz und Phantasie investieren.

Sehr oft ist aber eine gehörige Menge Kreativität erforderlich, um eine Situation herzustellen, in der beide Parteien sich als Gewinner fühlen können. Wir haben festgestellt, daß die besten Verhandlungsführer meistens auch Spaß an Spielen und Rätseln haben – mit anderen Worten: Sie sind Tüftler. Das bedeutet nicht, daß jeder wirklich gute Verhandlungsführer *Rubik's Cube* in weniger als einer Minute richtig zurechtdrehen kann. Es hilft aber, wenn Sie Spaß an der Herausforderung haben, eine Lösung auszutüfteln, die beiden Seiten optimale Vorteile bringt. Und diese Lösungen sind wirklich nicht immer einfach.

In unseren Seminaren fordern wir nach der Diskussion über Kreativität in einer Verhandlung die Teilnehmer immer auf , ein bestimmtes Verhandlungsproblem zu lösen. Dieses Problem haben wir einer Geschichte entnommen, die von unserer Kollegin Anne Miller aus New York stammt. Das Problem trägt die Überschrift »Die Geschichte vom neunzehnten Schwein«.

Das Rätsel: Ein reicher Australier war gestorben und hatte seinen drei Söhnen eine Schweineherde hinterlassen. Der erste Sohn sollte die Hälfte der Schweine bekommen. Der Zweitgeborene sollte ein Drittel bekommen. Der letzte Sohn schließlich sollte ein Sechstel erben. Unglücklicherweise besaß der alte Mann 19 Schweine, als er starb. Die Zahl 19 läßt sich durch keinen der Erbanteile teilen – es sei denn, man würde wenigstens ein Schwein schlachten und zerlegen.

Die drei Söhne stritten noch lange in die Nacht hinein. (*Streiten* ist die ziemlich grobe und laute Variante einer Verhandlung.) Schließlich aber fragten sie die weise Frau des Dorfes um Rat. Welchen Rat gab sie ihnen wohl?

Bevor Sie die Lösung lesen, nehmen Sie Papier und Bleistift, und versuchen Sie, selber eine Lösung zu finden. Übernehmen Sie die Rolle der weisen Frau des Dorfes. Hier ein Tip: Die Frau ist schlau genug, den drei jungen Männern für die Lösung des Problems ein Honorar zu berechnen.

Die Lösung: Die weise Frau forderte die jungen Männer auf, ihr als Lohn für die Problemlösung ein Schwein zu geben. Danach wünschte sie den Söhnen alles Gute. Die jungen Männer überlegten hin und her und einigten sich schließlich, das Schwein wegzugeben. Nach dieser Entscheidung blieben ihnen 18 Schweine. Der älteste Sohn bekam die Hälfte der Schweine (9), der zweitälteste ein Drittel (6) und der jüngste bekam ein Sechstel (3). Alle drei Söhne dachten noch ein Leben lang voller Dankbarkeit an diese weise Frau, der sie das 19. Schwein überlassen hatten.

Eine hübsche Geschichte, nicht wahr? Sie ist aber mit Vorsicht zu genießen. Die Lösung der weisen Frau konnte nur deshalb funktionieren, weil alle drei Brüder den Handel auf eine Art abgeschlossen hätten, die alle drei Seiten fair berücksichtigte – auch wenn das nur mit einer beträchtlichen Spende an die Dorfhexe möglich war. Hätte nur einer von ihnen auf einer exakten Interpretation des väterlichen Testaments bestanden, wäre die Lösung sofort als billiger mathematischer Trick entlarvt worden. Alle Beteiligten sind reingelegt worden, das ist wohl klar. Die drei Söhne konnten nur mit einem Trick dazu gebracht werden, zu glauben, sie hätten alle ihren gerechten Teil erhalten.

In diesem Fall war die Lösung offensichtlich gewünscht und wurde von allen Beteiligten gutgeheißen. Die Antwort der weisen Frau sorgte für eine faire Aufteilung unter den Brüdern, wonach sie ja auch gesucht hatten. Die genaue Aufteilung entsprechend dem Testament des Vaters hätte dazu geführt, das 19. Schwein zu schlachten. Das Geschäft funktionierte, weil alle drei Söhne mit der Notlösung einverstanden waren, das 19. Schwein wegzugeben.

Beachten Sie auch, daß die Brüder wahrscheinlich noch weitere Nächte darüber gestritten hätten, wie man die Herde gerecht unter ihnen aufteilen könnte. Vielleicht wären sie sich auch noch über die verrückte Formel, mit der der alte Vater die Aufteilung vorgenommen hatte, in die Haare geraten. Und weil sie gerade mitten im Streit wären, wären wahrscheinlich noch weitere Streitpunkte auf den Tisch gekommen. Statt dessen aber drückten sie ihre Pause-Taste und verschoben die Verhandlung, um die alte Frau um Rat zu fragen. Sie arbeitete zwar mit einem Trick, löste aber das Problem und bekam den gerechten Lohn für ihre wertvollen Dienste. Jeder Sohn bekam, was ihm zustand und noch viel mehr: Jeder hatte das gute Gefühl, den letzten Willen seines Vaters nach bestem Wissen erfüllt zu haben. Manchmal lassen sich vertrackten Situationen mit einfachen Lösungen aus der Welt schaffen, bei denen alle Seiten gewinnen.

Wenn Sie nicht in Ihrem eigenen Kulturkreis arbeiten, ist die Beurteilung der Verhandlungssituation im Hinblick auf die Vorteile für beide Seiten etwas schwieriger. Wenn Sie eine solche Verhandlung führen, müssen Sie sich vorher wirklich sehr gründlich darüber informieren, was annehmbar und was nicht annehmbar ist. In Japan wäre zum Beispiel die im vorigen Abschnitt vorgeschlagene Lösung leichter zu erreichen gewesen, weil die Menschen an Teamlösungen schon von ihrem Arbeitsplatz her gewöhnt sind. Die Sorge um das Wohl der Firma hat immer Vorrang vor den eigenen Interessen. In Japan werden Sie wahrscheinlich nie die Antwort »Das ist nicht mein Job« bekommen. Manchmal erschweren kulturelle Unterschiede eine Lösung aber auch.

Gute Einschaltquoten – zwei Gewinner

Vor einiger Zeit habe ich den Arbeitsvertrag für John und Ken ausgehandelt – zwei der bekanntesten Talkshow-Moderatoren in Los Angeles. Sie waren von der Ostküste nach Los Angeles für eine Gage abgeworben worden, die nur zehn Prozent über dem gewerkschaftlich festgelegten Tarif lag. Sie hatten den Job aber trotzdem gerne angenommen, weil sie dadurch Gelegenheit bekamen, in einem viel größeren Markt zu arbeiten. Nach zwei Jahren waren beide der Meinung, sie hätten sich lange genug bewährt, und verlangten eine erhebliche Anhebung ihrer Gage. Der Chef des Senders bestätigte zwar, daß sie von den Zuhörern gut angenommen worden sind, verwies aber auch auf die stark schwankenden Einschaltquoten. Er bestätigte, daß sie aber ein gewisses Quotenniveau erreicht hätten, und bot von sich aus an, die Gage der beiden zu verdoppeln. Was ich jedoch wollte, war viel, viel mehr.

Wir einigten uns schließlich auf ein Grundgehalt plus Bonus. Ein Zuwachs bei den Quoten bedeutete also immer auch eine Erhöhung des Bonus. Bei den hohen Einschaltquoten, die der Sender niemals erwartete, stimmte der Senderchef auch einem sehr hohen Bonus zu. Als die Quoten nach oben schnellten, und John und Ken die Konkurrenz um Längen abhängten, war der Senderchef begeistert. Kein Bedauern über den hohen Bonus für die beiden talentierten Talkshow-Gastgeber, denen er schließlich sehr viel mehr zahlen mußte, als sie ursprünglich verlangt hatten.

Mit unserer Vereinbarung ging der Sender kein Risiko ein. Wenn die Sendung nicht den erwarteten Erfolg gehabt hätte, hätte er keine hohen Gagen für eine schlechte Sendung bezahlen müssen. John und Ken waren zufrieden, weil sie sich ihre Gage wirklich verdient hatten. Hier hatten wir eine Lösung, bei dem beide Seiten Gewinner waren.

Als wir die Verhandlungen begannen, lagen wir in puncto Gage so weit auseinander, daß es aussah, als könnten wir niemals zusammenfinden. Auch als das Bonuskonzept auf den Tisch kam, trennten uns noch Welten. Die Verhandlung war ein zäher Kampf. Der Knoten löste sich schließlich, als wir eine Bonusregelung vorlegten, die mit kleinen Zuwächsen begann. Ein Zuwachs von 100 000 weiteren Hörern am Anfang der Bonusleiter hätte die Gage nicht merklich erhöht. Als aber die Zuhörerschaft stetig wuchs, ließ jedes Plus von 100 000 zusätzlichen Hörern die Kassen meiner Mandanten klingeln.

Auch der Senderchef konnte mit dem Ergebnis gut leben. Er hatte überhaupt nichts dagegen, sehr viel Geld auszugeben – wenn nur die Resultate spektakulär genug wären. Für meine Mandanten war der Vertrag Hoffnung und Ansporn zugleich. Noch heute sind alle mit dem Vertrag so zufrieden wie an dem Tag, an dem er unterschrieben wurde.

Jede Seite ist dabei auf die Wünsche und Bedürfnisse der anderen Seite eingegangen. Wir haben viel Zeit damit verbracht, der jeweils anderen Seite unsere Wünsche und Hoffnungen deutlich zu machen. Wir haben uns jedoch keine Sorgen um die Leute auf der anderen Seite des Tisches gemacht. Und auf diese Art und Weise kamen wir zu einem Resultat, bei dem beide Seiten Gewinner waren.

Am Arbeitsplatz dienen Verhandlungen, die beiden Seiten Vorteile bringen sollen, normalerweise der Lösung von Konflikten, die aus den unterschiedlichen Bedürfnissen und Werten der einander gegenüberstehenden Parteien entstehen. Management und Arbeitnehmer als zwei einander gegenüberstehende Parteien zu betrachten, erscheint auf den ersten Blick etwas seltsam, aber meistens ist dieses Verhältnis durch genau diesen Gegensatz gekennzeichnet. Stellen Sie sich folgende Situation vor: Der Chef will, daß eine Aufgabe erledigt wird – egal, wie lange das dauert. Der Angestellte will aber unter allen Umständen um 17 Uhr das Haus verlassen. Ein Konflikt entsteht, weil die Anordnungen des Chefs befolgt werden müssen.

In dieser Situation besteht der erste Schritt fast immer in der Beschaffung von weiteren Daten. Wenn die Arbeit um 8 Uhr morgens auf dem Schreibtisch irgendeines anderen Mitarbeiters liegen soll, gibt es zwei Lösungen: Der Angestellte könnte entweder später am Abend wiederkommen oder aber am nächsten Morgen um 5 Uhr am Arbeitsplatz erscheinen. Wenn diese Situation eher einer der typischen Launen des Chefs als einer echten Notlage entspringt, sollte der Angestellte eigentlich auf einen Konflikt gefaßt sein, und den Chef am Tag vorher fragen, was bis zum nächsten Morgen erledigt werden muß. Er kann dann entweder später am Abend wiederkommen oder am nächsten Morgen sehr früh erscheinen. Wenn es sich jedoch um einen echten, unvorhersehbaren Notfall handelt, sollte der Arbeitgeber dem Angestellten noch einen Kollegen zur Unterstützung an die Seite stellen.

Liebling, klapp doch bitte die Brille runter!

Die nicht heruntergeklappte Klobrille wird gerne als Beispiel für eine scheinbar triviale, in Wahrheit aber hochexplosive Situation herangezogen, die sich nur durch eine Verhandlung entschärfen läßt. Bei uns zu Hause war die heruntergeklappte oder auch nicht heruntergeklappte Klobrille, nachdem ich die Toilette benutzt hatte, ohnehin nur abends ein Thema, und der Konflikt endete bald in einer Sackgasse. Mimi und ich haben beide lange Zeit als Singles gelebt und waren plötzlich gezwungen, uns mit diesem Thema zu befassen. An einem Sonntag hatten wir Gäste zum Brunch – ein Richter und seine Frau. Wir sprachen über dieses Buch und die Toilettensituation.

Sie waren verblüfft, sahen sich fragend an und sagten: »Das ist bei uns kein Problem.« Der Richter erklärte uns dann ihren Kompromiß, von dem er sagte, er sei »mit dem Alter gekommen« – der genaue Moment war in der langen Geschichte ihrer Ehe nicht mehr zu bestimmen. »Warum setzen sich Männer nicht auch einfach hin? Ist doch ganz einfach«, sagte er. »Und genau das mache ich abends und nachts. Die Klobrille ist kein Thema für uns.«

Nach diesem wunderbaren Vorschlag ist die Klobrille auch in unseren Haus kein Thema mehr. Diese Lösung entschärfte eine Situation, in der auch wiederholte Aufforderungen nichts gefruchtet hatten. In derartigen Situationen müssen beide Parteien motiviert werden, die Grundsätze des Verhandelns zum beiderseitigen Vorteil anzuwenden. Natürlich müssen beide Parteien auch den Willen zum Verhandeln haben. Niemand kann eine Vereinbarung allein erreichen. Wenn ein Partner den anderen, der aber an einer Verhandlung nicht interessiert ist, zum hundertsten Mal aufgefordert hat, die Klobrille herunterzuklappen, werden dessen Aufforderungen leicht irgendwann als Meckerei aufgefaßt.

Hindernisse aus dem Weg räumen

In diesem Kapitel

▶ Mit Rüpeln und anderen schwierigen Typen umgehen

▶ Probleme lösen

▶ Eine Verhandlung abbrechen

Manchmal sind Sie der Meinung, Sie hätten in einer Verhandlung alles richtig gemacht, und trotzdem bekommen Sie das Geschäft nicht zum Abschluß. Die andere Seite ist nicht interessiert, reagiert verärgert, schweift laufend vom Thema ab, ist nicht ansprechbar oder stellt unvernünftige und unrealistische Forderungen. Dieses Kapitel beschäftigt sich mit den Pannen, die in einer Verhandlung auftreten können und den Geschäftsabschluß verhindern.

Selbst die beste Verhandlung kann durch eine Reihe von Pannen und unglücklichen Ereignissen aus der Bahn gebracht werden. Im Schach werden solche Züge Gambit genannt. In der Leichtathletik sind es Hürden oder Hindernisse, die übersprungen werden müssen. In einem Kriminalfilm sind es die Straßensperren, die die reibungslose Flucht der Bankräuber aufhalten. In Verhandlungen bezeichnen wir solche Mißgeschicke, um bei einem sportlichen Bild zu bleiben, als *Hürden*.

Hürden aus dem Weg räumen

Pannen passieren nun mal! Sie können sie nicht ignorieren, und Sie dürften sich eigentlich auch nicht über sie ärgern. Sie können sie aber auch nicht vermeiden. Sie gehören einfach zum Leben eines jeden Verhandlungsführers. Um genau zu sein: Sie sind Teil des *Lebens* an sich. Wenn man jedoch auf Hindernisse in einer Verhandlung vorbereitet ist, kann man sogar Spaß daran haben, sie aus dem Weg zu räumen.

Wir könnten bestimmt 50 Bücher mit der Beschreibung der verschiedenen Hürden füllen, die in einer Verhandlung auftauchen können. Und sicher werden Sie in Ihrer nächsten Verhandlung eine neue Variante entdecken – eine neue Hürde auf dem Weg zum Geschäftsabschluß, die Sie vorsichtig umgehen müssen. Aber das Geheimnis für das erfolgreiche Umgehen solcher Hürden ist einfach – behalten Sie einfach Ihr Endziel fest im Auge. Sie wollen eine Vereinbarung erreichen – lassen Sie sich deshalb nicht durch irgendwelche Hürden vom Weg abbringen.

 Am besten drücken Sie erst einmal die Pause-Taste (siehe Kapitel 6), bevor Sie das nächste Hindernis aus dem Weg räumen. Legen Sie eine mentale Pause ein. Überprüfen Sie, ob Sie alle zu einer erfolgreichen Verhandlung erforderlichen Punkte beachtet haben. Machen Sie ausgiebigen Gebrauch von Ihrer Pause-Taste. Suchen

Sie das Problem, und beheben Sie es. Danach können Sie die Verhandlung fortsetzen und das Geschäft abschließen. Bringen Sie die Verhandlung immer ein Stückchen näher an das gewünschte Ziel.

Der folgende Abschnitt bietet sowohl allgemeine Regeln als auch einige spezielle Tips, wie Sie Hindernisse aus dem Weg räumen können.

Persönlichkeitstypen, die eine Verhandlung blockieren

Manche Typen bekommen scheinbar alles, was sie wollen, und lassen auf ihrem zerstörerischen Weg eine Menge negativer Gefühle zurück. Wenn Sie mit solchen Leuten verhandeln, haben Sie immer das Gefühl, als wenn ein gezielter Haken aufs Kinn der Gegner die einzige Möglichkeit wäre, zu ihnen durchzudringen. Aber schließlich geben Sie einfach auf, ärgern sich und fühlen sich als Verlierer. Wenn Sie mit dieser Art von Menschen zu tun haben, kommt Ihnen vielleicht auch manchmal ein verhaltenes »Ich könnte ihn umbringen, diesen Armleuchter« über die Lippen.

Bevor Sie nun aber überlegen, wie Sie diese Menschen mit ihren eigenen Waffen schlagen könnten, sollten Sie eines wissen: Diese Sorte Menschen sind bei weitem nicht so gut im Verhandeln wie Sie. Allein die Tatsache, daß Sie sich mit dem Problem auseinandersetzen, anstatt Tennis zu spielen, ist der beste Beweis Ihrer Überlegenheit. Sie können sicher sein, daß keiner dieser schwierigen Typen auch nur eine Sekunde lang darüber nachdenkt, wie er auf Sie wirken könnte. Am Ende sind diese Menschen immer die großen Verlierer des Lebens. Sie schaffen es auch normalerweise nicht, in einer Verhandlung das zu erreichen, was sie mit einem anderen Benehmen hätten erreichen können.

Der bekannte Psychiater Dr. Ellis Schwied beschreibt das Problem folgendermaßen: »Wenn Sie mit schwierigen Persönlichkeiten zu tun haben, beruhigen Sie sich zunächst selber. Finden Sie zu Ihrer eigenen inneren Stärke und entspannen Sie sich darin. Versuchen Sie nicht, die scheinbare Stärke der anderen Person zu überwinden.«

Rudyard Kipling schrieb einmal in einem Gedicht: »Wenn Du die Ruhe bewahrst, wenn alle Welt um Dich herum den Kopf verliert … dann bist Du ein Mann, mein Sohn.« Der alte Rudy muß ein großartiger Verhandlungsführer gewesen sein.

Sie verfügen über alle Werkzeuge, die für die Auseinandersetzung mit schwierigen Menschen nötig sind. Leider ist es aber sehr einfach, diese Tatsache im Eifer des Gefechts zu vergessen. Lesen Sie die folgenden hilfreichen Tips.

Der Rüpel

Rüpel finden Sie in jeder Form und Größe. Sie arbeiten mit einer Reihe verschiedener Techniken: Sie machen Nimm's-hin-oder-vergiß-es-Angebote, brüllen, sticheln oder versuchen, ihren Gegenspieler lächerlich zu machen. Sie erinnern sich vielleicht noch an diese Typen aus Ihrer

Schulzeit. Ein Rüpel ist ein Mensch, der jemand anders einzuschüchtern versucht, den er als vermeintlich schwächer ansieht.

 Egal, worum es geht – Verhandlungen mit einem Rüpel sind nie angenehm. Wenn Sie auf eigene Rechnung verhandeln, wären Sie unter Umständen gut beraten, die Verhandlung abzubrechen, sobald Sie merken, daß Sie es mit einem Rüpel zu tun haben. Jemand, der schon während der Verhandlung als Rüpel auftritt, wird sich wahrscheinlich auch nach Abschluß des Geschäfts rüpelhaft benehmen. Manchmal aber ist ein Abbruch der Verhandlungen leider nicht möglich.

Was auch immer Sie tun – versuchen Sie nie, einen Rüpel durch noch größere Rüpeleien zu übertreffen. Verlassen Sie sich lieber auf die sechs Grundregeln dieses Buches:

✔ **Bereiten Sie sich vor (Teil I):** Sorgen Sie dafür, daß Sie vor Beginn der Verhandlung alles Wissenswerte über Ihren Gegenspieler wissen. Wenn Sie vorher wissen, daß Sie mit einem Rüpel verhandeln werden, verlieren alle rüpelhaften Bemerkungen und Angriffe viel von ihrer Kraft.

✔ **Legen Sie Grenzen fest (Teil II):** Denken Sie daran, Ihre Grenzen sehr deutlich zu machen. Machen Sie mit einem Rüpel niemals ein Geschäft, das Sie nicht auch mit jemand anderem gemacht hätten.

✔ **Bewahren Sie emotionalen Abstand (Teil III):** Sorgen Sie dafür, daß Ihre Pause-Taste immer erreichbar ist. Mit gleicher Münze zurückzahlen, läßt sich leicht, wenn jemand Ihnen rüpelhaft begegnet. Nehmen Sie sich aber lieber einige Minuten Zeit, um sich zu beruhigen.

✔ **Hören Sie zu (Teil IV):** Einem Rüpel zuzuhören ist Schwerstarbeit. Erstens kleiden Rüpel ihre Botschaft immer in eine Sprache, die auf die eine oder andere Art verletzend ist. Zweitens baut sich auch in Ihnen selbst schnell Feindseligkeit gegen den Rüpel auf, was mitfühlendes Zuhören praktisch unmöglich macht. Und wenn drittens der Rüpel das Ziel verfolgt, sein gewünschtes Ergebnis mit Einschüchterung anstatt mit dem Austausch von Informationen im Hinblick auf eine gemeinsame Lösung zu erreichen, werden Sie möglicherweise niemals Ihre gewünschten Informationen bekommen.

✔ **Seien Sie deutlich (Teil V):** Dieser Punkt ist sehr wichtig. Reden Sie nicht viel. Aber was Sie sagen, muß auf den Punkt kommen. Machen Sie der anderen Seite und überhaupt allen Beteiligten so emotionslos wie möglich klar, was Sie erreichen wollen. Wenn Sie damit den Rüpel vielleicht auch nicht überzeugen, drängt vielleicht ein anderer Rüpel Ihren Rüpel später zu einer für Sie günstigen Entscheidung.

✔ **Geschäftsabschluß (Teil VI):** Versuchen Sie, das Geschäft bei der ersten besten Gelegenheit abzuschließen. Wenn die Verhandlung schon kein reines Vergnügen ist, wollen Sie sie schließlich nicht noch unnötig lange hinauszögern. Wenn das Geschäft abgeschlossen ist, sollte die Sache damit auch für Sie erledigt sein. Lassen Sie sich nicht dazu hinreißen, allen zu erzählen, daß Sie es gerade mit einem Anwärter auf den Titel des *Mister Idiot* zu tun hatten.

 Wenn Sie diese Schritte befolgt haben, ein Geschäftsabschluß aber trotzdem nicht erreichbar erscheint, versuchen Sie Ihrem Gegenspieler zu sagen, daß Sie sich falsch behandelt fühlen. Das bringt unter Umständen nicht viel, aber manchmal können einige offene Worte die Situation ein bißchen entschärfen. Zurückbrüllen nützt bei einem Rüpel meist nicht viel. Aber wenn Sie ihm sagen, daß er sich mit seinem Verhalten nur selber schadet, wird er es möglicherweise ändern. Er hört sich vielleicht seltsam an, aber Rüpel werden nicht gerne für Rüpel gehalten. Ihre einfache und emotionslose Einschätzung der Lage kann viel dazu beitragen, die Situation zu ändern – besonders wenn auch andere Leute diese Feststellung mitbekommen. Verwenden Sie dabei keine Wörter, die sich nach einem Vorwurf anhören könnten, und arbeiten Sie immer mit Ich-Sätzen wie beispielsweise »Ich bin eigentlich nicht so richtig einverstanden mit der Art und Weise, wie Sie hier mit mir reden.«

Rüpel verhalten sich häufig in der geschilderten Art und Weise, weil sie ihre Machtposition gefährdet sehen. Ein Hauseigentümer mag vielleicht ein Rüpel sein, aber er wird durch strenge Gesetze zum Schutz des Mieters eingeschränkt. Dasselbe gilt auch für Menschen, denen Sie Geld schulden. Bei Gläubigern waren Belästigungen und Drohungen lange Zeit selbstverständliche Geschäftspraktiken. Zum Glück sind diese Zeiten aber vorbei. Verbraucher werden heute durch verschiedene Gesetze geschützt. Wenn Sie es mit einem Rüpel zu tun haben, erkundigen Sie sich nach Ihren Rechten. Danach sollten Sie ruhig mit ihm reden, und dabei deutlich machen, daß Sie auch anders können.

In jedem Rüpel steckt ein kleiner Schwächling, der den Gedanken nicht ertragen kann, jemand könnte seine Fassade durchschauen. Alle Rüpel dieser Welt haben kein Vertrauen in ihre eigene Stärke und müssen deshalb falsche Stärke zeigen, indem sie Leute herumschubsen. Dieser Kompensationsmechanismus funktioniert aber auf lange Sicht nicht. Er funktioniert noch nicht kurzfristig, wenn nämlich der Gegenspieler das Verhalten durchschaut und die Verhandlung einfach abbricht.

 Je mehr der Rüpel sich aufplustert, desto mehr Angst hat er. Dieses Wissen ist vielleicht nicht unbedingt eine Stütze, wenn der Rüpel gerade auf Sie einbrüllt, aber drücken Sie dann einfach Ihre Pause-Taste, überlegen Sie sich Ihren nächsten Zug, und fahren Sie dann ruhig fort. Manchmal kann es auch hilfreich sein, mit dem Gegenüber vor der nächsten Verhandlungssitzung über dessen Ängste zu reden. Normalerweise wird er zwar alle Ängste bestreiten, aber trotzdem kann sich die Situation beruhigen, weil Sie ihm deutlich gemacht haben, daß Sie Angst als etwas ganz Normales betrachten. Sobald sich Ihr Gegenüber nicht mehr verstecken muß, können Sie zum eigentlichen Gegenstand der Verhandlung kommen.

Der Schreihals

Unter einem Schreihals verstehen wir einen Menschen, der sehr viel und gerne herumbrüllt. Dieser Persönlichkeitstyp ist zwar eine Variante des Rüpels, aber wir wollen ihn hier getrennt behandeln, weil der Schreihals in drei Varianten auftritt. Auf jeden Typ müssen Sie anders reagieren:

✔ Der Schreihals ärgert sich ehrlich, ist verstört oder hat Angst. Über diesen Typ wird in diesem Abschnitt gesprochen.

✔ Der Schreihals schreit aus Gewohnheit. Dieser Mensch geht in regelmäßigen Abständen in die Luft – wie der Old Faithful-Geysir im Yellowstone-Nationalpark. Diese Menschen sind störend, aber harmlos. Wenn Sie wissen, daß Sie es mit einem solchen Menschen zu tun haben, reagieren Sie am besten gar nicht.

✔ Der Schreihals ist ein Rüpel. Wenn so ein Mensch versucht, Sie herumzuschubsen, lesen Sie den vorigen Abschnitt.

 Der schlimmste Fehler, den Sie in einer solchen Situation machen könnten, wäre, auf dieselbe Stufe schlechten Benehmens wie Ihr Gegenüber hinabzusteigen. Wenn Sie normalerweise nicht die Neigung zum Brüllen haben, fangen Sie am besten auch nicht damit an, bloß weil gerade der Mensch auf der anderen Seite des Tisches Sie anbrüllt.

Die kühle Frage »Sind Sie jetzt fertig?« funktioniert zwar in Filmen immer sehr gut, wird aber im richtigen Leben meist als einfallslose Beleidigung aufgefaßt. Besser, wenn auch schwieriger, ist eine mitfühlende Reaktion. Verständnis für jemanden aufzubringen, der Sie gerade aus voller Kehle anbrüllt, widerspricht zwar all Ihren Instinkten, ist aber wahrscheinlich die beste Möglichkeit, dem Schreihals den Wind aus den Segeln zu nehmen. Versuchen Sie beim nächsten Mal, wenn jemand Sie anschreit, so zu reagieren:

✔ »Ich kann hören, daß Sie sich über irgendwas ärgern.«

✔ »Lassen Sie mich mal sehen, ob ich Sie da richtig verstanden habe ...«

✔ »Erzählen Sie mir mehr davon.«

All diese Sätze haben eine überraschend beruhigende Wirkung. Mit einer solchen Reaktion geben Sie dem Schreihals nicht nach, zeigen aber Mitgefühl und sagen damit Ihrem Gegenspieler, daß Sie gerne verstehen möchten, was er zu sagen hat. Machen Sie dem Schreihals klar, daß Sie sich über seinen hysterischen Ausbruch nicht ärgern, und behandeln Sie sein Verhalten unabhängig vom eigentlichen Verhandlungsgegenstand.

 Der emotionale Ausbruch und dessen Inhalt sind zwei unterschiedliche Dinge. Wenn Sie in der Lage sind, diesen Unterschied zu sehen, kann auch Ihr Gegenüber möglicherweise diesen Unterschied erkennen. Wenn der Ausbruch mehr als nur eine Pose ist, wenn dieser Mensch sich also wirklich über etwas ärgert, sollten Sie eine Pause einlegen. Keine Angelegenheit ist so dringend, daß Sie nicht eine Atempause einlegen und zu einem späteren Zeitpunkt auf das Thema zurückkommen könnten. Selbst eine kurze Pause kann schon helfen, die Atmosphäre nach einem Ausbruch zu reinigen.

Wenn Sie aber merken, daß der Ausbruch mit den eben beschriebenen Mitteln nicht bewältigt werden kann, sollten Sie eventuell über einen Austausch einer oder beider Verhandlungsparteien nachdenken. Ein anderes Mitglied des Verhandlungsteams ist vielleicht noch frischer und kann deshalb vielleicht besser mit einem derartig kämpferischen Verhandlungsgegner fertig werden.

Ist ausgerechnet Ihr Chef einer dieser Schreihalstypen, können Sie unter Umständen erheblichen Schaden an Geist und Gesundheit nehmen – insbesondere, wenn sein Schreien in persönliche Beleidigungen oder Schuldzuweisungen ausartet. Die Wut eines solchen Menschen beschränkt sich meistens nicht auf sein Büro, und wenn Sie nicht gerade ausgebildeter Psychologe sind, sollten Sie auch nicht versuchen, dessen Problem zu behandeln. Sie können aber versuchen, sein Verhalten Ihnen gegenüber zu ändern. Wenn er anfängt zu schreien, versuchen Sie es mit einem Ich-Satz wie beispielsweise »Ich empfinde es als grobe Herabsetzung, wenn man mich in dieser Form anbrüllt. Könnten Sie bitte leiser reden?«. Wenn Ihr Chef danach immer noch nicht leiser wird, sagen Sie ihm, daß Sie sich sein Gebrüll nicht länger anhören könnten, und in ein paar Minuten wiederkämen. Verlassen Sie danach den Raum. Der Schreihals hat sich dann entweder nach ein paar Minuten beruhigt, oder Sie sollten langsam daran denken, Ihren Lebenslauf auf den letzten Stand zu bringen.

Wir haben von vielen Erfolgen mit dieser Methode gehört, allerdings auch von der einen oder anderen Jobsuche, die auf einen solchen Zusammenstoß folgte. Aber auch das ist ein persönlicher Erfolg – Sie haben Ihre Grenzen deutlich gemacht, Ihr Chef hat sie überschritten, also ...

Der Star oder der Boss

Wir alle kennen Menschen, die uns eine gehörige Portion Ehrfurcht abringen. Diese Tatsache ist vielleicht in den Vereinigten Staaten besonders auffällig, weil wir hier unsere Helden ganz besonders verehren. Eine Verhandlung mit einem Menschen, in dessen Gegenwart man sprachlos vor Ehrfurcht ist, ist in der Regel sehr schwierig. Man kann einfach nicht gescheit verhandeln, wenn man den Mund nicht einmal aufbekommt.

Wie können Sie eine solche Situation bewältigen, wenn Sie unbedingt ein Geschäft abschließen müssen? Stellen Sie sich vor, Sie sollten mit irgendeiner Berühmtheit verhandeln. Manchmal ist es vielleicht auch schon ein Gespräch mit dem Chef Ihres Chef, das zu einer solchen Befangenheit führt. Was also können Sie da machen?

Bereiten Sie sich vor. Vergewissern Sie sich, daß Sie genau wissen, was Sie wollen, warum Sie es wollen und mit welchem Recht Sie es wollen. Finden Sie auch heraus, welcher Mensch sich hinter dem Bild verbirgt, das Sie sich von ihm machen. Finden Sie heraus, ob der Mensch allein lebt oder verheiratet ist. Hat er Kinder? Welche Hobbies hat er? Am besten arbeiten Sie das ganze Kapitel 2 noch einmal durch und beginnen mit der Sammlung von Informationen.

Zu diesem Thema können wir den Film *Der Zauberer von Oz* empfehlen. Die arme Dorothy muß sich in diesem Streifen ziemlich anstrengen, um den Zauberer zu treffen. Die Wichtigkeit dieses Gesprächs nimmt in ihrer Vorstellung immer größere Proportionen an. Sie fürchtet sich vor dieser fernen, mächtigen Präsenz, bis ihr kleiner Hund Toto den Vorhang wegreißt und den wirklichen Menschen enthüllt. Und genau ab diesem Zeitpunkt kommt Dorothy auch mit ihrer Arbeit voran.

Falls Sie einmal mit jemandem verhandeln sollen, bei dem Sie vor Ehrfurcht stumm bleiben, machen Sie genau das, was Toto gemacht hat – ziehen Sie den Vorhang weg. Suchen Sie nach dem wirklichen Menschen hinter der Vorstellung, die Sie von der Person haben. Wenn Sie mit dem Menschen und nicht mit einem Denkmal reden, werden Sie auch Fortschritte erzielen. Anderenfalls werden Sie keinen Erfolg haben.

Von Affen und Maulaffen

Meine eigenen Erfahrungen mit Sprachlosigkeit in der Gegenwart einer Heldin habe ich an dem Abend gemacht, als ich Jane Goodall kennenlernte. Mimi und ich trafen diese Frau, die ihr Leben dem Studium der Berggorillas im westafrikanischen Ruanda verschrieben hatte, auf dem Ball des Gouverneurs nach der Oscar-Preisverleihung. Jane Goodall hatte an dieser Verleihung teilgenommen, weil ein Dokumentarfilm über ihre Arbeit für einen Oscar nominiert worden war. Der Ballsaal war voll von den berühmtesten Persönlichkeiten Hollywoods.

Dort sah ich sie also stehen im sanften Scheinwerferlicht, das ihr Gesicht wie mit Puder überzog. Jane Goodall. Ich habe seit frühester Jugend den National Geographic gelesen und mir immer vorgestellt, einmal ein berühmter Forscher zu werden. Ich stellte mich vor. Und alles, was ich danach gerade noch schaffte, war, die Tatsachen hervorzustammeln, die ich Ihnen gerade erzählt habe. Danach wurden meine Knie zu Butter. Glücklicherweise gab es nichts zu verhandeln. Wenn ich allerdings mit ihr etwas hätte verhandeln müssen, hätte ich sicherlich die sanfte und bescheidene Frau in meinem Idol gefunden, die vielleicht auch einiges von dem bewundert hätte, mit dem ich mich beschäftigte. Falls Sie sich nicht sicher sind, ob Sie eine Verhandlung mit einem Star oder Promi schaffen können, denken Sie an folgendes: Sprachlos vor lauter Ehrfurcht kann jeder werden, der mit der verehrten Persönlichkeit noch nie direkten Kontakt hatte. Wenn Sie einmal mit einem Star verhandeln müssen, denken Sie nur daran, sich gut vorzubereiten und Ihr Ziel fest im Visier zu haben.

Wenn der Gegenspieler Vorurteile hat

Obwohl unsere Gesellschaft sich dem 21. Jahrhundert nähert, denken manche Verhandlungsführer ab und zu, sie hätten ein Geschäft nur wegen der Tatsache verloren, einer bestimmten gesellschaftlichen Gruppe anzugehören. Das ist weder fair noch gerecht, aber trotzdem passiert es. Der Umgang mit diesem Phänomen ist besonders schwierig, weil diese versteckte Art der Diskriminierung nie laut ausgesprochen wird.

 Wenn Sie handfeste Beweise haben, daß Ihr Gegenspieler Vorurteile gegen Sie hat, ist es am besten, ihn direkt darauf anzusprechen – sachlich, ruhig und mit Stolz. Eine vorbereitete, ohne Vorwurf oder Emotion vorgebrachte Frage kann sehr hilfreich sein. Beispiel: »Würden Sie diesen Vertrag auch mit einer Frau abschließen?« oder »Würden Sie dieses Geschäft auch mit einem Schwarzen machen?«

Sie werden nach dieser Frage wahrscheinlich mit eine Welle von Beteuerungen überschüttet. Schließlich leben wir in den 90er Jahren. Entscheidungen auf irgend etwas anderem als persönlichen Leistungen zu stützen, ist nicht politisch korrekt. Und politische Korrektheit ist heutzutage sehr wichtig – besonders in der Geschäftswelt.

Sie müssen die leidenschaftlichen Beteuerungen schon in Ihrem eigenen Interesse akzeptieren – ob die Gefühle nun ehrlich sind oder nicht. Die bloße Tatsache, daß diese Beteuerung ausgesprochen wurde, nutzt Ihrer Position, auch wenn sich dadurch das Verhalten des Gegenspielers im allgemeinen nicht ändern wird. Aber auch nachdem Sie die Beteuerung angenommen haben, lassen Sie die Angelegenheit nicht gleich fallen. Stellen Sie die folgende Anschlußfrage: »Welches sind Ihre genauen Kriterien für eine Entscheidung über dieses Geschäft?«

Wenn die Antwort »Der Preis!« lautet, haken Sie gleich nach: »Und welchen Preis muß ich unterbieten?«

Wenn man Ihnen die Preisvorstellungen nennt, fragen Sie sofort, ob der Gegenspieler mit Ihrem Preis *hausieren* gehen will. *Hausieren* bedeutet in diesem Fall, daß der Gegenspieler mit Ihrem Preis bei seinen guten alten Freunden die Runde macht. Normalerweise bekommt dann auch einer aus dieser Clique den Vertrag, indem er einfach auch Ihren Preis bietet, beziehungsweise ihn noch leicht unterbietet. Diese wichtigen Informationen müssen Sie in jedem Fall herausfinden. Gerade in einer Situation, in der Sie Vorurteile auf der anderen Seite vermuten, sind diese Daten besonders wichtig. Je früher Sie die genauen Informationen bekommen, auf deren Grundlage eine Entscheidung gefällt wird, und je gründlicher Sie bei der Datensammlung vorgehen, desto weniger Möglichkeiten hat die andere Seite, später andere Daten willkürlich nachzuschieben.

 Sie müssen aufpassen, nicht vorschnell Voreingenommenheit als Grund für eine bestimmte Entscheidung anzunehmen. Im Berufsleben geschieht es nicht eben selten, daß Mitarbeiter zu dem Schluß kommen, daß ihr Chef auf ihnen nur wegen ihrer Rasse, ihres Glaubens oder Ihrer Religion herumhackt. Tatsächlich ist es aber so, daß die meisten Ekel in der Arbeitswelt sich um diese Tatsache überhaupt nicht kümmern. Sie schlagen zu, wo sie können – Rasse, Hautfarbe, Religion, Geschlecht, Nationalität oder sexuelle Orientierung sind ihnen dabei herzlich egal.

Und was für ein Typ sind Sie?

Es ist schwer zuzugeben und schwer zu glauben, aber haben Sie schon einmal überlegt, ob nicht vielleicht Sie selbst der schwierige Mensch sind? Welch schrecklicher Gedanke! Niemand mag sich gerne damit auseinandersetzen, aber vielleicht brüllt Ihr Gegenüber ja deshalb so häufig, weil Sie einen Verhandlungsstil haben, der für andere besonders frustrierend ist. Falls Ihre Verhandlungen immer unnötig kontrovers sind, überlegen Sie einmal, was *Sie* tun könnten, um dieses Muster zu ändern.

Schwierigkeiten treten immer auf, wenn man aus einer festen Position heraus verhandelt. Wenn Sie sich auf eine bestimmte Position zurückgezogen haben, waren Sie nicht gut vorbereitet. Sie verfügen dann wahrscheinlich nicht über die Informationen, mit deren Hilfe Sie auch andere Bereiche für eine Vereinbarung erschließen könnten. Sie haben Ihre eigenen Ziele und Grenzen nicht genug bestimmt und können deshalb auch keinen Verhandlungsspielraum definieren. Hätten Sie Ihre Hausaufgaben gemacht, wären Sie flexibel genug, ein Übereinkommen zu erzielen. Halten Sie in Ihrer nächsten Verhandlung Ihre Pause-Taste (siehe Kapitel 6) bereit, und hören Sie doppelt so aufmerksam wie gewöhnlich zu. Diese beiden einfachen Maßnahmen geben Ihnen Gelegenheit, sich selbst zu beobachten. Wenn Sie wirklich ein erstklassiger Verhandlungsführer werden wollen, müssen Sie sich auch selber kritisch unter die Lupe nehmen.

Um es mal direkt anzusprechen: Wenn zwei Leute sich in zwei Ihrer letzten drei Verhandlungen über Sie aufgeregt haben, liegt der Fehler mit größter Wahrscheinlichkeit bei Ihnen. Auch wenn Sie noch so viele Beweise heranziehen, daß diese Situation nicht durch Ihre Schuld entstanden sein konnte – die Wahrscheinlichkeit spricht dagegen. Ihre Version der Tatsachen ist nicht wichtig. Wichtig ist allein die Tatsache, daß die andere Seite sich häufig über Sie ärgern muß. Versuchen Sie herauszufinden, welche Aspekte Ihrer Gesprächsführung Verhandlungen mit Ihnen so frustrierend und ärgerlich machen. Fragen Sie jemanden, der Sie bedingungslos liebt. Verteidigen Sie sich nicht. Setzen Sie sich nur hin, und hören Sie sich die ganze grausame Wahrheit an. Und versuchen Sie dann, bis zur nächsten Verhandlung Ihre Fehler abzustellen.

Wenn Taktiken zur Folter werden

Die Hürden in einer Verhandlung sind meistens irgendwelche Äußerungen oder Handlungen des Gegenspielers. Wenn Sie einen Fehler machen, läßt sich das leicht aus der Welt schaffen. Die Frustrationen – die Hürden – entstehen immer aus etwas, das die *andere* Seite tut. Die eigenen Schnitzer auszubessern ist relativ einfach. Die Fehler der Gegenseite herauszufinden und sie zu überwinden – dafür braucht man schon ein besonderes Talent. In diesem Abschnitt finden Sie eine Beschreibung der Momente in einer Verhandlung, die den jeweiligen Gegenspieler verrückt machen können.

Dauernde Positionswechsel

Zu jeder Verhandlung gehören Konzessionen. Jede Seite macht Konzessionen auf Grund der Informationen, die sie mit der anderen Seite über Sachfragen und Prioritäten ausgetauscht hat. Abgesehen von unvorhersehbaren Umständen, sollten die Prioritäten während der ganzen Verhandlung gleich bleiben. Bleiben Sie hinsichtlich der für Sie wichtigen Fragen und der Ziele, die Sie sich gesetzt haben, in der ganzen Verhandlung bei einer einzigen Position.

Falls die andere Seite ihre Position im Hinblick darauf, was wichtig und was nicht wichtig ist, ändert, unterbrechen Sie die Sitzung, bis Sie den Grund dafür herausgefunden haben. Sie dürfen diese Tatsache nicht einfach übergehen. Es könnte sich zum Beispiel eine der folgenden Situationen ergeben haben:

✔ Vielleicht haben sich die Gesamtumstände bei der anderen Partei deutlich geändert. Behalten Sie diese Tatsache im Gedächtnis. Sprechen Sie danach noch einmal die Punkte an, von denen Sie glauben, mit der anderen Seite schon eine Übereinkunft erzielt zu haben. Möglicherweise verlangt ja die neue Situation auch eine neue Lösung.

✔ Vielleicht will die andere Seite Sie reinlegen.

✔ Vielleicht ist die andere Seite auch nicht so vorbereitet, wie sie es sein sollte. Sollte das der Fall sein, legen Sie eine Pause ein. Die Verhandlung wird für beide Seiten besser verlaufen, wenn beide Seiten gleich gut vorbereitet sind. Sagen Sie einfach: »Vielleicht sollten wir uns auf morgen vertagen. Sie können dann noch die Punkte klären, die sich vielleicht in letzter Minute ergeben haben. Keine Eile! Wir wollen einen gut vorbereiteten Verhandlungspartner.«

Schriftliche Memos sind in einer solchen Situation immer gute Hilfsmittel. Aber Vorsicht! Wenn dauernde Positionswechsel zum Verhandlungsstil Ihres Gegenspielers gehören, müssen Sie auch damit rechnen, daß solch ein Mensch Ihre Memos verliert, verlegt, ignoriert oder einfach keine Zeit zum Lesen findet.

Wenn Sie den Verdacht haben, Ihr Gegenspieler könnte Ihre schriftlichen Aufzeichnungen absichtlich verlieren oder verlegen, denken Sie daran, Ihr Memo klar und deutlich zu verfassen: »Falls Sie mit einem oder allen Punkten dieses Memos nicht einverstanden sind, geben Sie mir bitte bis spätestens ... Bescheid.« Geben Sie ihm ein bestimmtes Datum vor. Damit ist Ihnen mehr gedient als mit den Formulierungen »sobald als möglich« oder »umgehend«, die für jeden mit unterschiedlichen Vorstellungen verbunden sind. Noch hilfreicher ist, Ihre Memos an all diejenigen zu verteilen, die Ihr Gegenspieler gerne beeindrucken möchte. Auf diese Weise geben Sie zugleich den Vorgesetzten und Kollegen Ihres Gegenübers Gelegenheit, den Fortschritt der Verhandlung zu überwachen.

Guter Cop, böser Cop

Eine weniger offensichtliche, aber ebenso gefährliche Hürde auf dem Weg zum Geschäftsabschluß ist die *Guter-Cop-Böser-Cop-Masche*. Dieser Trick ist eine Variante der kriminalpolizeilichen Verhörtechnik, bei der ein Polizist den Verdächtigen hart ins Verhör nimmt, während ein zweiter den sanften Polizisten mimt, der gelegentlich wie der erlösende Engel erscheint. Der sanfte Polizist – der gute Cop – gibt vor, der beste Freund des Verdächtigen zu sein. Die Theorie geht davon aus, daß der Verdächtige dem guten Cop schließlich ein Geständnis ablegen wird.

Verlieben Sie sich um Himmelswillen nicht in den guten Cop. Der gute Cop ist derjenige, der Sie am Ende hereinlegen wird. Falls Sie das bezweifeln, denken Sie nur daran, daß der gute Cop der wissende Partner des bösen Cops ist. Einer kann nicht ohne den anderen. In diesem Spiel kann nicht jeder ahnungslos seinen eigenen Weg gehen. Alles, was die beiden tun, geschieht geplant und mit voller Absicht. Der gute Cop ist meistens der angenehmere Mensch, aber natürlich stecken beide in einer Verhandlung unter einer Decke.

Der Glaube an den guten Menschen

Die *Große Verhandlungsführerin* – wie Michael mich manchmal nennt – fiel immer auf den sogenannten guten Menschen herein, bis Michael mich über diesen Verhandlungstrick aufklärte.

Der Vorfall, der Michaels Aufmerksamkeit erregte, ereignete sich vor einigen Jahren. Ein Auftraggeber verweigerte mir normale Nebeneinnahmen bei einem Geschäft, das ansonsten ganz in Ordnung war. Eine derartige Weigerung war neu für mich. Ich rief deshalb diesen Auftraggeber an und beschwerte mich. Er stimmte von ganzem Herzen zu: »Natürlich, eine professionelle Rednerin, die ihre Dienste einer guten Sache widmet, sollte unbedingt das Recht zum Verkauf von Video- und Audiokassetten bekommen – und eine Sekretärin gratis dazu. Das ist doch Standard. Was anderes habe ich noch nicht gehört.« Er schloß mit einer Frage, die mir immer noch in den Ohren klingt: »Wer hat gesagt, Sie müßten dafür bezahlen? Ich werde das sofort in Ordnung bringen und melde mich wieder.«

Ich war beruhigt und vergaß die ganze Angelegenheit schnell wieder. Nach einigen Wochen rief ich noch einmal an, um mich zu vergewissern, ob nun alles in Ordnung wäre. Er informierte mich darüber, daß unglücklicherweise alle Ausstellungsflächen vergeben wären. Es stünden einfach keine Ausstellungstische mehr zur Verfügung. Schade! Vielleicht im nächsten Jahr. »Wir hätten uns früher darüber unterhalten sollen«, sagte er, wobei ihm der Schleim nur so von den Lippen troff.

Mist, verdammter!

Ich hätte diesen Menschen nie als den Erlöser behandeln, sondern ihm bestimmt und deutlich wie jedem anderen Menschen begegnen sollen. Ich hätte ihm einen klaren Termin nennen sollen und ihm deutlich machen müssen, daß ich ohne dieses Entgegenkommen nicht sprechen würde.

Wie kann man dieses Problem lösen? Geben Sie den Ball einfach wieder zurück, schlagen Sie sie mit ihren eigenen Waffen! Machen Sie weiter wie bisher und vertrauen Sie sich dem guten Cop an. Gestehen Sie ihm, daß der böse Cop die Verhandlung um ein Haar zum Platzen gebracht hätte. Vertrauen Sie ihm Ihre Alternativen an. Aber seien Sie immer auf der Hut. Setzen Sie der Gegenseite Termine. Seien Sie deutlich, und konzentrieren Sie sich auf Ihr Ziel. Ihr Gespräch mit dem guten Cop ist nichts weiter als eine Fortsetzung des Gesprächs mit dem bösen Cop. Das dürfen Sie auch nicht eine Sekunde lang vergessen!

Der unsichtbare Partner

Eines der größten Ärgernisse, das Sie während einer Verhandlung erleben können, ist die (gewöhnlich viel zu späte) Entdeckung, daß die andere Seite keine Entscheidung ohne vorige Rücksprache mit einem unsichtbaren oder gerade nicht erreichbaren Partner oder Chef treffen kann. Der Kampf gegen dieses Hindernis kann wie Schattenboxen sein.

Falls Sie schon einmal in diese Falle gestolpert sind, haben Sie vorher wahrscheinlich nicht genug Informationen über die Gegenseite gesammelt. Sie hätten schon sehr früh im Lauf der Verhandlung feststellen müssen, wer auf der Gegenseite Entscheidungskompetenz hat. Die Probleme mit unsichtbaren Partnern lassen sich mit einer guten Vorbereitung weitgehend vermeiden.

Der Unsichtbarer-Partner-Trick ähnelt in gewisser Weise der Guter-Cop-Böser-Cop-Taktik, ist aber bedeutend frustrierender. Ein namenloser, unsichtbarer böser Cop ist irgendwo versteckt und durchkreuzt laufend die in der Diskussion gemachten Fortschritte. Diese Situation entsteht häufig bei kleineren Transaktionen oder Immobiliengeschäften. Aber auch bei größeren Unternehmen kann man davor nicht unbedingt sicher sein. Banken verwenden als unsichtbaren Partner häufig den sogenannten Kreditausschuß.

Wenn Sie merken, daß die Entschuldigung mit dem unsichtbaren Partner kurz bevorsteht, nutzen Sie die Gelegenheit, und bitten Sie Ihren Gegenspieler, seinen Partner einmal vorzustellen. Keine Verhandlungen mit ihm, um Himmelswillen, nein, auf keinen Fall! Sie wollen sich einfach nur vorstellen und sozusagen einen Höflichkeitsbesuch machen.

Halten Sie Ihr Wort! Versuchen Sie bei diesem ersten Treffen nicht, mit dem unsichtbaren Partner zu verhandeln, wenn Sie vorher zugesichert haben, nicht über geschäftlichen Dinge reden zu wollen. Sobald Sie diesen Höflichkeitskontakt hinter sich haben, haben Sie allerdings jederzeit die Möglichkeit, mit dem dann nicht mehr unsichtbaren Partner in Kontakt zu treten, um gegebenenfalls eine Sackgasse zu öffnen oder einen Knoten zu zerschlagen. Meistens arbeiten diese Menschen im Hintergrund, weil sie echte Softies sind und nicht einmal zu sich selbst Nein sagen könnten. Nutzen Sie diese Schwäche zu Ihrem eigenen Vorteil!

Es gibt eine nützliche verfahrenstechnische Frage, die nichts mit dem Verhandlungs-gegenstand zu tun hat, die Sie aber dem unsichtbaren Partner auch schon bei Ihrem ersten Treffen stellen können. Drücken Sie bei diesem ersten Treffen Ihre Dankbarkeit darüber aus, daß er Ihnen Gelegenheit gegeben hat, ihn einmal kennenzulernen. Sagen Sie ihm, daß Sie entzückt sind, mit dem von ihm bestimmten Verhandlungsführer verhandeln zu dürfen. Nach dem üblichen Smalltalk fragen Sie den Großen Unsichtbaren, ob seine Seite genug Zeit zur Besprechung der Verhandlungsparameter gehabt hätte. Können Sie mit dem ausgewählten Unterhändler ein Geschäft abschließen? Muß der Große Unsichtbare erst einmal allein mit dem von ihm bestimmten Verhandlungsführer reden, um neue Limits festzulegen, bevor Sie Ihre Verhandlung mit ihm fortsetzen können?

In dieser Zeit bringen Sie die eigentliche Verhandlung zwar kein Stück weiter, aber je mehr Sie unternehmen, um diese frustrierende Technik mit der unsichtbaren Autorität zu unter-binden, die Ihre Bemühungen bei jeder Gelegenheit durchkreuzt, desto besser stehen Sie da, und desto reibungsloser läuft die Verhandlung.

Falls es Ihnen nicht gelingt, den Großen Unsichtbaren zu treffen, drängen Sie darauf, daß der unsichtbare Partner in der nächsten Verhandlungssitzung irgendwo in der Nähe unterge-bracht wird oder telefonisch jederzeit erreichbar ist. Wenn dann die nächste Frage auftaucht, die mit ihm besprochen werden muß, kann die andere Seite seine Abwesenheit nicht länger als Entschuldigung dafür verwenden, die Verhandlung hinauszuzögern. Wenn Sie sich in der Entscheidungsphase einer Verhandlung befinden, müssen Sie alle Verzögerungen unbedingt verhindern.

Wer einmal lügt, ...

Lassen Sie Ihren Worten immer die entsprechenden Taten folgen. Damit meinen wir, daß Ihre Worte und Taten übereinstimmen müssen. Nichts, aber auch gar nichts, kann die Kommuni-kation nachhaltiger stören als *Inkonsequenz*. Hier einige Beispiele für inkonsequentes Verhal-ten, das Sie möglicherweise schon einmal erlebt haben:

✔ Ein Verhandlungspartner droht, die Verhandlung abzubrechen. Aber dennoch geht die Verhandlung weiter. Dieses Verhalten verwirrt alle Beteiligten.

   Diese Inkonsequenz wird alle folgenden Aussagen des Teilnehmers in Frage stellen, der mit Verhandlungsabbruch gedroht hat.

✔ Ein Thema wird während der ersten Verhandlungssitzungen gar nicht erwähnt. Irgend-wann aber wird es plötzlich zum wichtigsten Punkt überhaupt hochgepowert.

   Dieser Art von Inkonsequenz werden Sie wahrscheinlich sehr oft begegnen. Manchmal hat nämlich der Verhandlungsgegner einfach Angst oder keine Zeit, ein bestimmtes Thema anzusprechen. Wenn er den Punkt schließlich doch noch aufs Tapet bringt, und das Thema wird wenig begeistert auf die Tagesordnung gesetzt, ärgert er sich und wird zum Tier. Es ist immer besser, alle Fragen so früh wie möglich auf den Tisch zu bringen.

 Widersprüchliches und inkonsequentes Verhalten läßt sich oft bei einer bestimmten Sorte von Vorgesetzten beobachten. Stellen Sie sich folgende Situation vor: Ein Vorgesetzter vergibt eine Aufgabe, die sofort und mit höchster Priorität erledigt werden muß. Der Job wird erledigt und liegt zur gewünschten Zeit auf dem Schreibtisch des Chefs – wo er dann auch für die nächsten zwei Wochen unberührt liegenbleibt. Der Chef hätte dem Mitarbeiter, der das Wunder geschafft hat, die Arbeit in der vorgegebenen Zeit zu erledigen, eigentlich sofort danken müssen. So aber ist der Kollege frustriert, und wird sich beim nächsten Mal, wenn ein ähnliches Wunder verlangt wird, wahrscheinlich nicht durch besondere Schnelligkeit hervortun. Schließlich war beim letzten Mal, als der Chef soviel Aufhebens um den eiligen Auftrag gemacht hat, das Projekt nicht wichtig genug, dem Mitarbeiter zu danken, der die Arbeit in so halsbrecherischer Geschwindigkeit erledigt hat. Vorgesetzte sollten derartige Situationen am Arbeitsplatz als Verhandlungen betrachten, die sie ja eigentlich auch sind. Diesen Fehler, der bei einem Untergebenen wahrscheinlich ohne Folgen bleibt, hätte er mit einem Gegenspieler in einer wichtigen Verhandlung wahrscheinlich teuer bezahlen müssen.

Kinder lernen dieses Konzept schon sehr früh im Leben, wenn die Eltern ihnen beibringen, »nicht zu schreien, wenn gar nichts los ist.« Vielleicht kennen Sie ja auch das Märchen von dem Jungen, der immer schrie, daß ein Wolf im Dorf herumschleiche. Der Knabe hatte viel Spaß dabei, weil er sich immer der Aufmerksamkeit des gesamten Dorfes sicher sein konnte. Als tatsächlich mal ein Wolf ins Dorf kam, und der Junge die Leute warnen wollte, hörte ihm keiner zu, weil er schon zu oft falschen Alarm gegeben hatte. Wir können nur vermuten, was aus solchen Menschen wird, wenn sie erst in leitenden Positionen sind. Es gibt aber viele Sekretärinnen, die sich nichts sehnlicher wünschen, als daß jemand ihren Chefs mal wieder dieses Märchen vorlesen würde.

»Teilen wir die Differenz, und die Sache ist erledigt!«

Einer der verführerischten Verhandlungtricks ist der Vorschlag, die Differenz zwischen den Verhandlungsgegnern aufzuteilen. Aber Vorsicht! Wenn Ihnen jemand diesen Vorschlag macht, rechnen Sie das Ergebnis sehr genau nach. Manche Leute beginnen eine Verhandlung mit unrealistisch hohen Zahlen, um den Gegenspieler im Verlauf der Verhandlung mit den dann folgenden Abschlägen zu beeindrucken. Wenn Sie mit Ihrem Gegenangebot schon mehr als fair waren, muß es für Sie nicht unbedingt vorteilhaft sein, dem Gegner auf halbem Weg entgegenzukommen. Wenn sich das Resultat für Sie nicht rechnet, sagen Sie es dem Gegner. Haben Sie keine Angst, von der Gegenseite als »Spielverderber« bezeichnet zu werden.

Gehen Sie in einer derartigen Situation folgendermaßen vor:

✔ Drücken Sie die Pause-Taste (siehe Kapitel 6).

✔ Bewerten Sie den vorgeschlagenen Kompromiß unter Berücksichtigung aller anderen Verhandlungsparameter.

✔ Erklären Sie, warum diese scheinbar faire Lösung nicht funktionieren kann.

In einer Situation, in der Ihnen selbst die Aufteilung der Differenz fair erscheint, machen Sie einen entsprechenden Vorschlag. Erklären Sie dabei auch, warum Sie den Vorschlag für fair halten. Wenn der Betrag fair ist, erklären Sie, warum er fair ist. Erklären Sie der Gegenseite, daß Sie sich mit dieser Zahl auf halbem Weg treffen. Wenn Sie nur sagen: »Okay, kommen wir uns auf halbem Weg entgegen« und keine weitere Erklärung liefern, laden Sie dadurch die andere Seite ein, eine weitere Teilung zwischen dem von Ihnen angebotenen Kompromiß und der gegnerischen Ausgangsposition vorzuschlagen. Dieses Spiel geht dann unter Umständen so lange weiter, bis Sie bei einer Zahl landen, die weit von Ihrem ursprünglich vorgeschlagenen Kompromiß entfernt liegt.

Schlechte Verhandlungsumgebungen

Neben den vom Gegenspieler verursachten Problemen gibt es noch eine Reihe anderer Hindernisse, die eine Verhandlung aus dem Kurs bringen können. Meistens sind die *umgebungsbedingten* Probleme für die Gegenseite ebenso frustrierend wie für Sie. Oft können Sie die Gegenseite in die Lösung dieser Probleme einbeziehen – es sei denn, die Probleme sind größer als beide Seiten zusammen.

 Manchmal sind jedoch nicht Menschen die Hürden auf einem Weg zu einem erfolgreichen Geschäftsabschluß. Je nach Branche müssen Sie manchmal auch gegen ganz andere Hindernisse kämpfen:

✔ **Zuviel Papierkram:** Für das Geschäft sind so viele Formulare auszufüllen, daß der potentielle Käufer sich zurückzieht. Wenn alles in doppelter oder dreifacher Kopie ausgefüllt werden muß, wenn der Verhandlungspartner alle Daten zwei- und dreifach angeben muß, wird er sich schnell nach einem anderen Geschäftspartner umsehen.

✔ **Lösung:** Füllen Sie so viele Formulare wie möglich schon vor Beginn der Verhandlung aus. Sorgen Sie dafür, daß die Papiere übersichtlich sind. Besorgen Sie sich ein Klemmbrett, damit auch das Unterschreiben der Dokumente so bequem wie möglich wird. Versuchen Sie nicht, das Problem dadurch zu lösen, daß Sie den Gegenspieler ein Blankoformular unterschreiben lassen.

✔ **Versteckte Firmenrichtlinien:** Dabei handelt es sich um Anweisungen, die nur für Sie, nicht aber für Ihren Gegenspieler unsichtbar sind. Was Sie nicht wissen, kann für Sie das Ende bedeuten – und wenn schon nicht für Sie, dann doch sicherlich für das Geschäft. Wenn Firmenrichtlinien gegen Sie sind, kann auch alle Überzeugungsarbeit eine verfahrene Situation nicht mehr retten.

✔ **Lösung:** Machen Sie Ihre Hausaufgaben! Stellen Sie Fragen. Ignorieren Sie die Situation nicht einfach! Meistens werden Sie auf dieses Problem aufmerksam, wenn Sie einfach nicht mehr vorankommen.

✔ **Schlecht organisierte Arbeitsmaterialien und Ressourcen:** Wenn Sie nach einem Vertragsformular greifen wollen, um das Geschäft abzuschließen, und dieses Formular ist einfach nicht zu finden, bedeutet das eine unnötige Verzögerung. Aber auch wenn das Formular bereitliegt, aber voller typographischer Fehler oder falsch datiert ist, werden bei Ihrem Gegenspieler alle Warnlampen aufblinken: Sehr unprofessionell! Die Verhandlung wird wahrscheinlich abgebrochen.

Lösung: Überprüfen Sie vorher alle Materialien, die Sie in der Verhandlung verwenden wollen. Sorgen Sie dafür, daß Ihnen nur das bestmögliche Material zur Verfügung steht, auch wenn Sie dafür in die eigene Tasche greifen müssen. Schließlich geht es hier um Ihren Auftrag und möglicherweise auch um Ihre zukünftige Karriere. Wenn es sich bei dem Vertragsdokument um einen Firmenvordruck handelt, fügen Sie die notwendigen Korrekturen ein, bevor Sie die Verhandlungssitzung beginnen.

Der große Reinfall – die Verhandlung wird abgebrochen

Unserer Ansicht nach gibt es keine größere Herausforderung als die unangenehme Situation, wenn einer der Verhandlungspartner die Verhandlung abbricht. Dieser ultimative Reinfall bedeutet meistens das Ende für ein Geschäft. In dieser empfindlichen Situation fragen Sie sich, wie Sie die Dinge wieder ins Lot bringen können. Eine Verhandlung wird nicht nur dadurch abgebrochen, daß der Gegenspieler den Raum verläßt. Dazu gehören auch moderne Erscheinungsformen wie auf die Gabel geknallte Telefonhörer oder deutliche Faxe mit der nachdrücklichen Feststellung, daß der Gegner die Verhandlungen für gescheitert erklärt. Klar, daß in dieser Lage eine Verhandlung nicht zu einem Abschluß kommen wird, wenn nicht beide Seite wieder miteinander zu reden beginnen.

Dieser Abschnitt behandelt drei Varianten des Verhandlungsabbruchs:

✔ Die Gegenseite bricht die Verhandlung ab.

✔ Ein Mitbewerber, der zur gleichen Zeit mit der Gegenseite verhandelt, bricht die Verhandlungen mit der anderen Seite ab.

✔ Sie brechen selber die Verhandlung ab.

Wenn die Gegenseite die Verhandlung abbricht

Wenn Sie das Gefühl haben, daß die Gegenseite die Verhandlung überstürzt oder aber aus bloßer Effekthascherei abbricht, scheuen Sie sich nicht, sie zurückzuhalten. Händler haben schon seit Jahrhunderten die Gewohnheit, auch wegen kleinster Beträge einen Kunden, der ihren Laden verlassen will, am Arm zurückzuhalten.

Falls Ihr Gegenspieler den Kontakt zu Ihnen abbricht, indem er zum Beispiel den Verhandlungstisch verläßt, den Telefonhörer auflegt oder Ihre Anrufe nicht annimmt, können Sie eine Kommunikation unter Umständen nicht sofort wiederherstellen. Wenn Ihr Gegenspieler zunächst nicht erreichbar ist, nutzen Sie diese Zeit zu Ihrem Vorteil. Überprüfen Sie die von Ihnen festgelegten Grenzen. Überprüfen Sie auch alle neuen Informationen, die Sie seit Beginn der Verhandlung gesammelt haben. Wenn Sie zu dem Schluß kommen, daß eine Wiederaufnahme der Verhandlungen sinnvoll ist, dann nehmen Sie die Verhandlungen wieder auf. Stolz wäre hier am falschen Platz.

Wichtig ist dabei, daß Sie Ihre eigenen Ziele, Bedürfnisse und Grenzen im Auge behalten. Falls Sie sich nicht genug vorbereitet haben (siehe Kapitel 2) oder sich keine Grenzen gesetzt haben (siehe Kapitel 4), kann es leicht passieren, daß an dieser Stelle falsch verstandener Stolz sein häßliches Haupt erhebt. Betrachten Sie diese unerwartete Unterbrechung als Druck auf die Pause-Taste (siehe Kapitel 6). Nutzen Sie sie zur Analyse der Situation und zur Neuorientierung.

Der Abbruch einer Verhandlung ist nicht die rechte Zeit für Emotionen: In dieser Situation sollten Sie Ihre eigenen Interessen verfolgen. De Toqueville, der berühmte französische Beobachter des amerikanischen Lebens, bezeichnete das _aufgeklärte Eigeninteresse_ als eines der Kennzeichen der sozialen und wirtschaftlichen Struktur Amerikas. Handeln Sie entsprechend! Konzentrieren Sie sich darauf, was Sie im Leben erreichen wollen. Und seien Sie niemals zu stolz, zum Telefon zu greifen und die Angelegenheit wieder ins Lot zu bringen, wenn sie Ihnen dabei helfen kann, Ihre persönlichen Ziele zu erreichen.

Wenn die andere Seite reumütig an den Verhandlungstisch zurückkehrt

Wenn die andere Seite Sie anruft, seien Sie offen für einen neuen Anfang. Wenn der Gegenspieler wieder auf Sie zukommt, hören Sie sich seine Erklärungen mit dem gebührenden Respekt an, auch wenn Sie erhebliche Einwände haben. Auch wenn die andere Seite Ihnen nicht soweit wie gewünscht entgegenkommt, bedanken Sie sich für die Bereitschaft, den ersten Schritt getan zu haben. Unter derartigen Umständen kann selbst der kleinste Schritt schon eine gewaltige Anstrengung sein – und vielleicht der Schlüssel für eine endgültige Vereinbarung.

Wenn die Verhandlungen schließlich ernsthaft fortgesetzt werden, beschäftigen Sie sich nicht mehr lange mit den Anstrengungen, die Sie unternommen haben, damit diese Fortsetzung überhaupt erst möglich wurde. Dies ist nicht die Zeit, sich länger über den Gegenspieler zu ärgern oder sich selbst zu loben. Beschäftigen Sie sich weiter mit den Geschäften, die zur Zeit wichtig sind. Seien Sie froh darüber, daß Sie die Schwierigkeiten unbeschadet überstanden haben.

Wenn ein Mitbewerber seine Verhandlungen mit Ihrem Gegenspieler abbricht

Wenn einer Ihrer Mitbewerber für ein bestimmtes Projekt seine Verhandlungen mit Ihrem Gegenspieler abbricht, versuchen Sie, Ihr eigenes Geschäft schnell unter Dach und Fach zu bringen. Normalerweise ist die Gegenseite in dieser Zeit besonders verletzlich. Sie haben also die Gelegenheit zu einem besonders vorteilhaften Geschäft.

Versuchen Sie, alles über die vergangenen Ereignisse beim Gegenspieler herauszufinden. Gewöhnlich ist die Gegenseite die beste Quelle für diese besonderen Informationen. »Was zum Teufel ist da bei Ihnen vorgefallen?« Mit dieser Frage bekommen Sie meistens mehr Informationen als nötig. Hören Sie aufmerksam zu. Zeigen Sie Ihr Mitgefühl, selbst wenn Ihr Gesprächspartner unvernünftig gehandelt hatte. Wenn Sie sich als Unterstützer der Gegenseite darstellen, steigern Sie dadurch Ihre Chancen für den eigenen Geschäftsabschluß.

Versuchen Sie, in diesem Gespräch herauszufinden, was genau Ihr Mitbewerber Ihrem Gegenspieler nicht bieten konnte. Finden Sie auch heraus, welches Thema zur Zeit des Verhandlungsabbruchs gerade auf dem Tisch lag. Vergewissern Sie sich, daß die Partei, die Sie gerade umwerben, mit Ihnen auch verhandeln will und Sie nicht nur als Hebel benutzt, um zu einem schnellen Geschäft mit dem Mitbewerber zu kommen. All diese Informationen bekommen Sie durch einfaches, aber einfühlsames Zuhören und nicht durch eine direkte Befragung. Direkte Fragen können in diesem Zusammenhang leicht als Verhör mißverstanden werden.

Eine weitere gute Informationsquelle ist der Mitbewerber, der die Verhandlung abgebrochen hat. Mit dieser Strategie gehen Sie allerdings einige Risiken ein. Am wahrscheinlichsten ist folgende Reaktion: Ihr Anruf veranlaßt den Mitbewerber, noch einmal zu versuchen, wieder ins Spiel zu kommen. In diesem Fall ist diese Person und nicht die Partei, die Ihnen am Tisch gegenüber sitzt, Ihr eigentlicher Gegenspieler. Als weitere Schwierigkeit kann dann noch hinzukommen, daß es Ihr Verhandlungspartner nicht gerne sieht, wenn Sie sich zu sehr für den Mitbewerber interessieren, der gerade die Verhandlung abgebrochen hat. Merke: Wenn Sie diese Taktik verwenden, müssen Sie sehr wachsam sein.

 Denken Sie daran, daß in dieser Situation Schnelligkeit ebenso wichtig ist wie eine gründliche Vorbereitung. Sie müssen blitzschnell reagieren, um in Verbindung mit den verschiedenen Parteien zu treten. Hören Sie aufmerksam zu, und reden Sie wenig, bis Sie bereit zum Zuschlagen sind. Sie wissen ja bereits, was Sie in dieser Situation zu tun bereit sind. Wenn Sie dabei ein gutes Gefühl haben, geben Sie ein Angebot innerhalb des Rahmens ab, den die andere Seite sich vorstellt, und schließen Sie das Geschäft dann so schnell wie möglich ab.

Wenn Sie derjenige sind, der die Verhandlung abbricht

Wenn Sie sich (nach sorgfältiger Vorbereitung und ehrlicher Analyse) dazu entschließen, eine Verhandlung zu beenden, machen Sie Ihre Absicht deutlich. Erklären Sie klar und deutlich, zu welchen Bedingungen Sie die Verhandlung wiederaufnehmen würden. Verlassen Sie anschließend den Verhandlungstisch. Schauen Sie nicht zurück, und sorgen Sie dafür, daß nichts an Ihrem Verhalten in dieser Situation als Zögern oder Zweifel mißverstanden werden könnte.

Zurückschauen ist nicht normal. Der menschliche Körper funktioniert nicht auf diese Art und Weise. Kopf und Füße sollten immer in dieselbe Richtung zeigen. Außerdem würde ein Blick zurück auf Ihren Gegner nur irritieren – Sie selbst und auch Ihren Gegenspieler.

Eine Verhandlung abbrechen

Brechen Sie nie eine Verhandlung ab, wenn Sie verärgert sind. Wenn Sie sich ärgern, täten Sie nichts lieber, als den Raum zu verlassen oder den Hörer auf die Gabel zu feuern. Das wissen wir natürlich. Bekämpfen Sie diese instinktive Reaktion.

Bevor Sie abbrechen, gönnen Sie sich erst einmal eine Atempause. Wenn Sie nach einigem Nachdenken immer noch der Meinung sind, Sie müßten die Verhandlung abbrechen, beenden Sie die Diskussion auf eine Art und Weise, die Ihren Ruf in der Branche, in der Familie, in der Firma oder in der Stadt nicht ruiniert. Beenden Sie sie auf eine Weise, die es Ihnen erlaubt, auch weiterhin Geschäfte mit denen zu machen, die Ihrem gegenwärtigen Gegenspieler nahestehen oder ihn respektieren.

 Bevor Sie eine Verhandlung endgültig abbrechen, schreiben Sie ein Abschlußdokument. Wir empfehlen Ihnen einen Brief, weil Sie während der Niederschrift eines Briefes Zeit haben, Ihre Position noch einmal zu überprüfen und Ihre Ansichten zu korrigieren. Ein Brief beschreibt Ihre Sicht der Situation. Wenn Sie sich im Hinblick auf bestimmte Aspekte der Diskussion geirrt haben, ist Ihre Ansicht deutlich festgehalten und kann entsprechend korrigiert werden. Ein Brief kann unter Umständen auch der anderen Seite einige Diskussionsaspekte deutlich machen, bei denen sie sich geirrt hat. Ihr Brief sollte die folgenden Punkte enthalten:

1. **Fassen Sie die Schlußposition der anderen Seite zusammen.**

   Seien Sie dabei peinlich genau. Beginnen Sie diesen Abschnitt mit beruhigenden Sätzen wie beispielsweise »Ich habe Verständnis...« oder »Wenn ich Sie richtig verstanden habe, ...« oder »Wenn ich mich richtig erinnere, ...«. Schließen Sie diesen Abschnitt mit folgendem oder einem ähnlichen Satz: »Falls meine Darstellung Ihre Position nicht korrekt wiedergibt, bitte ich um Ihre Rückmeldung.« Solche Formulierungen erlauben der anderen Seite, ihre Position zu ändern oder eine Korrektur vorzunehmen, ohne dabei das Gesicht zu verlieren.

2. **Fassen Sie Ihre eigene Position zusammen.**

   Seien Sie auch hier peinlich genau. Auch hier geben Sie mit doppeldeutigen Sätzen der anderen Seite Gelegenheit, die Verhandlungen ohne Gesichtsverlust wiederaufzunehmen. Hier einige Beispiele: »Falls es in unserer Diskussion nicht klar geworden ist, ...« oder »Es tut mir leid, wenn dieser Punkt in unserer Diskussion nicht so klar geworden ist wie in diesem Brief, ...«

3. **Erzählen Sie der Gegenseite etwas über die Probleme mit viereckigen Bolzen in runden Löchern.**

Wenn Sie ein Geschäft einfach nicht für möglich halten, weil die Bedürfnisse und Wünsche der beiden Seiten zu weit auseinander liegen, schreiben Sie es der Gegenseite. Daran hat keine Seite schuld. Beide Parteien können bei einem anderen Projekt zusammenarbeiten, in dem beide Seiten besser zusammenpassen.

4. **Geben Sie niemals der Gegenseite die Schuld.**

Auch wenn Sie die Verhandlung abbrechen, weil Sie Ihren Gegenspieler für einen Gauner, Betrüger oder Schleimbeutel halten, gewinnen Sie nichts dabei, ihm diese Meinung auch noch schriftlich zu geben. Der Schleimbeutel hat möglicherweise ja einen Schwager oder Cousin, mit dem Sie in Zukunft ins Geschäft kommen wollen. Sprengen Sie bei Ihrem Rückzug niemals alle Brücken – eine Brücke dient einem ganzen Dorf und nicht nur einem einzelnen Menschen.

5. **Danken Sie Ihrem Gegenspieler.**

Ihr Brief sollte immer ein Dankeschön für die Zeit und Mühe enthalten, die die Gegenseite für die Verhandlung aufgewendet hat. Das gehört dazu, das hat Klasse.

6. **Setzen Sie Ihren Gegenspieler über Ihr weiteres Vorgehen in Kenntnis.**

Dieser Abschnitt ist optional. Ein Satz wie beispielsweise »Wir werden Ihr Drehbuch einem anderen Studio anbieten.« oder »Im kommenden Sommer werden wir es erneut versuchen.« zeigt der anderen Seite, daß Sie weitere Möglichkeiten ausschöpfen wollen. Manchmal verlangt allerdings die Situation nach etwas schwammigeren Sätzen wie »Wir versuchen es weiter.« oder »Wir werden unsere Optionen in den nächsten Wochen überprüfen.«

Der Abbruch einer Beziehung

 In einer Langzeitbeziehung ist ein Abbruch weitaus schwieriger. Der Abbruch einer Eltern-Kind-Beziehung ist sogar schlichtweg unmöglich. Man kann jedoch eine bestimmte Verhandlung vorübergehend unterbrechen und danach entscheiden, wann die Angelegenheit wiederaufgenommen werden soll. Sagen Sie deutlich, was Sie vorhaben: Diese Unterbrechung soll keineswegs ein Abbruch sein.

Wir beenden dieses Kapitel mit unserer eigenen Geschichte, weil es eine Geschichte ist, auf die wir stolz sind. Sie streicht noch einmal heraus, daß für eine Verhandlung sämtliche

Grundelemente gleich wichtig sind. Der folgende Kasten ist sozusagen eine Zusammenfassung aller in diesem Buch besprochenen Grundelemente der Verhandlungsführung.

Eine Trennung brachte uns zusammen

Meine Frau ist eine wahre Meisterin der Verhandlungsführung. Sie hat mir außerdem das beste Beispiel für den gekonnten Abbruch einer Verhandlung geboten, das ich kenne.

Wir kannten uns damals ungefähr acht Monate. Wir hatten eine wundervolle Zeit miteinander verlebt. Wir hatten dieselben Interessen. Meine Freunde mochten sie, ihre Freunde mochten mich. In diesen acht Monaten hatte ich nie mit ihr über Verlobung oder Heirat gesprochen, hatte sie nie gebeten, mit mir zusammenzuziehen. Ich wollte meine Freiheit nicht aufgeben.

Eines schönen Tages aber wollte Mimi von mir eine deutliche Entscheidung. Ich gab ihr meinen üblichen Eiertanz und wich jeder deutlichen Stellungnahme aus. Sie wiederholte ihre Bitte, und ich versicherte ihr, daß wir über dieses Thema reden würden, wenn ich von meiner Reise zum Internationalen Filmfestival in Cannes zurück wäre. Mit Tränen in den Augen sagte sie: »Wenn du dich nicht binden willst, werde ich dich nicht mehr sehen, Michael. Es tut mir wirklich leid.« Dann verließ sie mich. Sie war sich völlig sicher, wankte nicht eine Sekunde, rief mich nicht mehr an und schrieb mir nicht. Sie schaute einfach nicht mehr zurück.

Ich selbst hatte nur wenige Tage, um meine Reise nach Südfrankreich vorzubereiten. Keine Zeit für Gedanken an Beziehungsprobleme. Bis heute weiß ich nicht, was Mimi in diesen Tagen wirklich durchgemacht hat.

Jeder, der einen Fernseher hat, weiß, daß das Internationale Filmfestival in Cannes ein gewaltiger Rummel ist. Die gesamte Unterhaltungspresse mit Hunderten Fotografen und Dutzende von Filmsternchen verstopfen die Croisette. Am späten Nachmittag wird das Gedränge so dicht, daß der breite Boulevard direkt am Mittelmeer für alles außer Promi-Limousinen und Fußgänger gesperrt wird. Ich gönnte mir eine kleine Verschnaufpause und saß im Smoking auf dem Geländer zwischen Fußweg und Strand. Ich blickte über den breiten Strand, die vielen Photographen, die vielen Oben-ohne-Schönheiten und noch weit über den Horizont hinaus – und dachte über ein Leben ohne Mimi nach. Während des ganzen Festival dachte ich über die letzten zwölf Jahre seit meiner Scheidung nach. Ich malte mir aus, wie die nächsten zwölf Jahre mit Mimi aussehen könnten. Ich dachte an all die Frauen, mit denen ich mich getroffen hatte, die ich hätte treffen können, und an all die Frauen, von denen ich mir in dieser Zeit eine Verabredung erträumt hätte.

All meine Betrachtungen führten zu dem Schluß, daß ich bereit für eine feste Bindung war. Nachdem mein Flieger in New York angekommen war, rief ich Mimi vom ersten freien Telefon an. Ein Jahr später waren wir verheiratet.

Viele Menschen, denen ich diese Geschichte erzählt habe, wünschten, sie könnten eine unakzeptable Situation so beenden, wie Mimi es getan hat. Es klingt alles so einfach. Aber erstens ist der Abbruch einer Beziehung niemals einfach und zweitens ist er sogar unmöglich – wenn man sich nicht an die in diesem Buch besprochenen Grundelemente einer Verhandlung hält.

Mimi war vorbereitet (siehe Teil I). Sie hatte seit 25 Jahren verschiedene Beziehungen unterhalten. Sie wußte, was da draußen los war. Sie kannte zahlreiche attraktive, anständige und heiratswillige Männer. Sie wußte, daß sie eine interessante und attraktive Frau war. Sie war so gut vorbereitet, daß sie ihre Grenzen festlegen konnte (siehe Kapitel 4). Und sie hatte sich Ziele gesetzt (siehe Kapitel 5) – sie wollte heiraten. Sie wollte keine Zeit mit einem Mann verschwenden, mit dem das unmöglich wäre. Sie hatte ihre Pause-Taste gedrückt.

Mimi hatte sich angehört, was ich zu diesem Thema schon vorher zu sagen hatte (siehe Teil IV). Sie hatte das Thema »Heirat« nach drei und dann wieder nach sechs Monaten unseres Zusammenlebens angesprochen. Sie hatte sich meine Liebesschwüre angehört. Sie hatte zugehört, wie ich ihr davon erzählt hatte, endlich seßhaft werden zu wollen. Und sie hatte sich all meine lahmen Entschuldigungen und Ausreden angehört, die ich ihr an Stelle einer eindeutigen Stellungnahme angeboten hatte.

Sie hatte ihre Absichten deutlich gemacht (siehe Kapitel 12) und versucht, das Geschäft zu annehmbaren Bedingungen abzuschließen (siehe Teil VI). Sie wußte, was sie von einer Beziehung für sich selber erwarten konnte. Und sie war bereit, die Beziehung zu beenden, wenn ich nicht ihre Bedingungen erfüllen würde.

Jeder liebt diese Geschichte, weil sie gut ausgegangen ist. Wir hatten eine wundervolle Hochzeit und gingen anschließend auf eine Hochzeitsreise nach Hongkong und Indonesien, die wir auf einer Wohltätigkeitsveranstaltung gewonnen hatten.

Folgender Aspekt dieser Geschichte ist besonders interessant: Mimi hatte alle Grundvoraussetzungen für eine erfolgreiche Verhandlung erfüllt, und trotzdem hätte die Geschichte auch ganz anders ausgehen können. Aber im Hinblick auf den gelungenen Abbruch einer Verhandlung wäre es auch dann eine Erfolgsstory geworden. Was wäre, wenn ich nicht angerufen hätte, wenn ich nicht bereit zu einer Verpflichtung gewesen wäre. Wenn sie nicht ihre Karten auf den Tisch gelegt und gesagt hätte: »Dies sind meine Wünsche. Punkt!«, wäre ich mir meiner eigenen Gefühle möglicherweise nie klargeworden und hätte mich nicht zu einer festen Bindung entschließen können. Mimi wäre frei gewesen, ihr eigenes Leben zu führen. Und ich bin mir sicher, sie hätte es ausgenutzt. So wie ich Mimi kenne, wäre sie heute mit einem anderen Mann glücklich verheiratet, wenn ich nicht zu dem gewünschten Engagement bereit gewesen wäre.

Der krönende Abschluß

In diesem Kapitel

▶ Das Geschäft zum Abschluß bringen

▶ Der richtige Zeitpunkt für den Abschluß

▶ Die richtige Form für den Abschluß

Dieses Kapitel behandelt den Moment des Triumphs, wenn alles zusammenkommt – den Abschluß Ihres Geschäfts. Die meisten Menschen halten den Geschäftsabschluß für das einzig befriedigende Ende einer Verhandlung. Es ist allerdings sehr wichtig, erst einmal herauszufinden, *ob* ein Geschäft überhaupt abgeschlossen werden sollte. Außerdem muß festgelegt werden, *wie* ein Geschäft abgeschlossen werden sollte, damit es während der Laufzeit des Vertrages auch problemlos erfüllt werden kann. Aus diesem Grund haben wir in Kapitel 15 Verhandlungen besprochen, die zu einem für beide Seiten vorteilhaften Geschäft führen, und in Kapitel 16 den Abbruch von Verhandlungen behandelt. Dieses Kapitel beschäftigt sich mit den Techniken und Fertigkeiten, die zum tatsächlichen Abschluß des Geschäfts erforderlich sind.

Der Geschäftsabschluß erfordert eine Technik, die Sie getrennt von allen anderen Elementen einer Verhandlung entwickeln müssen – und auf jedem Schritt des Weges im Kopf haben müssen – wenn Sie ein erfolgreicher Verhandlungsführer werden wollen. Wir alle kennen Menschen, denen es scheinbar völlig egal ist, ob sie das Geschäft, an dem sie gerade arbeiten, abschließen oder nicht. Bei Parties sind diese Menschen zwar gute Unterhalter, am Verhandlungstisch sorgen sie jedoch für eine Menge Frustrationen. Tun Sie alles, um nicht auch zu einem dieser Menschen zu werden. Setzen Sie gleich vom Anfang der Verhandlung an alles daran, zu einem Abschluß zu kommen.

Die Bedeutung des Geschäftsabschlusses

Ein Geschäft wird dann abgeschlossen, wenn beide Parteien sich über so viele Vertragsbedingungen geeinigt haben, daß eine Erfüllung des Vertrages für beide Seiten möglich ist. Wenn Sie sich zum Beispiel mit einem Maler darüber geeinigt haben, daß er Ihr Haus für 500 Mark am nächsten Sonntag mit einer bestimmten Farbsorte grün anmalt, kann das für Sie und den Maler ein Geschäftsabschluß sein. Wenn Sie sich gegenseitig vertrauen und möglicherweise auch schon vorher miteinander gearbeitet haben, müssen die Einzelheiten nicht unbedingt festgelegt werden. Haben Sie diesen Maler jedoch vorher noch nie angestellt und wissen nicht, ob Sie sich auf ihn verlassen können, müssen Sie die Behandlung des Untergrundes, den Grünton und die Farbqualität festlegen. Für manche Leute, die es ganz genau wissen wollen, wäre das Geschäft erst perfekt, wenn man alle Einzelheiten schriftlich niedergelegt hätte.

Dieses Kapitel soll Sie und Ihren Gegenspieler zu dem Punkt führen, an dem Sie beide das Gefühl haben, daß das Geschäft abgeschlossen sei und jetzt auch abgewickelt werden könne. Hier sollen Sie außerdem lernen, den richtigen Moment zu erkennen, an dem die Verhandlung um das Geschäft beendet und das Geschäft zum Leben erweckt werden kann.

Wenn Sie sich die Freiheit nehmen, unmittelbar vor der offiziellen Erklärung des Verhandlungsschlusses die Pause-Taste noch einmal kurz zu drücken, steigern Sie damit die Chancen für eine reibungslose Abwicklung Ihres Geschäft noch weiter. Machen Sie eine Atempause, und überprüfen Sie noch einmal den ganzen Vertrag. Vergewissern Sie sich, daß er sowohl für Sie als auch für die Gegenseite tatsächlich funktionieren kann. Schließen Sie keinen Vertrag über den Anstrich Ihres Hauses am kommenden Sonntag ab, wenn es die letzten zwei Wochen nur geregnet hat und eine Wetterbesserung nicht in Aussicht ist. Wenn Sie während der Verhandlung die sechs Grundprinzipien auf der Schummelseite am Ende dieses Buches beachtet haben, wird mit Sicherheit irgendein Verhandlungsmitglied schon lange herausgefunden haben, auf welche Art und Weise das Geschäft abgeschlossen werden muß. Wenn alle Teilnehmer diese Grundlagen beachten haben, werden Sie den Vertrag sogar noch schneller abschließen können.

Der Buchstabe des Gesetzes

Ein Kursus in Vertragsrecht würde den Rahmen dieses Buches mit Sicherheit sprengen. Einige Grundlagen sollten Sie jedoch kennen, wenn Sie jemals einen Vertrag in der Geschäftswelt aushandeln wollen.

Definition eines Vertrages

 Wenn Sie nicht ausdrücklich gegenteilige Vereinbarungen getroffen haben, ist ein Vertrag erst dann abgeschlossen, wenn über alle verhandelten Punkte eine Vereinbarung erzielt wurde.

Verhandlungsneulinge reagieren oft verstört, wenn nur noch ein Punkt in einer Verhandlung streitig ist und die Gegenseite sich dann langsam auch von den Vereinbarungen zurückzieht, über die schon vorher Übereinstimmung geherrscht hat.

Für einen gültigen Vertrag ist eine Übereinstimmung über die folgenden vier Elemente erforderlich:

✔ Was bekommen Sie?

✔ Was müssen Sie dafür bezahlen?

✔ Laufzeit des Vertrages

✔ Die Vertragsparteien

Alle anderen Punkte können nebenbei ausgehandelt werden.

Angebote und Gegenangebote

Ein weitverbreiteter Irrtum ist die Annahme, man könnte ein Angebot zu jeder Zeit annehmen. Stellen Sie sich folgende Situation vor: Die Gegenseite macht Ihnen ein Angebot. Sie legen daraufhin ein Gegenangebot auf den Tisch. Das Gesetz unterteilt die alltägliche Situation in zwei Schritte. Rechtlich gesehen, haben Sie mit Ihrem Gegenangebot das erste Angebot abgelehnt und selber ein neues Angebot auf den Tisch gelegt. Wenn Sie ein schriftliches Angebot erhalten, können Sie quer über das Dokument »Akzeptiert« schreiben, und das Geschäft ist abgeschlossen. Seien Sie aber vorsichtig mit einem Gegenangebot. Die Gegenseite kann Ihnen nach Ihrem eigenen Gegenangebot die Annahme des ersten Angebots verweigern. Sie haben keinen Anspruch darauf, daß das alte Angebot der Gegenseite weiter gültig bleibt.

Schriftliche und mündliche Verträge

Der große Filmmagnat Samuel Goldwyn hat immer gesagt: »Ein mündlicher Vertrag ist das Papier nicht wert, auf dem er geschrieben wurde.« Tatsache ist aber, daß auch mündliche Verträge gültig sind. Die schriftliche Form ist von Gesetzes wegen nur für wenige Verträge wie zum Beispiel Immobilienkaufverträge zwingend vorgeschrieben. Aber im allgemeinen müssen Verträge nicht schriftlich niedergelegt werden. Das Problem ist nur, wie sich mündlich abgeschlossene Verträge durchsetzen lassen. Wenn es hart auf hart kommt, können Sie sicher sein, daß Sie und die andere Seite plötzlich völlig unterschiedliche Versionen im Kopf haben.

 Für die Erfüllung des Vertrages ist nicht das Papier entscheidend, auf dem er geschrieben ist, sondern immer Menschen. Kein schriftlicher Vertrag kann Sie gegen Leute schützen, die Sie übers Ohr hauen wollen.

Rechtssicherheit vor Vertragsabschluß

Was aber passiert, wenn beide Parteien mit der Vertragserfüllung beginnen, bevor der Vertrag unterschrieben wurde. Das ist in Ordnung. Nach dem Prinzip von Treu und Glauben erhält die Partei, die ihre Verpflichtungen erfüllt hat – d.h. der Maler, der Ihr Haus angestrichen hat, oder der Kaufmann, der Ihre Waren angeliefert hat – in jedem Fall den Marktpreis für die Dienstleistung oder die Waren.

Vertragsabschlüsse in anderen Ländern

Englisch ist mittlerweile die Sprache des internationalen Handels geworden. Sie werden also keine Schwierigkeiten haben, Englisch als Vertragssprache festzulegen. Bei Verhandlungen zwischen Regierungen kann die Sprache zum Problem werden. Als Geschäftsmann werden Sie jedoch mit Englisch keine Probleme bekommen. Englisch ist auf der ganzen Welt die Geschäftssprache.

 Manchmal versucht die Gegenseite in einer Verhandlung, den Vertrag in zwei Sprachen schriftlich festzuhalten: ein Exemplar in Englisch und das zweite Exemplar in der Sprache des Verhandlungsgegners. Lassen Sie sich mit dieser zweisprachigen Lösung nicht ins Bockshorn jagen. Die Idee hört sich einfach an, aber die Versionen unterscheiden sich häufig so sehr, daß ein späterer Streit vorprogrammiert ist. Auch ohne Berücksichtigung von zwei Sprachen bietet die Interpretation der einzelnen Vertragsbedingungen später noch genug Anlaß zu Diskussionen.

 Vertragsabschlüsse unterscheiden sich in den verschiedenen Ländern dieser Erde ganz erheblich voneinander. Wenn Sie mit den Verhandlungssitten einer anderen Kultur nicht vertraut sind, kann es möglicherweise Ärger mit der Gegenseite geben. Die meisten Menschen sehen nicht ein, daß auch eine andere Methode als ihre eigene für einen Vertragsabschluß sinnvoll sein kann. Wir zeigen Ihnen hier drei Beispiele für die Vorgehensweise und die Traditionen beim Vertragsabschluß in den unterschiedlichen Kulturen. Jedes Verfahren funktioniert in der Kultur, die diese Art des Vertragsabschlusses hervorgebracht hat. Wenn die Gegenseite bei einer Verhandlung aus einem anderen Kulturkreis stammt, sollten Sie auch deren Traditionen zu diesem Punkt berücksichtigen.

Verträge in den Vereinigten Staaten abschließen

In den Vereinigten Staaten ist der Vertragsabschluß eine sehr förmliche Angelegenheit. Meistens wird die Verhandlung mit einem Händedruck oder einem ähnlichen Ritual beendet. Danach sind die Verträge an der Reihe. Amerikaner legen die Rechte, Pflichen und Obliegenheiten beider Seiten in sehr langen Verträgen fest und versuchen, möglichst jedes denkbare Szenario zu berücksichtigen.

In den Vereinigten Staaten werden selbst die selbstverständlichsten Angelegenheiten förmlich und in so vielen Einzelheiten geregelt, daß dem Normalbürger schwindelig wird. Ob diese Praxis von Anwälten erfunden wurde, oder mehr Anwälte hervorgebracht hat als in anderen Ländern dieser Welt, läßt sich ebenso schwer beantworten wie die Frage, ob zuerst das Huhn oder das Ei da war. Die Bürger der Vereinigten Staaten und ihre Anwälte schreiben längere Verträge als irgendein anderes Volk auf diesem Planeten.

Ein einfacher gewerblicher Mietvertrag für ein Büro kann bis zu 30 Seiten lang sein und beispielsweise die Regelung enthalten, daß der Mieter keine Miete zahlen muß, wenn der Hauseigentümer das Gebäude für eine Woche schließt. Der Vertrag bestimmt außerdem die Ansprüche von Mieter und Vermieter, wenn der Zugang zum Gebäude wegen des Einzuges eines anderen Mieters für eine Stunde behindert wird oder wenn Bauarbeiten am Gebäude die Mieter stören oder behindern.

 Zum Teil sind derartig lange und ins einzelne gehende Verträge die Reaktion auf eine Besonderheit in den Vereinigten Staaten, über die der Rest der Welt nur den Kopf schütteln kann: die Unsitte, bei jeder sich bietenden Gelegenheit sofort zu klagen. Amerikaner müssen mit dem Gedanken leben, wegen allem und jedem in

einen langen und teuren Prozeß verwickelt zu werden. Die meisten dieser Klagen sind für den Kläger völlig risikolos. Jedes Jahr lassen die Universitäten neue Armeen von Anwälten auf die Bürger los. Wenn ein Anwalt seine Dienste auf Erfolgsbasis anbietet, bedeutet das, daß er nicht nach Stunden abrechnet. Er erhält statt dessen einen Prozentsatz der Summe, die das Gericht seinem Mandanten – dem Kläger – zuspricht, falls der Prozeß gewonnen wird. Da ein Kläger auf diese Art kein Risiko mit seiner Klage eingeht, sollten Sie sich bei der Interpretation irgendeiner Vertragsbedingung *niemals* auf gesunden Menschenverstand oder guten Willen verlassen, wenn Sie einer Schlacht im Gerichtssaal aus dem Wege gehen wollen.

Verhandlungen aus 1001 Nacht

Bei meinem letzten Hausverkauf wollte der Makler mein Haus direkt in der arabischen Gemeinde unserer Gegend anbieten, da sich zu der Zeit in unserer Nachbarschaft gerade viele Araber niederließen. Ich kannte die Sitte des Mittleren Ostens, Verträge anzupassen, sobald neue Tatsachen auftauchen. Ich kannte natürlich auch die amerikanische Gepflogenheit, ein Objekt zunächst von einem Schätzer begutachten zu lassen. Mein Haus war zwar wunderschön, hatte aber schon einige Jährchen auf dem Buckel. Ich konnte mir also ausrechnen, daß der Käufer nach professioneller Begutachtung des Hauses die Verhandlungen noch einmal neu beginnen würde – wovon ich jedoch nichts wissen wollte.

Als mein Makler mir ein Angebot eines Kaufinteressenten überbrachte, verwendete ich eine Technik, die in jeder Verhandlung hilfreich ist. In diesem Fall erschien sie mir außerdem überaus geeignet, um eine Neuverhandlung des Preises zu vermeiden: Ich besorgte mit ein Ersatzangebot eines anderen Kaufinteressenten. Das heißt, ich akzeptierte das ursprüngliche Angebot unter der Voraussetzung, daß der Titel innerhalb von 45 Tagen unterschrieben würde. Falls der Vertrag nicht an oder bis zu diesem Tag abgeschlossen werden würde, würde das Haus an den Ersatzkäufer gehen. Eine Verlängerung des Termins, wie normalerweise üblich, sollte es nicht geben. Der Ersatzkäufer bekam ein Dokument mit dem Inhalt, daß ich nach Annahme einer Sicherheitsleistung – die zurückgezahlt werden würde, falls er das Haus nicht kaufen würde – verpflichtet wäre, ihm das Haus zu verkaufen, falls der erste Kaufinteressent den Vertrag nicht innerhalb der festgelegten Frist unterschreiben würde.

Sobald der erste Kaufinteressent den Schätzbericht mit den offensichtlichen Problemen in den Händen hatte, wollte er neu verhandeln. Ich war nicht überrascht, weil ich damit gerechnet hatte. Diese Sitte gehörte zu der Tradition der Menschen, denen ich mein Haus verkaufen wollte. Ich war froh, mir einen Ersatzkäufer besorgt zu habe, und mußte in puncto Kaufpreis keine Konzessionen machen. Der arabische Kaufinteressent fühlte sich ein bißchen betrogen und war über meine fehlende Bereitschaft, die Vertragsbedingungen noch einmal neu zu verhandeln, nicht besonders glücklich. Er war an seine Gebräuche gewöhnt. Glücklicherweise kannte ich jedoch die Sitten seines Landes und konnte deshalb einen Plan entwickkeln, mit dem ich die Teile umgehen konnte, die nicht in meinem Interesse waren.

Zum Teil konnte der arabische Kaufinteressent seinen Verlust am Tag vor Ablauf der Frist wettmachen: In letzter Sekunde tauchte noch ein kleineres Termitenproblem auf. Ich hatte nicht genug Zeit, dieses Problem zu beheben, und mußte deshalb einen kleinen Preisabschlag in Kauf nehmen. Ich hatte das Gefühl, noch aus der letzten Runde genug Verhandlungsspielraum zu haben, und der Kaufinteressent hatte das Gefühl, etwas verlorenen Boden wiedergutgemacht zu haben. Wir konnten also beide zufrieden sein. Da ich die Traditionen unserer beiden Kulturen kannte, konnte ich eine größere Auseinandersetzung vermeiden. Je mehr Sie über die Kultur der anderen Seite wissen, desto leichter ist es für Sie, an Ihr gewünschtes Ziel zu kommen.

In den Vereinigten Staaten sind die Regeln für eine Änderung des Geschäfts nach Vertragsunterzeichnung sehr streng. Schriftliche Verträge können nur schriftlich geändert werden. Mündlich vereinbarte Änderungen sind erst dann verbindlich, wenn sie schriftlich festgehalten werden.

Der Mittlere Osten

Die Traditionen der Wüste in Bezug auf Vertragsabschlüsse sind das genaue Gegenteil von denen der Vereinigten Staaten. Das Wort und ein Händeschlag entspricht den jahrhundertealten Traditionen des Mittleren Ostens. Der Vertrag wird in seinen Grundlagen vereinbart, und beide Seiten erfüllen danach die Vertragsbedingungen. Wenn sich die Geschäftsgrundlage ändert, müssen die Änderungen neu verhandelt werden. Für Amerikaner ist diese Sitte beunruhigend. Ein Amerikaner geht immer davon aus, daß ein Geschäft mit dem Vertragsabschluß abgeschlossen ist. Araber aber glauben, daß das Geschäft neu verhandelt werden muß, wenn sich die Umstände ändern oder sie neue Informationen bekommen.

Im Mittleren Osten berechtigt fast jede Änderung der Geschäftsgrundlage zu einer Neuverhandlung des Geschäfts. Wenn Sie sich aber einmal das Geschäftsleben im Zeitalter der Karawanen vorstellen, werden Sie auch den Grund dafür verstehen. Stellen Sie sich folgende Situation vor: Ein Karawanenführer schließt mit einem Käufer einer bestimmten Anzahl von Teppichen einen Vertrag ab, diese Teppiche zu liefern. Der Karawanenführer reist zum Teppichlieferanten, kauft die Teppiche und kehrt wieder zurück. Auf dem Rückweg aber stirbt ein Kamel, und außerdem kosteten die Teppiche mehr, als der Karawanenführer ursprünglich kalkuliert hatte. Der Preis muß also noch einmal neu ausgehandelt werden. Ein Amerikaner wäre in diesem Fall verwirrt. Ein Araber aber setzt sich hin und verhandelt das Geschäft auf Grundlage der geänderten Gesamtumstände noch einmal. Allerdings sind auch hier nicht alle

Punkte offen für eine Neuverhandlung: Ein Basispreis war ja schon ausgehandelt. Jetzt wird nur noch über die Preisanpassung geredet.

Japan

Geschäftsabschlüsse in Japan bewegen sich irgendwo zwischen den amerikanischen und den arabischen Traditionen. In Japan werden seit jeher schriftliche Verträge ausgehandelt, die die Grundlagen eines Geschäfts enthalten. Diese schriftlichen Vereinbarungen enthalten aber weitaus weniger Detailregelungen als amerikanische Verträge. Sollten sich nach Vertragsunterzeichnung die Umstände ändern, bleibt je nach dem Verhältnis, das beide Geschäftspartner entwickelt haben, mehr oder weniger Raum für Änderungen.

Da Japaner genug Spielraum lassen für Ereignisse, die nach Vertragsunterzeichnung eintreten, ist es für sie besonders wichtig, ihren Verhandlungspartner vor Geschäftsabschluß genau kennenzulernen. In den Vereinigten Staaten ist die persönliche Beziehung zwischen den Verhandlungspartnern nicht so wichtig, weil der Vertrag, so wie er bei Geschäftsabschluß geschrieben wurde, endgültig ist.

Die richtige Zeit für einen Geschäftsabschluß

Das *Wann* für Vertragsabschlüsse ist leicht zu bestimmen: so früh und so oft wie möglich. Manche Leute wollen aber scheinbar keinen Vertrag abschließen oder haben es nicht nötig, Geschäfte zu machen. Diese Menschen kommen mir immer vor wie wiederkäuende Kühe. Sie bringen keine Diskussion zu Ende, haben Spaß dabei, jeden Punkt zehnmal durchzukauen, und verschwenden damit wertvolle Zeit. Aber Sie wissen es ja bereits: Auch der Geschäftsabschluß ist eine Verhandlungsfertigkeit, die man erst erlernen muß.

 Schon bei der Vorbereitung einer Verhandlung und danach bei den Gesprächen mit der anderen Seite müssen Sie den Abschluß im Auge haben. Ein kleiner Teil Ihrer Gedanken sollte immer auf den Geschäftsabschluß fixiert sein – auf das Ziel, die Verhandlung zu einer für beide Seiten akzeptablen Lösung zu bringen. Wenn Sie den Abschluß als einen eigenen Verhandlungsschritt betrachten, werden Sie aller Wahrscheinlichkeit nach auch nicht die richtige Gelegenheit zum Abschluß verpassen.

Stundenlang jemandem am Tisch gegenüberzusitzen kann auf die Dauer sehr frustrierend sein. Achten Sie also sorgfältig auf die erste sich bietende Möglichkeit, das Geschäft abzuschließen. Die folgende Aufzählung enthält die für einen Geschäftsabschluß geeigneten Momente. Verpassen Sie sie nicht!

✔ Ein akzeptable Lösung liegt auf dem Tisch.

✔ Die andere Seite möchten das Geschäft abschließen.

✔ Ein Termin zwingt zum Abschluß.

✔ Alle Verhandlungsziele sind erreicht.

✔ Sie haben bessere Alternativen gefunden.

Das einzige Problem bei dieser Liste besteht darin, daß Sie nicht genau wissen, wann dieser *geeignete Moment* gekommen ist. Das trifft besonders dann zu, wenn Sie ohnehin mit Geschäftsabschlüssen nicht so gut zurechtkommen. Der geeignete Moment, Ihren ersten Versuch zu einem Geschäftsabschluß zu starten, ist schon da, wenn Sie sich an den Verhandlungstisch setzen.

Denken Sie an Ihr Mantra für Geschäftsabschlüsse: So oft und so früh wie möglich. Eine vor kurzem durchgeführte Befragung von Verkäufern hat ergeben, daß nur ein sehr geringer Prozentsatz von Geschäften schon nach dem ersten Versuch abgeschlossen wurde. Die meisten Verträge wurden erst nach dem dritten Versuch abgeschlossen. Versuchen Sie, jede Verhandlung so früh wie möglich zu einem Abschluß zu bringen. Nutzen Sie danach jede sich bietende Gelegenheit zum Abschluß.

Falls Sie generell Probleme mit Geschäftsabschlüssen haben, versuchen Sie einmal, Ihre nächste Verhandlung schneller zu einem Abschluß zu bringen, als Sie es eigentlich für möglich halten. Sie werden herausfinden, daß Sie damit keinen Schaden anrichten und zugleich die andere Seite auf Ihren Wunsch aufmerksam gemacht haben, die Angelegenheit möglichst schnell zum Abschluß zu bringen. Machen Sie sich einen Sport daraus. Zeichnen Sie Ihre Versuche auf. Ihre Abschlußrate wird sich steigern, wenn Sie erst einmal mitbekommen haben, daß der Geschäftsabschluß ganz eigene Fertigkeiten verlangt, die schon sehr früh und oft in einer Verhandlung zum Einsatz kommen müssen.

Die richtige Art und Weise, ein Geschäft abzuschließen

Dieser Abschnitt soll den Geschäftsabschluß von seinen dunklen Geheimnissen befreien und Ihnen dessen Mechanismus vorstellen.

Üben Sie mit einem Freund oder Familienmitglied die unterschiedlichen Abschlußmethoden. Je natürlicher die Sätze Ihnen über die Zunge gehen, desto einfacher wird für Sie der reale Versuch. Spielen Sie ein Rollenspiel. Beschreiben Sie einem Freund eine typische Verhandlungssituation, und bitten Sie ihn, Sie mit den in diesem Kapitel beschriebenen Einwänden zu konfrontieren.

Der Abschlußexperte

Die meisten großen Gebrauchtwagenhändler in den Vereinigten Staaten haben einen Mitarbeiter, der eigens für den Abschluß von Geschäften zuständig ist. Vielleicht sind ja auch Sie schon einmal einem Autoverkäufer begegnet, der Sie an den Geschäftsführer verwiesen hat, anstatt selbst das Geschäft abzuschließen. Leute in der Branche nennen diesen Mitarbeiter den »Abschlußexperten«.

Ein Nein als positives Erlebnis

Vor langer Zeit habe ich festgestellt, daß ich mit Absagen nicht gut umgehen kann. Damals hatte ich meinen ersten und einzigen Job als Telefonverkäuferin. Nach jeder Absage ging ich hinaus auf den Gang zum Automaten und zog mir einen Schokoriegel. Zwei Wochen und acht Pfund später paßten mir meine Röcke nicht mehr und ich kündigte den Job.

Auch Jahre später war es mir unangenehm, beim Verkaufen meiner Trainings-kurse ein Nein als Abschluß einer telefonischen Verhandlung hinzunehmen. Mir war ein »Ich werd's mir überlegen« immer bedeutend angenehmer. Mir war die Unentschlossenheit der anderen Seite lieber als ein klares Nein. Ich hatte einen zehn Zentimeter hohen Stapel mit Akten potentieller Kunden für meine Dienste als Management-Trainerin vor mir und gab eine Menge Geld dafür aus, mir von allen möglichen Menschen ein »Vielleicht« anzuhören und darüber auch noch glücklich zu sein. Einige Anrufe zahlten sich aus und brachten mir neue Kunden. Die meisten kosteten jedoch nur Geld. Manche Leute rief ich zwei Jahre lang re-gelmäßig und erfolglos an.

Es war Zeit, meinen Mentor anzurufen. Ich glaube an Mentoren. Jeder sollte einen haben und einer sein. Ein Mentor ist ein Mensch, den man respektiert und der mehr weiß als man selber – und der bereit ist, einen Moment seiner wertvollen Zeit zu opfern, um seine Erfahrungen mit einem zu teilen. Annie Miller lebt in New York und leitet eine Menge Kommunikationskurse und Seminare. Sie ist schon ein paar Jahre länger im Geschäft als ich. Annie ist außerordentlich erfolg-reich und war auch diejenige, die mich aufgefordert hatte, mich selbständig zu machen. Diese Frau rief ich also jetzt an.

Hier ihr Vorschlag: Rufen Sie die potentiellen Teilnehmer ein letztes Mal an, und sage Sie ihnen, daß dieser Anruf der letzte sein würde. Sagen Sie Ihnen nach dem üblichen Smalltalk: »Ich ordne gerade meine Papiere und will alle offenen Vorgänge abschließen. Wir reden jetzt schon seit einem Jahr über meine Kurse, und ich habe immer noch keinen Auftrag für ein Trainingsprogramm für Ihr Personal. Dies ist mein letzter Anruf. Wie sieht es denn jetzt tatsächlich aus? Kommen wir noch ins Geschäft?«

Danach hörte ich einfach nur zu. Die Resultate waren erstaunlich. Ein Drittel der potentiellen Kunden sagte ab – kein Etat, der Chef glaube nicht Training etc. Das waren die Tatsachen, die ich brauchte, um endlich aufzuhören, Zeit und Geld für Kunden auszugeben, die ohnehin nicht für mich in Frage kommen würden. Mit einem weiteren Drittel konnte ich Termine für ein Gespräch als Vorbereitung einer Verhandlung vereinbaren. Das letzte Drittel schaffte es, mich zu überzeugen, weiter zu warten. Dazu war ich auch bereit, da mittlerweile der Stapel unerledigter Kunden auf nur noch drei Zentimeter geschrumpft war. Was für ein großartiges Gefühl ein Abschluß doch sein kann, auch wenn der Abschluß aus einem Nein besteht!

Seien Sie also aktiv. Bitten Sie um eine Entscheidung.

Menschen, die in ihrem eigenen Leben laufend irgendwelche Konflikte bewältigen und Probleme lösen, werden allgemein für angenehm und kooperativ gehalten. Am Verhandlungstisch werden solche lösungsorientierten Menschen von allen Beteiligten sogar als brillant angesehen. Wenn ein Verhandlungsführer eine scheinbar schwierige Verhandlung zu einer Lösung bringt, wird er für diese Leistung mit Lob überschüttet.

✔ Menschen mit Problemen beim Geschäftsabschluß neigen dazu, sich in eine bestimmte Position zu verrennen. Leute, die keine Probleme mit Abschlüssen haben, finden scheinbar immer eine Lösung. Der Weg dahin mag zwar gelegentlich anders als geplant verlaufen, führt aber immerhin zum gewünschten Resultat.

✔ Menschen, die gut mit Abschlüssen umgehen können, sind im allgemeinen Leute, die ihre Aufgaben pünktlich erledigen. Menschen mit Problemen beim Abschluß sind häufig extreme Bummler.

✔ Wahre Abschlußexperten freuen sich über jeden Abschluß. Leute, die schwach im Abschließen von Geschäften sind, empfinden ein Gefühl von Verlust, wenn ein Projekt beendet wird.

Gute Verhandlungsführer, die keine Probleme beim Geschäftsabschluß haben, sind oft gewitzt und clever, müssen es aber nicht unbedingt sein. Diese Menschen verfolgen selbstbewußt die bei der Vorbereitung der Verhandlung festgelegten Ziele und Grenzen konsequent bis zum Abschluß. Sie halten sich selbst für effektiv. Die Herstellung von Konsens macht dem Abschlußexperten Spaß, während diese Tätigkeit für den Menschen, der schwach im Abschluß von Geschäften ist, ein wahrer Kampf ist. Wenn Sie die in diesem Buch vorgestellten Grundtechniken der Verhandlungskunst erlernt haben, werden auch Sie über all diese Qualitäten verfügen. Alle Menschen werden als erfolgreiche Verhandlungsführer geboren: Schon als Säuglinge verhandeln sie wegen Nahrung und trockene Windeln. Leider lassen sich manche Menschen diese Qualitäten im Laufe der Zeit austreiben. Holen Sie sich Ihr Leben zurück. Machen Sie sich ans Werk, alles, was Sie im Leben erreichen wollen, mit Hilfe der Schritt-für-Schritt-Techniken dieses Buches zu bekommen.

Geschäftsabschluß – mehr als drei Techniken werden nicht gebraucht

Die ganze Welt ist scheinbar auf der Suche nach dem perfekten Abschluß – der Abschluß, der immer funktioniert. Wenn wir in unseren Seminaren zu diesem Punkt kommen, werden die Ohren mehr als sonst gespitzt. Alle sind hellwach und gespannt. Hier das große Geheimnis: Die drei Methoden für den erfolgreichen Abschluß einer Verhandlung lauten: Fragen, fragen, fragen.

Wenn wir mit der ersten Abschlußstrategie beginnen, schreiben alle Teilnehmer »Fragen« in ihre Notizbücher. Wenn wir die zweite Strategie bekanntgeben, müssen die meisten Teilnehmer lächeln und hören auf zu schreiben. Nur die wenigsten schreiben das dritte »Fragen« auf. Aber bis dahin haben alle verstanden: Sie erkennen, daß es sich hier um die Erfahrung von Generationen und nicht um irgendein neues High-Tech-Geheimnis handelt.

Egal, wie schnell Ihr PC ist oder wieviel Stunden Empfangsbereitschaft Ihr Handy hat – es gibt immer nur einen Weg, ein Geschäft abzuschließen: Fragen Sie Ihren Gegenspieler, ob er den bis dahin festgelegten Bedingungen zustimmt. Wenn Sie Probleme damit haben, Ihre Gegenspieler um eine klare Stellungnahme zu bitten, lesen Sie das entsprechende Kapitel noch einmal.

Zum Glück für die Tausenden von Seminarveranstaltern sucht die ganze Welt weiter nach der einfachen Lösung für das Problem, eine Verhandlung zu einem guten Abschluß zu bringen. Bis diese Antwort gefunden ist, müssen Sie sich den Erfolg weiter auf die altmodische Art und Weise verdienen: Fragen Sie danach! Falsch: Bestehen Sie auf dem Abschluß! Eine Verhandlung kommt nicht von allein zum Abschluß. Da hilft nichts anderes als ständiges und organisiertes Nachfragen.

 Am Arbeitsplatz ist der Abschluß eines Vertrages meistens keine einmalige Angelegenheit. Eine Variante des Prinzips »Fragen, fragen, fragen« lautet »Ein Abschluß folgt auf den anderen«. Stellen Sie sich folgende Situation vor: Sie sind verantwortlich für ein hochinteressantes Projekt, das plötzlich wegen eines Wechsels im Management, einer Neubestimmung der Unternehmensprioritäten oder irgendeiner anderen Korrektur (was immer auf die Einstellung eines Projekts oder den Abbau von Arbeitsplätzen hinausläuft) eingestellt wird und in der Registratur verschwindet. Sie sind schwer enttäuscht. Ihre ganze Arbeit war für die Katz, und Anerkennung werden Sie damit auch nicht finden. Um das Projekt am Leben zu erhalten, müssen Sie jetzt versuchen, es dem neuen Management zu verkaufen. Behandeln Sie Ihr Projekt als ganz neue Aufgabe. Denken Sie an all die guten Gründe, mit denen Sie das Projekt vorher haben durchboxen können. Beginnen Sie mit diesen Gründen von vorne. Selbständige und Freiberufler müssen ihren Klienten, Mandanten oder Kunden laufend größere Projekte schmackhaft machen. Besonders schwierig wird es dann, wenn der Kunde gebeten werden muß, größere Beträge vorzustrecken. Wenn Sie ahnen, daß Ihr Projekt trotz aller Bemühungen eingestellt wird, sorgen Sie rechtzeitig dafür, auch noch andere Eisen im Feuer zu haben. Dieser Vorsorge sollten Sie in Ihrem Geschäft immer höchste Priorität einräumen, um nicht finanziell und emotional ins Trudeln zu geraten.

Mit Koppelungsgeschäften zum Geschäftsabschluß

Eine Koppelung ist ein großartiges Mittel, ein Geschäft doch noch abzuschließen, auch wenn zum letzten Punkt einer Verhandlung einfach kein Übereinkommen erzielt werden kann. *Koppelung* bedeutet, daß Sie eine von Ihnen gewünschte Zusage an eine eigene Forderung koppeln, so daß das Geschäft abgeschlossen werden kann.

Die folgende Situation verlangt geradezu nach der Koppelungsstrategie:

✔ Die andere Seite hat ihre endgültig letzte Forderung gestellt.

✔ Sie können in diesem Punkt nicht nachgeben, weil das Geschäft Ihnen sonst nichts bringen würde. Wenn Sie in diesem Punkt nachgeben, wäre ein Abschluß des Geschäftes für Sie nicht mehr reizvoll.

Gehen Sie in diesem Fall folgendermaßen vor:

1. **Machen Sie eine Pause.**

   Vergewissern Sie sich, daß die andere Seite nicht nur blufft, sondern tatsächlich in diesem Punkt nicht weitergehen kann.

2. **Überprüfen Sie die gesamte Transaktion. Suchen Sie einen Punkt, in dem Sie nicht alles bekommen haben, was Sie wollten. Suchen Sie einen Punkt, der zu Ihren Gunsten abgeändert werden könnte, und damit das Geschäft wieder ins Gleichgewicht bringt.**

3. **Koppeln Sie diese Forderung an das Zugeständnis, das die andere Seite von Ihnen will.**

   Machen Sie in dem fraglichen Punkt ein Zugeständnis, wenn die Gegenseite zugleich dem im zweiten Schritt verlangten Wunsch entspricht. Der Punkt, den Sie mit dem Wunsch der Gegenseite verknüpfen, muß in der Verhandlung vorher noch gar nicht erwähnt worden sein. Eine Koppelung ist immer möglich.

Hier einige Beispiele für eine Koppelung als Reaktion auf bestimmte Einwände:

Einwand: »Wir können diesem Mann im nächsten Jahr nicht mehr als 100000 Dollar zahlen.«

Koppelung: »Wenn Sie sich zu 110000 Dollar durchringen könnten, wäre mein Mandant mit einem Zwei-Jahresvertrag einverstanden.«

Einwand: »Wir können Müller als Lieferanten nicht einfach absägen.«

Koppelung: »Wie wär's, wenn wir Ihnen die Hälfte Ihres Bedarfs verkaufen würden. Sie könnten dann weiterhin bei Müller einkaufen und gleichzeitig unsere Firma testen.«

Einwand: »Ihr Tageshonorar ist zu hoch für einen nur einstündigen Vortrag – auch wenn man berücksichtigt, daß Sie eine längere Anreise zur Konferenz haben.«

Koppelung: »Ich kann Ihnen dazu noch ein Seminar am Nachmittag anbieten. Dann müssen Sie nicht das Gefühl haben, nichts für Ihr Geld zu bekommen.«

Die Koppelungsstrategie ist ein wunderbares Instrument, mit dem Sie eine Verhandlung aus einer Sackgasse ziehen können. Hier einige Sätze, die Sie als Vorbereitung für einen Koppelungsvorschlag verwenden können:

»Vielleicht sollten wir uns einige Punkte noch einmal vornehmen.«

»Vielleicht können wir in diesem Punkt zu einer Einigung kommen.«

»Ich sag' Ihnen, was wir machen können.«

Die Koppelungsstrategie ist eines der Verhandlungsinstrumente, mit denen Sie sich wie ein Großer des Verhandlungsgeschäfts fühlen können, weil Sie damit echte Probleme aus dem Weg räumen können. Wenn keine Seite in dem heftig umstrittenen Punkt nachgeben kann, müssen Sie etwas zum Tauschen finden. Mit Hilfe der Koppelungsstrategie können Sie einen Weg aus einer mißlichen Lage finden, in die Sie bei Ihrer nächsten Verhandlung geraten könnten.

Hindernisse vor einem Geschäftsabschluß

Wenn Sie Schwierigkeiten beim Geschäftsabschluß haben, sollten Sie sich nicht fragen »Wie mache ich es?« sondern »Warum zögere ich, anstatt die Sache anzupacken?« Allein durch die richtige Fragestellung fangen Sie an, über Antworten nachzudenken.

Jeder Mensch, der vor dem Abschluß einer Verhandlung erst seinen inneren Schweinehund überwinden muß, hat höchstwahrscheinlich Angst vor diesem Vorgang. Die häufigsten Ängste finden Sie in folgender Aufstellung:

✔ Der Abschluß ist der Moment in einer Verhandlung, an dem Ihr innerer Kritiker sich folgendermaßen melden könnte: »Du hast es schon vermasselt, als du um den Auftrag gebeten hast.«

✔ Der Geschäftsabschluß ist auch deshalb so erschreckend, weil Sie damit Verpflichtungen eingehen.

✔ Der Abschluß bringt diese Phase der Verhandlung zu einem Ende.

 Der wahre Schlüssel für Ihren Erfolg liegt nicht in einer komplizierten Strategie. Der wahre Schlüssel liegt in Ihrer eigenen Psyche, die sich gegen den Abschluß jedes Geschäfts sträubt. Viele Menschen haben diese geistigen Sperren. Versuchen Sie alles, sie aus dem Weg zu räumen. Denken Sie daran, daß auch die andere Seite möglicherweise mit diesen geistigen Sperren kämpft. Vielleicht können Sie sie nur nicht erkennen, weil sie sich hinter irgendwelchen vordergründigen Einwänden gegen das Geschäft verstecken.

Einwände überwinden

Der Begriff *Einwand* wird sehr häufig im Zusammenhang mit Verhandlungen verwendet, die einen Verkauf zum Gegenstand haben. Verkäufer auf der ganzen Welt wüßten gerne die Lösung, wie sie Einwände des Käufers überwinden oder entkräften können. Sie alle suchen einfache und klare Lösungen für die beiden Probleme, die die häufigsten Einwände hervorbringen: Preis und Produkt.

Wenn jemand einen direkten Einwand gegen einen Ihrer Vorschläge erhebt, ergreifen Sie die Gelegenheit beim Schopf. Hier bietet sich eine Gelegenheit, eine weitere Hürde beiseite zu räumen. Jeder Einwand, den Sie ausräumen können, bringt Sie Ihrem Ziel näher – dem Geschäftsabschluß. Jeder ehrliche Einwand ist nur eine Einladung an Sie, eine Sorge zu entkräften oder einen Wunsch zu erfüllen, der im Lauf der Verhandlung bis dahin noch nicht erwähnt wurde.

Die Entkräftung von Einwänden ist der lustige Teil einer Verhandlung. Hier können Sie Ihre Phantasie spielen lassen. An diesem Punkt haben Sie Gelegenheit, Ihre in der Vorbereitungsphase gesammelten Informationen für Ihre Antwort heranzuziehen. Die Entgegnung auf Einwände ist der Abschnitt, in dem Sie zeigen können, was Sie können, und in dem sich Ihre Vorbereitung auszahlt.

Mit Fragen kommen Sie zum Ziel

Wenn Sie eine Verhandlung zum Abschluß bringen wollen, und die Gegenseite erhebt Einwände, kann unter Umständen eine Frage die beste Lösung sein. Fragen Sie vorsichtig nach, um die Antworten auf folgende Fragen zu finden:

✔ Ist der Grund für den Einwand wirklich das einzige, was der anderen Seite Sorgen bereitet?

✔ Was wird die andere Seite unternehmen, wenn das Geschäft nicht abgeschlossen wird? Welche Alternativen hat sie?

✔ Haben Sie eine Möglichkeit, diese Alternative auszuhebeln?

Das frustrierende dabei ist, daß Sie diese Fragen niemals direkt stellen können. Sie müssen diese Informationen auf irgendeine andere und indirekte Art und Weise beschaffen. Sie müssen die Antworten aus der Gegenseite herauskitzeln. Sehen Sie sich zum Beispiel die erste Frage in der vorstehenden Liste an. Normalerweise kann man nicht einfach sagen: »Na los, was stört Sie an dem Geschäft denn nun wirklich?« Sie müssen zunächst sich selbst und dann auch den Verhandlungsgegner beruhigen, um an den Grund für die Besorgnis heranzukommen. In der folgenden Aufstellung finden Sie verschiedene Möglichkeiten, die Informationen herauszukitzeln (Jede Frage ist eine Variation desselben Themas):

✔ Falls wir in diesem Punkt (zum Beispiel beim Preis) eine Einigung erzielen, könnten wir das Geschäft dann noch heute abschließen? (Wenn nicht, wissen Sie, daß Ihrem Gegenspieler in Wirklichkeit etwas anderes Sorgen bereitet).

✔ Wie wär's, wenn wir ... Schlagen Sie eine völlig neue und andersartige Lösung vor. Versuchen Sie, dem Gegner das Geschäft mit einer Koppelung schmackhaft zu machen. (Wenn diese Strategie funktioniert, wissen Sie, daß Sie auf den Punkt gestoßen sind, der dem Gegenspieler die eigentlichen Probleme bereitet.)

✔ Wie würde dieses Geschäft für Sie in einer perfekten Welt aussehen?

Da Sie mitten in einer Verhandlung sind, haben Sie offenbar schon einige Fortschritte gemacht. Die Antworten auf diese drei Fragen können Ihnen alle möglichen Informationen bringen – all die Informationen, nach denen Sie nicht direkt fragen können.

Zurück an den Anfang

Wenn Sie am Ende einer Sackgasse stehen, werden Sie vielleicht mit den Schultern zucken und sagen: »Jetzt muß ich wohl wieder ganz von vorne anfangen.« Wenn Ihnen so etwas beim nächsten Mal passiert, hören Sie auf sich selbst, und denken Sie an dieses Buch: Sie haben sich gerade selber einen großartigen Rat gegeben. Das Problem ist, daß die meisten Menschen einen guten Rat nicht erkennen, wenn sie ihn hören – auch wenn dieser gute Rat von ihnen selbst stammt.

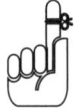 Der Ausgangspunkt einer Verhandlung ist die Vorbereitung. Teil I dieses Buches handelt ausschließlich von der Vorbereitung. Wenn Sie Probleme mit Einwänden der Gegenseite haben oder eine Verhandlung nicht zum Abschluß bringen können, werden Sie die Lösung dieser Probleme fast immer in Teil I finden. Wahrscheinlich muß dann einer der folgenden Punkte wiederholt werden:

✔ Sie brauchen weitere Informationen über Ihren Gegenspieler – vielleicht sprechen Sie auch gar nicht mit der richtigen Person.

✔ Sie brauchen weitere Informationen über Ihre eigene Firma oder das eigene Produkt. Möglicherweise kennen Sie nicht alle Produktmerkmale, die Sie eigentlich herausstellen müßten.

✔ Sie brauchen mehr Informationen über die Konkurrenz. Welche Alternativen stehen der anderen Seite tatsächlich zur Verfügung?

✔ Vielleicht sollten Sie auch gar nicht in dieser Verhandlung sein, weil gerade dieses Geschäft Ihrer eigenen Lebensplanung völlig widerspricht.

Der Unterschied zwischen einem guten Verhandlungsführer und Otto Normalverbraucher liegt in der Grundlage, die er sich schon vor einer Verhandlung erarbeitet. Wir würden Ihnen gerne eine schnelle Lösung oder den Zauberstab anbieten, mit deren Hilfe Sie im Leben vorwärtskommen können. Leider ist aber sowohl in Verhandlungen als auch im normalen Leben kein Einzelfaktor für den Erfolg so ausschlaggebend wie eine gute Vorbereitung.

In allen Seminaren stellen wir immer wieder fest, daß die Frage-und-Antwort-Sitzung am Ende des Kurses zum Anfangsthema, der guten Vorbereitung, zurückführt. Diese Tatsache ist besonders auffällig, wenn wir mit Verkäufern zu tun haben, die die Lösung für einen schnellen Abschluß suchen, die diesen einen magischen Satz suchen, mit dem ihr Tag zu einem erfolgreichen Tag wird. Aber nichts kann einen Tag erfolgreicher machen als ein gesunder Schlaf in der Nacht vorher – jedenfalls in dem Teil der Nacht, der nach einer gründlichen Vorbereitung noch übrigbleibt.

Abschlüsse in der Familie

Eltern haben einen wichtigen Auftrag, der gleichzeitig eine lohnende Herausforderung ist. Mütter und Väter vermitteln Werte, moralische Grundsätze und richtiges Verhalten durch ihr positives Vorbild. Sie schaffen dadurch konsequente und faire Standards, die sie liebevoll und behutsam durchsetzen sollten.

Die Definition dieser Aufgabe ist einfach, aber gute Erziehung bedeutet, alle in diesem Buch angesprochenen Einzelschritte der Verhandlung zu beherrschen. Um einen Abschluß mit den Kindern zu erreichen, müssen Sie die Konsequenzen deutlich machen, die ein Verstoß gegen die gemeinsam festgelegten Regeln und Standards nach sich zieht. Aber zuerst müssen diese Standards erst einmal deutlich festgelegt werden.

Am besten läßt sich über Verhaltensregeln und Familienstandards auf regelmäßigen Familientreffen entscheiden. Alle Probleme und Konflikte, die während der Woche auftauchen, können Sie auf die Tagesordnung für das Familientreffen schreiben. Diese Tagesordnung kleben Sie am besten an die Kühlschranktür oder an eine Pinnwand.

Familientreffen haben den Zweck, Konflikte aus der Welt zu schaffen. Alle Familienmitglieder nehmen an den Treffen teil und können Vorschläge zur Problemlösung machen. Entscheiden Sie zusammen über Verfahren und Verhaltensregeln. Diese Entscheidungen können anschließend als Familienregeln irgendwo angeschlagen werden.

Erwachsene können relativ gut mit Ungewißheit umgehen. Kinder müssen immer genau wissen, wo sie stehen. Kinder leben im Hier und Jetzt. Wenn Sie alle anderen Punkte für eine Verhandlung abgehakt haben und den Kindern Ihre Erwartungen deutlich gemacht haben, bedeutet der Abschluß der Verhandlung, sich davon zu überzeugen, ob die Kinder die Lösung verstanden haben. Fordern Sie die Kinder auf, in ihren eigenen Worten zu schildern, wie sie fühlen, nachdem entweder ein Konflikt beigelegt oder nachdem etwas, was sie wollten, abgelehnt oder gutgeheißen wurde.

Hüten Sie sich davor, eine Situation zu schaffen, in der ein Familienmitglied eine Lösung nur _annimmt_, die in Wirklichkeit aber gar nicht erreicht wurde. Stellen Sie sich dazu folgende Situation vor: Ein Teenager möchte nach einer Schulfeier die ganze Nacht bei einer Freundin oder einem Freund verbringen. Die Eltern sind unentschlossen. Der Vater sagt: »Hört sich nicht schlecht an. Ich kann mich erinnern, daß ich das auch während meiner Schulzeit gemacht habe.« Der Teen-

ager hält diesen Satz für Zustimmung und läuft damit zur Mutter. Mutter sagt: »Hmmm, mal sehen.« Der Teenager macht daraufhin Pläne, freut sich auf das Ereignis und nimmt an, daß die Verhandlungen mit den Eltern jetzt abgeschlossen sind.

Wenn die Eltern sich später etwas näher mit den geplanten Aktivitäten befassen, stellen sie vielleicht fest, daß überhaupt keine oder zuwenig Aufsichtspersonen vorhanden sind. Das Resultat der elterlichen Recherchen: Die Eltern sagen Nein. Das Kind ist schwer enttäuscht. Alle Pläne waren umsonst. Mutter und Vater haben hier eine schwache Position. Ihr Sprößling könnte ihnen vorwerfen, sie hätten die Vereinbarung gebrochen (die ja in Wirklichkeit niemals erzielt worden war). Eltern müssen sehr vorsichtig sein, wenn sie zusammen mit dem Kind eine Entscheidung treffen, damit beim Kind kein falscher Eindruck entsteht. Machen Sie Ihre Entscheidungen immer sehr deutlich – auch wenn Sie sagen müssen: »Ich bin noch nicht sicher. Mach' lieber noch keine Pläne!«

Wenn das Geschäft perfekt ist

Die Verhandlung ist beendet. Der Vertrag ist unterschrieben. Der Mandant oder Kunde ist glücklich. Sie werden von allen mit Glückwünschen überschüttet. Die Ausführungsbestimmungen müssen noch festgelegt werden, aber Ihre Aufgabe ist erledigt – fast.

Zwei Dinge müssen Sie noch erledigen, die erstens dem Geschäft nützen und zweitens Ihre eigene Entwicklung fördern:

✔ Überprüfen Sie die gesamte Verhandlung. Warten Sie etwas, und lassen Sie dann die ganze Verhandlung noch einmal Revue passieren. Überlegen Sie, was Sie vielleicht anders hätten machen können. Denken Sie über die Konsequenzen all der Entscheidungen nach, die Sie getroffen haben. Wir wollen Sie hier nicht zur Selbstkasteiung auffordern. Wir reden hier über eine ruhige Überprüfung des gesamten Verhandlungsprozesses, in der Sie die verschiedenen Optionen noch einmal vor Ihrem geistigen Auge durchspielen. Nachdem Sie nach einiger Zeit etwas Abstand von der Verhandlung gewonnen haben, sollen Sie mit dieser letzten Kontrolle die Verhandlung endgültig abschließen. Diese Überprüfung ist besonders nach einer erfolgreichen Verhandlung wichtig, weil Sie gerade danach von keinen Selbstzweifeln oder Schuldgefühlen geplagt werden.

✔ Scheuen Sie keine Mühen, um sicherzustellen, daß der Vertrag pünktlich, ehrlich und unter Beachtung aller moralischen Grundsätze erfüllt wird. Haben Sie die Verhandlung in fremdem Namen geführt, werden Sie wahrscheinlich keinen großen Einfluß darauf haben, in welcher Weise der Vertrag erfüllt wird. Waren Sie aber Ihr eigener Chef, ist es Ihre persönliche Pflicht, den Vertrag buchstabengetreu zu erfüllen. Wir halten das für eine heilige Pflicht. Sie haben Ihr Wort gegeben. Vergessen Sie das niemals!

Systeme zur Systemüberprüfung

Egal, ob Sie als Mitarbeiter eines großen Unternehmens oder im eigenen Namen verhandeln – betrachten Sie die Verhandlung erst dann als beendet, und schließen Sie die Akte erst dann, wenn Sie alle nötigen Maßnahmen getroffen haben, um sicherzustellen, daß die Vereinbarung auch erfüllt wird. Notieren Sie sich in Ihrem Kalender die Daten, an denen bestimmte Leistungen fällig werden. Kontrollieren Sie, ob die Leute für die Vertragsabwicklung zur Verfügung stehen und alle Einzelheiten verstanden haben. Sorgen Sie dafür, daß der anderen Seite über diese Maßnahmen berichtet wird.

Die meisten großen Unternehmen haben dafür sogar eine eigene Abteilung, die meistens »Vertragsabwicklung« oder ähnlich genannt wird. Auch wenn die Mitarbeiter dieser Abteilung sich um diese Details kümmern, sollten Sie sich nach einiger Zeit (nach ein oder zwei Wochen) davon überzeugen, daß das System funktioniert. Gerade wenn Sie Verkäufer oder Vertreter sind, sollten Sie kontrollieren, ob Ihre Aufträge schon bearbeitet wurden oder gerade bearbeitet werden.

Diese Kontrolle ist äußerst wichtig. Wenn nämlich bei der Vertragsabwicklung irgend etwas schiefläuft, werden diese Probleme immer auf Sie zurückfallen – egal, wie wenig Sie mit der Abwicklung Ihrer Aufträge zu tun haben. Sie haben schließlich das Geschäft ausgehandelt. Wenn es nicht pünktlich abgewickelt wird, wird sich die andere Seite immer merken, daß es ein Geschäft mit *Ihnen* war, das Probleme bereitet hat. Unfair, aber wahr!

 Machen Sie es zu einem ganz persönlichen Anliegen, dafür zu sorgen, daß die andere Seite glücklich ist. Sie müssen dafür allerdings einige Anstrengungen auf sich nehmen und Menschen kontrollieren, die Ihre Aufgaben eigentlich auch ohne Ihren Anstoß erledigen sollten. Aber weitere Geschäfte mit der anderen Seite und ein guter Ruf sollten Sie für die Mühen mehr als genug entschädigen.

Kleine Ursache, große Wirkung

Vor einiger Zeit hatte ich einen Mandanten, der einen größeren Spielfilm produzieren wollte. Wir wollten einen schnellen, aber fairen Abschluß. Ich machte dem jungen Anwalt, der den Drehbuchautor vertrat, deshalb ein Angebot – eine kurze dreiseitige Aufstellung der zu erwartenden Nettoeinkünfte. Ich hielt darin alles so einfach wie möglich, weil ich keine ausgedehnten Verhandlungen wollte. Diese Aufstellung war weitaus besser (und viel kürzer) als die Aufstellungen, die die großen Studios zu Ermittlung der Nettoeinnahmen verwenden. Das Dokument enthielt nur wenige Details und erforderte keine buchhalterischen Kenntnisse.

»Mein Mandant besteht auf einem Anteil an den Bruttoeinnahmen«, sagte der junge Anwalt und ging mit keinem weiteren Wort auf Einzelheiten der Aufstellung ein.

»Okay«, sagte ich. »Ich kann ihm zwar keine tatsächlichen Zahlen über die Bruttoeinnahmen geben. Vielleicht können wir Ihnen aber geschätzte Bruttoeinnahmen zur Verfügung stellen. Wäre das in Ordnung?«

»Ja«, kam seine Antwort wie aus der Pistole geschossen.

Ich änderte den Titel der Aufstellung von »Aufstellung der Nettoeinnahmen« in »Geschätzte Bruttoeinnahmen« und im ganzen Dokument das Wort »Nettoeinnahmen« in »geschätzte Brottoeinnahmen« um und schickte die überarbeitete Fassung an den Anwalt. Ich machte mich auf eine gewaltige Tirade gefaßt. Aber nichts geschah. Das Dokument wurde kommentarlos unterschrieben.

Der Autor bekam durch diese Änderung nicht einen Pfennig mehr in die Tasche, konnte aber in der ganzen Stadt verbreiten, er sei am Bruttoumsatz beteiligt worden. Außerdem ging er mit dieser Lösung allen bösen Witzen über Nettoeinnahmen aus dem Wege. Nettoeinnahmen sind in diesem Geschäft eigentlich nichts als Nullnummern. Eine Beteiligung an den Nettoeinnahmen bedeutet für einen Autor im Grunde nur, daß er letzten Endes leer ausgeht.

In diesem Fall konnten beide Seiten zufrieden sein. Der junge Anwalt hat deutlich gesagt, was er wollte, und bekam es auch – auch wenn der Sieg nur symbolisch war. Und meinen Mandanten hat das Ergebnis keinen Pfennig mehr gekostet.

Vergessen Sie die Feier nicht

Der Neuanfang und der glückliche Ausgang eines Unternehmens werden in allen Kulturen gefeiert. Die Form der Feier sieht nur immer ein bißchen anders aus. Die Unterschriftszeremonie, die das Ende einer Verhandlung und zugleich die Geburt des Vertrages markiert, hat in den Vereinigten Staaten einen hohen Stellenwert – wahrscheinlich, weil eine Neuverhandlung der Vertragsbedingungen sehr schwierig wäre. Amerikaner besiegeln selbst die kleinsten Vereinbarungen mit einem Händedruck und lassen nach jeder wichtigen Vertragsunterzeichnung die Sektkorken knallen. Aber egal, wohin man blickt, überall wird der Abschluß von bedeutenden Vereinbarungen auf irgendeine Art gefeiert. Manche Menschen gehen in die Kirche, andere feiern eine rauschende Party und wieder andere zünden eine Kerze an. Nach der Unterzeichnung eines Waffenstillstandes folgt immer eine große Siegesparade.

 Denken Sie daran, auch dann zu feiern, wenn Sie sich entschlossen haben, die Verhandlung abzubrechen und das Geschäft platzen zu lassen. Denken Sie immer an die goldene Regel: Nur gute Geschäfte abschließen! Schlechten Geschäften sollten Sie aus dem Weg gehen. Seien Sie glücklich, ein schlechtes Geschäft nicht abgeschlossen zu haben. Betrachten Sie ein schlechtes Geschäft wie einen Verkehrsunfall, dem Sie mit knapper Not entkommen sind. Holen Sie tief Luft, und danken Sie dem Himmel, daß Sie den Zusammenstoß gerade noch vermeiden konnten. Wenn Sie ein schlechtes Geschäft erfolgreich umgangen haben, feiern

Sie so, wie es Ihnen gefällt. Aber feiern Sie! Feiern Sie so fröhlich und ausgelassen, wie Sie es nach Abschluß eines guten Geschäfts gemacht hätten.

 Jede Kultur, in der Alkohol nicht verboten ist, hat einen speziellen Trinkspruch, um zu sagen: »Glückwunsch, das war gute Arbeit.« All diese Kulturen haben auch gemeinsam, daß zur Feier eines Geschäftsabschlusses das Glas erhoben wird. Wenn Sie schon nicht mehr Redewendungen als »Hallo«, »Guten Tag« und »Danke« in einer fremden Sprache beherrschen, sollten Sie doch wenigstens noch den Trinkspruch lernen, um auf einen erfolgreichen Geschäftsabschluß anzustoßen. Wissen Sie, zu welchem Land die folgenden Trinksprüche gehören?

Kanbei, Na Sdorowje, Cheers, Salud, Cin Cin, Sköl, Skaal, L'Chaim

Japan, Rußland, England, Spanien, Italien, Schweden, Dänemark, Israel

Teil VII

Die Magischen Zehn

»Entschuldigung, aber ich bin jetzt schon so lange in der Warteschleife, daß ich vergessen habe, mit wem ich zuletzt geredet habe.«

In diesem Teil...

Jedes Buch der *Dummies*-Reihe endet mit diesen praktischen 10er-Listen. Dieser Teil enthält Beschreibungen verschiedener großer und bekannter Verhandlungskünstler, die wichtigsten Fallstricke in einer Verhandlung, Beispiele für bestimmte Verhandlungen und eine Reihe von Büchern und Filmen, die Sie lesen beziehungsweise sehen sollten. In diesem Teil können Sie herumschmökern, wenn Sie Ihre Verhandlungstechnik ganz allgemein auffrischen wollen – auch wenn Sie gerade an einem der anderen Abschnitte dieses Buches arbeiten.

Zehn Methoden, ein guter Verhandlungsführer zu werden

18

In diesem Kapitel

▶ Ohne Selbstbewußtsein geht es nicht

▶ Aktivitäten zur Verbesserung Ihrer Verhandlungskunst

▶ Selbstkritik nach der Verhandlung

O b Sie's glauben oder nicht – Sie sind ein geborener Verhandlungsführer. Gleich nach Ihrer Geburt haben Sie Ihre eigenen individuellen Schreie nach allen lebensnotwendigen Dingen entwickelt. Und meistens haben Sie auch bekommen, was Sie wollten. Im Lauf der Jahre aber wurden Ihre Instinkte immer stärker unter Kontrolle gebracht – alles im Namen der Erziehung, der Ordnung im Klassenzimmer, des guten Benehmens und hundert anderer nobler sozialer Ziele. Als Ergebnis dieser Entwicklung haben Sie möglicherweise die Kraft oder den Mut verloren, die wertvollen angeborenen Instinkte zu Ihren Gunsten einzusetzen.

Dieses Buch soll Ihnen helfen, Ihr Geburtsrecht wiederzubekommen. Sie können im Leben alles bekommen, was Sie wollen. Schauen Sie sich das Inhaltsverzeichnis an. Suchen Sie sich einen Punkt aus, den Sie noch einmal gründlichst überarbeiten wollen. Falls Sie noch keinen Plan für Ihr Leben aufgestellt haben, sollten Sie sich vielleicht Kapitel 1 noch einmal anschauen. Aber welches Gebiet Sie auch immer vertiefen wollen, fangen Sie in jedem Fall noch heute an. Die Arbeit ist ein Vergnügen und bringt reiche Ernte. Sie selbst sind das lohnendste Projekt, das Sie jemals anpacken können.

Ohne gesundes Selbstbewußtsein geht nichts

Sie können mit jedem der hier vorgestellten Verfahren Ihre Verhandlungs- und Kommunikationsfähigkeiten verbessern. Wir bieten Ihnen in diesem Kapitel eine lange Liste mit verschiedenen Methoden an. Suchen Sie sich das Verfahren aus, das Ihnen am geeignetsten erscheint, und beginnen Sie noch heute, an Ihrem Verhandlungsgeschick zu arbeiten.

Am besten beginnen Sie die Arbeit an der Verbesserung Ihrer Verhandlungsfertigkeiten mit einem neuen persönliches Mantra:

Ich kann im Leben alles erreichen, was ich will.

Ich Kann Im Leben Alles Erreichen, Was Ich Will.

ICH KANN IM LEBEN ALLES ERREICHEN, WAS ICH WILL.

Dies ist der erste unserer zehn Vorschläge, weil die meisten Teilnehmer unserer Seminare mit dem gegenteiligen Mantra beginnen. Die meisten Selbsteinschätzungen, die wir zu Beginn unserer Verhandlungsseminare hören, lauten folgendermaßen:

✔ Ich bin kein besonders guter Unterhändler.

✔ Ich gehe Verhandlungen immer aus dem Weg.

Die zweite Aussage ist einfach nicht wahr und gibt dem Teilnehmer nur eine großartige Entschuldigung, seine Verhandlungsfertigkeiten nicht zu entwickeln. Wenn Sie davon ausgehen, keine Verhandlungen führen zu müssen, werden Sie sich auch nicht auf eine Verhandlung vorbereiten. Sie werden sich keine Ziele setzen. Sie werden sich keine Grenzen setzen. Um es kurz zu sagen: Sie sorgen unwissentlich dafür, jede Verhandlung zu verpfuschen.

Die erste Einschätzung ist eine sich selbst bewahrheitende Prophezeiung. Wie Sie sich selbst sehen und was Sie über sich selbst sagen, hat großen Einfluß darauf, wie andere Sie und Ihre Leistungen beurteilen – besonders dann, wenn Sie sich selbst negativ beurteilen. Übernehmen Sie das neue Mantra, und Sie werden sehen, daß andere und Sie selbst sich in einem völlig anderen Licht sehen. Wenn Sie sich selbst als guten Verhandlungsführer sehen, fangen Sie auch an, sich so zu verhalten. Und es wird nicht lange dauern, und Sie werden die Früchte dieser Bemühungen ernten können. Aber jetzt sollen Sie noch nicht an die Ergebnisse denken. Jetzt sollen Sie Spaß haben bei der Verbesserung Ihrer Fähigkeiten. Haben Sie Spaß an der eigenen Entwicklung.

Bauen Sie einen Tempel

Passen Sie auf sich auf! Niemand kann so gut auf Ihren Geist und Körper aufpassen wie Sie selbst. Jedes einzelne Element Ihrer Gesamtpersönlichkeit will bedacht sein, oder Ihre Bemühungen werden niemals die Ergebnisse bringen, die Sie wollen und auch verdienen. Sie können kein guter Verhandlungsführer sein, wenn Sie die anderen Elemente Ihres Lebens nicht unter Kontrolle haben. Manche Menschen können ihr Leben – jedenfalls für kurze Zeit – in verschiedene Bereiche untergliedern, die nichts miteinander zu tun haben. Sie können zum Beispiel eine schwere Krankheit unterdrücken, um einen wichtigen Job zu erledigen. Aber kein Mensch kann das lange durchhalten. Früher oder später wird ein Problem in einem wichtigen Lebensbereich auch Auswirkungen auf andere Bereiche haben.

Möglicherweise wischen Sie diesen Rat jetzt noch als unwichtig zur Seite. Irgendwann einmal werden Sie aber bestimmt wieder an ihn erinnert. Wenn Sie ein guter Verhandlungsführer sein wollen, müssen Sie gut essen, gut schlafen und körperlich fit sein. Körperliche Fitneß bedeutet nicht, daß Sie olympiareife Leistungen zeigen sollen oder sich täglich 100 Kilometer auf dem Fahrrad abstrampeln müßten. Sie sollen nur geistig und körperlich beweglich bleiben. Spaziergänge sind eine gute Lösung. Schwimmen ist ebenfalls ein Sport, mit dem Sie sich nicht überanstrengen und der Sie trotzdem fit hält. Machen Sie das, was Ihnen am besten gefällt.

Genau wie Ihr Körper braucht auch Ihre Seele Zuwendung. Ruhe und das Zusammensein mit denen, die Sie bedingungslos lieben, ist wichtig, um Ihre Batterien wieder aufzuladen. Eine angenehme Umgebung ist wichtig. Es müssen nicht unbedingt ferne Strände oder die Berge sein, manchmal tut es schon der kleine Park um die Ecke. Gehen Sie dahin, wo Sie sich entspannen und geistige Energien auftanken können. Tun Sie es für sich selbst.

Halten Sie Ihren Geist lebendig. Suchen Sie sich ein Hobby: irgendeine Aktivität, die Sie einfach nur genießen können, ohne Hoffnungen oder Pläne damit zu verbinden, daraus Profit zu schlagen oder Geschäftsverbindungen zu knüpfen. Sie werden tausendfach belohnt dafür.

Entwickeln Sie Ihren Geist. Offenbar gehören Sie zu den Menschen, die diesen Rat schon befolgen, denn sonst würden Sie dieses Buch nicht lesen. Bücher sind das Erkennungszeichen für einen gebildeten Menschen. Behandeln Sie sie wie einen Schatz, verleihen Sie sie aber auch an die Menschen, die Ihnen wichtig sind.

Vorsorge treffen für Ihre geistige, physische und seelische Gesundheit ist das, was wir meinen, wenn wir Ihnen den Rat geben, »einen Tempel zu bauen«. Der Tempels sind Sie, und die Pflege dieses Tempels ist ausschließlich Ihre Angelegenheit.

Suchen Sie sich zwei Menschen, und studieren Sie deren Verhandlungstechniken

Besonders deutlich werden Ihnen die sechs Grundelemente, aus denen eine Verhandlung besteht, bei der Beobachtung der Aktionen oder Unterlassungen zweier Menschen in einer Verhandlung. Wenn Sie genau verfolgen, wie jemand anders die sechs Elemente verwendet oder nicht verwendet, können Sie erkennen, daß positive Resultate sich nur durch die konsequente Anwendung vernünftiger Verhandlungsprinzipien erzielen lassen. Möglicherweise können Sie dabei allerdings auch die Ausnahmen beobachten: Manchmal bringen auch hoffnungslos verfahrene Verhandlungen gute Ergebnisse. Manchmal kann auch der größte Verhandlungskünstler nicht die gewünschten Resultate bringen.

Wir empfehlen Ihnen, zwei Menschen zu studieren, weil Sie damit zwei unterschiedliche Stile kennenlernen können.

✔ Suchen Sie sich jemanden, der einen Ruf als großer Verhandlungskünstler hat, zu dem Sie aber keine persönliche Beziehung haben.

✔ Suchen Sie sich einen Ihnen nahestehenden Menschen, den Sie aus nächster Nähe beobachten und während der Verhandlung befragen können.

Für die erste Kategorie sollten Sie einen Menschen wie zum Beispiel Henry Kissinger nehmen. Filme und Bücher über ihn gibt es in Hülle und Fülle. Er betreibt zur Zeit eine private Consulting-Firma, die internationale Interessen auf höchster Ebene vertritt. Der frühere Präsident Jimmy Carter taucht immer noch in den Nachrichten auf, und gibt vielleicht sogar ein noch besseres Studienobjekt ab, auch wenn Sie ihn nur durch den Medienfilter beobachten können.

Vielleicht denken Sie auch einmal kurz nach und versuchen sich an den besten Verhandlungsführer zu erinnern, dem Sie im letzten Jahr begegnet sind. Das muß nicht unbedingt ein Gegenspieler sein, gegen den Sie eine Verhandlung verloren haben. Wenn die Umstände für ihn gerade günstig sind, kann auch ein angelernter Hilfsarbeiter beste Verhandlungsergebnisse bringen. Suchen Sie den Menschen, der die Prinzipien dieses Buches im Verlauf der Verhandlung am besten umgesetzt hat.

Versuchen Sie herauszufinden, wie sich dieser Mensch auf die Verhandlung vorbereitet hat. Welche Grenzen hat er festgelegt? Sicher sein können Sie in diesem Punkt nie. Aber vielleicht sind Sie ja so weit an seine Grenzen herangekommen, daß er Sie vor dem Überschreiten warnen mußte. Schreiben Sie zwei Beispiele dafür auf, wann sich dieser Gegenspieler Ihre Ansichten mit echtem Interesse angehört hat. Schreiben Sie zwei Beispiele für eine deutliche Kommunikation auf. Können Sie erkennen, wann die Pause-Taste in einer bestimmten Verhandlung wenigstens einmal wirkungsvoll eingesetzt wurde? Vielleicht sind Sätze wie beispielsweise »Lassen Sie uns das noch einmal überprüfen, um sicherzugehen, daß wir uns da auch richtig verstanden haben« gefallen.

Sie können auch jemanden beobachten, den Sie zwar nicht mögen, aber als guten Verhandlungsführer respektieren. Analysieren Sie die Leistung dieses Menschen. Was könnte dieser Mensch unternehmen, um ein noch besserer Verhandlungsführer zu werden. Trotz der allgemein schlechten Meinung, die Sie über diesen Menschen haben – welche der sechs Grundfertigkeiten beherrscht er besonders gut?

Als Beobachtungsobjekt der zweiten Kategorie können Sie einen Geschäftspartner oder auch eines Ihrer Kinder nehmen – je jünger, desto besser. Je jünger das Kind ist, desto reiner sind seine Methoden. Ein Kind bei einer Verhandlung zu beobachten, kann ein faszinierendes Erlebnis sein. Und dabei können Sie ihm zugleich deutlich machen, wie wichtig Ehrlichkeit und das Einhalten von Pflichten ist. Die meisten Leute denken, wir wollten sie auf den Arm nehmen, wenn wir ihnen vorschlagen, ihre Kinder zu studieren – bis sie es tatsächlich mal versucht haben.

Suchen Sie sich einen Helden

Suchen Sie sich einen Menschen, lebend oder tot, nahestehend oder fremd, den Sie wirklich bewundern. Untersuchen Sie die Karriere dieses Menschen mit all ihren Höhen und Tiefen. Werden Sie zu einem Experten über diese Persönlichkeit, indem Sie alles lesen, was jemals über sie geschrieben wurde. Suchen Sie sich aber jemanden, der Sie wirklich interessiert. Erfolgreiche Menschen sind immer auch erfolgreiche Verhandlungsführer. Vergleichen Sie die Erlebnisse dieses Menschen mit den in den Verhandlungslektionen dieses Buches beschriebenen Situationen.

Erfolgreiche Menschen haben dieselben persönlichen und finanziellen Probleme wie Sie. Die Probleme haben manchmal vielleicht eine andere Größenordnung, aber im Grunde genommen sind sie ähnliche wie Ihre. Wenn Sie sich intensiv mit einem Menschen beschäftigen, den

Sie bewundern (sei es nun ein Sportler, ein Geschäftsmann, ein Entertainer, ein Politiker oder auch der Pastor Ihrer Gemeinde), können Sie eine Menge für Ihr eigenes Leben lernen.

Beteiligen Sie Ihr Unterstützerteam

Die Menschen, auf deren Liebe, Unterstützung und Verständnis Sie sich am stärksten verlassen, sind die Mitglieder Ihres Unterstützungsteams. Das sind die Menschen, die Ihnen am Herzen liegen, und denen Sie am Herzen liegen. Für die meisten Menschen sind das die Eltern, der Ehepartner und die Freunde. Sie können sich aber auch mit Menschen zusammenschließen, die die gleichen Ziele verfolgen wie Sie, und eine Unterstützergruppe bilden, in der sich die Mitglieder gegenseitig stützen.

Leute, die eine Diät machen, und all die, die mit dem Rauchen aufgehört haben, haben vielleicht schon erfahren, wie wertvoll regelmäßige Treffen in einer Selbsthilfegruppe für das Erreichen ihres gemeinsamen Zieles sein können.

Im Film *Die Firma* gibt es eine wundervolle Dialogzeile, die wir immer noch im Kopf haben. Tom Cruise spielt in diesem Film einen jungen Anwalt, der seinen ersten Job bei einer großen Anwaltsfirma mit Mafia-Verbindungen angetreten hat. Zu Anfang hindert sein Ehrgeiz ihn daran, die Wahrheit zu erkennen. Schließlich aber teilt er sein Wissen einem Freund mit und gesteht: »Wenn ich es meiner Frau erzählt habe, *dann* weiß ich, daß es wahr ist.«

Beteiligen Sie Ihr Unterstützungsteam an den folgenden Abschnitten dieses Kapitels. Vielleicht können Sie auch andere davon überzeugen, wieviel Spaß es macht, ein Verhandlungskünstler von Weltklasse zu werden. Wenn Sie alle später dann die Früchte Ihrer gemeinsamen Mühen genießen, werden Ihnen alle dankbar sein, daß Sie sie an den Übungen haben teilnehmen lassen.

Die Aktivitäten in diesem Buch

 Schauen Sie sich die Aktivitätssymbole in diesem Buch an. Diese Symbole weisen auf Filme und Bücher hin, die einen in einem bestimmten Abschnitt behandelten Punkt illustrieren. Aktivitätssysmbole weisen auf Spiele und Übungen hin, mit denen Sie einen bestimmten Aspekt weiter vertiefen können oder die Ihre Aufmerksamkeit auf einen bestimmten Aspekt der Verhandlung richten sollen. In manchen dieser Übungen sollen Sie einfach nur ganz passiv die Körpersprache von Reisenden in einem Flughafen beobachten. Es sind aber auch aktive Spiele dabei, an denen Sie Ihre ganze Familie oder Freunde beteiligen können.

Falls Sie gerade eine Geburtstagsparty für Ihr Kind vorbereiten, sollten Sie sich die Spiele einmal genauer ansehen. Wir selbst haben das Spiel Stille Post (wobei Sie der neben Ihnen sitzenden Person eine Nachricht zuflüstern müssen) sowohl auf Kindergeburtstagen gespielt als auch erfolgreich in unseren Verhandlungsseminaren eingesetzt. Mit den in diesem Buch empfohlenen Aktivitäten können Sie Ihr Verhandlungsgeschick auf sehr unterhaltsame Art verbessern.

Schauen Sie sich die Filme an

In Kapitel 22 finden Sie eine Liste mit Filmen, mit deren Hilfe Sie Ihr Verhandlungsgeschick ganz allgemein verbessern können. Wir halten diese Filme als Lehrmaterial für so wertvoll, daß wir sie in die Schummelseite am Ende des Buches aufgenommen haben. Versuchen Sie, die Filme in Ihrem Videoverleih zu bekommen. Im Text des Buches werden noch einige andere Filme erwähnt, die einen ganz speziellen Punkt illustrieren sollen. Der Film *Der Zauberer von Oz* wird zum Beispiel unter einem Aktivitätssymbol erwähnt, um zu illustrieren, wie man mit all den furchteinflößenden Menschen umgehen kann, die einem im Lauf des Lebens begegnen.

Die meisten dieser Filme können Sie zusammen mit der ganze Familie genießen (In den Beschreibungen erfahren Sie, ob der betreffende Film jugendfrei ist oder nicht). Wenn Sie sich diese Filme mit den Augen eines Verhandlungsführers anschauen, wird sich Ihnen eine völlig neue Welt eröffnen.

Bauen Sie eine Bibliothek zum Thema »Verhandlung« auf

Über Verhandlungstechnik und verwandte Themen ist eine Fülle von Büchern geschrieben worden. In Kapitel 23 finden Sie eine Liste mit Büchern, die Sie sich kaufen oder wenigstens einmal ausleihen sollten, wenn Sie Ihre Verhandlungstechnik verbessern wollen. Wir halten diese Bücher für so wichtig, daß wir Sie in die Schummelseite am Ende dieses Buches aufgenommen haben. Beschaffen Sie sich diese Bücher, oder leihen Sie sie in Ihrer Stadtbibliothek aus.

Die im eigentlichen Text erwähnten Bücher werden zur Verbesserung spezifischer Techniken empfohlen und behandeln im allgemeinen genau die in dem betreffenden Kapitel besprochenen Fragen.

Denken Sie immer an die sechs Grundelemente

Die Schummelseite am Ende des Buches enthält eine Karte zum Ausschneiden, auf der die sechs Grundfertigkeiten aufgelistet sind. Auf der Rückseite dieser Karte finden Sie Ihre persönliche Pause-Taste. Nutzen Sie sie als Hinweis, zu jeder Zeit der Verhandlung Ihre emotionale Distanz zu wahren.

Wenn Sie die Karte nicht ohnehin schon herausgeschnitten haben, machen Sie es jetzt. Bewahren Sie sie an dem Ort auf, an dem Sie die meisten Ihrer Verhandlungen führen. Dieser Ort kann auf Ihrem Schreibtisch neben dem Telefon sein, ein Konferenzraum oder – falls Sie die meisten Ihrer Verhandlungen außer Haus führen – Ihre Brieftasche sein. Plazieren Sie sie in einer Verhandlung an prominenter Stelle, so daß Sie immer daran erinnert werden, die Pause-Taste zu drücken und die sechs Grundelemente zu rekapitulieren.

Haben Sie keine Angst, Ihr Verhandlungsgegner könnte diese Liste sehen. Wenn die andere Seite auch die Informationen dieses Buches verwenden würde, würde die Verhandlung noch reibungsloser ablaufen, und Sie könnten schneller zu einer Vereinbarung kommen. Wir betrachten Verhandlungen als sportlichen Wettkampf, der einen Sportler eigentlich nur dann befriedigt, wenn er gegen einen Gegner antritt, der genauso gut oder besser ist als er selbst. Das eigene Spiel gewinnt dadurch, und die Ergebnisse werden für beide Seiten besser.

Selbstkritik nach der Verhandlung

Die Überprüfung der eigenen Leistung ist eine der wichtigsten Tätigkeiten, die Sie nach jeder Verhandlung durchführen können – egal, welches Ergebnis die betreffende Verhandlung hatte.

Denken Sie an die befriedigendste Verhandlung, die Sie jemals geführt haben. Überprüfen Sie jeden einzelnen Schritt und spielen Sie ihn vor Ihrem geistigen Auge noch einmal durch. Denken Sie daran, was Sie anders hätten machen können, und überlegen Sie die Konsequenzen. Dieser Vorschlag hört sich vielleicht wie eine Aufforderung zur Tagträumerei an. Aber die wenigen Minuten, die Sie in einem Verkehrsstau oder unter der Dusche der Überprüfung Ihrer letzten Verhandlung widmen, können Ihre Leistung beim nächsten Mal verbessern.

Durch die Analyse von Verhandlungen, die nicht gut ausgegangen sind, können Sie die Gründe dafür herausfinden, warum sie schiefgelaufen sind. Vielleicht entdecken Sie dabei ja, daß es tatsächlich die richtige Entscheidung war, das Geschäft nicht abzuschließen. Ein Problem während einer Verhandlung ist meistens das sicherste Zeichen dafür, daß nach Abschluß des Geschäftes noch größere Probleme auftauchen werden. Die Selbstüberprüfung ist nach erfolgreichen Verhandlungen ebenso wichtig wie nach geplatzten Geschäften. Auch ein Gewinnerteam läßt sich immer noch verbessern. Und die Analyse eines Gewinnerteams ist außerdem das größere Vergnügen.

Denken Sie daran: Wissen ist Macht

Womit auch immer Sie Ihren Lebensunterhalt verdienen, sorgen Sie immer dafür, daß niemand auf dieser Erde mehr über das Geschäft weiß als Sie. Egal, welchen Bildungsabschluß Sie haben, fangen Sie schon heute damit an, der Beste zu werden. Alles, was Sie machen, ist wichtig. Alles, was Sie tun, lohnt sich. Alles, was Sie tun, hilft auch in irgendeiner Form Ihren Mitmenschen. Sorgen Sie dafür, daß die Erde dank Ihrer Mitwirkung zu einem besseren Ort wird.

Kennen Sie die Geschichte vom Steinhauer, der jeden Tag bis spät in die Nacht im Steinbruch arbeitete? Er brachte gerade genug Geld nach Hause, um seine Familie mit dem Nötigsten versorgen zu können. Er schuftete bei jedem Wetter und fehlte niemals. Jeder Stein, den er bearbeitet hatte, war ein exakter Würfel. Er war immer fröhlich. Als man ihn fragte, was ihn antrieb, sagte er: »Ich baue eine Kathedrale.« Erkennen Sie Ihre eigene Kathedrale. Dann erkennen Sie auch, daß Ihre Arbeit wertvoll ist.

Wenn Sie den Zweck erkannt haben, den Ihre Arbeit für Sie und andere Menschen hat, haben Sie auch die Motivation, der Beste auf Ihrem Gebiet zu werden. Das gilt auch dann, wenn Ihre Arbeit zum größten Teil aus Routine besteht. In den meisten Jobs werden dieselben Transaktionen regelmäßig immer wieder neu verhandelt. Zeichnen Sie die Ergebnisse dieser Verhandlungen sorgfältig auf und analysieren Sie Ihre Resultate. Verlassen Sie sich nicht allein auf Ihr Gedächtnis. Sie werden bald eine Datenbank voller Informationen haben, mit deren Hilfe Sie die nächste Verhandlung beherrschen können.

Seien Sie ein Mentor für andere

Ein *Mentor* ist ein Lehrer, Trainer und Helfer für andere, die weniger Erfahrungen in derselben Brache haben. Nehmen Sie sich immer die Zeit, anderen auf dem Weg nach oben behilflich zu sein. Auch hier sind es wieder Rodgers und Hammerstein, die in Ihrem Musical *Der König und ich* ein paar tiefgründige Zeilen über den Wert eines Mentors geschrieben haben. In diesem Musical über die Lehrerin, die auszog, die Kinder des Königs von Siam (das heutige Thailand) zu unterrichten, singt Anna, die Lehrerin, ihr wunderschönes Lied *Getting To Know You*.

> It's a very ancient saying
> and a true and honest thought,
> that if you become a teacher,
> By your pupils you'll be taught.

Ein guter Lehrer kann viel von seinen Schülern lernen. Das ist die Kernaussage dieser wunderbaren Zeilen. Durch die Hilfe, die Sie anderen Menschen bei deren Entwicklung geben, entwickeln Sie sich selber weiter. Sie verbessern Ihre eigenen Fähigkeiten, indem Sie sie anderen erklären. Das Schreiben dieses Buches hat auch unser Leben bereichert. Wir sind den *Dummies*-Herausgebern für ihre Hilfe und Inspirationen beim Schreiben dieses Buches zu tiefem Dank verpflichtet. Auch den Teilnehmern unserer Seminare schulden wir Dank für all die vielen guten Fragen, die sie uns gestellt haben. Wir danken auch den zahlreichen Mandanten und Kunden, die mit uns zusammen viel Kummer und Unannehmlichkeiten ertragen haben. Wir haben uns dank all dieser Menschen weiterentwickelt – weil wir ihre Mentoren sein durften.

Den größten Dank aber schulden wir jenen zwei Menschen, die sich jedes Jahr unter unsere Fittiche begeben. Wir haben festgestellt, daß keine andere Tätigkeit uns weiter voranbringt, als denen zu helfen, die neu in unserem Metier sind. Wir bitten Sie mit Nachdruck, sich an Ihrem eigenen Arbeitsplatz umzuschauen. Suchen Sie sich einen Neuling mit Talent, Interesse und Begeisterungsfähigkeit. Sorgen Sie dafür, daß Sie für diesen Menschen zu jeder Zeit und an jedem Ort zu sprechen sind. Nehmen Sie diesen jungen Menschen zu besonders wichtigen Terminen mit, wenn es sich einrichten läßt. Jeder braucht einen Mentor. Ihre eigenen Verhandlungen und die des Menschen, dem Sie helfen, werden davon profitieren.

Die zehn wichtigsten Charakterzüge eines guten Verhandlungsführers

In diesem Kapitel

▶ Erkennen Sie die Qualitäten der großen Verhandlungsführer

▶ Entwickeln Sie diese Qualitäten für sich selbst

Zu Beginn unserer Verhandlungsseminare fragen wir unsere Teilnehmer regelmäßig, was sie von diesem Kursus erwarten. Und regelmäßig antworten alle Teilnehmer, daß sie selbstbewußter und geduldiger werden, und überzeugender auftreten wollen. Bei ihren Erzählungen über spezielle Vorfälle im Lauf ihrer Karriere wird dann meistens deutlich, daß sie das Gefühl haben, in ihren letzten Verhandlungen geschlagen worden zu sein. Sie wollen sich nicht genauso benehmen wie der Rüpel oder der Schreihals, haben aber erfahren müssen, daß diese Menschen ihre Ziele erreichen. Sie fragen uns, welche Charakterzüge sie entwickeln müssen, um mehr positive Ergebnisse zu erzielen. Hier also unsere Liste.

Niemand verfügt über alle in diesem Kapitel aufgeführten Charakterzüge. Schauen Sie sich die Liste an, suchen Sie die auf Sie zutreffenden Charakterzüge, und entwickeln Sie sie weiter. Bestimmen Sie aber auch die Qualitäten, die Ihnen fehlen, und arbeiten Sie an ihnen, um Ihren Verhandlungsstil und Ihr gesamtes Leben zu verbessern.

Ob Sie nun eher schüchtern sind oder extrovertiert, ob Sie mehr der nervöse Typ sind oder der ruhigste Mensch der Welt – Sie können all die in diesem Kapitel aufgeführten Charakterzüge entwickeln. Schnellsprecher, langsame Redner und alle, die irgendwo dazwischen liegen, können von der Entwicklung dieser Eigenschaften profitieren. Sie können diese Qualitäten in dem Ausmaß und in der Geschwindigkeit weiterentwickeln, wie es Ihnen am besten entspricht und gefällt.

 Es ist nie zu spät, an sich selbst zu arbeiten. Es bringt Ihnen nichts, Ihrer Erziehung, Ihren Eltern oder Ihrer Umgebung die Schuld zuzuschreiben. Sie können sich in jedem Alter weiterentwickeln und aus Ihren eigenen Erfahrungen lernen. Als Elternteil sollten Sie bewußt Ziele für Ihre Kinder festlegen. Sie sollten das Verhalten Ihrer Kinder formen, sie zum Üben zu ermutigen und positives Verhalten verstärken. Kurz gesagt, Sie können Ihre Kinder zu großen Verhandlungsführern ausbilden.

Einfühlungsvermögen

Wir nennen Einfühlungsvermögen aus gutem Grund an erster Stelle. Einfühlungsvermögen ist die Fähigkeit, an den Gefühlen und Ideen eines anderen Menschen Anteil zu nehmen, sich in einen anderen Menschen hineinzuversetzen. Diese Eigenschaft ist das Fundament jeder erfolgreichen Kommunikation und ein für einen wirklich großen Verhandlungsführer notwendiger Charakterzug. Die Fähigkeit, Mitgefühl zu zeigen, wenn jemand anders verletzt ist, entwickelt und zeigt sich schon im Alter von drei Jahren. Aber ohne weitere Entwicklung würde diese Fähigkeit sich zurückbilden und niemals verwendet werden. Der Rüpel oder der Schreihals in einer Verhandlung muß nicht unbedingt ein gemeiner Mensch sein. Der Schreihals hat vielleicht nur niemals das Verständnis dafür entwickelt, wie der Mensch auf der anderen Seite sich bei seinem Gebrüll fühlt. Sie können Ihr Einfühlungsvermögen verbessern, indem Sie eine Liste mit bestimmten Verhaltensweisen, Werten und Zielen aufstellen, mit denen Sie unter gar keinen Umständen einverstanden sein können, die Sie aber anderen zubilligen. Schreiben Sie neben jedes Verhaltensmuster: »Aber ich kann verstehen, daß andere damit einverstanden sind«.

Einige der in diesem Kapitel aufgelisteten Charakterzüge lassen sich praktisch nur dann entwickeln, wenn Sie vorher an Ihrem Einfühlungsvermögen gearbeitet haben. Einfühlungsvermögen ist das Fundament für Verhandlungen, die beiden Seiten Vorteile bringen (siehe Kapitel 15). Einfühlungsvermögen hilft Ihnen auch, Ihre eigene Identität zu bewahren, wenn Sie mit den Ansichten und Emotionen anderer konfrontiert werden. Diese Eigenschaft macht es überhaupt erst möglich, die Unterschiede zwischen Ihnen und Ihrem Gegenspieler zu erkennen. Sie bewahren sich Ihre eigenen Gefühle und Ansichten und verstehen gleichzeitig die Gefühle und Ansichten Ihres Gegenübers.

Respekt

Respekt folgt mit sehr kurzem Abstand zum Einfühlungsvermögen auf dem zweiten Platz. Sie müssen zunächst einmal sich selbst und Ihre Grenzen respektieren. Nur dann sind Sie auch in der Lage, andere als wertvolle Menschen anzusehen und deren Grenzen zu respektieren. Sich selbst zu respektieren, ist nur eine andere Art von Selbstbewußtsein. Jemand kann auch dann Selbstbewußtsein ausstrahlen, wenn in seinem Bauch gerade ein Schwarm Schmetterlinge wütend umherschwirrt. Respekt vor sich selbst ist eine unabdingbare Voraussetzung, ohne die Sie sich nicht selbst motivieren können. Wenn Sie etwas erreichen wollen, dann wollen Sie das schließlich für sich selbst erreichen – und nicht, um anderen zu gefallen.

 Respekt beruht in Verhandlungen immer auf Gegenseitigkeit. Wenn Sie Ihrem Gegenüber mit Respekt begegnen, ist es sehr viel wahrscheinlicher, daß man auch Ihnen mit Respekt entgegenkommt. Wenn nötig, zeigen Sie als erster Respekt. Wenn Sie lernen wollen, anderen Menschen noch respektvoller zu begegnen, hören Sie Ihren Gesprächspartnern noch aufmerksamer zu und schauen Sie ihnen dabei in die Augen. Hören Sie sich gute Ideen und Gedanken an, die Ihnen sinnvoll

erscheinen, und machen Sie dem Sprecher dafür ein Kompliment. Meistens ist Respekt ein Ergebnis von Wissen. Je mehr Sie über einen Menschen wissen, desto wahrscheinlicher werden Sie diesen Menschen auch respektieren.

Persönliche Integrität

Unter *persönlicher Integrität* verstehen wir Ehrlichkeit und Zuverlässigkeit. »Ehrlich währt am längsten« ist eine Weisheit, die sich in allen Bereichen des Lebens immer wieder beweist. Wir alle kennen den lockeren Spruch »Wenn man nicht lügt, muß man sich auch nicht merken, was man gesagt hat«. Ehrlichkeit und Zuverlässigkeit sind für Sie ungeheuer wichtig, damit andere Ihnen in einer Verhandlung vertrauen können. Wie können Sie diesen Charakterzug gleich hier und jetzt weiterentwickeln?

✔ Folgen Sie den gesellschaftlichen Regeln – auch den unbedeutendsten.

✔ Halten Sie sich an Vereinbarungen, die Sie mit sich selbst oder anderen getroffen haben. Wenn Sie sich für 9 Uhr verabredet haben, erscheinen Sie um 9 Uhr und nicht eine Minute später.

✔ Bleiben Sie in einer Verhandlung immer bei der Wahrheit. Eine Frage nicht zu beantworten oder bestimmte Informationen zurückzuhalten, ist völlig in Ordnung. Lügen sind jedoch niemals erlaubt.

Fairneß

Fairneß ist ein weiterer Charakterzug, der auf Einfühlungsvermögen basiert. Sie müssen daran glauben, daß auch die Bedürfnisse und Wünsche der anderen Seite berücksichtigt werden müssen. Fairneß bedeutet nicht, daß Sie alle Leute gleich behandeln müßten. Falls Sie Kinder großgezogen haben oder Vorgesetzter von mehreren Mitarbeitern waren, haben Sie wahrscheinlich schon die Erfahrung gemacht, daß das, was dem einen gegenüber fair ist, nicht unbedingt auch dem anderen gegenüber fair sein muß. Eines Ihrer Kinder weiß vielleicht schon nach einem strengen Blick, was Sie wollen. Andere müssen Sie mit vielen Worten deutlich auffordern, überhaupt hinzuhören.

 Um ein Gefühl für Fairneß zu entwickeln, müssen Sie sich überlegen, welche Ziele Sie haben und welche die andere Seite hat. Bestimmen Sie die Bereiche, in denen Sie übereinstimmen, und die Bereiche, in denen Sie noch einen Kompromiß ausarbeiten müssen. Bedenken Sie dabei immer die Fähigkeiten und Erfahrungen Ihres Gegenspielers.

Geduld

Geduld bedeutet, Schmerzen und Unannehmlichkeiten ruhig und ohne Klagen hinzunehmen. Geduld ist die Fähigkeit, Frustrationen und Hindernisse auf dem Weg zum Ziel zu ertragen – und nicht aufzugeben. Dieser Charakterzug erlaubt Ihnen, auch im Angesicht größter Unannehmlichkeiten durchzuhalten. Sie müssen wissen, daß Enttäuschungen und Rückschläge Teil des Erfolges sind. Wer hätte noch nie diesen guten Rat gehört: »Wenn Du es beim ersten Mal nicht schaffst, versuch es immer wieder!« Es ist wirklich wahr: Ob Sie nun Sportler, Musiker oder Wissenschaftler sind – über viele »Neins« kommen Sie schließlich zum entscheidenden »Ja«. Alle erfolgreichen Menschen wissen, daß es einfach zum Leben gehört, niedergeschlagen, abgelehnt oder blockiert zu werden. Erfolg haben aber diejenigen, die durchhalten und es immer weiter versuchen.

Wenn Sie geduldiger werden wollen, betrachten Sie einmal Ihr bisheriges Leben. Wieviel Geduld und Durchhaltevermögen haben Sie bisher bewiesen? Versuchen Sie, sich an ein früheres Ziel zu erinnern, von dem Sie annahmen, Sie würden es nie erreichen. Vielleicht erkennen Sie, daß Sie es jetzt erreicht haben. Das damals unvorstellbar ferne Ziel könnte ein bestimmtes Gehalt, eine intakte Beziehung oder ein bestimmter Status in Ihrer Gemeinde gewesen sein.

 Wenn Sie die Biographien berühmter Menschen lesen, werden Sie erstaunt feststellen, mit wie vielen Mißerfolgen sie zu kämpfen hatten. Geduld war es, womit sich diese Menschen gegen alle Widrigkeiten durchsetzen konnten.

Verantwortungsbewußtsein

Verantwortung übernehmen heißt, Zuverlässigkeit zu zeigen. Verantwortung übernehmen heißt auch, daß Sie die Konsequenzen akzeptieren, wenn Sie eine Aufgabe entweder erledigt oder aber vergessen haben. Verantwortung übernehmen heißt aber nicht, daß Sie keine Fehler machen können. Es bedeutet nur, daß Sie Ihre Fehler berichtigen, wenn Sie merken, daß Sie eine Aufgabe verpatzt haben.

Eine Methode, sich in diesem Bereich zu verbessern, besteht darin, einmal gründlich »Klarschiff« zu machen. Mit dieser Übung können Sie alle kleinen und großen Probleme, für die Sie verantwortlich sind, aus der Welt schaffen. Danach haben Sie wieder Ruhe, sich auf Ihre eigentlichen Ziele zu konzentrieren. Beginnen Sie Ihr Großreinemachen mit folgenden Tätigkeiten:

✔ Entschuldigen Sie sich bei Kollegen, Mitarbeitern, Ihrem Ehepartner oder Ihren Kindern, daß Sie sie angebrüllt haben.

✔ Bezahlen Sie alle noch irgendwo herumliegenden »Knöllchen«.

✔ Füllen Sie alle Formulare und Anträge aus, die Sie bisher immer beiseite gelegt haben.

✔ Heften Sie den Stapel Papiere ab, der sich auf Ihrem Schreibtisch angesammelt hat.

✔ Halten Sie alle Termine in Ihrem Kalender auch wirklich ein.

Flexibilität

Flexibilität ist die Fähigkeit, neue Situationen und Schwierigkeiten sofort richtig zu erfassen und zu behandeln. Wenn die eine Methode nicht funktioniert, versuchen Sie eben eine andere. Die Probleme des Lebens und die Probleme während einer Verhandlung werden als Herausforderungen betrachtet.

 Wenn Sie mitten in den größten Problemen stecken, suchen Sie sich zunächst einmal wahllos alle möglichen Lösungen zusammen. Machen Sie ein »Brainstorming«. Das bedeutet: Schreiben Sie alle Lösungen und Möglichkeiten auf, die Ihnen spontan einfallen. Hören Sie nicht auf den kleinen Mann im Ohr, der Ihnen zuflüstert:»Aber das geht doch nicht!« Überlegen Sie anschließend, welche Konsequenzen die einzelnen Lösungen haben könnten. Wählen Sie die Lösung mit positiven Konsequenzen, die Sie Ihrem Ziel ein Stückchen näherbringt.

Flexibilität ist eine wichtige Voraussetzung für einen Geschäftsabschluß, der beide Seiten befriedigt und später auch tatsächlich funktioniert. Sie müssen in einer Verhandlung flexibel sein, um Ihre Ziele und Wünsche mit den Zielen und Wünschen der Gegenseite in Übereinstimmung zu bringen.

Humor

Wenn Sie Humor haben, erkennen Sie die komische Qualität auch in einer scheinbar ernsten Situation. Humor ist die Fähigkeit, die Elemente zu erkennen, entsprechend zu würdigen und auszudrücken, die amüsant oder komisch sind. Suchen Sie in einer unangenehmen Lage immer nach den amüsanten Aspekten. Geben Sie nicht anderen die Schuld, sondern suchen Sie weiter nach Lösungen. Humor setzt voraus, daß Sie sich selbst respektieren und so flexibel sind, eine unbefriedigende Situation kreativ aufzulösen.

 Um diese Eigenschaft zu entwickeln, denken Sie einmal an den letzten Fehler, den Sie in einer Verhandlung gemacht haben. Lehnen Sie sich zurück und überlegen Sie, ob Sie nicht doch einen Aspekt finden können, der als amüsant interpretiert werden könnte.

Selbstdisziplin

Selbstdisziplin ist ein wesentlicher Bestandteil der Fähigkeit, ein selbstbestimmtes und autarkes Leben zu führen. Wenn Sie Selbstdisziplin besitzen, brauchen Sie niemanden, der Sie »von oben« motiviert. Sie haben selber die innere Kraft, die Sie zu Ihren Zielen treibt. Die Belohnung dafür kommt aus Ihnen selbst und nicht von den anderen, die Sie von außen unterstützt haben. Selbstdisziplin ist eine andere Ausprägung von Fleiß: Alle Dinge werden ernsthaft angegangen. Ernsthaft hat dabei aber nichts mit Düsterkeit oder Humorlosigkeit zu tun. Wenn Sie ein guter Verhandlungsführer werden wollen, widmen Sie sich Ihrer Aufgabe mit

Freude, Optimismus, Energie und einem Plan. Verfolgen Sie weiter ernsthaft Ihre Ziele, ohne dabei Ihren Sinn für Humor zu vergessen.

Entwickeln Sie einen eigenen Plan, und folgen Sie diesem Plan. Genau das ist mit Selbstdisziplin gemeint. Wenn Sie diesen Charakterzug weiterentwickeln wollen, leben Sie Ihr Leben so, als hinge Ihr Leben davon ab. Genauso ist es nämlich. Der römische Kaiser Mark Aurel (161 - 80 v. Chr.) hat einmal gesagt: »Mache alles Im Leben so, als wenn es deine letzte Handlung wäre.«

Durchhaltevermögen

Durchhaltevermögen ist die Fähigkeit, weiterzumachen, wenn alle anderen schon aufgegeben haben. Der frühere U.S.-Präsident Richard Nixon hat Henry Kissinger einmal als den größten Verhandlungsführer aller Zeiten bezeichnet. Er nannte ihn ein Genie und strategischen Denker und lobte dessen unglaubliches Durchhaltevermögen. Dieser Mann ist wirklich unschlagbar. Er gehört zu den am härtesten arbeitenden Menschen dieser Erde. Nach seinem Ausscheiden als Außenminister hat er elf Bücher geschrieben und reist noch heute ständig um den Globus und führt Verhandlungen zur Sicherung des Weltfriedens.

Um Ihr Durchhaltevermögen zu stärken, beherzigen Sie folgende Ratschläge:

✔ Essen Sie gesund.

✔ Nehmen Sie Ihre Vitamine.

✔ Sorgen Sie für ausreichend und guten Schlaf.

✔ Versuchen Sie, ein ausgewogenes Verhältnis zwischen Arbeit und Freizeit zu finden.

Durchhaltevermögen ist das Kennzeichen der wirklich großen Verhandlungsführer. Sie können das Spiel nur gewinnen, wenn Sie stark genug sind, das Spiel durchzustehen.

Die zehn häufigsten Verhandlungsfehler

20

In diesem Kapitel

▶ Strategische Fehler

▶ Ärgernisse und Störungen

*J*eder der in diesem Kapitel aufgeführten Fehler wird in allen Einzelheiten an anderer Stelle in diesem Buch beschrieben. Manche davon werden auch an mehr als nur einer Stelle erwähnt, weil jeder Fehler in mehr als nur einer Erscheinungsform auftritt. Dieses Kapitel ist eine kurze Übersicht der zehn Fehler, nach denen die Teilnehmer unserer Seminare am häufigsten fragen.

Zu Beginn jedes Seminars bitten wir jeden Teilnehmer, sich vorzustellen und das wichtigste Problem zu nennen, an dem sie arbeiten wollen. Am Ende des Seminars bitten wir die Leute, uns zu sagen, woran sie jetzt vordringlich arbeiten werden. Wir zeichnen sowohl die Anfangs- als auch die Endpositionen der Teilnehmer auf.

Im Laufe der Jahre haben wird diese wertvollen Informationen gesammelt. Diese Daten sind die Grundlage für diesen Kapitel. Wenn Sie aus den Fehlern anderer lernen und vielleicht auch noch einige andere Dinge erfahren wollen, die keine Fehler sind, ist dies das geeignete Kapitel für Sie.

Eine Verhandlung beginnen, bevor Sie bereit sind

Eine Verhandlung zu beginnen, bevor Sie dazu wirklich bereit sind, ist wahrscheinlich der größte Fehler, den Sie überhaupt machen können. Es gibt keinen vernünftigen Grund dafür, eine Verhandlung zu beginnen, bevor man bereit dazu ist. Besonders schwer läßt sich dieser Fehler vermeiden, wenn der Mensch, der Sie dazu drängt, Ihr eigener Mandant ist. Dieser Mensch zahlt schließlich Ihr Honorar. Und der Mandant möchte schnelle Resultate. Es ist deshalb schwer, einfach zu sagen: »Noch nicht, ich brauche noch etwas Zeit, bevor wir die Verhandlung beginnen können.«

Egal, mit wem Sie verhandeln, fangen Sie nicht an, bevor Sie fertig sind. Wenn die andere Seite drängt, sagen Sie einfach die Wahrheit: Sie fühlen sich noch nicht ausreichend vorbereitet. Nutzen Sie dabei die gute Gelegenheit, und erkundigen Sie sich nach der Position der anderen Seite.

 Auch wenn die Mitglieder der anderen Seite ihre Position nicht preisgeben, können Sie nach dem Hintergrund oder dem bisherigen Verlauf der Verhandlung fragen. Meistens haben Leute, die ihre Verhandlungsposition nicht preisgeben mögen, nichts dagegen, Ihnen ihre Version des bisherigen Verlaufs der Verhandlung zu geben. Das gilt besonders dann, wenn Sie Ihrem Gegenspieler als Vertreter Ihrer Firma zugeteilt worden sind. Anwälte, Agenten und Makler kennen meistens den Hintergrund eines Geschäfts und sind normalerweise auch bereit, darüber schon vor der Verhandlung zu reden. Zuhören ist ein guter Zeitvertreib, wenn Sie aus irgendwelchen Gründen noch nicht bereit zur Verhandlung sind.

Mit dem falschen Menschen verhandeln

Vergewissern Sie sich zu Anfang einer jeden Verhandlung, daß Sie auch mit dem richtigen Menschen verhandeln. Auch wenn Sie den Menschen auf der anderen Seite des Tisches kennen, sollten Sie immer zunächst sicherstellen, daß dieser Mensch auch berechtigt ist, das Geschäft abzuschließen. Wenn Ihr Gegenspieler Abschlußvollmacht hat, haben Sie es mit dem richtigen Verhandlungspartner zu tun. Verhandeln Sie mit dem Vertreter eines großen Unternehmens, gibt es in der Firmenhierarchie meistens noch einige Menschen über Ihrem Gegenspieler. Das bedeutet nicht, daß der Vorgesetzte dieses Gegenspielers der richtige Ansprechpartner für die Verhandlung sein muß. Tatsache ist sogar, daß eine Verhandlung mit einem Mitarbeiter ein oder zwei Hierarchiestufen zu hoch, schlechter sein kann, als mit einem Mitarbeiter, der zu tief in der Hierarchie steht. Top-Manager haben meistens nicht das Detailwissen, um alle Einzelheiten eines Geschäftes auszuhandeln.

Fehlende Flexibilität

Wenn Sie sich auf eine bestimmte Position festlegen, beharren Sie auf einer bestimmten Lösung und verschließen sich gegenüber allen anderen Vorschlägen. Sie glauben, daß nur die von Ihnen vorgeschlagene Lösung richtig sein kann. Alle anderen Lösungen würden zum Scheitern der Vereinbarung führen. Diese unflexible Haltung bezeichnet man als »Verhandlung mit festen Positionen«. Wenn Sie aber auf einer bestimmten Position beharren, zerstören Sie den Verhandlungsprozeß. Außerdem machen Sie sich lächerlich. In den seltensten Fällen ist die Lösung, die Sie am Anfang der Verhandlung auf den Tisch legen, die einzig richtige.

Das Festhalten an einer bestimmten Position wird nie wieder ein Problem sein, wenn Sie dieses Buch gelesen haben. Verhandlungen mit festen Positionen entstehen meistens dadurch, daß eine Seite sich nicht ausreichend vorbereitet hat. Wenn Sie auf diesem Gebiet noch Probleme haben, lesen Sie Kapitel 2 über die richtige Vorbereitung und Kapitel 4 über die Festlegung von Grenzen. Listen Sie zur Festlegung von Grenzen zunächst einmal *alle* Alternativen auf, die Sie haben, falls das Geschäft, das gerade ausgehandelt werden soll, nicht zum Abschluß kommt. Bestimmen Sie anschließend *Ihre* konkrete Alternative. Das heißt: Entscheiden Sie, was Sie tun werden, falls Sie mit Ihrem Gegenspieler keine Vereinbarung erzielen können.

Wenn Sie diese beiden Schritte beachten, werden Sie wahrscheinlich nie wieder an einer einzigen Position festhalten.

Richtig schwer haben Sie es aber erst, wenn die andere Seite auf einer bestimmten Position beharrt. Wenn das geschieht, hat die andere Seite sich nicht ausreichend vorbereitet und wahrscheinlich auch ihre Grenzen nicht festgelegt. In einem solchen Fall haben Sie zwei Möglichkeiten:

✔ Helfen Sie der Gegenseite behutsam bei der Vorbereitung, und bringen Sie sie dazu, über ihre Alternativen nachzudenken.

✔ Geben Sie der Gegenseite ein Exemplar dieses Buches mit einem Hinweis auf die betreffenden Abschnitte.

Wir empfehlen natürlich den zweiten Vorschlag. Wenn Sie aber im Termindruck stehen, lehnen Sie sich zurück, und sagen Sie Ihrem Gegenspieler: »Vielleicht sollten wir mal abklären, ob wir über die gleichen Informationen verfügen.« Sprechen Sie danach über den bisherigen Verlauf der Verhandlung. Einigen Sie sich über die Hauptthemen. Machen Sie alles, um die andere Seite auf Trab zu bringen. Um jemanden von einer bestimmten Position wegzubewegen, machen Sie folgendes:

✔ Vergessen Sie Ihr Ego.

✔ Starten Sie keinen Frontalangriff.

✔ Versuchen Sie nicht, die Gegenseite zu überzeugen.

✔ Verhalten Sie sich wie ein Lehrer – ein freundlicher Mensch, der sein Wissen über den Hintergrund und Verlauf der Verhandlung mit der Gegenseite teilt.

 Nachdem die Gegenseite aus ihrer Ecke gekommen ist, fangen Sie mit dem intelligenten Teil der Verhandlung an. Entweder bekommen Sie, was Sie wollen, oder auch nicht – aber auf jeden Fall haben Sie die Wahrscheinlichkeit erhöht, mit der Verhandlung eine Vereinbarung zu erreichen. Jetzt haben Sie es nämlich mit einem Menschen zu tun, der Ihnen zuhört – ein Mensch, der offen für die Verhandlung ist.

Das Gefühl von Machtlosigkeit

Wenn wir das Gefühl von Machtlosigkeit in einer Verhandlung als Fehler bezeichnen, hören wir in unseren Seminaren regelmäßig eine Menge Widerspruch. Wir lassen dann immer jeden einzelnen Teilnehmer zu Wort kommen. Wir müssen diese These meistens nicht verteidigen. Normalerweise erklärt einer der Teilnehmer mit seinem Widerspruch, warum wir dieses Gefühl als Fehler bezeichnen.

Das Gefühl von Machtlosigkeit während einer Verhandlung ist ein Fehler, weil ...

_____

_____

Können Sie diesen Satz ergänzen? Es gibt einen wichtigen Grund, der dagegen spricht, das Gefühl von Machtlosigkeit während einer Verhandlung als Seelenzustand zu bezeichnen. Es ist nichts, was von den Umständen bestimmt wird; es ist auch nichts, was Sie ertragen müßten. Es ist einfach nur ein Fehler. Wenn sich dieses Gefühl bei Ihnen breitmacht, müssen Sie die Pause-Taste drücken (siehe Kapitel 6). Unterbrechen Sie die Verhandlung, um herauszufinden, warum Sie dieses Gefühl haben. Verhandeln Sie nicht weiter.

Wenn Sie sich in einer Verhandlungssitzung machtlos fühlen, haben Sie sich höchstwahrscheinlich nicht ausreichend vorbereitet. Trainieren Sie sich darauf, dieses Gefühl wie eine laute Warnklingel wahrzunehmen – wie die Klingel zur Pause. Machen Sie eine Pause. Ordnen Sie Ihre Gedanken. Suchen Sie verschiedene Lösungen. Sie können Ihrem Gegenüber sogar sagen: »Da haben Sie mich kalt erwischt. Ich muß mich zu diesem Punkt noch genauer informieren.« Handelt es sich bei der Verhandlung um ein Gespräch mit Ihrem Chef wegen eines Fehlers, der in Ihrem Verantwortungsbereich liegt, und Sie haben die passende Antwort nicht parat, sagen Sie einfach: »Ich bin auf dieses Gespräch nicht vorbereitet. Könnten wir vielleicht heute nachmittag darüber reden?« Noch besser: »Können wir uns vertagen? Ich könnte Ihnen zu dieser Angelegenheit noch weitere Informationen beschaffen.«

Angst, die Verhandlung nicht mehr im Griff zu haben

Der eigentliche Fehler bei der Angst, die Kontrolle über eine Verhandlung zu verlieren, liegt in der Vorstellung, daß es sich dabei um einem Fehler handelt.

Diese Angst ist nur ein Wahrnehmungsproblem. Unserer Ansicht nach geht es bei Verhandlungen nicht um Kontrolle. Bei Verhandlungen geht es darum, zusammen mit dem Gegenspieler die beste Lösung für das anstehende Problem zu finden. Es geht um das Geben und Nehmen zwischen Menschen, die Differenzen aus dem Weg räumen wollen. Es geht dabei darum, mit Hilfe verschiedener gut durchdachter Ziele, die von beiden Seiten als wertvoll angesehen werden, im Leben voranzukommen.

Wenn Sie also befürchten, die Kontrolle über eine Verhandlung zu verlieren, fragen Sie sich, warum Kontrolle so wichtig sein soll. Falls Sie jedoch befürchten, die Kontrolle über sich selbst zu verlieren, und das Gefühl haben, Sie müßten Ihr Heil in gewalttätigen Aktionen suchen, sollten Sie das zweifellos ansprechen. Wenn Sie allerdings nur fürchten, die Kontrolle über die Verhandlung zu verlieren, sollten Sie sich folgende Frage stellen: »Muß ich die Verhandlung wirklich jede Sekunde unter Kontrolle haben?«

Vielleicht haben Sie auch Angst, die andere Seite würde Sie brutal unterbuttern, wenn Sie die Kontrolle über die Verhandlung verlieren. Erstens: Sollte das der Fall sein, sollten Sie sich gründlich überlegen, ob Sie mit einem solchen Gegenspieler überhaupt weiter verhandeln können. Vielleicht sollten Sie sich lieber einen anderen Verhandlungspartner suchen. Zweitens: Diese Angst brauchen Sie nicht zu haben, wenn Sie Ihre Grenzen festgelegt haben (Kapitel 4) und auch bereit sind, sie durchzusetzen.

Ziele und Grenzen aus den Augen verlieren

Viel zu oft wird eine Verhandlung mit bestimmten Grenzen und Zielen begonnen, die im Verlauf der Verhandlung aber leider nicht beachtet werden. Ohne viel darüber nachzudenken, werden die Ziele nach unten und die Grenzen nach oben korrigiert. Eine eindeutige Richtung geht dabei im Lauf der Verhandlung völlig verloren. Diese Menschen werden ihr Verhalten höchstwahrscheinlich später bedauern. Dieses Bedauern hat große Ähnlichkeit mit einem Kater: Zuerst berauscht man sich an einem Geschäft und vergißt dabei die ursprünglichen Ziele und Grenzen.

 Die beste Methode, Ihre Ziele und Grenzen immer im Auge zu behalten, besteht darin, sie schriftlich festzuhalten. Lassen Sie sich von Ihren Notizen führen. Wenn Sie neue Informationen bekommen und deshalb Ihre Grenzen und Zielen ändern, ist das völlig in Ordnung. Sie müssen sich dabei nur immer der Tatsache bewußt sein, daß Sie sich neue Ziele und Grenzen gesetzt haben.

Zuviel Gedanken an die Gegenseite verschwenden

Verhandlungen zum beiderseitigen Nutzen führen bedeutet nicht, daß Sie sich ständig darüber Sorgen machen müßten, daß auch die Gegenseite alles bekommt, was sie will. Leider entschuldigen Menschen, die ohnehin nicht sehr bestimmt auftreten, mit dem Konzept der Verhandlungen zum beiderseitigen Nutzen häufig die Tatsache, ihre eigenen Interessen aus den Augen verloren zu haben. Sie müssen eigene Ziele und Grenzen festlegen und sie bis zum Äußersten verteidigen. Die andere Seite sollte genauso vorgehen.

Sie wollen, daß sich Ihre Verhandlungen durch Intelligenz und gegenseitigen Respekt auszeichnen. Nehmen Sie sich vor Abschluß des Vertrages etwas Zeit, und überprüfen Sie, ob Sie genug von dem erreicht haben, was Sie sich zu Beginn vorgenommen haben, und ob die andere Seite vernünftige Vorteile aus der Transaktion ziehen kann. Fragen Sie sich außerdem, ob das Geschäft wirklich ein Geschäft ist, mit dem Sie und die andere Seite leben können. Kurz: Kontrollieren Sie, ob beide Seiten von dem Geschäft profitieren. In Kapitel 15 finden Sie die ausführliche Besprechung dieses Konzepts.

Schlagfertigkeit

Niemand hat immer die genau passenden Worte zu jeder Gelegenheit parat – außer vielleicht im Kino. Das Leben ist aber kein Kino. Es ist nicht einmal ein guter Fernsehfilm. Das Leben hat keine Proben und verlangt nach dauernder Improvisation. Je besser Sie vorbereitet sind, desto größer ist die Wahrscheinlichkeit, zur rechten Zeit die rechten Worte zu finden. Aber selbst ein optimal vorbereiteter Verhandlungsführer findet nach einiger Überlegung eine noch bessere Antwort. Der einzige Fehler ist hier, zu glauben, Sie hätten einen Fehler gemacht. Seien Sie nicht zu hart mit sich selbst.

Wichtig ist nicht, einen schlauen Eindruck zu machen, sondern sich deutlich mitzuteilen. Schlagfertige Bemerkungen sind lustig. Kluge Antworten geben Ihnen ein gutes Gefühl. Klugheit kann überhaupt sehr befriedigend sein. Aber deutliche Kommunikation bestimmt die Verhandlung. Wenn Sie am nächsten Morgen aufwachen und das Gefühl haben, Sie hätten sich nicht deutlich genug ausgedrückt, ist es einfach, eine frühere Aussage klarzustellen. Beginnen Sie die nächste Verhandlungssitzung einfach mit dieser Klarstellung. Die nächste Verhandlungssitzung aber mit der Ankündigung zu beginnen, daß Sie eine besonders schlagfertige Antwort gefunden hätten, funktioniert einfach nicht.

Sich selbst die Schuld an den Fehlern anderer geben

Wenn die Dinge nicht wie gewünscht laufen, geben die meisten Menschen sich selbst die Schuld – auch wenn sie das Problem gar nicht verschuldet haben. Widerstehen Sie dieser Versuchung. Wenn Sie dazu neigen, sich für alles Leid dieser Welt schuldig zu fühlen, überlegen Sie mal, warum das so sein könnte. Wir glauben, daß diese Tendenz sehr viel mit fehlender Selbstachtung zu tun hat.

Den Schluß der Verhandlung aus den Augen verlieren

Dieser Fehler ist ein naher Verwandter des weiter oben beschriebenen Fehlers, zu viele Gedanken an die Gegenseite zu verschwenden. Sie müssen immer alle sechs Grundelemente einer Verhandlung im Auge haben. Viele Menschen vergessen gerne die Tatsache, daß sie schon von dem Moment an, an dem sie von der bevorstehenden Verhandlung erfahren, an den Abschluß denken müssen. Jeder Aspekt des Geschäftsabschlusses wird von der Vorbereitung auf die Verhandlung, den Zielen und Grenzen und dem Verhandlungsprozeß bestimmt. Konzentrieren Sie sich bei jedem Schritt der Verhandlung auf den Abschluß.

 Jede Minute, um die sich eine Verhandlung verzögert, ist eine Minute, in der irgend-ein Problem auftauchen und die Verhandlung negativ beeinflussen könnte. Wir wollen Ihnen nicht empfehlen, daß Sie den Abschluß übereilt herbeiführen oder das Geschäft abschließen sollen, bevor Sie wirklich bereit dazu sind. Sie sollten aber während der ganzen Verhandlung immer den Abschluß im Auge haben. Sie führen die Verhandlung schließlich, um bestimmte Ziele zu erreichen. Wenn diese Ziele in greifbare Nähe gerückt sind, greifen Sie einfach zu.

Die zehn wichtigsten Verhandlungen Ihres Lebens

21

In diesem Kapitel finden Sie einige hilfreiche Tips zur Bewältigung verschiedener äußerst stressiger Situationen in Ihrem Leben. Manche, der im Zuge dieser hier aufgeführten Verhandlungen anfallenden Emotionen können zu dauerhaften Schäden innerhalb der Familie führen. Dieses Kapitel führt Sie durch diese Probleme – und das auf eine Art und Weise, die den Schaden für Ihre Beziehungen so gering wie möglich hält, und Ihnen selbst zugleich erlaubt, sich selbst, Ihren Werten, Bedürfnissen und Wünschen treu zu bleiben.

Der Gebrauchtwagenkauf

 Jedes Auto, für das Sie sich jemals interessieren werden, kommt vom Fließband. An dem Tag, an dem Ihr Wunschauto zusammengeschraubt wurde, wurden noch viele andere Autos des gleichen Typs gebaut. Verlieben Sie sich also niemals in ein Auto – besonders nicht in einen Wagen, den Sie nur einmal um den Block probegefahren haben. Denken Sie daran: Ein anderes Auto wartet schon an der nächste Ecke.

Beim Kauf eines Gebrauchtwagens sollten Sie folgende wichtige Punkte bedenken:

✔ Sie sollten wissen, was für ein Art von Auto Sie wollen.

✔ Verlieben Sie sich nicht in ein bestimmtes Auto, bevor Sie es gekauft haben.

✔ Sie müssen wissen, was Sie sich leisten können. Geben Sie nicht mehr aus.

✔ Kaufen Sie ein gebrauchtes Auto erst, nachdem es von einem vertrauenswürdigen Automechaniker geprüft wurde – gegen Entgelt, nicht aus Gefallen (Sie wollen schließlich eine nach bestem Gewissen abgegebene professionelle Meinung).

✔ Informieren Sie sich über den Markt, und verhandeln Sie erst dann über den Preis.

Die beste Quelle für Preisinformationen sind die Kleinanzeigen der Tageszeitungen oder Anzeigenblätter (die es fast überall kostenlos gibt) sowie die Zeitungen, die sich ausschließlich mit dem An- und Verkauf aller möglicher Gegenstände (u. a. Gebrauchtwagen) befassen.

Wenn Sie die Ausgabe nicht scheuen, finden Sie in der Schwacke-Liste oder der DAT-Liste ausführliche Preisinformationen. Beide Bücher wenden sich in erster Linie an die Profis in der Gebrauchtwagenbranche. Sie sind die wichtigsten Informationsquellen, an denen auch die professionellen Gebrauchtwagenhändler ihre Preise ausrichten. Beide Bücher enthalten auch

Hinweise darauf, wie bestimmte Sonderausstattungen, die gefahrenen Kilometer etc. in den Preis einfließen.

In Kapitel 1 finden Sie eine Geschichte darüber, wie Sie mit Hilfe eines Fünfjahresplanes für Ihr Leben bestimmen können, welches Auto Sie nehmen sollten. Lesen Sie auch Kapitel 17 über den Geschäftsabschluß, um das ständige Drängen des Verkaufspersonals auf einen schnellen Abschluß zu erkennen – und zwar von dem Moment an, an dem Sie Ihr Interesse an einem bestimmten Wagen gezeigt haben.

Die Gehaltserhöhung

Die meisten Menschen bitten wenigstens einmal in ihrem Leben um eine Gehaltserhöhung. Manche müssen sich mit diesem Problem sogar jährlich befassen – immer ein fürchterlicher Moment. Nehmen Sie sich die Angst, um eine Gehaltserhöhung zu bitten, indem Sie die in den ersten sechs Teilen dieses Buches dargestellten Verhandlungstechniken verwenden.

1. **Bereiten Sie sich vor (Teil I).**

   Bevor Sie sich wegen einer Gehaltserhöhung an Ihren Chef wenden, bereiten Sie sich vor. Sie müssen sich sicher sein, eine Gehaltserhöhung verdient zu haben, und Ihren Wert für den Arbeitgeber genau kennen. Sammeln Sie alles Material, mit dem Sie nachweisen können, welche Gewinne oder Vorteile Ihre Firma Ihnen verdankt und welche verheerenden Auswirkungen Ihre Abwesenheit haben könnte. Wenn Sie nicht daran glauben, eine Gehaltserhöhung verdient zu haben, wird es auch sonst niemand glauben.

   Nachdem Sie sich geistig auf die Verhandlung vorbereitet haben, sammeln Sie alle zu Ihrem speziellen Fall gehörenden Informationen:

   - Sie müssen wissen, wieviel Gehaltserhöhung das Firmenbudget verträgt. Versuchen Sie zu ermitteln, wie Ihre Firma finanziell dasteht.

   - Sie müssen wissen, wie Ihre Dienste im allgemeinen bezahlt werden. Ziehen Sie dazu die Gehalts- und Lohntarife der Gewerkschaften heran. Wenn Sie außer- oder übertariflich bezahlt werden, können Sie sich in den Statistiken des Statistischen Bundesamtes oder der Statistischen Landesämter über das Gehaltsgefüge im Managementbereich informieren. Am besten aber sind Sie dran, wenn Sie stets ein offenes Ohr für den Firmentratsch haben oder über vorzügliche Beziehungen zum Chefsekretariat verfügen.

   - Sie müssen wissen, was Kollegen mit gleich viel Erfahrungen für die gleiche Arbeit in Ihrer Region verdienen. Fragen Sie Freunde, versuchen Sie, mit einer anderen Firma ein Bewerbungsgespräch zu vereinbaren. Versuchen Sie alles, um an diese Informationen heranzukommen.

   Wenn Sie Ihre Datensammlung beendet haben, sagen Sie Ihrem Chef, daß Sie mit ihm gerne einen Termin für ein Gehaltsgespräch vereinbaren würden. Auf keinen Fall dürfen

Sie ihn mit einem solchen Gespräch überfallen. Sagen Sie zum Beispiel: »Ich würde mich mit Ihnen gerne mal über mein Gehalt unterhalten. Ich brauche dazu nicht mehr als 20 Minuten. Wann würde es Ihnen am besten passen?«

2. Setzen Sie sich Grenzen und Ziele (Teil II).

Entscheiden Sie sich für einen Mindestbetrag, den Sie gerade noch akzeptieren würden, und den Höchstbetrag, den Sie möglicherweise erreichen könnten. Legen Sie außerdem Ihre Alternativen für den Fall fest, daß Ihre Firma Ihre Minimalforderungen nicht erfüllen will:

- Sie könnten erst mal abwarten und sich nach einem anderen Arbeitgeber umschauen.

- Sie kündigen sofort.

- Sie lassen alles beim alten ... und werden wahrscheinlich zu einem ziemlich frustrierten Mitarbeiter.

3. Drücken Sie die Pause-Taste (Teil III).

Halten Sie Ihre Gefühle unter Kontrolle. Lassen Sie sich nicht zu einem Gefühlsausbruch hinreißen nach dem Motto: »Ich muß doch eine Familie ernähren!« Sie müssen Ihren Fall auf objektiven Beweisen aufbauen. Lassen Sie das Management Ihrer Firma wissen, daß es sich für sie auszahlen würde, Sie zu behalten und zufriedenzustellen.

4. Hören Sie aufmerksam zu (Teil IV).

Lassen Sie Ihren Chef erzählen, was er über sinkende Budgets, die Gehälter von Angestellten und Personalprobleme im allgemeinen zu sagen hat. Hören Sie ihn geduldig bis zum Ende an. Sie können dadurch wertvolle Argumente für Ihre eigene Position sammeln. Fragen Sie ihn, wie er Ihre Leistung beurteilt. Hören Sie aufmerksam zu, damit Sie auch sicher sein können, daß Sie beide Ihre Leistungen gleich beurteilen. Wenn Sie unterschiedliche Ansichten über Ihre Leistungen haben, sollten Sie diese Unterschiede sofort aufklären. Über mehr Geld zu reden, wenn die Firma der Meinung ist, Ihre Leistungen seien nicht zufriedenstellend, wäre ziemlich sinnlos.

5. Seien Sie deutlich (Teil V).

Setzen Sie ihm deutlich auseinander, welchen Betrag Sie für fair halten und warum Sie ihn für fair halten. Erläutern Sie dabei besonders ausführlich das »Warum«. Lassen Sie Ihren Boss ruhig wissen, wo Sie sich überall erkundigt und Informationen gesammelt haben. Legen Sie ihm die Beweise vor, warum Sie für die Firma von besonderem Wert sind. Sie wollen schließlich, daß Ihr Chef Ihnen die Gehaltserhöhung mit gutem Gewissen gibt.

6. Schließen Sie das Geschäft ab (Teil VI).

Bei diesem Gespräch denkt Ihr Chef vielleicht zum ersten Mal bewußt über Ihren Wert für die Firma nach. Möglicherweise braucht er deshalb Bedenkzeit. Das ist auch ganz in Ordnung. Lassen Sie sich aber in jedem Fall einen Termin für seine Entscheidung geben. Sie wollen schließlich nicht, daß sich das legitime Bedürfnis, sich mit der Frage auseinander-zusetzen, zu einer Entschuldigung wird, Sie um das verdiente Gehalt zu bringen.

Wichtig bei einem Gespräch über eine Gehaltserhöhung ist außerdem die Frage, wohin, wann und wie Sie sich setzen. Alle drei Punkte könne gewaltige Auswirkungen auf die Verhandlung haben. Hilfreiche Tips zu diesen Fragen finden Sie in Kapitel 3. Kapitel 11 behandelt die Körpersprache, die bei solchen Besprechungen zu beachten ist.

Einen Ehering kaufen

Ob Buddhist, Christ, Hindu, Jude oder Moslem – der einfache goldene Ehering ist für alle verheirateten Menschen dieser Welt das Symbol ihrer Liebe und Verbun-denheit. Männer handhaben die Praxis des Eheringtragens jedoch von Land zu Land unterschiedlich. Wie sich herausgestellt hat, tragen mehr Männer in Eng-land und den ehemaligen Kolonien (einschließlich der Vereinigten Staaten) Ehe-ringe als sonstwo auf der Welt.

Der Preis für einen Ehering richtet sich in erster Linie nach der Menge des verwendeten Gol-des. Wenn Sie nicht gerade Juwelier sind, können Sie selbst nicht testen, wieviel Karat ein Ring hat. Wenn möglich, sollten Sie sich bei der Anschaffung eines Eheringes an einen Juwe-lier halten, den Sie gut kennen. Sollten Sie jedoch weder einen Juwelier kennen noch irgend-welche nützlichen Empfehlungen von Freunden bekommen können, vergewissern Sie sich, daß Sie es mit einem Juwelier zu tun haben, der sein Geschäft schon einige Zeit betreibt.

Das reinste Gold ist 24-Karat-Gold. Dabei handelt es sich um sogenanntes 999er Gold (d.h. das Metall besteht zu 99,9 Prozent aus Gold). 18 Karat bedeutet, daß das Metall zu einem Anteil von 18/24 aus Gold besteht. Der Rest ist irgendeine Beimischung. Standard ist in den meisten Ländern 14 Karat, was etwas mehr Beimischung und weniger Gold bedeutet. Der Goldanteil sollte in die Innenseite des Ringes gestempelt sein. In manchen Ländern wie beispielsweise Großbritannien, Italien oder Israel wird die Goldindustrie von der Regierung überwacht – eine zusätzliche Sicherheit für Sie, daß der eingestempelte Wert korrekt ist. Wenn Sie den Kaufpreis für einen Ehering verhandeln, sollten Sie schon sicher sein, daß es sich bei dem Ring nicht um Tinneff handelt.

In den Vereinigten Staaten und vielen anderen Ländern werden Ringe mit zusätz-lichen Verzierungen immer beliebter. Der Ring wird dadurch zwar etwas teurer, aber verglichen mit den Gesamtkosten, einschließlich Polterabend, Hochzeitsfei-er und Hochzeitsreise ist das nur ein verschwindend geringer Betrag. Sparen Sie also nicht am falschen Ende! Dieser Rat steht im genauen Gegensatz zu den Be-schränkungen, die wir beim Kauf eines Verlobungsringes empfehlen.

Eine Hochzeit vorbereiten

Ihre Hochzeit ist vielleicht die komplizierteste Veranstaltung, die Sie jemals planen müssen. Sie werden vielleicht in Panik geraten, wenn Sie sich einmal anschauen, wieviel Vorbereitungsarbeit erforderlich ist. Verlassen Sie sich dabei nicht auf sich selbst. Holen Sie sich Hilfe in den einschlägigen Magazinen. In diesen Zeitschriften können Sie Checklisten und Terminplaner für alle möglichen Vorbereitungsarbeiten finden. Die Checklisten decken alle Aspekte einer Hochzeit ab. Die Tips zur Terminplanung gehen davon aus, daß Sie sich vom eigentlichen Hochzeitstermin langsam in die Gegenwart vorarbeiten.

Bevor Sie weitermachen, legen Sie erst mal eine kleine Pause ein. Legen Sie Ihr Gesamtbudget fest, und bleiben Sie anschließend auch dabei. Danach können Sie Ihre verschiedenen Einzelverhandlungen am Gesamtbudget als absoluter Obergrenze ausrichten.

Unterteilen Sie die großen Komplexe in kleinere Abschnitte. Notieren Sie sich, welche Abschnitte Verhandlungen mit welchen Menschen erfordern. Ganz klar: Verhandlungen müssen mit dem Hotel, der Kirche oder Synagoge, den Speise- und Getränkelieferanten und so weiter geführt werden. Die eigentlichen Herausforderungen liegen allerdings in den Verhandlungen darüber, wer zur Hochzeit eingeladen wird, und welche Rolle er dabei spielen soll. Die Verhandlungen zu diesen Fragen mit Ihrer eigenen Familie, Ihrer zukünftigen Frau und den zukünftigen Schwiegereltern können sehr intensiv werden. Wenden Sie die sechs Grundfertigkeiten dieses Buches an, um so objektiv wie nur möglich zu Werke zu gehen. Da es sich bei einer Hochzeit um ein sehr privates Ereignis handelt, sollten Sie Ihre Pause-Taste immer griffbereit haben. (In Kapitel 6 finden Sie weitere Hinweise zu diesem wichtigen Verhandlungsinstrument.)

Besondere Beachtung sollten Sie auch der Rolle der Kinder bei der Zeremonie schenken (falls Sie oder Ihre Zukünftige Kinder mit in die Ehe bringen). Bei unserer eigenen Hochzeit haben wir den Teenager-Töchtern eine wichtige Rolle zugewiesen: Sie waren unsere einzigen Brautjungfern. Jede von ihnen hatte die neue Frau in Papas Leben mehr oder weniger stark akzeptiert, und diese Rolle sollte ein weiterer Schritt zum Aufbau einer guten Beziehung sein. Michelle, Amy und Wendy durften sich ihre Kleider, ganz nach ihrem eigenen Geschmack zu diesem Ereignis selbst aussuchen. Natürlich haben wir allerdings auch dabei bestimmte Grenzen gesetzt (kein tiefer Ausschnitt, kein schwarzes Kleid und keine Super-Mini), allerdings loben uns die Mädchen noch heute, daß wir so weitgehend auf ihren Geschmack eingegangen sind.

Ein Haus kaufen

Ein Hauskauf ist für die meisten Menschen die wichtigste Kaufentscheidung ihres Lebens. Meistens nehmen sie sich für die Suche nach einem geeigneten Haus sehr viel Zeit und vergleichen alle möglichen Angebote. Sie suchen so lange, bis sie das optimale Heim gefunden haben. Wenn Sie es dann endlich gefunden haben, machen sie ein Angebot, und wenn das Angebot akzeptiert wird, beantragen sie ein Darlehen.

Wir halten diese Reihenfolge für etwas verdreht. Ihre Bemühungen, was den günstigsten Kredit betrifft, sollten mindestens so ausführlich sein wie für den eigentlichen Hauskauf. Meistens wird der Darlehensantrag lange hinausgezögert, weil er unangenehm und umständlich ist. Und außerdem besteht ja auch immer noch die Möglichkeit, daß er abgelehnt werden könnte. Aber dies ist eine der vielen Gelegenheiten, bei denen Sie sich mit Bummelei selber schaden können.

 Die Zinssätze für Immobiliendarlehen können Sie bei den verschiedenen Geldinstituten erfragen. Vergleichen Sie sehr genau! Angenommen, Sie haben ein Darlehen über 100000 Mark mit 30jähriger Laufzeit aufgenommen. In diesem Fall beträgt der Unterschied der Monatsraten zwischen einem Darlehen zu 7,5 und 8 Prozent immerhin 34,55 DM. Das summiert sich über die Gesamtlaufzeit des Darlehens auf stolze 12438 DM. Die Bedingungen, zu denen Sie sich das Geld für einen Hauskauf leihen, sind deshalb ein wichtiger Teil des Gesamtpakets.

In Kapitel 2 finden Sie eine Menge Informationen über die Vorbereitungen für einen Hauskauf und die Bedeutung, den Verkäufer zu kennen. In Kapitel 7 erfahren Sie, warum Sie Ihre Begeisterung für ein bestimmtes Objekt ruhig zeigen sollten.

Verhandlungen über die Renovierung Ihres Eigenheims

Wir können 90 Prozent der Horrorgeschichten nicht verstehen, die wir zum Thema »Hausrenovierung« regelmäßig zu hören bekommen. Wir hören dann immer sehr höflich zu, erfahren dann meistens, daß die Erzähler solcher Geschichten den Bauunternehmer für Dinge verantwortlich machen, die sie eigentlich selbst zu verantworten haben, weil sie nicht deutlich genug waren.

 Sehr oft bekommen wir zu hören, daß die Handwerker einfach nicht zum vereinbarten Zeitpunkt erschienen sind. Die meisten Handwerker in dieser Branche sind Kleinunternehmer, die sich selbst überbuchen und zuviel Zeit auf der Baustelle verbringen und zuwenig, anstatt mehr Zeit für die Arbeitsplanung zu verwenden. Es gibt aber Lösungen für dieses Problem:

✔ Lernen Sie Ihren Handwerker gründlich kennen, bevor Sie ihn mit der Arbeit betrauen.

✔ Besprechen Sie mit ihm den Terminplan, damit Sie genau wissen, welche Arbeiten zu welcher Zeit geplant sind. Finden Sie heraus, an welcher Stelle auf der Prioritätenliste des Unternehmers die Arbeiten an Ihrem Haus stehen. Finden Sie außerdem heraus, welche anderen Jobs der Unternehmer angenommen hat. So können Sie seine Entschuldigungen überprüfen, falls Probleme auftauchen.

✔ Nehmen Sie Vertragsstrafen und eine Bonusregelung in den Arbeitsvertrag mit dem Unternehmer auf, mit denen Sie den Unternehmer je nach Ablieferungstermin bestrafen oder belohnen.

Als zweithäufigste Beschwerde hören wir, daß das Projekt das Budget überschritten hat. Befolgen Sie diese Tips, um nicht mehr Geld als vorgesehen auszugeben:

✔ Lernen Sie Ihren Handwerker gründlich kennen, bevor Sie ihn mit der Arbeit betrauen.

✔ Lassen Sie sich einen schriftlichen Kostenvoranschlag geben, bevor Sie den Auftrag vergeben.

✔ Legen Sie fest, daß Extras vorher mit Ihnen abgestimmt werden müssen.

✔ Halten Sie einen Teil der Zahlung so lange zurück, bis Sie die Arbeit endgültig abgenommen haben.

Beachten Sie, daß der erste Ratschlag immer gleich ist: Lernen Sie den Handwerker kennen, bevor Sie ihn mit der Arbeit betrauen. Lassen Sie sich auch während der Bauarbeiten ruhig mal auf der Baustelle blicken. Begrüßen Sie die Handwerker jeden Morgen mit einer Tasse Kaffee. Das macht zwar etwas Mühe, zahlt sich aber aus. Das freundliche Verhältnis gibt Ihrem Projekt fast immer gegenüber einem weniger angenehmen Projekt den Vorzug.

Die meisten Leute geben Ihnen außerdem den Rat, die Referenzen zu überprüfen. Weil aber einigermaßen clevere Handwerker sich natürlich nicht von Kunden Referenzen geben lassen, die mit ihrer Arbeit nicht zufrieden waren, empfehlen wir statt dessen eine andere Lösung. Fragen Sie Freunde oder Bekannte, die schon eine Renovierung ihres Hauses hinter sich haben, nach Empfehlungen. Wir haben den besten Parkettverleger durch den Besuch einer Musterwohnung gefunden, in der die Fußböden gerade neu verlegt worden waren. Wir fragten den Makler. Der Makler fragte seinen Kunden. Und wir hatten bald danach ein schönes neues Parkett. Die Zeit, die man sich nach dem richtigen Handwerker umsieht, lohnt sich immer, wenn die Arbeit, wie versprochen, pünktlich und zum vereinbarten Preis angeliefert wird.

Wie wichtig es ist, den Menschen zu kennen, mit dem man Verhandlungen führt, wird in Kapitel 2 dieses Buches erläutert. Das Renovierungsprojekt macht wie kein anderes Projekt deutlich, wie wichtig diese Lektion ist.

Scheidungsvereinbarungen aushandeln

Die Schwierigkeit bei der Verhandlung über eine Scheidungsvereinbarung liegt darin, daß die entsprechenden Gesetze die finanzielle und nicht die menschliche Seite berücksichtigen. Im Staat Kalifornien müssen Ehepaare ihre Vermögenswerte beispielsweise im Verhältnis von 50/50 aufteilen. Diese Regel hört sich vernünftig und fair an. Wenn aber beide Parteien zum Beispiel dasselbe Bild haben wollen, wird es schwierig.

Als erstes sollten Sie, wenn Sie sich mit diesen Problemen auseinandersetzen müssen, Ihr Unterstützungsteam um sich versammeln. Der Chef dieses Teams ist normalerweise Ihr Anwalt. Unter Umständen können auch andere Experten wie beispielsweise ein Steuerberater zum Team gehören. Wenn Sie Kinder haben, sollten Sie außerdem einen Familienberater hinzuziehen. Last but not least sollten Sie auch einen oder mehrere Freunde in das Team aufnehmen.

 Überlassen Sie es nicht dem Zufall, welche Freunde Sie in das Unterstützungsteam aufnehmen. Entscheiden Sie sehr sorgfältig, wem Sie sich in dieser Zeit anvertrauen wollen. Sie sind in dieser Zeit sehr verletzlich.

Seien Sie ebenso vorsichtig bei der Auswahl Ihres Scheidungsanwaltes. Fragen Sie Freunde oder Bekannte, die schon eine Scheidung hinter sich haben, ob sie einen Anwalt empfehlen können. Fragen Sie auch einen Anwalt, den Sie kennen, um eine Empfehlung für einen guten Scheidungsanwalt. Reden Sie mit mindestens zwei oder drei Anwälten, bevor Sie sich für einen entscheiden. Eine Scheidung ist immer ein sehr komplizierter Prozeß. Sie sollten dazu einen Anwalt haben, der umgänglich und kompetent ist.

Wenn von der Scheidung Kinder betroffen sind, unterscheiden sich Scheidungsverhandlungen von den meisten anderen Verhandlungen. In diesem speziellen Fall stehen Sie und Ihr zukünftiger Ex-Ehepartner auch nach der Scheidung weiter in Beziehung. Denken Sie an den Ratschlag, den die Stewardessen vor dem Start immer geben: Ziehen Sie im Fall eines Unfalls immer zuerst sich selbst die Sauerstoffmaske über, und geben Sie danach erst Ihrem Kind seine Maske. Das ist ein vernünftiger Rat. Sie können Ihrem Kind nicht helfen, wenn Sie selbst gefühlsmäßig aus dem Tritt sind. Denken Sie zu jeder Zeit an Ihre Wünsche und Bedürfnisse, damit Sie selbst im Gleichgewicht bleiben, und kümmern Sie sich dann um die Bedürfnisse Ihres Kindes.

Beteiligen Sie niemals Kinder an der Verhandlung über finanzielle Angelegenheiten oder gar am Eintreiben von Geldleistungen. Eine Scheidung bereitet Kindern schon genug Streß. Verschlimmern Sie die Situation also nicht auch noch dadurch, daß Sie Ihr Kind neben dem gefühlsmäßigen Streß auch noch finanziellem Streß aussetzen. Falls ein Elternteil sich um seine moralischen oder gesetzlichen Pflichten drücken will, steht dem anderen Elternteil heute mehr Hilfe als jemals zuvor zur Verfügung.

 Falls Sie Kinder haben, die von Ihrer Scheidung betroffen werden, denken Sie daran, sich einen Anwalt zu nehmen, der sich auf Kindesunterhalt, Besuchsrecht und so weiter spezialisiert hat.

In jeder Scheidung schlagen die Emotionen hohe Wellen. Wenn dann noch ein oder zwei Kinder hinzukommen, wird die Situation noch komplizierter und gefühlsmäßig schwieriger. Aus diesem Grund sollten Sie sich die Kapitel 6 und 7 über die Verwendung der Pause-Taste und den Umgang mit den wunden Punkten des Gegenübers noch einmal genau anschauen. Diese beiden Kapitel sollten Teil Ihres Rüstzeuges für den gesamten Scheidungsprozeß sein.

Schlafenszeit, Ausgang oder Nachtisch – wichtige Verhandlungen mit Ihren Kindern

Bei Verhandlungen mit Kindern ist es besonders wichtig, die sechs Schritte einer guten Verhandlung zu beachten. Die folgenden Abschnitte zeigen Ihnen, wie Sie mit Hilfe dieser sechs Schritte erfolgreich mit Ihren Kindern verhandeln können.

Vorbereitung für die Verhandlung mit Ihren Kindern

Zur Vorbereitung gehört das Wissen, was Sie fairerweise von einem Kind in einem bestimmten Alter erwarten können. Idealerweise sollten Verantwortungsbewußtsein und Freiheit eines Kindes mit zunehmendem Alter größer werden. Sie werden erheblich Probleme bekommen, wenn Sie zuviel zu früh oder zuwenig zu spät von Ihrem Kind erwarten. Fragen Sie Ihren Kinderarzt, oder lesen Sie Bücher über Kindererziehung und -entwicklung, um etwas über die charakteristischen Merkmale zu erfahren, die Kinder in bestimmten Altersstufen aufweisen sollten. Darüber hinaus sollten Sie allerdings auch sehr genau Ihre eigenen Werte und Prioritäten kennen, um sie an Ihre Kinder weitergeben zu können.

Grenzen für Kinder festlegen

Welche Grenzen Sie festlegen sollten, hängt immer vom Alter des Kindes ab. Eine Grenze soll einem Kind immer zwei Dinge zu erkennen geben: 1. Wie sieht ist das richtige Verhalten aus? 2. Was wird als Ersatz akzeptiert? Beispiel: »Du darfst _nicht_ mit Steinen werfen. Du darfst mit Bällen werfen, allerdings nicht im Haus.«

Sie sollten Ihre Grenzen klar definieren. Unklare Aussagen nehmen gerade Jugendlichen das klare Kriterium für ihre Entscheidungsfindung. Machen Sie Ihre Grenzen deutlich, und zwar auf eine Art und Weise, die keinen Zweifel daran läßt, daß Sie es ernst meinen. Machen Sie auch deutlich, mit welchen Konsequenzen die Kinder beim Überschreiten Ihrer Grenzen zu rechnen haben. Warnen Sie Ihre Kinder, und erinnern Sie sie an die Grenzen, bevor sie sie überschreiten.

 Lassen Sie aber Ihre Warnungen und Erinnerungen nicht in Meckerei ausarten. Machen Sie Ihre Grenzen deutlich, und wiederholen Sie sie nicht laufend. Überschreitet Ihr Kind die klar definierten Grenzen, müssen Sie auch die Sanktionen anwenden. Wenn Sie statt dessen Ihre Grenzen ein übers andere Mal wiederholen, stumpfen Sie damit Ihr Kind lediglich gegenüber der Bedeutung dieser Grenzen ab.

Beteiligen Sie Ihre Kinder an der Festlegung der Grenzen, und erklären Sie ihnen die Gründe für die Regeln.

Der Druck auf die elterliche Pause-Taste

Das Wissen, wann und wie die Pause-Taste gedrückt wird, ist der wichtigste Aspekt bei Verhandlungen mit Kindern. Jeder von uns schleppt eine Menge gefühlmäßigen Ballast mit sich herum. Bevor Sie Kinder hatten, haben Sie vielleicht nie gemerkt, wie viele Dinge Sie wütend machen können. Treffen die folgenden Beispiele auf Sie zu?

✔ Sorgen Sie sich um Ihre Kinder, und drücken Sie diese Sorge als Ärger aus?

✔ Machen manche Situationen, zum Beispiel wenn Ihre Kinder sich streiten, Sie hilflos? Ärgern Sie sich über Ihre Hilflosigkeit?

✔ Fühlen Sie sich erdrückt von der Verantwortung, oder denken Sie, Sie würden sich nicht genug um Ihre Kinder kümmern und würden Ihnen nicht soviel Zeit widmen, wie ihnen eigentlich zustehen würde? Ärgern Sie sich über dieses eingebildete Versagen?

Ärger ist eine gesunde Reaktion. Alle Eltern ärgern sich gelegentlich über ihre Kinder. Eltern, die lieben, können Ärger nicht immer vermeiden. Ärger hat außerdem einen Zweck: Er zeigt, daß Sie sich sorgen.

 Anstatt den Ärger zu unterdrücken, sollten Sie ihn auf nicht-destruktive Art und Weise ausdrücken, ohne die Kinder damit zu verletzen. Beschreiben Sie, was Sie sehen, was Sie fühlen und was getan werden muß, ohne dabei die Gefühle des Kindes zu verletzen. Sagen Sie nicht: »Warum läßt du alte Schlampe die nassen Handtücher immer auf dem Fußboden herumliegen?« Richtiger wäre: »Nasse Handtücher auf dem Fußboden machen mich ärgerlich. Ich denke, die gehören doch besser auf den Handtuchhalter.« Drücken Sie Ihren Ärger in verantwortungsbewußter Weise mit Ich-Sätzen aus. Denken Sie immer daran: Sie sind das Vorbild, an dem Ihre sich Kinder ausrichten. Gehen Sie mit Ihren eigenen Gefühlen richtig um. Dann lernen die Kinder auch, mit den eigenen extremen Gefühlen fertig zu werden.

Wie Sie Ihren Kindern richtig zuhören

Sie müssen Ihren Kindern sehr aufmerksam zuhören. Wenn Sie die folgenden Tips beherzigen, werden Sie keine Probleme mit einer deutlichen Kommunikation zwischen Ihnen und Ihren Kindern haben:

✔ Beschäftigen Sie sich nicht mit anderen Dingen, während Ihre Kinder mit Ihnen reden. Zollen Sie Ihren Kindern denselben Respekt wie Ihrem Ehepartner oder einem Kollegen.

✔ Kommen Sie nicht jedesmal angerannt, wenn Ihr Kind nach Ihnen schreit. Wenn Sie ihm zeigen, daß Sie es gehört haben (und sei es nur, indem Sie sagen: »Sekunde, Liebling!« oder »Deine Mama hat gerade was anderes zu tun«), zeigen Sie Respekt und beweisen gleichzeitig Ihre Autorität.

✔ Ziehen Sie keine voreiligen Schlüsse. Hören Sie sich von Anfang bis Ende an, was Ihr Kind Ihnen zu sagen hat, bevor Sie antworten.

Sagen Sie deutlich, was Sie wollen

Deutlichkeit im Zusammenhang mit Kindern bedeutet, daß Sie die Situation beschreiben und nicht Ihr Urteil über den Charakter des Kindes abgeben. Vermeiden Sie es, das Kind zu beschuldigen. Formulieren Sie negative Bemerkungen in positive um. Betonen Sie, was das Kind tun kann, und nicht, was es nicht tun darf. Loben Sie Ihr Kind bei jeder passenden Gelegenheit. Beschreiben Sie ihm, was Ihnen besonders gefallen hat und warum es Ihnen gefallen hat. Ihre Kinder können danach in aller Ruhe ihre eigenen Schlußfolgerungen auf ihren Charakter ziehen:

Lob: »Vielen Dank, daß du gestern abend rechtzeitig zu Hause warst. Ich weiß, daß ich mir keine Sorgen um dich machen muß.«

Schlußfolgerung des Kindes: »Meine Eltern lieben mich und sorgen sich um mich. Ich bin vertrauenswürdig.«

Machen Sie das Geschäft mit Ihrem Kind perfekt

Der Abschluß eines Geschäfts mit Ihrem Kind kann eine ebenso große Herausforderung sein wie ein Geschäftsabschluß im Geschäftsleben. Vergewissern Sie sich, daß Sie selbst und das Kind die getroffene Vereinbarung auf dieselbe Art verstehen. Gehen Sie nicht davon aus, daß Kinder automatisch verstehen, was von Ihnen erwartet wird.

Schreiben Sie nach jeder Verhandlung die Vereinbarungen nieder. Lassen Sie auch Ihre Kinder das Abkommen niederschreiben. Heften Sie die Vereinbarung an eine Pinnwand, damit Sie jederzeit darauf verweisen können, falls die Situation noch einmal aktuell wird.

Wenn Ihre Eltern nicht mehr selbst entscheiden können

Die Entscheidung, welche medizinische Versorgung ein Elternteil bekommen soll, das wegen einer schweren Krankheit nicht mehr selbst entscheiden kann, ist eine Tragödie, die über allzu viele Familien hereinbricht. Der Mensch, der jahrelang die Familie geführt und versorgt hat, ist plötzlich zu krank, um selber Entscheidungen zu treffen oder Wünsche zu äußern – eine extrem emotionsgeladene Situation für alle Familienmitglieder. Aber eine Entscheidung muß unbedingt getroffen werden. Und genau zu dieser Zeit, in der jeder Liebe und Unterstützung braucht, geraten die Familienmitglieder meistens in Streit.

Was immer Sie in dieser Situation tun – sagen Sie niemals »Aber Mama hätte gewollt, ...« oder ähnliches. Wenn nicht Vater oder Mutter ganz klar gesagt oder niedergeschrieben haben, was in einer ähnlichen wie der aktuellen Situation erwartet wird, sollten Sie nicht annehmen, Sie wüßten, was Vater oder Mutter gewollt hätten. Selbst Bemerkungen, die scheinbar in eine bestimmte Richtung weisen, sind meistens in so allgemeiner Form gehalten, daß sie die Familien normalerweise ohne klare Richtlinien zurücklassen.

Abgesehen von seltenen Ausnahmen, drücken Menschen immer ihre eigenen Gefühle aus, wenn sie behaupten, sie wüßten, was der nicht mehr entscheidungsfähige Elternteil gewollt hätte.

Das wird gesagt:	Und das ist gemeint:
»Mama hätte nicht gewollt, in diesem Zustand herumzuliegen.«	»Es tut mir weh, Mama in diesem Zustand zu sehen. Ich möchte nicht mehr länger leiden.«
»Unser Vater hat immer gekämpft. Er würde jede Chance ergreifen, dagegen anzugehen.«	»Ich kann es nicht ertragen, ohne Vater zu sein. Ich möchte, daß er bei mir bleibt – mit allen medizinischen Mitteln.«
»Was ist bloß los mit euch? Hören wir lieber auf zu streiten, und entscheiden wir uns endlich. Mama hätte nicht gewollt, daß wir uns streiten.«	»Ich weiß, daß ich Mama schon vor langer Zeit verloren habe. Ich habe diesen Verlust verarbeitet. Ihr könnt nach Belieben entscheiden. Laßt mich nur wissen, wofür ihr euch entschieden habt.«

Bleiben Sie am besten bei den Sätzen auf der rechten Seite. Mit Ich-Sätzen drücken Sie Ihre echten Gefühle aus. Mit Sätzen wie beispielsweise »Mama hätte gewollt, ...« verstecken Sie nur Ihre wahren Gefühle. Wenn jemand Ihnen erzählt, was sein Vater oder seine Mutter gewollt hätte, hören Sie sorgfältig zu. In 99 von 100 Fällen gibt das Gesagte genau das wieder, was dieser Mensch in dieser Situation fühlt. Lassen Sie den Menschen ausreden, warten Sie einen Augenblick, und fragen Sie ihn dann, was er wirklich fühlt.

 Sie müssen verstehen, daß es manchen Menschen unangenehm ist, ihre wahren Gefühle im Zusammenhang mit einem sehr kranken Elternteil auszudrücken. Das ist genau der Grund dafür, daß Bemerkungen wie »Aber Mama hätte gewollt, ...« so oft fallen. Eine gute Frage, um die wahren Gefühle herauszufinden, könnte folgendermaßen lauten: »Wie würdest du unter Berücksichtigung aller medizinischen Informationen in dieser Situation handeln?«

Es gibt bei der Entscheidung über die medizinische Versorgung für ein Elternteil, das nicht mehr selbst entscheiden kann, keine richtige oder falsche Lösung. Wichtig ist dabei nur, daß man diese Krise auf eine Art und Weise bewältigt, die alle Familienmitglieder noch näher zusammenbringt, anstatt sie zu trennen. Die wichtigste Fähigkeit ist hier, den anderen Familienmitgliedern mit Respekt und Liebe zuzuhören und die eigenen Gefühle deutlich zu vermitteln. Einzelheiten zum richtigen Zuhören erfahren Sie in Teil IV dieses Buches.

Verhandlungen über eine Beerdigung

Gute Neuigkeiten! Vorbei sind die Zeiten, als alles, was mit den Arrangements für eine Beerdigung zusammenhing, eine große und peinliche Verhandlung war. Seit Anfang der 90er Jahre müssen Beerdigungsinstitute in Amerika alle Leistungen und Gegenstände in einer schriftlichen und detaillierten Preisliste angeben. Sie dürfen nicht länger einen Grundpreis festlegen, bei dem Sie alle Gegenstände und Extraleistungen gesondert aushandeln müssen.

Der größte Einzelposten bei einer Beerdigung ist der Sarg, der von unter 1000 Mark bis hin zu mehreren tausend Mark kosten kann. Die meisten Beerdigungsunternehmer werden versuchen, Sie davon zu überzeugen, nur das Beste (und Teuerste) zu nehmen. Die schwierigste Verhandlung in dieser Situation müssen Sie deshalb mit sich selber führen. Dies ist schließlich die letzte Gelegenheit, Ihre Liebe und Zuneigung für den Verstorbenen zu zeigen. Dabei müssen Sie sehr vorsichtig sein, nicht zu übertreiben. Unser Rat: Halten Sie sich zurück!

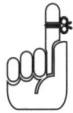 Die wichtigste Respektsbezeugung gegenüber dem Toten ist Ihre und die Liebe Ihrer Familie für den Verstorbenen auch über dessen Tod hinaus. Bemühen Sie sich nach Kräften, alle Freunde und Verwandte zusammenzuholen, und tauschen Sie gemeinsam Ihre Erinnerungen an den Verstorbenen aus. Das ist der eigentliche Sinn einer Beerdigung – und nicht ein noch so prunkvoller Sarg.

Da zur Zeit eines persönlichen Verlustes ein bißchen emotionaler Abstand sehr wichtig ist, empfehlen wir Ihnen, die auf der Schummelseite am Ende dieses Buches enthaltene Pauste-Taste zur Verhandlung mit dem Beerdigungsunternehmen mitzunehmen. Wenn Sie Zeit haben, schauen Sie sich noch einmal Kapitel 6 an. Und denken Sie daran: Die Menschen, von denen Sie zu ihren Lebzeiten geliebt wurden, würden nicht wollen, daß Sie sich wegen ihres Todes in Schulden stürzen.

Zehn Videos, aus denen Sie viel lernen können

22

In diesem Kapitel

▷ Videos, in denen verschiedene Verhandlungstechniken vorgestellt werden

▷ Was Sie aus diesen Videos lernen können

---

*Ü*ber das ganze Buch verteilt haben wir immer wieder Filme vorgestellt, die einen bestimmten Aspekt einer Verhandlung illustrieren sollen. Sie sind alle mit dem Aktivitätssymbol markiert, weil das Anschauen eine Aktivität ist, die Sie mit Ihrer Familie oder Freunden unternehmen können. Die in diesem Kapitel aufgeführten Filme haben alle drei Dinge gemeinsam:

✔ Die Filme behandeln die Verhandlung im allgemeinen und illustrieren nicht nur einzelne Aspekte einer Verhandlung.

✔ Die Filme eignen sich für die ganze Familie.

Im Hauptteil dieses Buches haben wir einige großartige Filme erwähnt, die bestimmte Verhandlungsprinzipien illustrieren. In manchen dieser Filme wird allerdings eine ziemlich deutliche Sprache verwendet. Außerdem kommen einige deutliche Sexszenen vor. Über Geschmack läßt sich zwar vortrefflich streiten, aber die in diesem Abschnitt vorgestellten Filme sind im großen und ganzen für die gesamte Familie geeignet. Selbst der erste (und beste) Film – ein früher Al-Pacino-Klassiker – ist kein brutaler Film. Er ist zwar ungeheuer spannend, aber keinesfalls gewalttätig.

✔ Alle Filme sind von höchster Qualität.

Manche Filme werden Ihnen bestimmt besser als andere gefallen, aber jeder von ihnen ist auf seine Art hervorragend. Von unseren Lehrgangsteilnehmern haben wir immer wieder erfahren, wieviel Spaß ihnen die Filme gemacht haben und wieviel sie aus ihnen lernen konnten.

Machen Sie jetzt folgendes:

1. Blättern Sie zur Schummelseite am Ende des Buches vor.

2. Schneiden Sie die Karte mit den in diesem Kapitel vorgestellten Filmen heraus.

3. Markieren Sie die Filme, die Sie gerne sehen wollen.

4. Stecken Sie die Karte in die Brieftasche.

5. Leihen Sie sich die Filme aus, wenn Sie dazu Zeit haben.

Auch wenn Sie schon einen der aufgeführten Filme kennen, sollten Sie ihn sich ruhig noch einmal unter Berücksichtigung der in diesem Buch gesammelten Informationen anschauen.

Hundstage

Millionen haben den jungen Al Pacino und Charles Durning in dem Klassiker *Hundstage* als Geiselnehmer und Cop schon gesehen. Der Film basiert auf der wahren Geschichte eines Banküberfalls, der in eine Geiselnahme übergeht. Er zeigt der Reihe nach, wie die Mitglieder des Befreiungsteams ihre Positionen einnehmen und anschließend die Verhandlungen beginnen. Zugegeben, es werden einige dramaturgisch bedingte Wendungen eingebaut, was die wahre Geschichte aber nicht wesentlich verfälscht. Alle tatsächlichen Begebenheiten werden sehr genau wiedergegeben. Ich werde Ihnen das Ende hier nicht verraten, kann Ihnen aber sagen, daß die Polizeiroutine für einen solchen Fall sehr genau wiedergegeben wird.

Alle sechs Verhandlungsprinzipien werden in diesem Film deutlich demonstriert. Hier ein kurzer Führer durch den Film, der aber von der Spannung nichts wegnimmt:

✔ **Vorbereitung:** Beachten Sie, daß die Polizei von Anfang an, und anschließend während des ganzen Films Informationen über den Geiselnehmer sammelt.

✔ **Grenzen festlegen:** Die Polizei legt die Grenzen fest, noch bevor sie mit dem Gangster verhandelt. Ihr Ziel ist es, die Geiseln sicher aus der Bank herauszubekommen. Als eine der Geiseln verletzt wird, versucht die Polizei den Grund für die Verletzung zu erfahren. Ihre Alternative: Wenn es sich um einen Unfall handeln sollte, würde die Polizei mit der Verhandlung fortfahren. Sollte sich herausstellen, daß die Geisel mit Absicht verletzt wurde, würden sie die Bank stürmen.

✔ **Druck auf die Pause-Taste:** Die Polizei hat ihre Pause-Taste immer fest im Griff. Ein Beamter der Befreiungsteams hat nur eine einzige Aufgabe: Er beobachtet den emotionalen Zustand aller Beteiligten. Er überwacht die Emotionen und zieht Beamte ab, bevor die Belastung für sie zu groß wird.

✔ **Zuhören und deutliche Kommunikation:** Beachten Sie den Mann mit den Kopfhörern im Friseurgeschäft. Dieser Mann überwacht die gesamte Kommunikation, um sicherzugehen, daß alles richtig verstanden wird.

✔ **Abschluß:** Die Polizei arbeitet die ganze Zeit über konsequent auf ihr Ziel zu. Beachten Sie, wie oft die Polizei versucht, die Verhandlungen zu einem Abschluß zu bringen. Unser Ratschlag, immer zu versuchen, Verhandlungen so schnell und so oft wie möglich zum Abschluß zu bringen, wird in diesem Film sehr gut demonstriert.

Es lohnt sich, diesen Film auch mehr als nur einmal anzuschauen. Sie werden jedesmal etwas Neues über die Art und Weise entdecken, wie die in diesem Buch vorgestellten Grundprinzipien für diese Art von Verhandlung auf Leben oder Tod umgesetzt werden.

Die Todesfahrt der U-Bahn 123

Die Todesfahrt der U-Bahn 123 ist ein Film über eine Geiselnahme in einem Zug und zeigt eine wahrhaft katastrophale Verhandlung. Sie können deutlich verfolgen, wie viele Fehler in dieser Verhandlung gemacht werden. Das Ergebnis sind Tote. Sie können mit allen Informationen dieses Buches im Hinterkopf von Ihrem Fernsehsessel aus die Fehler erkennen, durch die die Verhandlung außer Kontrolle gerät. Da das von Walter Matthau als U-Bahn-Sicherheitschef geleitete Team alle nur denkbaren Regeln bricht, ist ein glücklicher Ausgang praktisch gar unmöglich.

Sehen Sie auch hier, wie die sechs Grundprinzipien jeder Verhandlung beachtet, beziehungsweise mißachtet werden:

✔ **Vorbereitung:** Das Verhandlungsteam ist nicht nur völlig unvorbereitet für eine Geiselnahme in einem Zug, sondern läßt auch jede Gelegenheit zur Vorbereitung während der Verhandlung aus. Die Mitglieder des Teams sitzen nur herum und stellen allerlei Vermutungen über die Geiselnehmer an, anstatt Fragen zu stellen.

✔ **Grenzen festlegen:** Grenzen werden gar nicht erst festgelegt. Nichts, was die Geiselnehmer unternehmen, ändert die Situation.

✔ **Druck auf die Pause-Taste:** Die Polizisten in diesem Film haben entweder noch nie etwas von einer Pause-Taste gehört, oder sie haben keine Ahnung von dem Konzept. Anstatt sich auf die Geiselnehmer zu konzentrieren, streiten sie sich lieber untereinander.

✔ **Zuhören und deutliche Kommunikation:** Beachten Sie, wie oft dieser Verhandlungsgrundsatz mißachtet wird.

✔ **Abschluß:** Dieses Element spielt für die Polizei scheinbar gar keine Rolle. Sie verhandelt und verhandelt und ...

Sowohl dieser Film als auch *Hundstage* werden als Beispiele für gute beziehungsweise schlechte Verhandlungsführung bei einer Geiselnahme regelmäßig an der FBI-Schule in Quantico vorgeführt.

Kissinger und Nixon

Diesen Fernsehfilm aus dem Jahr 1995 bekommen Sie möglicherweise nur in einer Videothek für fremdsprachige Filme. Beau Bridges spielt Richard Nixon, Ron Silver spielt Kissinger, und beide sind brillant.

Der außergewöhnliche Film untersucht Kissingers Verhandlungsbemühungen für eine friedliche Lösung des Vietnamkrieges. Er basiert auf Kissingers Biographie und anderen Quellen, die nicht unbedingt mit Kissingers eigenem Tagebuch der Verhandlungen übereinstimmen.

Sie werden hier Zeuge der direkten Gespräche zwischen Henry Kissinger und den Nordvietnamesen. Sie sehen auch die schwierigen Verhandlungen mit den südvietnamesischen US-Alliierten und schließlich die schwierigsten Verhandlungen von allen – die mit dem Präsidenten der Vereinigten Staaten.

Beachten Sie die Gespräche zwischen Kissinger und den Nordvietnamensen am Anfang des Films – eine klassische und gut abgestimmte Verhandlung. Beide Seiten sind gut vorbereitet. Beide Seiten setzen bestimmte Grenzen. Beide hören aufmerksam zu und kommunizieren klar und deutlich und kommen deshalb auch relativ schnell zu einer Vereinbarung.

Leider konnte Kissinger diese Vereinbarung den Südvietnamensen nicht schmackhaft machen, und Nixon war wütend. Hier können Sie sehen, wie schwierig multilaterale Verhandlungen sein können. Dieser Film zeigt sehr gut, was für viele Verhandlungen des täglichen Lebens gilt: Das Erreichen einer Vereinbarung mit der Gegenseite ist unter Umständen sehr einfach. Die komplizierten Verhandlungen finden erst danach zwischen den Menschen auf der gleichen Seite des Tisches statt.

Die anderen Mitglieder des US-Teams ließen Kissinger bei jeder Gelegenheit ins Leere laufen. Im Weißen Haus war Kissinger immer ein Außenseiter. Er war zwar für den Präsidenten von unschätzbarem Wert, aber Nixon hatte sich sehr schwergetan, ihn in den inneren Kreis der Macht aufzunehmen. Noch größere Probleme aber hatte der Präsident mit den Leuten, die Kissinger vertrauten und respektierten – die Journalisten, Nixons Todfeinde. Nixon glaubte nämlich, Kissinger hätte sich dieses Vertrauen und den Respekt teilweise dadurch erkauft, daß er ihnen vertrauliche Informationen zugespielt hatte.

Die Probleme mit Südvietnam waren anderer Natur. Kissinger hatte die Bereitschaft des Präsidenten zum Ausverkauf Südvietnams überschätzt. Nixon hielt von der politischen Führung dieses Landes genauso wenig wie Kissinger, der sich jedoch durch Nixons angebliche Loyalität gegenüber dem Süden täuschen ließ. Nixons einziges Ziel war es, vor dem amerikanischen Volk nicht so dazustehen, als ließe er einen Alliierten im Stich – auch wenn er es verdient hätte und obwohl es obendrein sehr praktisch gewesen wäre.

Zum Vertragsabschluß brauchte Kissinger die persönliche Versicherung des Präsidenten gegenüber den Südvietnamesen. Nixon mußte mehrere Geheimprotokolle unterzeichnen, um die Südvietnamesen davon zu überzeugen, daß Amerika sie nicht im Stich lassen würde. Natürlich geschah am Ende genau das.

Der Film beschreibt außerdem das Verhältnis zwischen Kissinger und der Presse. Kissinger nahm das Risiko auf sich, mit Journalisten über einige seiner Probleme zu reden. Aber selbst Kissingers Kompetenz und seine langjährigen Verbindungen zur Presse konnten nicht verhindern, daß dieses Spiel nur sehr gemischte Resultate hervorbrachte. Die Auszeichnung *Mann des Jahres* des US-Nachrichtenmagazins *Time* erhielten Kissinger und Nixon gemeinsam.

Die unglaubliche Entführung der verrückten Mrs. Stone

Filme mit Danny DeVito und Bette Middler sind immer komisch. *Die unglaubliche Entführung der verrückten Mrs. Stone* macht da keine Ausnahme. Der Film handelt von einem jungen Paar, das eine reiche Erbin (Bette Middler) entführt und von deren Ehemann (Danny

DeVito) Lösegeld verlangt. Die jungen Leute begehen jedoch einen jener Fehler, die bei Verhandlungen häufig gemacht werden: Sie vergessen, sich über den Menschen zu informieren, mit dem sie verhandeln wollen. Mr. Stone (Danny DeVito) ist nämlich äußerst erfreut darüber, seine Frau aus dem Haus zu haben. Tatsächlich hatte er schon seit einiger Zeit selber mit dem Gedanken gespielt, sie umzubringen.

Der Film demonstriert das grundsätzliche Problem bei allen Entführungsverhandlungen. Wenn die Gegenseite das gewünschte Lösegeld absolut nicht herausrücken will, gibt es keine andere Möglichkeit, an das Geld heranzukommen. Die Verhandlungen – und damit auch der Film – nehmen eine erstaunliche Wendung, als Mrs. Stone plötzlich einen neuen Wert bekommt. Wert ist eine Sache der Wahrnehmung: Er liegt immer im Auge des Betrachters. Sie werden eine Menge Spaß damit haben, wie Werte und Machtstellungen in diesem Film interpretiert und fehlinterpretiert werden.

Zwischen Himmel und Hölle

Dieser Film basiert auf einem Roman des amerikanischen Kriminalschriftstellers Ed McBain. Er handelt von einem Kidnapping und einer völlig falsch eingeschätzten Situation. Schauen Sie sich einmal an, wie dieses Thema von einem der größten Regisseure der Welt, dem Japaner Akiro Kurosawa, behandelt wird.

In diesem Klassiker spielt einer der größten lebenden Schauspieler unserer Zeit die Hauptrolle: Toshiro Mifune. Er spielt einen reichen Geschäftsmann, der sich mit erheblichen moralischen und finanziellen Problemen auseinandersetzen muß, nachdem der Sohn seines Chauffeurs an Stelle seines eigenen Sohnes entführt wurde. Was für eine Verhandlungssituation!

Beachten Sie, wie der professionelle Unterhändler – ein hochrangiger Polizist – den Verhandlungsprozeß mit einem Druck auf die Pause-Taste beginnt. Alle Beteiligten sind dadurch gezwungen, sich zu beruhigen und zu warten. Sein nächster Schritt besteht aus der Sammlung weiterer Informationen über das entführte Kind und die Forderungen des Entführers. Als das Telefon klingelt, setzt der Unterhändler seine Kopfhörer auf und hört sehr aufmerksam zu. Die Polizei zeichnet dieses Gespräch auf, so daß sie es immer wieder abhören kann. Auf diese Art und Weise ist für eine deutliche Kommunikation gesorgt.

Der Entführer ist kein Dummkopf. Er bleibt nie so lange in der Leitung, daß die Polizei das Gespräch zurückverfolgen könnte. Er kennt die japanischen Gesetze, die er während der Gespräche häufig zitiert. Einer der Detektive hält ihn für den schlauesten Gangster, den er jemals kennengelernt hat. Aber immer noch weiß die Polizei zuwenig über den Entführer und scheint auch keine Anstalten zu machen, mehr über ihn in Erfahrung zu bringen. Sie werden sehr schnell feststellen, daß dieser Fehler der Verhandlung erheblich schadet. Die Polizei hätte Kapitel 2 dieses Buches lesen sollen.

Der Zuschauer denkt an diesem Punkt, daß der Film in Richtung *Hundstage* gehen und sich ganz auf die Befreiung des Jungen konzentrieren wird. Statt dessen aber mündet die Geschichte in eine Verhandlung zwischen dem reichen Geschäftsmann und allen anderen Menschen in seinem Leben, die ihm bei der Entscheidung helfen sollen, ob das Lösegeld gezahlt werden soll oder nicht. Als die Polizei herausfindet, wer der Entführer ist, gewinnt die Geschichte an Dramatik. Jetzt will die Polizei ihn nicht nur fangen, sondern auch wegen eines Kapitelverbrechens verurteilen. Immer wenn ein Abschnitt der Geschichte beendet ist, schaltet der Film in die nächsthöhere Gangart.

Kurosawa ist ein Meister, und dieser Film ist eines seiner besten Werke.

Broadway Danny Rose

Broadway Danny Rose ist einer von Woody Allens besten Filmen. Auch wenn Sie kein großer Fan von Woody Allen sind, werden Sie diesen Film mögen. Er handelt von einigen alten Stand-up-Komikern, die im berühmten New Yorker Lokal *Carnegie Deli* herumsitzen und in Erinnerungen an einen Theateragenten namens Danny Rose (Woody Allen) schwelgen.

Sie werden feststellen, daß Woody Allen in diesem Film niemals die Pause-Taste drückt. Er redet wie aufgedreht und stoppt nicht einziges Mal, um vor dem Reden nachzudenken. Aber er engagiert sich für seine Sache. Dieser Mann verdient einen Sonderpreis für Beharrlichkeit. Seine Verhandlungserfolge sind jedoch rein zufällig. Er wendet nicht eine einzige der in diesem Buch erwähnten Verhandlungsfertigkeiten an. Sie werden sich vielleicht fragen, warum man viel Zeit und Energie dafür aufwenden soll, ein guter Verhandlungsführer zu werden, wenn Leute wie Broadway Danny Rose es auch ohne diese Fähigkeiten schaffen. Der Film zeigt aber auch, wie zufällig dieser Erfolg ist. Das Leben überholt diesen Mann. Er redet und redet und merkt nicht, wie die Welt um ihn herum sich verändert. Dieser Film ist nicht nur sehr unterhaltsam, sondern auch äußerst instruktiv.

Nackte Gewalt

James Stewart und Janet Leigh spielen die Hauptrollen in dem Film *Nackte Gewalt*. Der Streifen stammt aus den 50er Jahren, als die Kinos noch mit Technicolor-Filmen werben konnten – Farbfilme waren damals noch immer die große Ausnahme.

In diesem Film reiht sich eine großartige Verhandlungsszene an die andere. Schließlich aber läuft alles auf die über Leben oder Tod entscheidende Verhandlung zwischen den Männern des Gesetzes, die von James Stewart als aufrechtem Sheriff angeführt werden, und dem Mann, den Sie der Gerechtigkeit zuführen wollen, hinaus.

Die Verhandlung entwickelt sich langsam, während die Gesetzeshüter den Verbrecher zurück nach Kansas bringen. Beobachten Sie diesen Burschen. Er ist gut! Er hat sein Ziel im Kopf und verpaßt keine Gelegenheit, seine Sache zum Erfolg zu bringen. Alles, was er macht, hat nur den einzigen Zweck, das Geschäft zu seinen Bedingungen abzuschließen: Er will, daß seine Häscher ihn wieder laufenlassen.

Beachten Sie auch all die kleinen Nebengeschäfte, die alle ihren kleinen Teil zur der eigentlichen Verhandlung beitragen.

Dieser Film beschäftigt sich nicht so offensichtlich wie die anderen mit der Kunst der Verhandlungsführung. Aber Sie und Ihre Familie werden diesen altmodischen Western bestimmt genießen.

Morgen trifft es dich

In *Morgen trifft es dich* spielt Ed Begley (Vater des bekannten Schauspielers Ed Begley, jun.) einen Manager, der gegen seinen Willen von einem jungen Mann (gespielt von einem sehr jungen Richard Kiley) ersetzt wird. Meine Mandantin, die inzwischen verstorbene Elizabeth Montgomery, spielt eine junge Sekretärin, die am Ende der ersten Szene folgenden Satz sagt: »Wow, man weiß nie genau, wann man den Nerv trifft.« An diesem Punkt wissen Sie als eifriger Lehrling der Verhandlungskunst, daß Sie sich auf einige Lektionen in Sachen »Verhandlungstechnik« gefaßt machen müssen.

Dieser Film zeigt, wie wichtig es ist, soviel wie möglich über den Menschen zu wissen, mit dem man verhandelt, und endet mit einer der unglaublichsten Verhandlungen, die Sie jemals sehen werden. Sie werden Zeuge eines verbalen Schlagabtausches zwischen dem mächtigen und skrupellosen Manager und dem einfühlsamen jungen Nachfolger. Sie werden feststellen, daß beide Männer gut vorbereitet sind und ihre jeweiligen Grenzen festgelegt haben. Beide haben Grenzen abgesteckt, die sie nicht bereit sind zu überschreiten, wodurch jede Art von Kompromiß ausgeschlossen scheint.

Wir haben uns den Film nach dem ersten Mal gleich noch einmal angeschaut. Er ist eine großartige Lektion in Sachen effektiver Verhandlungsführung.

Lilien auf dem Felde

Der Klassiker *Lilien auf dem Felde* erscheint auf den ersten Blick nicht unbedingt wie ein Film zum Thema »Verhandlungen«. Sidney Poitier hat für seine Verhandlungen mit einer Gruppe von Nonnen, die seine Hilfe zum Bau einer Kapelle benötigen, mit diesem Film einen Oscar gewonnen.

Zu Anfang sehen Sie, wie Sidney Poitier mit seinem Auto mitten in der Wüste vor einem Kloster anhält, weil er Wasser für seinen kochenden Kühler braucht. Die Nonnen brauchen gerade eine kräftige Hilfskraft für ihre Felder. Poitier will davon nichts wissen und lehnt das Angebot der Nonnen ab. Aber er kommt nicht weit damit: Er hat noch nie mit entschlosseneren Menschen verhandelt.

Zu den Unterschieden in Hautfarbe, Religion und Werdegang kommt obendrein noch, daß die meisten der Nonnen kein Wort Englisch sprechen, wodurch es zum ersten von vielen Mißverständnissen kommt: Poitier denkt, er wäre nur für einen Tag engagiert worden – für einen

Lohn, der nach Treu und Glauben bestimmt werden soll. Das Problem ist nur, daß die Nonnen gar kein Geld haben. Sie können ihm lediglich Essen und ein Bett bieten – und einige Tausend Arten, ihn am Weggehen zu hindern.

Beachten Sie, daß Poitiers Handlungen nicht mit seinen Worten übereinstimmen. Er sagt dauernd, daß er gehen wird, bleibt dann aber doch weiter bei den Nonnen. Sein Bedürfnis nach menschlicher Nähe ist offenbar größer als sein Drang nach Westen.

Poitier und die Nonnen treffen schließlich eine Vereinbarung über den Bau einer Kapelle und besiegeln den Vertrag nach guter Sitte mit einem Handschlag. Zum ersten Mal treffen sich hier die so unterschiedlichen Geister. Der Mann stellt mit diesem Vertrag eine Beziehung mit den Nonnen her. Und diese Beziehung ist genau das, was er braucht.

Das Geschäft kommt zustande, weil Poitier seinen Bedürfnissen entsprechend handelt. Er behauptet zwar laufend, seine Bedürfnisse wären rein finanzieller Natur, tatsächlich sind sie aber von etwas universellerer Art. In Wahrheit will er eine menschliche Bindung und Anerkennung. Er ist stolz, intelligent, kompetent – und sehr allein.

Wenn man die wahren Bedürfnisse oder Wünsche eines Menschen herausfindet, kann man in der Regel schnell zu einem Abschluß kommen. Dieser Film ist eine sehr gute Lektion in Sachen »Verhandlungsführung«. Am Ende des Filmes schreibt Poitier seinen Namen – Homer Smith – unauffällig auf die Kirchturmspitze. Er ist glücklich und zufrieden, als er die Nonnen verläßt. Er hat bekommen, was er wollte.

Columbo

Natürlich weiß ich, daß *Columbo* eine Fernsehserie ist. Aber jede Folge lohnt sich, auch einmal als Verhandlungslektion angeschaut zu werden. Dieser berühmte Detektiv, von Anfang an gespielt von Peter Falk, gibt eines der besten Beispiele für die wichtigsten Verhandlungsfertigkeiten, die ein guter Verhandlungsführer beherrschen muß: Er muß zuhören und deutlich sein können. Dieser Mann ist außerdem unglaublich integer. Er legt seine Ziele fest und läßt sie keine Sekunde lang aus den Augen. Seine eiserne Entschlossenheit bringt auch den verzwicktesten Fall zur Lösung.

Besonders gut können Sie von Columbo lernen, wie man richtige Fragen stellt. Lesen Sie dazu auch noch einmal die entsprechenden Abschnitte von Kapitel 8 über Fragetechniken und das richtige Zuhören. Sie werden feststellen, daß Columbo jede Fragetechnik beherrscht und ein sehr guter Zuhörer ist. Studieren Sie diesen Mann. Von ihm können Sie sich gleichzeitig unterhalten und unterrichten lassen.

Zehn Bücher, die Sie unbedingt lesen müssen

23

In diesem Kapitel

▶ Die besten Bücher über Verhandlungsführung

▶ Worauf Sie in jedem Buch achten sollten

*W*enn Sie ein wirklich guter Unterhändler werden wollen, sollten Sie neben diesem Buch noch einige weitere Bücher über Verhandlungstechniken und Verhandlungsführung lesen. Warum? Weil keine Tätigkeit in Ihrem Leben einen so großen Raum einnimmt wie Verhandlungen – ausgenommen vielleicht das Atmen. Liebe, Sex und Essen – all diese Tätigkeiten sind wesentlich seltener als Verhandlungen. Tatsächlich ist es sogar so, daß auch Liebe, Sex und Essen ohne jede Menge Verhandlungen gar nicht denkbar sind. Sammeln Sie also soviel Bücher wie möglich über dieses lebenswichtige Thema.

Das Kapitel beginnt mit zwei fiktiven Werken. Die meisten Menschen nehmen an, sie müßten in die Sachbuchabteilung ihres Buchladens gehen, wenn sie ein Buch zur Verbesserung ihrer Verhandlungstechnik kaufen wollen. Niemand erwartet in der Belletristik-Abteilung etwas anderes als Bücher zum reinen Lesevergnügen. Wir glauben, daß die Verbesserung Ihrer Verhandlungstechnik ein Vergnügen sein sollte, und bieten Ihnen deshalb die ersten beiden Bücher als erstklassiges Freizeitlesevergnügen an.

Unsere Liste enthält außerdem Bücher über oder von den größten Verhandlungskünstlern unserer Zeit. Auch die Lektüre von Verhandlungen aus dem wirklichen Leben kann ein Vergnügen sein. In diesen Büchern erfahren Sie die Fakten aus erster Hand und lesen, wie es bei Verhandlungen auf höchster Ebene zugeht.

Unsere Liste endet mit drei Büchern über unterschiedliche Verhandlungstechniken. Dieses Buch liefert Ihnen alle Grundlagen, die Sie für erfolgreiche Verhandlungen brauchen. Wenn Sie sich aber erst mal etwas intensiver mit den Verhandlungen in Ihrem Leben beschäftigen, werden Sie schnell feststellen, daß Sie bald mehr wissen wollen. Greifen Sie dann nicht zu irgendwelchen Büchern, die einen bestimmten Modetrend progagieren. Die von uns empfohlenen Bücher halten sich alle an die bewährten Grundlagen.

Sie sollten außerdem einige Bücher über das Spezialgebiet lesen, in dem Sie die meisten Ihrer Verhandlungen führen. Wenn Sie Mutter von Kleinkindern sind, sollten Sie Bücher über Kinder und Erziehungsfragen kaufen. Wenn Sie einen kleinen Betrieb haben, lesen Sie alles, was Sie über das Management eines kleinen Betriebes im allgemeinen und Ihre Branche im besonderen finden können. Bei Verhandlungen gilt immer: Wer am meisten weiß, gewinnt.

Der Unterhändler von Frederick Forsyth

Frederick Forsyth ist einer der größten Autoren unserer Zeit und ein Meister des internationalen Thrillers. *Der Unterhändler* ist zwar ein dickes Buch, läßt sich aber schnell lesen, weil man es nach der ersten Seite nicht mehr aus der Hand legen kann. Auf die internationale Bestsellerliste ist es aber nicht gekommen, weil es ein gutes Buch über Verhandlungstechniken ist, sondern ganz einfach, weil es spannender Lesestoff ist.

In diesem Buch über eine äußerst heikle Verhandlung werden alle Verhandlungsprinzipien dargestellt, die wir in unserem Buch behandelt haben. Die Geschichte handelt von einem sehr mächtigen Mann und einer Verschwörung zur Vernichtung des Präsidenten der Vereinigten Staaten. Die Entführung eines jungen Mannes auf einer einsamen Landstraße in England ist nur der brutale Auftakt zu einer explosiven Story über die Vernichtung des Präsidenten. Nur ein einziger Mann ist in der Lage, diesen Plan zu durchkreuzen. Dieser Unterhändler muß wirklich all seine Reserven mobilisieren, um nicht nur das Opfer, sondern die gesamte freie Welt zu retten.

Schule des Schweigens von Jeffrey Deaver

Jeffrey Deaver ist ein verdammt guter Schreiber. *Schule des Schweigens*, sein neunter Thriller, handelt von einer 12stündigen Geiselnahme – einem wahren Nervenkrieg zwischen den Geiselgangstern und einem FBI-Unterhändler. Die Geiselnehmer sind drei brutale, entlaufene Zuchthäusler, die nichts zu verlieren haben. Das Buch führt Sie mitten hinein in die heikle und gefährliche Verhandlung mit den Gangstern. Deaver beschreibt die Entwicklung einer Beziehung, die es niemals geben dürfte, zwischen einem der Geiselnehmer und der Unterhändlerin. Falls Sie jemals Zweifel an der Bedeutung von Kapitel 6 dieses Buches hatten, sollte Sie die Schilderung der Liebesaffäre zwischen den beiden Gegenspielern eigentlich von der Wichtigkeit überzeugen.

Deaver beschreibt außerdem die internen Vorgänge innerhalb des Geiselbefreiungsteams des FBI während des Versuchs, acht taube Schulkinder und ihre Lehrerin zu retten. Das Buch ist so spannend, daß man fast hören kann, wie die Uhr langsam abläuft. Bis zum atemberaubenden Höhepunkt ist jede Überraschung denkbar.

The Late Shift: Letterman, Leno, & The Network Battle for the Night von Bill Carter

Dieses Buch ist leider nicht auf Deutsch erschienen. Es erzählt eine wahre Geschichte, die am 23. Mai 1991 begann, als Johnny Carson beim Jahrestreffen aller NBC-Fernsehstationen die Bühne der New Yorker Carnegie Hall betrat. Eigentlich sollte er den Teilnehmern etwas über die Macht der verbundenen Sender erzählen, kündigte statt dessen aber ohne Vorwarnung an, daß er die *Tonight Show* – die Late-Night-Show von NBC und profitabelste Fernsehshow aller Zeiten – verlassen wolle.

Die Fans waren überrascht. Das Management war entsetzt. Die Presse reagierte mit einer Fülle von schier unglaublichen Geschichten über den Kampf hinter den Kulissen des Showbusiness. Nur wenige Rücktrittsankündigungen haben je einen solchen Wirbel ausgelöst.

Bill Carter, der Autor dieses Buches, ist Redakteur der *New York Times* und bearbeitet dort das Ressort »Fernsehen«. Es erzählt in diesem Buch die Hintergrundgeschichte zweier gewaltiger Medienunternehmen und zweier agiler Moderatoren mit ganz eigenen Träumen und Ambitionen: Jay Leno und David Letterman.

Die Geschichte führt Sie schrittweise durch eine Verhandlung um Millionenbeträge, an der einige der kompetentesten Unterhändler Hollywoods beteiligt waren. Die Story beschreibt außerdem mit erstaunlicher Ehrlichkeit die Fehler einiger hochrangiger Fernsehbosse.

Die Nabisco-Story von Bryan Burrogh und John Helgar

Auch *Die Nabisco-Story* ist eine wahre Geschichte, die sich wie ein Roman liest. Sie ist so spannend wie der spannendste Thriller und stand sechs Monate lang auf der Bestsellerliste der *New York Times*.

Dieses Buch erzählt die Geschichte der größten Firmenübernahme in der amerikanischen Geschichte – ein Geschäft, das die Wall Street im Oktober und November des Jahres 1989 erzittern ließ. Es ist eine Geschichte über ein großes Geschäft, über die Leute, die dieses Geschäft eingefädelt haben, über Aufsichtsratskonferenzen und Schlafzimmergespräche.

95 Prozent des Materials für dieses Buch hat der Autor durch Interviews im ganzen Land gesammelt. Da er diese Geschichte außerdem aktuell für das *Wall Street Journal* bearbeitet hatte, verfügte er über beste Verbindungen zu den Leuten, die dieses Geschäft eingefädelt hatten. Die Dialoge sind so genau wie die Erinnerungen der Menschen, die er interviewt hat, und tragen wesentlich zur Spannung des Buches bei.

Kissinger von Walter Isaacson

Auch diesen Buch gibt es leider nicht auf Deutsch. Es ist aber für jeden Leser mit durchschnittlichen Englischkenntnissen und einem guten Wörterbuch geeignet. *Kissinger* ist die erste vollständige Biographie über den früheren US-Außenminister Henry Kissinger. Walter Isaacson ist Redakteur beim US-Nachrichtenmagazin *Time* und außerdem Autor zahlreicher anderer Bücher. Für dieses Buch hat er Henry Kissinger interviewt und Gespräche mit ungefähr 150 weiteren Menschen geführt, die eine wesentliche Rolle in Kissingers Leben gespielt haben.

Das Buch beschreibt Kissingers Leben von seiner Jugend als jüdisches Kind im Nazi-Deutsch-land, über seine schwierige Beziehung zu Präsident Nioxon bis hin zu seinen aktuellen Erfol-gen als Berater für internationale Unternehmen. Lassen Sie sich vom Volumen des Buches nicht erschrecken. Lesen Sie einfach nur die Kapitel, die Sie interessieren. Sie müssen nicht das ganze Buch von vorne bis hinten durchackern. Für uns ist das Buch deshalb so empfeh-lenswert, weil der Autor jeder wichtigen Verhandlung in Kissingers Karriere ein eigenes Kapi-tel widmet.

Dieses Buch erklärt auch die Geschichte, wie durch Kissingers energisches Anpacken jeder Verhandlung der Begriff *Reisediplomatie* entstand. Kissinger wird von vielen politischen Füh-rern dieser Welt als der größte Unterhändler aller Zeiten bezeichnet. Er hat elf Bücher ge-schrieben und ist selber Gegenstand zahlloser Bücher von anderen Autoren. Vor kurzem sind sogar zwei Spielfilme über ihn, beziehungsweise seine Rolle bei der Beendigung des Vietnam-krieges produziert worden. Auch wenn Außenpolitik Sie normalerweise nicht besonders inter-essiert, können Sie durch dieses Buch eine Menge von diesem Mann lernen.

Talking Peace von Jimmy Carter

Auch dieses Buch ist bisher noch nicht auf Deutsch erschienen. Aber gerade weil es für Kinder geschrieben wurde, eignet es sich auch für den nicht so versierten Englischleser. Der frühere US-Präsident Jimmy Carter war an einigen der interessantesten Verhandlungen der jüngsten Vergangenheit beteiligt. Zuletzt verhandelte er in Haiti, um dort die drohende Eskalation eines Bürgerkrieges abzuwenden. Da er immer noch in den Schlagzeilen auftaucht, ist er für unser Thema besonders interessant.

Talking Peace sollte ursprünglich Kinder mit dem Friedensprozeß vertraut machen. Wir emp-fehlen dieses Buch wegen seiner Einfachheit und der Methode, mit der Carter die Verhandlun-gen, Überlegungen und den Weg zum Verhandlungserfolg beschreibt. Carter gründete das *International Negotiations Network* (INN), das friedliche Lösungen zur Reduzierung von Bür-gerkriegen und zur Verhinderung der Eskalation von begrenzten Konflikten zu größeren Kriegen sucht. Das INN verbindet verschiedene Friedensforschungsinstitute auf der ganzen Welt miteinander. Ihm gehören 22 Experten an, die ihre Zeit und ihre Kompetenz zur Siche-rung des Weltfriedens zur Verfügung stellen.

Dieses Buch enthält einige erschreckende Schaubilder über die Anwendung von Gewalt durch die Vereinigten Staaten und listet sämtliche Konflikte der letzten Zeit auf. Sie glauben gar nicht, wie viele ernsthafte Konflikte auf dieser Welt zur Zeit ausgetragen werden.

Ich bin in Palästina geboren von Hanan Ashrawi

Hanan Ashrawi war die wichtigste Frau in den Nahostverhandlungen der jüngsten Vergangen-heit. Sie ist eine arabische Christin in einer moslemischen, von Männern dominierten Welt.

Sie ist aber auch eine berufstätige Mutter, die die Fäden in den wohl wichtigsten Verhandlungen unserer Zeit in der Hand hielt.

Die Nahostverhandlungen sind wohl die schwierigsten Verhandlungen überhaupt. Wir glauben, daß keine Verhandlung sämtliche Verhandlungsfertigkeiten so herausfordert wie das Ringen um Frieden im Nahen Osten. Hanan Ashrawi hat uns eine Menge über den Nahen Osten zu erzählen. Ehrlich und deutlich schildert sie ihre Ansichten über die Nahostdiplomatie, Arafat, die PLO-Hierarchie und die Palästinenser. Sie behandelt in ihrem Buch aber auch die Grundprinzipien der Verhandlungsführung. Mit jedem einzelnen Wort demonstriert Ashrawi ihr Engagement für die menschlichen – nicht die politischen – Aspekte einer Staatsgründung.

Bevor Sie dieses Buch lesen, schauen Sie sich noch einmal das Kapitel über die Charakterzüge eines guten Unterhändlers an. Hanan Ashrawi besitzt alle der dort erwähnten Merkmale.

Erfolgreich Verkaufen für Dummies von Tom Hopkins

Verkaufen ist eine besondere Form von Verhandlung. Meine erste Begegnung mit der *Dummies*-Reihe hatte ich in einem Buchladen in Toronto, wo ich eine Rede auf dem Internationalen Filmfestival gehalten hatte. Neben dem Buch von Tom Hopkins fand ich dort auch Ruth Westheimers *Sex für Dummies*.

Hopkins Buch behandelt einige der Themen, die auch in diesem Buch besprochen werden – nur auf eine etwas andere Art und Weise. Egal, welchen Beruf Sie haben, *Erfolgreich Verkaufen für Dummies* ist eine gute Ergänzung zu diesem Buch. Wenn Sie sich berufsmäßig mit dem Vertrieb beschäftigen, ist das Buch allerdings ein absolutes Muß. Neben der Besprechung vieler der in diesem Buch behandelten Fragen, bietet Hopkins einige gute Tips zur Entwicklung von Strategien und zum Zeit-Management sowie Ratschläge, wie Sie mit den unvermeidlichen Ablehnungen und Absagen fertig werden können.

Networking von Harvey Mackay

Obwohl man bei diesem Titel an die Originalausgabe denken könnte, handelt es sich um die deutsche Übersetzung. Kaufen Sie dieses Buch, und legen Sie es an einen Ort, wo Sie immer wieder schnell mal zwischendurch ein paar Seiten lesen können. Mackay gibt Ihnen wertvolle Ratschläge zum Verhandeln, Verkaufen und zum Leben im allgemeinen – und das alles mit viel Humor. Eine großartige Art, den Tag zu beginnen! Wir sind schon sehr lange Fans dieses Buches. Schlagen Sie es einfach auf und lesen Sie eine beliebige Seite. Irgendwie werden Sie danach das Gefühl haben, Sie könnten es mit der ganzen Welt aufnehmen. Vielleicht ist das der Grund dafür, daß *Networking* so lange auf den Bestsellerlisten (in Amerika) gestanden hatte.

Unser Buch bespricht alle Grundlagen der Verhandlungsführung – Punkt für Punkt und sehr gründlich. Harvey Mackay geht einen anderen Weg: Er öffnet Ihr Bewußtsein für eine neue Art von Enthusiasmus und Optimismus im Zusammenhang mit Verhandlungen. Kombinieren Sie unser Buch mit der Energie und dem Optimismus von Mackays Buch, und Sie werden sich im Beruf und zu Hause unschlagbar fühlen.

Stichwortverzeichnis

Erfolgreich verhandeln für Dummies – Schummelseite

Sätze, die Sie vermeiden sollten

✔ »Vertrauen Sie mir!«

✔ »Ich will ganz ehrlich mit Ihnen sein.«

✔ »Treffen wir uns in der Mitte und fertig.«

✔ »Nehmen Sie's hin, oder lassen Sie's.«

✔ »Ich bin mir nicht sicher, aber ...«

✔ »Ich habe doch recht, oder?«

✔ Alle Sätze mit den überflüssigen Füllwörtern »irgendwie«, »irgendwo«, »wahrscheinlich«,

✔ »hmmm« oder »oder so«

Tips für eine bessere Kommunikation

✔ Denken Sie nach, bevor Sie den Mund aufmachen.

✔ Schreiben Sie die Fragen auf, die Sie behandeln wollen.

✔ Räumen Sie Ihren Schreibtisch auf, oder schalten Sie den Fernseher aus.

✔ Setzen Sie sich gerade hin, um wach und aufmerksam zu bleiben.

✔ Unterbrechen Sie nicht.

✔ Schauen Sie Ihrem Gegenüber in die Augen.

✔ Zählen Sie vor jeder Antwort bis fünf.

✔ Wiederholen oder umschreiben Sie, was Ihr Gegenüber gesagt hat.

Filme, die Sie sich anschauen sollten

Die Filme sind nicht nur sehr unterhaltsam, sondern können Ihnen eine ganze Menge über Verhandlungstechniken beibringen.

✔ Hundstage

✔ Die Todesfahrt der U-Bahn 123

✔ Kissinger and Nixon

✔ Die unglaubliche Entführung der verrückten Mrs. Stone

✔ Zwischen Himmel und Hölle

✔ Broadway Danny Rose

✔ Nackte Gewalt

✔ Morgen trifft es dich

✔ Lilien auf dem Felde

✔ Columbo

Ihre höchstpersönliche Pause-Taste

Drücken Sie diese Taste, wann immer Sie eine Pause brauchen. Nehmen Sie sich einen Moment Zeit, und überdenken Sie den bisherigen Verlauf der Verhandlung. Erinnern Sie sich daran, warum Sie überhaupt verhandeln, und beruhigen Sie sich.

Erfolgreich verhandeln für Dummies – Schummelseite

Bücher, die Sie lesen sollten

Die folgenden Romane und Sachbücher sollten Sie in Ihre Bibliothek aufnehmen:

✔ *Der Unterhändler* von Frederick Forsyth

✔ *Schule des Schreckens* von Jefrey Deaver

✔ *The Late Shift: Letterman, Leno, & The Network Battle for the Night* von Bill Carter

✔ *Die Nabisco-Story* von Bryan Burrough und John Helgar

✔ *Kissinger: A Biography* von Walter Isaacson

✔ *Talking Peace: A Vision for the Next Generation* von Jimmy Carter

✔ *Ich bin in Palästina geboren* von Hanan Ashrawi

✔ *Erfolgreich Verkaufen für Dummies* von Tom Hopkins

✔ *Networking* von Harvey Mackay

Die sechs Grundbausteine einer Verhandlung

✔ Vorbereitung

✔ Ziele und Grenzen festlegen

✔ Emotionale Distanz wahren

✔ Gutes Zuhören

✔ Deutlichkeit

✔ Das Wissen, wann und wie ein Geschäft zum Abschluß gebracht wird

Körpersprache richtig interpretieren

Lernen Sie die Signale kennen, die Ihnen sagen, ob Ihr Gegenüber offen für Ihre Ideen ist, oder sich gegen sie sperrt.

Zeichen für Offenheit:

✔ Vorwärtsbeugen

✔ Häufiger Augenkontakt

✔ Nicht übereinandergeschlagene Beine

✔ Berühren von Stirn oder Kinn

✔ Leicht zur Seite gelegter Kopf

Zeichen für Widerstand:

✔ Körper zeigt zum Ausgang

✔ Weniger Augenkontakt

✔ Übereinandergeschlagene Beine

✔ Geballte Fäuste

✔ Nervöses Gezappel

Business für Dummies

Gelb und frech, aber trotzdem fundiert und kompetent, das sind unsere Dummies. Mittlerweile gibt es weltweit fast 50 Millionen gedruckte Exemplare. Die Dummies-Fan-Gemeinde wächst und wächst.

Ursprünglich gab es nur Computer-Dummies. Aber warum sollte das einzigartige und bewährte Konzept der Dummies nur Computer-Themen vorbehalten bleiben? Wenn man humorvoll und frech in die Computerwelt einsteigen kann, warum dann nicht auch in andere Themen, z.B. in den häufig so bierernst angegangenen Business-Bereich?

Gesagt, getan, hier sind sie: unsere Business-Dummies! Damit nicht nur Computerfreaks was zum Lachen haben, sondern auch Manager, Marketingleiter, und natürlich auch Leute wie Sie und ich.

Erfolgreich Verhandeln für Dummies

Michael C. und Mimi Donaldson. Aus dem Amerikanischen von Reinhard Christiansen

Verhandeln muß man öfter als man denkt – eigentlich täglich. Sowohl im Geschäftsleben als auch im privaten Bereich kann es nicht schaden, wenn man andere von dem überzeugen kann, woran man selbst glaubt.

Erfolgreich Verhandeln für Dummies ist genau das richtige Buch, um auf amüsante Art Ihr Verhandlungsgeschick zu verbessern und so das zu bekommen, was Sie wollen.

400 Seiten
49,80 DM
ISBN 3-8266-2792-X

Businessplan für Dummies

Paul Tiffany und Steven Petersen. Aus dem Amerikanischen von Beate Majetschak und Sabine Walter

Keine Firma kommt ohne Planung aus. Auch wenn sich jeder in der Firma am liebsten vor dieser unliebsamen Beschäftigung drücken würde, es muß halt sein!

Dieses Buch zeigt kurz und knackig, und – wie Dummies nun einmal sind – auch mit ein bißchen schrägem Humor und spritzigen Cartoons, wie man ohne zuviel Stress den Geschäftserfolg plant und die ersten Schritte angeht.

368 Seiten
49,80 DM
ISBN 3-8266-2795-4

Kundenservice für Dummies

Karen Leland und Keith Bailey. Aus dem Amerikanischen von Thorsten Vogel

Die Dienstleistungsbranche boomt, der Kunde ist König. Nur wer sich an Kundenwünschen orientiert, kann heutzutage erfolgreich sein. Aber wie können Sie erreichen, daß Ihre Kunden mit dem von Ihnen gebotenen Service zufrieden sind?

Kundenservice für Dummies zeigt Ihnen, wie ein guter Dienst am Kunden aussehen sollte und wie Sie ihn ohne allzuviel Aufwand erreichen können. Schritt für Schritt gibt Ihnen dieses Buch Erfolgsrezepte und gute Tips mit auf den Weg. Wie immer sorgen dabei eine lockere Schreibe und die weltberühmten Rich-Tennant-Cartoons dafür, daß auch der Spaß nicht auf der Strecke bleibt.

352 Seiten
49,80 DM, kart.
ISBN 3-8266-2791-1

Endlich!
Prima Ratschläge
ohne Fachchinesisch

Noch mehr Business für Dummies

Erfolgreich Präsentieren für Dummies

Malcolm Kushner. Aus dem Amerikanischen von Cornelia M. Y. Nicol

Ob Sie es mit einer oder mit tausend Personen zu tun haben – die Fähigkeit, Informationen geordnet und überzeugend zu übermitteln, ist überall gefragt. Um etwas im Leben zu erreichen, muß man sich und seine Überzeugungen präsentieren können – sei es bei der Forderung nach einer Gehaltserhöhung oder bei einem Vortrag. Malcolm Kushner verrät Ihnen unzählige Tips und Tricks, wie Sie solche Situationen überzeugend meistern können.

464 Seiten
39,80 DM, kart.
ISBN 3-8266-2756-3

Erfolgreich Verkaufen für Dummies

Tom Hopkins. Aus dem Amerikanischen von Ingeborg Lange

Verkaufen muß man nicht nur im Laden oder im Außendienst. Nicht nur Produkte oder Dienstleistungen werden verkauft, sondern jeder ist täglich in der Situation, sich und seine Ideen, Überzeugungen an den Mann bringen zu müssen. Werden Sie mit »Erfolgreich Verkaufen für Dummies« ein Verkaufsprofi im Alltag! Setzen Sie sich durch, überzeugen Sie andere von dem, wovon Sie überzeugt sind. Tom Hopkins, erfolgreicher Verkaufstrainer und Multimillionär, plaudert aus dem Nähkästchen und verrät Erfolgsstrategien.

416 Seiten
39,80 DM, kart.
ISBN 3.8266-2757-1

Management für Dummies

Bob Nelson und Peter Economy. Aus dem Amerikanischen von Olav van Gerven und Grischka Petri

Manager haben's schwer. Die Welt des Management ist stressig, frustrierend und arbeitsreich. Bob Nelson und Peter Economy verraten Ihnen die Tips und Tricks, die Sie kennen sollten, um sich und Ihren Mitarbeitern das Leben leichter zu machen.

Ob Sie schon jahrelang ein Manager oder gerade erst befördert worden sind – dies ist genau das richtige Buch für Sie!

416 Seiten
39,80 DM, kart.
ISBN 3-8266-2758-X

Marketing für Dummies

Alexander Hiam. Aus dem Amerikanischen von Birgit Neuß und Claudia Graf

Auch wenn die Konkurrenz hart ist, können Sie sie mit den richtigen Konzepten und Ideen auf dem Markt problemlos überholen. Marketing für Dummies ist ein kompetenter Wegweiser ins Marketing 2000 — ohne tonnenschwere Theorie-Bleigewichte, dafür aber mit viel Witz und Praxisnähe.

400 Seiten
39,80 DM, kart.
ISBN 3-8266-2763-6

Zeitmanagement für Dummies

Jeffrey J. Mayer. Aus dem Amerikanischen von Ursula Schnitzler

Auch wenn Ihnen Organisationstalent nicht gerade in die Wiege gelegt wurde, können Sie Ihren Arbeitsalltag voll in den Griff bekommen. Starten Sie eine Entrümpelung Ihres Arbeitsplatzes. Lernen Sie, Wesentliches von Unwichtigem zu trennen. Am Ende werden Sie Ihren Schreibtisch nicht mehr wiedererkennen und verblüfft feststellen, daß Sie plötzlich wieder Zeit für Ihre Familie, Freunde oder den neuesten Film haben ...

Auf der CD: eine Probeversion der Zeitmanagement-Software ACT! 3.

288 Seiten
39,80 DM, kart., mit CD-ROM
ISBN 3-8266-2760-1

Neugierig geworden?
Als Kostprobe einige Seiten aus »Marketing für Dummies«

Warum Sie ein Marketing-Programm brauchen

In diesem Kapitel

▶ Wie Sie zu einem richtungweisenden, koordinierten Ansatz kommen

▶ Wie Sie die springenden Punkte der Kundenbeeinflussung erkennen

▶ Wie Sie das *richtige* Budget für das Marketing-Programm Ihres Unternehmens bestimmen

▶ Wie Sie die Prinzipien des praxisorientierten Marketing anwenden, um daran Spaß zu haben und Gewinn zu machen

---

Sie wissen bereits, daß Sie Marketing vor einige schwierige und verwirrende Fragen stellt. Ansonsten hätten Sie dieses Buch wahrscheinlich nicht gekauft. Sie werden hier sicherlich passende Antworten finden, weil dieses Buch die Praxis und nicht die Philosophie des Marketing beschreibt. Wenn Sie möchten (und es Ihr Zeitplan verlangt), können Sie gleich in das Kapitel springen, das Ihr aktuelles Problem löst. Das ist in Ordnung. Aber Sie sollten auch wissen, daß es sich langfristig auszahlt, wenn Sie logischer und organisierter ans Marketing herangehen, und oft lohnt es sich auch auf kurze Sicht.

Dieses Kapitel konzentriert sich darauf, wie man Marketing auf organisierte und zielgerichtete Weise betreibt. Als Marketingmensch werden Sie mit so vielen wesentlichen Entscheidungen konfrontiert, mit den kleinsten Details und vielen einzelnen Budgetposten – davon unterliegen in den meisten Organisationen zu viele nicht der direkten Kontrolle durch die Marketingabteilung. Das Ergebnis dieser Zersplitterung ist die Tatsache, daß Marketinganstrengungen mit jeder neuen Idee oder Kundennachfrage hochschnellen, ähnlich wie übermütige Kaninchen. In den meisten Organisationen hoppeln hunderte Marketing-Kaninchen herum, jedes in eine andere Richtung als die übrigen. Daher befürchte ich, die Realität sieht so aus, daß *Marketing die am wenigsten effiziente und effektive aller grundlegenden Unternehmensfunktionen ist.*

Ein Teil der Schwierigkeit des Marketing liegt in der wenig beachteten Tatsache, daß die meisten anderen Unternehmensfunktionen in gewissem Sinn Teil des Marketing sind. Das liegt daran, daß alles, was mit dem Kunden zu tun hat, Marketing ist. Die augenscheinlichen Berührungspunkte mit dem Kunden, wie Produkte und Werbeanzeigen, sind für das Marketing leichter zu kontrollieren. Aber weniger offensichtliche Berührungspunkte, wie Rechnungen, Garantien, Dienstleistungen, sogar das Erscheinungsbild der Angestellten und die Leichtigkeit, mit der Verpackungen geöffnet und entsorgt werden können, sind auch ein Bestandteil des komplexen Marketingbildes. Diese versteckten Marketingfunktionen erschweren die Marketingaufgabe noch erheblich. Zunächst einmal haben Marketingleute natürlich den härtesten Job – sie müssen potentielle Kunden aufspüren und sie zum Erstkauf und Wiederkauf motivieren. Das ist nicht einfach! Trotzdem gibt es keinen guten Grund, warum Marketing am Rande des totalen Chaos betrieben werden sollte. Es ist wirklich nicht so schwer, diesen Job besser zu machen.

Alles, was Sie brauchen, ist ein fähiges *Marketing-Programm*. Unter einem Marketing-Programm versteht man jede koordinierte Anstrengung, mit den Kunden zu kommunizieren und sie durch verschiedene Beeinflussungstaktiken zu überreden, Ihr Produkt zu kaufen, zu gebrauchen und wieder zu kaufen.

Ob Sie das Marketing-Programm nun im Rahmen eines monatelangen Planungsprozesses entwickelt oder nur auf die Rückseite eines Bierdeckels skizziert haben, es hilft Ihnen garantiert, diese querschießenden Hasen dazu zu bringen, alle in dieselbe Richtung zu ziehen. Ein gutes Marketing-Programm wird die gewinnorientierten Erträge all Ihrer Marketinganstrengungen steigern, Verschwendung und Ineffizienz aufdecken und Ihnen zu durchschlagenden Ergebnissen verhelfen. Wirklich! Daher bitte ich Sie inständig, nehmen Sie sich die Zeit, dieses Kapitel so bald wie möglich durchzulesen und anzuwenden.

Wie Sie über Marketing nachdenken

Im Marketing müssen Sie eine ganze Menge Maßnahmen planen und koordinieren, um Kunden zu erreichen und sie zu veranlassen, Ihr Produkt zu kaufen, zu gebrauchen und wieder zu kaufen. Selbst in den kleinsten Unternehmen fallen mehr als ein Dutzend solcher Aktivitäten an. In mittelgroßen und großen Unternehmen geht die Zahl in die Hunderte und Tausende.

Viele verschiedene Tätigkeiten haben einen Einfluß auf die Kunden und Ihr Verhalten. Einige dieser Aktivitäten werden von Leuten durchgeführt, die das Wort »Marketing« in Ihrem Titel tragen, aber bei vielen ist das auch nicht so. Einige dieser Leute stehen nicht einmal auf der Gehaltsliste, weil die Vergabe von Marketingaufgaben an Subunternehmer alltäglich ist.

 Die bedeutendste Einflußquelle eines Marketingmenschen ist ein passendes Marketing-Programm, das alle diversen Marketingaktivitäten koordiniert und bündelt. Sie können die Entwicklung eines solchen Programms Planung, Management, Vision oder einfach gesunden Menschenverstand nennen. (Tatsächlich gibt es keine einheitliche Bezeichnung dafür.) Nennen Sie es, wie Sie wollen, solange Sie es in die *Tat* umsetzen! Wenn Sie nicht darüber nachdenken, welche Marketingziele Sie erreichen und insbesondere, wie Sie sie erreichen wollen, werden diese ganzen sogenannten Marketingaktivitäten zu nichts führen. Sie werden sich bestimmt nicht zu dem koordinierten Programm vereinigen, das darauf abzielt, die Kaufentscheidungen der Kunden zu Ihren Gunsten umzustimmen. Aus diesem Grund beginnt dieses Buch mit den Grundzügen der Entwicklung eines Marketing-Programms.

Wahrscheinlich finden Sie diesen Ansatz verwunderlich, weil es üblich ist, Marketing vom »anderen Ende« her aufzurollen – d.h. von den Taktiken wie Werbeanzeigen, Gutscheine und Veranstaltungen, die den Großteil dieses Buches einnehmen.

Der Grund dafür, daß Marketingaktivitäten häufig kein Programm ergeben, liegt darin, daß man die Sache eben von der falschen Seite her angeht. Den typischen Marketingaktivitäten fehlt die Zielausrichtung, Koordination und der einheitliche Zweck eines guten Marketing-Programms. Sie preschen alle in verschiedene Richtungen davon, und es bleibt nicht viel übrig, wenn sich die Wogen geglättet haben – außer, daß ein Budget verpulvert wurde, ohne einen angemessenen Ertrag zu erwirtschaften.

Die typische Herangehensweise an eine Programmplanung

Sehen Sie sich hier mal ein typisches Beispiel für eine Programmplanung an. Maria Johnen ist gerade zur Marketingleiterin ihrer Abteilung in einem mittelgroßen Unternehmen befördert worden. Ihr Chef bittet sie, einen Plan und ein Budget zur Vermarktung ihrer Software aufzustellen. (Die Software wird von anderen Unternehmen in der Buchhaltung eingesetzt, daher muß Maria die Buchhalter der Unternehmen davon überzeugen, das Produkt und dessen Upgrades zu kaufen.)

Maria war zwei Jahre in der Produktentwicklung für die Qualitätskontrolle zuständig und hatte davor ein Jahr im Verkauf gearbeitet, mit Zugriff auf umfangreiche Firmenkonten. Qualität und Verkauf sind zwei wichtige Aspekte des Marketing. Darum gab man ihr den Posten als Marketingleiterin. Aber sie hat bisher noch nie ein Marketing-Programm entwickelt. Wie gut wird ihr das wohl gelingen?

Leider verhaut sie es tüchtig, indem sie ein Budget vorlegt, das sich kaum von dem des Vorjahres unterscheidet. (Das ist ein großer Fehler, wie ich später noch zeigen werde, denn das Vorjahresbudget basierte nicht auf einem schlüssigen Marketing-Programm. Entwickeln Sie zuerst das Programm und stellen Sie dann erst das Budget dafür auf!) Aber wer kann Maria die Schuld geben? Da sie nur zwei Wochen Zeit für die Vorlage ihres Budgets hat, muß sie sich ganz schön ins Zeug legen, um herauszufinden, was zu tun ist. Sie sieht sich zuerst die Budgetposten des letzten Jahres an (was immer ein Fehler ist, es sei denn, Sie wissen, daß *diese* gut kalkuliert waren!). Tabelle 1.1 zeigt das besagte Budget.

Posten	Kosten
Informationsmaterial und Broschüren für den Vertreterstab	DM 12.450
Vorstandsspesen (Reisen, Essen, Golfveranstaltungen)	DM 54.750
Werbung (in Fachzeitschriften, durch Agentur AdPro)	DM 82.154
Werbegeschenke (Tassen, Kappen, Golfhemden)	DM 11.181
Fachmessen (Stände und Gratis-Software, drei Computermessen)	DM 72.090

Tabelle 1.1: Marketingbudget

Maria erscheint das Budget ziemlich detailliert (obwohl Sie noch sehen werden, daß es wirklich auf ein anderes Detailliertheitsniveau gesetzt werden muß). Aber wie soll es für nächstes Jahr modifiziert werden? Sie schaut beim Verkaufsleiter vorbei – er ist ihr Mentor im Unternehmen und derjenige, der sie zu Beginn eingestellt hatte. Zu ihrem Problem meint er: »Ich will ganz ehrlich sein. Durch Marketing sind uns seit Jahren die Hände gebunden. Wir brauchen eigentlich das Doppelte von dem, was uns im Budget für Werbegeschenke zugeteilt wird. Meinem Vertreterstab gehen gewöhnlich bereits nach einem halben Jahr die Geschenke aus. Außerdem sollten wir unser gesamtes Informationsmaterial austauschen, weil wir nächstes Frühjahr eine neue Reihe mit verbesserten Versionen für all unsere Produkte herausbringen werden. Die voraussichtlichen Kosten belaufen sich auf DM 30.000, wenn wir alles im Vierfarbdruck machen.«

»Sind diese Ausgaben wirklich nötig?« fragt Maria.

»Ich garantiere, daß der Absatz steigen wird, wenn Sie diese Ausgaben im Budget berücksichtigen«, erwidert ihr früherer Chef. »Und wenn Sie's nicht tun, dann wird wohl jeder wissen, warum wir unsere Verkaufsziele nicht erreicht haben werden.«

»Aber woher soll das Geld kommen? Ich bezweifle, daß der Präsident einer Verdopplung des Marketingbudgets zustimmen wird.«

»Das ist einfach«, meint der Verkaufsleiter. »Kürzen Sie einfach die unnötigen Ausgaben. Wie diese ganze Firmenunterhaltung. Die Manager nutzen das nur als Schmiergeld. Die beteiligen sich doch gar nicht am Verkauf, sondern hängen nur mit den Managern unserer Kundenunternehmen in Golfclubs 'rum, *nachdem* die Vertreter das Geschäft unter Dach und Fach gebracht haben. Diese Handelsmessen sind auch Verschwendung. Unsere Kunden sind Buchhalter; die besuchen keine Computermessen! Aber unsere Programmierer würden gern mal auf ein paar Messen gehen, weil sie da Kontakt zu ihren Kumpels aus der Computerindustrie knüpfen könnten.«

 Wenn Sie jemals in einem Unternehmen mit mehr als einem Angestellten gearbeitet haben, können Sie sich vorstellen, wie diese Geschichte weitergeht. Wir sprechen hier über Politik. Bis Maria dann fix und fertig ist, werden ihr alle, die in ihrem Budget ein Eisen im Feuer haben, gut zugesprochen haben – außer ihre Kunden. Je nach dem, wer den größten Einfluß auf sie hat, wird sie einige Posten um fünf oder zehn Prozent hochboxen. Wenn sie Glück hat, wird ihr Chef genügend Einsicht haben, um die anderen Posten nicht um den gleichen Betrag zu kürzen. Aber das Endergebnis wird unausweichlich dem Vorjahresbudgets in bemerkenswerter Weise ähneln. Und ihm wird keine klare kundengerichtete Begründung innewohnen. (Übrigens, wenn Sie jetzt denken: »He, Maria könnte doch niemals in zwei Wochen eine Kundenumfrage durchführen«, nun, dann denken Sie noch nicht wie ein Marketingmensch. Es dauert nur zwei Minuten, zum Telefon zu greifen und einen Kunden anzurufen.)

Das bedeutet, daß das Programm, wenn man es überhaupt so nennen kann, so ziemlich das gleiche wie letztes Jahr sein wird. Eben wie die Marketingbudgets der meisten Unternehmen jahraus, jahrein gleich aussehen (stimmt doch, *oder*?).

Der Wandel von der Budgetorientierung zur Einflußorientierung

In Marias Marketingbudget sind keine Posten für Verkauf, Produktentwicklung und Kundendienst aufgeführt. Diese Tätigkeiten werden von unterschiedlichen Abteilungen durchgeführt – Abteilungen, denen wahrscheinlich wesentlich höhere Budgets zu Verfügung stehen. Daher sind Maria durch die Abteilungsstruktur des Unternehmens die Hände gebunden. Ihr Budget wird sich, egal wie hoch es ist, nur auf die sekundären Aktivitäten auswirken, die diese drei Schlüssel zum Marketingerfolg unterstützen. Als Marketingleiterin hat sie zwar einen Logenplatz, aber sie ist nicht im Mittelpunkt des Geschehens. Das bedeutet, daß ihr Budget keine gute Basis zur Planung des Marketing-Programms darstellt – ebenso wenig, wie das Budget Ihrer Marketingabteilung diese Funktion erfüllt.

Wer *steht* denn jetzt eigentlich in der Marketing-Arena? Nun, es sind sicherlich die Leute, die neue Produkte entwickeln. Nicht zu vergessen die Vertreter, die Autoren des Kundenhandbuches, die Leute, die die Kunden telefonisch und vor Ort unterstützen, und vielleicht die leitenden Angestellten, die all diese Unterhaltungssachen durchführen. Sie werden wohl auch noch die Programmierer einschließen müssen, die einige Male im Jahr aus ihren Schneckenhäusern kriechen, um zu einer Messe der Computerbranche zu gehen. Durch die Tätigkeiten all dieser Mitarbeiter entstehen also Gelegenheiten, mit momentanen und zukünftigen Kunden in Kontakt zu kommen. Jede dieser Gelgenheiten ist daher ein potentieller *Einflußpunkt* (definiert als die Gelegenheit eines möglichen Kundenkontaktes, die zum Kommunizieren und Überzeugen genutzt werden kann).

 Anzeigen in Fachzeitschriften sind ebenso Einflußpunkte wie diese Werbegeschenke, die man Kunden überreicht. Aber einige Einflußpunkte sind wichtiger als andere. Daher muß sich jedes Marketing-Programm auf die wesentlichen, oder *hauptsächlichen*, Einflußpunkte konzentrieren und deren Umsetzung das ganze Jahr hindurch überwachen. Falls das bedeutet, daß man seine Arbeit mit der anderer Abteilungen koordiniert, dann muß *Koordination als ein Schlüsselelement des Programms* aufgenommen werden.

Wie man eine Analyse der Einflußpunkte durchführt

Ich empfehle Ihnen, das, was ich eine *Analyse der Einflußpunkte* nenne, an den Anfang Ihrer Bemühungen zu setzen, ein Marketing-Programm zu entwickeln oder zu modifizieren. Eine Analyse der Einflußpunkte ist, sehr einfach ausgedrückt, eine Aufzählung aller Gelegenheiten, bei denen Kunde und Unternehmen miteinander in eine Wechselbeziehung treten. Sie brauchen diese Liste zum Entwurf eines Programms, weil es der Zweck des Programms ist, all diese Kontaktmöglichkeiten in koordinierter, strategischer Weise zu nutzen, um Kunden zu gewinnen und zu halten. Die Liste wird Ihnen behilflich sein, den kompletten Marketingprozeß zu überblicken (er bietet immer ein umfangreicheres Bild als wir erwarten!) und dabei die Stolperfallen zu umgehen, die Maria und ihren Kollegen zum Verhängnis wurden. Die Analyse stellt sicher, daß Sie erkennen, was Ihr Marketing-Programm wirklich bewirkt und was nicht – tief unten auf dem Grund, wo es mit den Kunden in Berührung kommt. Im folgenden gebe ich Ihnen eine Anleitung zum Aufbau einer Analyse der Einflußpunkte.

Das Arbeitsblatt der Einflußpunkte

 Füllen Sie dieses Arbeitsblatt für jeden Ihrer Kunden aus.

(Sie haben richtig verstanden: Ich meine, Sie sollten ein separates Arbeitsblatt für jeden Kundentyp oder jede Kundengruppe ausfüllen. Wenn Sie beispielsweise Spielzeug an den Spielzeug-Einzelhandel verkaufen und durch diesen an Kinder und Eltern, dann benötigen Sie eine Liste für die Geschäfte und eine zweite für die Endkunden. Sie brauchen ebenfalls für jede Gruppe ein gesondertes Marketing-Programm.) Stellen Sie zuerst zwei Listen nach dem folgenden Schema auf:

Primäre Einflußpunkte

(Zählen Sie zwei bis fünf wesentliche Kontaktsituationen mit Kunden auf.)

1. _____

2. _____

3. _____

4. _____

5. _____

Sekundäre Einflußpunkte

1. _____

2. _____

3. _____

4. _____

5. _____

6. _____

7. _____

8. _____

9. _____

10. _____

(und weitere)

Fügen sie danach zwei Spalten auf der rechten Seite Ihres Blattes ein. Die erste betiteln Sie mit »Kontrolle« und die zweite mit »Geschätztes Budget«.

Wer kontrolliert jeden Einflußpunkt?

In die Spalte »Kontrolle« tragen Sie den Namen der Person oder der Abteilung ein, die die jeweilige Kontaktsituation kontrolliert. Wenn doppelte Kontrolle besteht, vermerken Sie beide Namen. Diese Vorgehensweise ermöglicht es Ihnen festzustellen, wie wichtig die Koordination in jedem Programm sein wird. Wenn die Kontrolle über wesentliche Kontaktsituationen außerhalb Ihrer eigenen Abteilung liegt, sollten Sie die anderen Abteilungen in die Anfangsphasen der Programmentwicklung mit einbeziehen – und nicht nur um Budgets feilschen. Und wenn ein beträchtliches Maß an Koordination vonnöten ist, sollten Sie tunlichst einen angemessenen Zeitraum und entsprechende finanzielle Mittel zum Aufbau einer Kooperation einkalkulieren. Sie müssen dann Besprechungen und Entwicklungsmaßnahmen im Team planen und zusätzlich die Vernetzung Ihres Computers mit denen der beteiligten Abteilungen in Erwägung ziehen. Wenn zwischen Ihnen geographische Distanzen liegen, müssen Sie sehr viel reisen.

 Sie werden wahrscheinlich Monate brauchen, nicht Wochen, und Sie werden viel Zeit mit Reisen, Besprechungen, Präsentationen und Überredung verbringen, um verschiedene Manager von Ihrem Plan zu überzeugen. Koordination ist eine unverzichtbare Marketingfunktion, aber den meisten Marketingabteilungen gelingt es nicht, dafür eine Planung oder Kalkulation aufzustellen.

Individuelle Ausgaben für jeden Einflußpunkt

In die Budget-Spalte tragen Sie die mit jedem Einflußpunkt verbundenen Gesamtkosten des letzten Jahres ein. Das ist keine einfache Aufgabe, weil Budgets und Spesenabrechnungen nicht nach dem gleichen System aufgebaut sind. Sie müssen grobe Schätzungen darüber anstellen, wieviel eines Rechnungspostens sich wirklich auf einen Einflußpunkt bezieht. Aber wenn Sie das hinter sich haben, können Sie sich zurücklehnen und sich das wirkliche bisherige Marketing-Programm Ihres Unternehmens ansehen. Sie werden in der Lage sein zu sehen, wo in diejenigen Einflußpunkte investiert wurde, in denen Marketing die Gelegenheit hat, Kaufentscheidungen zu beeinflussen.

In Marias Fall nehmen wir mal an, daß sie die erste Zeile mit »Verkaufsbesuche bei möglichen Kunden (Buchhalter, die unsere Software kaufen könnten)« ausfüllte. In die Spalte »Kontrolle« setzte sie »Verkaufsleiter« ein, da die Marketingabteilung sehr wenig Einfluß auf diese Kontaktsituation hat.

Um die Spalte »Geschätztes Budget« auszufüllen, mußte Maria sich mit den Berichten der Vertreter befassen. Sie entschied, daß ungefähr ein Fünftel aller Vertreterbesuche zukünftige Kunden betraf – der Rest wurde bei bestehenden Kunden durchgeführt. Daher berechnete sie ein Fünftel der direkten Kosten des Vertreterstabs als Wert in dieser Spalte. Dazu addierte sie einen Teil der Ausgaben der Marketingabteilung für Produktinformationsmaterial, Broschüren und Werbegeschenke. Sie erfuhr ebenfalls, daß leitende Angestellte sich selten mit potentiellen Neukunden befassen. Sie treten erst mit den leitenden Angestellten der Kundenfirmen in Kontakt, nachdem die Vertreter einen ersten Verkauf abgeschlossen haben. Deshalb fügte sie dieser Kategorie keinen Betrag aus dem Unterhaltungsbudget für leitende Angestellte hinzu. Sie ließ hier auch nichts aus dem Messebudget einfließen, weil sie herausfand, daß die Messestände mit den Softwareleuten besetzt sind, die den Vertretern selten irgendwelche Hinweise geben. Dennoch brachte sie einen kleinen Teil des Werbebudgets hier ein, denn aus einigen Anzeigen resultierten Kundenanfragen, die die Vertreter dazu nutzten, Besuchstermine zu vereinbaren.

Als sie alles berechnet hatte, standen die folgenden Punkte in der Spalte »Geschätztes Budget« für den Posten *Verkaufsbesuche bei potentiellen Kunden*:

✔ Ausgaben für den Vertreterstab: DM 180.500

✔ Informationsmaterial und Broschüren: DM 4.700

✔ Prämien (Werbegeschenke): DM 1.600

✔ Werbeanzeigen, die zu Verkaufshinweisen führen: DM 13.000

✔ Insgesamt: DM 199.800

Diese Summe beläuft sich ungefähr auf 17 Prozent des gesamten Programms.

Das ist eine annähernde Schätzung der Ausgaben des letzten Jahres für die Bemühungen, mit den Buchhaltern von Firmen in Kontakt zu kommen und sie möglicherweise von einem Erstkauf zu überzeugen. Beachten Sie, daß Maria diesen bedeutenden Aspekt des Marketing-Programms ihres Unternehmens nicht verstanden haben würde, wenn sie nicht vorher die Analyse der Einflußpunkte durchgeführt hätte. Das Budget und die Abrechnungen ihrer Abteilung lassen nicht die wahren Merkmale des bestehenden Marketing-Programms erkennen – und so sieht es wohl auch bei Ihnen aus, deshalb verlassen Sie sich nicht alleine auf diese Quellen!

Fragen zu Ihrem Marketing-Programm

Mit diesen Informationen bewaffnet und ähnlichen Einblicken in das, was das Unternehmen *aus Sicht der Kunden* eigentlich macht, befindet sich Maria jetzt in einer wesentlich besseren Position, das Marketing-Programm für das kommende Jahr zu planen. Sie kann intelligente Fragen zu ihrem Programm stellen, und Sie können es auch:

✔ Rückt mein Unternehmen die Neukundenakquisition weit genug in den Vordergrund, oder sind 17 Prozent unseres Programmbudgets zu wenig?

✔ Legt mein Unternehmen genügend Wert auf den Erhalt bestehender Kunden? (Maria kann auch die Ausgaben in diesem Punkt kalkulieren, indem sie dieselbe Analyse durchführt.)

✔ Koordiniert mein Unternehmen seine Aktivitäten zu jedem Einflußpunkt, oder sind einige gegenläufig?

✔ Verschwendet mein Unternehmen Zeit und Geld für unnötige Aktionen und sekundäre Beeinflussungsmaßnahmen?

✔ Ergeben die in verschiedenen Einflußpunkten ausgesandten Botschaften eine koordinierte Rundumbotschaft an die Kunden meines Unternehmens?

✔ Arbeitet mein Unternehmen effektiver oder effizienter in einigen Einflußpunkten als andere?

✔ Gehen die Konkurrenten meines Unternehmens anders an Einflußpunkte heran? (Nutzen die Konkurrenten klarere, unterschiedliche oder lautere Botschaften?)

✔ Welche Botschaften vermittelt mein Unternehmen den Kunden durch diese Einflußpunkte, und sind das die Botschaften, die wir verbreiten wollen und müssen?

✔ Erreicht mein Unternehmen die richtigen Alt- und Neukunden, zur passenden Zeit und oft genug?

✔ Übersieht mein Unternehmen potentielle Einflußpunkte, die es noch nutzen könnte?

✔ Existieren unkontrollierte Einflußpunkte (wie negative Mundpropaganda oder die Verdrehung von Tatsachen durch konkurrierende Verkäufer)? Wenn ja, wie kann mein Unternehmen seine Kontrolle darüber erhöhen?

Diese bedeutenden Fragen führen sehr wahrscheinlich zu Einsichten, die Ihre Marketingpraxis verbessern werden. Aber Fragen zu stellen ist nicht genug. Sie müssen auch mit guten Antworten aufwarten! Das ist etwas aufwendiger – der ganze Rest des Buches befaßt sich nämlich mit Wegen, diese Fragen zu beantworten. Sie müssen sich darüber Gedanken machen, wen Sie ins Visier nehmen, was diese Leute wollen und brauchen sowie eine Menge anderer Dinge, die in den folgenden Kapiteln behandelt werden. Trotzdem, wenn Sie nicht mit intelligenten Fragen anfangen, werden Sie sicherlich auch nicht bei einem intelligenten Marketing-Programm enden. Deshalb muß der Grundstein einer jeden Marketingentscheidung eine Einschätzung der aktuellen Einflußpunkte sein. Sie müssen wissen, was sie umfassen. Sie müssen wissen, wie Ihr Unternehmen jeden dieser Punkte bearbeitet. Versuchen Sie herauszufinden, wie und warum Kunden auf Ihr Handeln in diesen Punkten reagieren. Denken Sie also besonders gut über die Antworten auf diese Fragen nach.

Gutes Marketing krempelt Ihr Unternehmen um

Beim Lesen der vorangegangenen Abschnitte haben Sie sich wahrscheinlich gefragt, ob Sie aus Versehen auf das Buch *Buchhaltung für Dummies* gestoßen sind. Es stimmt, Sie spielen derzeit mit Budgetzahlen herum, und Sie setzen sie in eine große Tabelle ein. Sie können sogar ein Tabellenkalkulationsprogramm für diese Analyse heranziehen. Aber diese Arbeit nennt sich sicherlich *nicht* Buchhaltung. Jeder Buchhalter, der etwas taugt, würde beim bloßen Anblick eines Arbeitsblattes mit Einflußpunkten schaudern. Dieses Arbeitsblatt ist voll mit groben Schätzungen, und es zerpflückt die ordentlichen Kostenkategorien des Unternehmens und die Abteilungsstrukturen.

 Sie müssen Dinge auseinandernehmen, weil Sie Ihr Unternehmen umkrempeln. Der Kunde hat nur einen Einblick von außen in Ihr Unternehmen, aber Ihre gesamten Managementinformationen, inklusive des Vorjahresbudgets, stellen Ihr Unternehmen von innen heraus dar. Sie sollten also nicht einmal daran denken, sich Gedanken über Ihr Marketing zu machen, solange Sie Ihre Firma nicht aus der Perspektive des Kunden gesehen haben.

Marketing ist ...

Peter Drucker, einer der wenigen zu Recht berühmten Managementgurus, hat Marketing definiert als *das ganze Unternehmen aus Sicht der Kunden*. Diese Definition ist aussagekräftig, weil sie Sie daran erinnert, daß Ihre Sicht aus dem Inneren des Unternehmens heraus möglicherweise ganz anders ist als die des Kunden. Wen kümmert es schon, was Sie sehen? Der Erfolg jedes Geschäfts liegt letzten Endes darin, was die Kunden tun, und die können nur auf der Grundlage dessen, was *sie* sehen, handeln. Darum meinen einige Leute im Marketing und in der Werbung, »Wahrnehmung ist alles«. Wie auch immer der *Kunde* Ihren Markennamen und Ihr Produkt wahrnimmt, was es ist und was er daraus macht, – wenn er ein Produkt als besser und preisgünstiger ansieht, hat es gewonnen. Wenn nicht, dann können Sie das Produkt abschreiben, egal, was Ihnen die Berichte aus der Zeitschrift *Test* erzählen.

Wie sehen Sie die Welt durch die Augen des Kunden? Die Standardantworten umfassen großangelegte Untersuchungen, riesige Stapel von Computeranalysen und fürchterlich langweilige Besprechungen, in denen Dutzende nahezu identische Kreisdiagramme aufgetischt werden. Sie sollten vielleicht Untersuchungen durchführen – aber nicht jetzt. Nicht bevor Sie Ihr Unternehmen mit der simplen Übung aus den vorherigen Abschnitten auf den Kopf gestellt haben. Diese Übung ist der erste und beste Schritt, die Sichtweise des Kunden zu verstehen.

Das einzige, was für den Kunden wichtig ist, sind die Einflußpunkte. Das sind die Momente, in denen der Kunde in irgendeiner Weise mit Ihren Leuten, Ihrem Produkt oder Informationen zu Ihren Leuten und Ihrem Produkt in Berührung kommt. Diese Einflußpunkte sind also der alleinige Weg, auf die Wahrnehmung und das Handeln der Kunden einzuwirken. Alles im Marketing läuft auf diese einfachen Interaktionen hinaus. Die Art, wie diese Austauschbeziehungen vom Kunden empfunden werden, *bestimmt* die Sicht des Kunden.

Was Marketing bewirkt

Der Zweck des Marketing ist es, *Kunden zu erreichen, sie zum Kauf, zum Gebrauch und zum Wiederkauf Ihres Produktes zu veranlassen*. Das ist eine schwierige Aufgabe, weil Kunden sich üblicherweise überhaupt nichts aus Ihrem Produkt und Unternehmen machen. Ihnen sind nur ihre eigenen Bedürfnisse und Wünsche wichtig – diese Egoisten! – , und Sie müssen sie irgendwie überzeugen, daß Ihr Produkt zu kaufen, zu nutzen und wieder zu kaufen in *deren* höchstem Interesse liegt. Sie werden jedoch nicht allzu viele Kunden davon überzeugen, daß diese Fakten über Ihr Produkt oder Ihre Dienstleistung wahr sind, wenn es nicht wirklich so ist.

Was Marketing nicht bewirkt

Im günstigsten Fall kann Marketing Leute von einer augenfälligen Wahrheit überzeugen. Im schlimmsten Fall ist es aber oft nicht einmal in der Lage, selbst diese Leistung zu vollbringen. Aber Marketing besitzt sicherlich nicht die Fähigkeit, Lügen zu bewahrheiten.

Kaufverhalten ist schwer zu beeinflussen, selbst wenn Sie ein brillantes Marketing-Programm vorzuweisen haben, eines, das wichtige Einflußpunkte bearbeitet – und das auch noch gut. Sie müssen an jedes Marketingprojekt oder jede entsprechende Entscheidung mit einem gehörigen Sinn für Bescheidenheit herangehen. Konsumenten besitzen ihre eigenen Prioritäten und Meinungen. Im allgemeinen sind sie äußerst mißtrauisch gegenüber den Absichten der Marketingleute. Sie wissen, daß die Marketingleute verkaufen wollen und daß der Verkauf nicht immer im höchsten Interesse des *Kunden* abläuft. Selbst wenn Ihr Unternehmen eine Ware, Dienstleistung, oder ein anderes Produkt verkauft, das wirklich die tollste Sache seit der Erfindung der Glühbirne ist, gibt es noch so viele andere Scharlatane da draußen, die das Nest beschmutzen, so daß es schwierig ist, einen Fuß auf die Erde zu bekommen.

 Erwarten Sie nicht, die Probleme Ihres Unternehmens durch Ihr Marketing-Programm lösen zu können. Falls das Produkt aus Sicht der Kunden als fehlerhaft angesehen wird, sollten Sie als Marketingmensch am besten auf diese Tatsache aufmerksam machen und Ihr Unternehmen dazu ermutigen, das Produkt zu verbessern. Marketing bringt keinen Hund dazu, ein Pferderennen zu gewinnen, deshalb lassen Sie sich von anderen aus dem Unternehmen nichts vormachen.

Die Grundsätze der Marketingpraxis

Marketingleute sind anders als alle anderen im Unternehmen aufgrund Ihrer Sicht der Dinge von innen nach außen. Marketingleute müssen sich abheben, oder das Unternehmen würde in seinen Bemühungen schmählich scheitern, irgend etwas zu entwickeln und zu vermarkten, das von Wert für den Kunden ist.

Um gutes Marketing zu machen, müssen Sie sich die einzigartige Geschäftssichtweise des Marketingmenschen zu eigen machen. Marketingmenschen marschieren nach einem anderen Takt – dem des Kunden. Und es fällt nicht schwer, im Takt zu bleiben, solange Sie gewisse essentielle Tatsachen nicht aus den Augen verlieren. Ich zögere, sie die Marketinggrundsätze zu nennen, weil dieser Begriff eine andere Bedeutung in der Marketinglehre hat. Es reicht wohl, wenn ich sage, daß die folgenden Abschnitte genauer auf die Grundsätze des *praxisorientierten* Marketing eingehen.

Grundsatz 1: Ihre Kunden hören Ihnen nicht zu

Vergessen Sie nicht, daß Sie wesentlich mehr darauf erpicht sind zu verkaufen, als ihre Kunden darauf, zu kaufen. Meistens könnte den Kunden kaum weniger an Ihnen und Ihren Produkten liegen. Gewöhnlich steht der Kunde Ihrem Marketing-Programm gleichgültig gegenüber. Sie müssen mit Menschen kommunizieren und sie motivieren, wenn sie viel zu beschäftigt sind, um auch noch über Ihre Botschaft nachzudenken. Aus diesem Grund ist Marketing so kompliziert. Aus diesem Grund hat dieses Buch so viele Kapitel über Dinge wie Verkäufe in den Einkaufsstätten, spezielle Aktionen und elektronische Beziehungen – Dinge, mit denen Sie sich lieber nicht beschäftigen würden, die aber ein notwendiges Übel sind, wenn Sie sich jemandem verständlich machen wollen, der nicht zuhört.

Die wenigen Ausnahmen zu dieser Regel betreffen die Fälle, wo der Kunde ein eifriger Käufer mit einem dringenden Problem ist, das gelöst werden muß. Das ist dann ein Glückstag für den Marketingmenschen! Sie brauchen dem Kunden nur noch Ihre Botschaft vorzusetzen, und er wird sie in Windeseile aufnehmen. Es ist z.B. ein Leichtes, zukünftige Kandidaten von einem attraktiven Jobangebot wissen zu lassen, weil diese Nachfrager sich größte Mühe geben werden, Ihre Anzeige zu finden. (Darum sind Stellenanzeigen äußerst effizient und rentabel im Vergleich zu anderen Arten von Werbung.) Aber leider sind diese Ausnahmen nur dünn gesät. Allgemein können Sie davon ausgehen, daß der Kunde Ihrem Marketing-Programm gleichgültig gegenübersteht.

Grundsatz 2: Alle anderen schreien Ihre Kunden auch an

Das andere Kommunikationsproblem, das sich Ihnen offenbart, liegt darin, daß viele Marketingleute um die Augen, Ohren und Herzen der unaufmerksamen Kunden kämpfen. Der Durchschnittskonsument ist täglich tausenden Marketingbotschaften ausgesetzt (davon allein 1.500 Werbeschaltungen durch Fernsehen, Radio, Außen- und Printmedien). Die meisten dieser Werbungen nimmt der Konsument nicht einmal wahr. Von den Botschaften, die er wahrnimmt, vergißt er die meisten sofort wieder, und nur wenige schaffen es, an der Oberfläche des Bewußtseins zu kratzen.

Diese ganze Werbung beschwört ziemlich viele Hintergrundgeräusche herauf. Sie müssen diesen Lärm überwinden, um zu kommunizieren, d.h. Sie müssen lauter sein (indem Sie mehr Geld ausgeben) oder ansprechender (indem Sie besser kommunizieren) oder klüger (indem Sie neuartige Kommunikationskanäle und Kommunikationsstrategien aufdecken).

Das Lärmproblem, verbunden mit der fehlenden Aufmerksamkeit auf seiten des Kunden, macht Marketing-Kommunikation bedeutend schwieriger als irgendeine andere Form der Kommunikation, abgesehen vielleicht von den Bemühungen, sich mit einer anderen Spezies zu verständigen. Ich würde lieber den Job annehmen, einem Schimpansen die Zeichensprache beizubringen, als Millionen von Konsumenten davon zu überzeugen, ihr Waschmittel zu wechseln.

Grundsatz 3: Der Rest Ihres Unternehmens denkt, Sie sind verrückt

Denken Sie daran, daß Ihr gesamtes Unternehmen (wenn Sie in einem arbeiten) in der Ihren Kunden genau entgegengesetzten Richtung organisiert und ausgerichtet ist und daß Sie der einzige auf der Gehaltsliste sind, der die Dinge möglicherweise aus der Sicht der Kunden betrachtet. (Sogar Sie werden Schwierigkeiten damit haben.) Sie schwimmen ständig gegen den Strom. Seien Sie geduldig, aber hartnäckig. Sie müssen für die Sichtweise des Kunden eintreten und Koalitionen mit kundenorientierten Kollegen aufbauen, um das Unternehmen dazu zu bringen, dem Marketing-Programm Rückendeckung zu geben und ein ordentliches Marketingproramm einzuführen.

Grundsatz 4: Sie können Ihr Programm nicht ohne den Rest Ihres Unternehmens durchführen

Als Marketingmensch kontrollieren Sie kaum die meisten der Einflußpunkte, an denen Kundenverhalten zu Ihren Gunsten beeinflußt werden kann. Sie müssen Brücken zu anderen Funktionsbereichen und Abteilungen in Ihrem Unternehmen schlagen und häufig auch zu anderen Unternehmen. Aber da andere oft nicht in der Lage sind, die Perspektive des Marketing zu begreifen, werden Sie sich möglicherweise Ihren anfänglichen Bemühungen um Kundenansprache entgegenstellen (siehe Grundsatz 3). Seien Sie hartnäckig – ohne die anderen schaffen Sie es nicht! Zu viele Marketingmenschen wählen den Weg eines Alleinkämpfers, nur um dann herauszufinden, daß es eine Sackgasse ist. Kundenansprache muß zu einem festen Bestandteil Ihrer Arbeit werden. Marketingmenschen können nur erfolgreich sein, wenn sie erfahrene Vernetzer und Koalitionsbaumeister sind.

Grundsatz 5: Wenn Sie keinen Erfolg haben, sind Sie weg vom Fenster (und mit Ihnen der Rest des Unternehmens)

Trotz dieser unlösbaren Probleme hängt Ihr gesamtes Unternehmen von Ihnen und Ihrer Fähigkeit ab, ein Rekordjahr abzuschließen! Kein Unternehmen kann ohne Kunden länger überleben als man braucht, um die Türen mit Hängeschlössern zu versehen. Ihre Mitarbeiter werden denken, Sie sind verrückt. Sie könnten Ihren Zugriff auf Schlüsselinformationen und wesentliche Ressourcen blockieren. Sie könnten darauf bestehen, daß Sie das Budget um 20 Prozent kürzen. Sie könnten Ihre Abteilung in den alten Gebäudeflügel verlegen (zu schade, daß die Klimaanlage nicht funktioniert). Dennoch erwarten Ihre Mitarbeiter von Ihnen, daß Sie genügend Verkäufe zustande bringen, damit ihre Gehälter *und* der Bonus am Ende des Jahres gezahlt werden können. Der einzige Lichtblick ist, daß sie sich fragen, ob nicht doch ein unbestimmter Zusammenhang besteht zwischen dem Erfolg Ihres Marketing-Programms und der Wahrscheinlichkeit, daß ihre Gehaltsschecks platzen. Das ist zwar nicht viel, aber Sie können darauf aufbauen. Viel Glück.

Grundsatz 6: Je mehr Sie geben, um so mehr bekommen Sie zurück

Wenn Ihre Kunden kein Interesse zeigen und Ihre Kollegen denken, daß Sie abgedreht sind, warum sollten Sie dann nett sein? Weil Nettsein der einzige Weg ist, im Marketing Erfolg zu haben. Bob Carkhuff, der Präsident von HRD Press, erklärt das folgendermaßen: »Im Marketing wollen Sie so viel wie möglich weggeben, ohne sich selbst das Wasser abzugraben.« Manchmal bewegen Sie sich auf einem schmalen Grat, aber die Strategie funktioniert.

 HRD Press gibt spezielle Trainingsmaterialien zur Mitarbeiterschulung heraus. Dieses Unternehmen führt mit seinen Softwareprodukten eine Neuerung ein, da Software den Kunden mehr Anwendungsflexibilität bietet als Bücher. Während einige Wettbewerber ihre Demodisketten in der Industrie berechnen, verschenkt HRD seine. Es wird soviel wie möglich über die Funktionsweise des Programms auf die Diskette geladen, ohne dabei jedoch das gesamte Programm zu offenbaren. Dahinter steht der Grundgedanke, potentiellen Kunden zu Beginn den Gebrauch des Programms einfach und kostenlos zu ermöglichen. Ohne dieses großzügige Angebot würde der Kunde wohl kaum einen Blick auf das Programm werfen.

In ähnlicher Weise haben kleine Unternehmen herausgefunden, daß großzügige Gutscheinangebote sehr wirksam bei der Gewinnung von Neukunden sind. Myrna O'Reilly, Präsidentin der Coupon Cash Saver, Inc. (die kleinen Unternehmen dabei hilft, Gutscheinaktionen durchzuführen), erklärt: »Örtliche Gutscheine werden in der Nachbarschaft verteilt, so kennt jeder, der sie erhält, das Unternehmen und ist bereit, das Produkt auszuprobieren.« Vorausgesetzt, das Angebot ist attraktiv genug, um die Aufmerksamkeit des Kunden zu wecken. Es ist ein gängiger Marketingfehler, Gutscheine einzusetzen, die zu wenig wert sind (ich zeige Ihnen in Kapitel 13, wie Sie Gutscheine richtig einsetzen). Wenn Sie wirklich den Preis runtersetzen müssen, um Kunden zum Testen Ihres Produktes zu ermutigen, dann sehen Sie zu, daß die Ermäßigung großzügig wirkt und nicht knauserig. Noch besser wäre es, das Produkt zu *verschenken*!

Grundsatz 7: Gut zu sein, ist nicht genug, Sie müssen besser sein

Marketing ist ein vom Konkurrenzdenken stark geprägter Bereich. Sie konkurrieren um Regalplatz, um die Aufmerksamkeit sowie die Kaufkraft und Treue der Kunden. Sie kämpfen darum, Marktführer zu werden und zu bleiben, indem Sie neue Produkte einführen, Preise drastisch senken und neue Technologien aufgreifen. Sie modernisieren die Produktion und Distribution Ihres Produktes, um das Produkt für den Kunden zu verbessern und angenehmer zu gestalten. Sie tun all diese Dinge – obwohl sie schwierig und kostspielig sind –, weil Ihre Konkurrenten Sie sonst zum Abendessen verspeisen werden. Es ist nicht so, daß Marketingleute ständig ihre Märkte neu erfinden wollen; sie haben einfach keine Wahl. Das ist Wettbewerb.

Merken Sie sich, daß alles, was Sie letztes Jahr getan haben, nicht gut genug für dieses oder nächstes Jahr ist. Ihre Konkurrenten sind ein bewegliches Ziel, und Sie tun gut daran, schneller voranzukommen als sie. Auch auf die Gefahr hin, daß ich Metaphern durcheinanderbringe, erinnere ich mich an den bekannten Kommentar von Will Rogers: »Selbst wenn Sie auf der richtigen Bahn sind, werden Sie überrannt, wenn Sie nur dasitzen!« In der Praxis bedeutet das, daß Marketingleute von Herzen Innovatoren sein sollten, die ihre Unternehmen ständig zu neuen und besseren Ansätzen treiben. Sie möchten sich diesen Schuh vielleicht nicht anziehen – und Ihre Kollegen in anderen Funktionsbereichen wollen sicherlich nicht, daß Sie ihn tragen. Aber *irgendwer* muß doch dafür sorgen, daß die Angestellten nächstes Jahr ihren Bonus bekommen!

Grundsatz 8: Marketing sollte der kreativste Teilbereich Ihres Unternehmens sein (aber das ist es wahrscheinlich nicht)

Wann hat Ihr Marketing wirklich Erfolg gehabt, wann hat es richtig Punkte eingebracht? Wenn Sie zurückdenken, werden Sie auf eine wenig geschätzte Tatsache stoßen: Marketing ist am erfolgreichsten, wenn es am kreativsten ist. Niemand erfindet ein neues Produkt, schreibt einen packenden Werbeslogan oder plant eine spritzige Veranstaltung, indem er Anweisungen befolgt oder Zahlen mampft. Natürlich ist dieses Buch voller Anweisungen und Zahlen, und die können Ihnen auch hilfreich sein. Aber sie stellen lediglich den Stein dar, der Ihre Phantasie ins Rollen bringen soll. Ihnen muß etwas Einzigartiges und Kreatives einfallen, ich kann das nicht für Sie tun.

Wenn Sie mir nicht glauben, denken Sie mal über folgendes nach: Im Marketing (wie in keiner anderen Geschäftsdisziplin) *muß alles einzigartig sein.* Sie können nicht immer und immer wieder dieselbe Werbung schalten, Jahr für Jahr dasselbe Produkt verkaufen oder auch nicht dieselbe Verkaufstaktik bei jedem Kunden anwenden. Der Arbeit von Marketingabteilungen verändert sich laufend. Marketing ist mehr Kunst als Wissenschaft.

Gut, Sie akzeptieren, daß Kreativität unabdingbar für Marketing ist. Aber sehen Sie der Tatsache ins Auge, daß der Rest der Welt noch nicht ganz auf Ihrem Stand ist. Die meisten Unternehmen betreiben Marketing, als ob Marketingleute nur eine weitere Gruppe von Erbsenzählern sind. Viele der Marketingleute erhielten keine offizielle Kreativitätsschulung, bevor sie Marketingpositionen übernahmen. Marketingleute müssen gegen den Strom schwimmen, um gutes, kreatives Marketing zu machen. Darum befasse ich mich in einem ganzen Kapitel damit, wie man im Marketing kreativ sein kann. Dieses Kapitel könnte zu Recht das wichtigste in diesem Buch sein.

Grundsatz 9: Marketing sollte der logischste Teilbereich Ihres Unternehmens sein (aber das ist es wahrscheinlich nicht)

Ich hasse es, mich so zu verhalten, aber ich muß Ihnen leider sagen, daß Sie doch nicht *allein* mit kreativem Marketing den Erfolg für sich pachten. Großartige Marketingleute sind teils Künstler und teils Wissenschaftler. Während sie singend unter der Dusche stehen, haben sie plötzlich eine brillante Idee, was ihre Kunden brauchen könnten, und kritzeln es mit Lippenstift auf den Badezimmerspiegel, damit sie es nicht vergessen. Dann ziehen sie einen dezenten Geschäftsanzug an, schlüpfen durch die Hintertür des Bürogebäudes und gehen an die Arbeit, um ihre Einfälle durch Kundenumfragen, Testmärkte, Verkaufspläne, Messung der Preiselastizität und ähnliches zu belegen. Genauso müssen Sie vorgehen. Sie müssen lernen, wechselweise als wilder Visionär und als sturer Zahlen-Mampfer aufzutreten. Sie müssen zu einem Marketing-Minotaurus werden: mit dem Kopf eines Wissenschaftlers und dem Körper eines Künstlers. Sie werden vielleicht etwas seltsam aussehen, aber zumindest werden Sie sagenhaft erfolgreich sein.

Grundsatz 10: Alles ist Marketing

Ich schaffe mir kein eigenes kleines Imperium, ich lege nur eine einfache Tatsache dar. Alles, was Ihr Unternehmen macht, ist Marketing, in dem Sinn, daß jede Handlung das Potential hat, Kunden zu beeinflussen, und sich entweder positiv oder negativ auf's Geschäft auswirkt. Trotzdem ist die Marketingabteilung oder der Marketingfunktionsbereich oft einer der kleinsten im gesamten Unternehmen. Wenn Unternehmer in unterschiedliche Rollen schlüpfen, setzen sie den Marketinghut am seltensten auf. Das heißt, daß die meisten Unternehmen ihre Marketingressourcen nur unzureichend nutzen. Sie sehen nicht viele Gelegenheiten, um mit den Kunden in Berührung zu kommen. So können Sie als Marketingmensch große Gewinne einfahren, allein dadurch, daß Sie ungenutzte Hebel in Bewegung setzen.

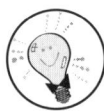 Hier ist ein sehr simples (aber preisgünstiges und aussagekräftiges) Beispiel dafür, aus dem Grundsatz, daß alles Marketing ist, einen Vorteil zu ziehen. Wenn Sie Rechnungen verschicken, zählen diese wahrscheinlich zum Finanzbereich, nicht zum Marketing. Trotzdem können Sie sie auch zugunsten des Marketing einsetzen. Erstens, versichern Sie sich, daß die Inkassopolitik Ihres Unternehmens kundenfreundlich ist. Ich weiß, Sie wollen keine Geschäfte mit Taugenichtsen machen. Aber einige Unternehmen machen den Fehler, selbst langjährige treue Kunden wie Taugenichtse zu behandeln, sobald sie das erste Mal mit einer Zahlung in Verzug kommen. Das verscheucht die Kunden nur. Zweitens, denken Sie über Wege nach, wie Sie Kundentreue aufbauen und Verkäufe durch Rechnungsbeilagen erhöhen können, wie z.B. durch einen Minikatalog, ein besonderes Angebot, ein Preisrätsel oder andere Verkaufsförderungsmaßnahmen. All das kann über den normalen Versand Ihrer Rechnungen verteilt werden. Sie sehen, alles *ist* Marketing, zumindest dann, wenn Sie die nötige Phantasie haben, es dazu zu machen!